T0090609

بسم الله الرحمن الرحيم

مظاهر الابداع الحضاري
في التاريخ الاندلسي

رقم الإيداع لدى المكتبة الوطنية (2012/1/195)

956.061
العامري، محمد بشير

مظاهر الابداع الحضارية في التاريخ الاندلسي/ محمد بشير العامري عمان
: دار غيداء للنشر والتوزيع، 2012

( ) ص

ر.أ: (2011/1/198).

الواصفات:/ االاندلس// التاريخ العربي // العصر الاندلسي/

❖ تم إعداد بيانات الفهرسة والتصنيف الأولية من قبل دائرة المكتبة الوطنية

ISBN 978-9957-555-39-9

دار غيداء للنشر والتوزيع

تلاع العلي - شارع الملكة رانيا العبدالله
مجمع العساف التجاري - الطابق الأول
تلفاكس : 5353402 6 962+
خلــوي : 95667143 7 962+
ص.ب : 520946 عمان 11152 الأردن
E-mail: darghidaa@gmail.com

مظاهر الابداع الحضاري في التاريخ الاندلسي

تأليف

الاستاذ الدكتور محمد بشير حسن راضي العامري

جامعة بغداد / كلية التربية للبنات

الطبعة الأولى

1433هـ - 2012م

حكمة تراثية

قـال العـماد الاصـفهاني: (اني رأيـت انـه لا يكتـب انـسان كتاباً في يومـه الا قال في غـده: لـو غيـر هـذا لكـان أحـسن، ولـو كـذا، لكـان يستحـسن، ولـو قـدم هـذا لكـان افضل، ولـو تـرك هـذا لكـان اجمل وهـذا مـن اعظـم العـبر، وهـو دليـل عـلى استيلاء النفس على جملة البشر)

قال الشاعر:

وعيـن الـرضا عن كل عيب كليلة   كذلك عيـن السـخط تبدي المساويا

الفهرس

تقديم

من دواعي السرور ان اقدم لطلابي واصدقائي وابنائي هذا الكتب الـذي يتكـون مـن مجموعة ابحاث تاريخية حضارية وهو اطلالة لابداعات اهل الاندلس والمـشارقة في العلـوم الانسانية والصرفة وقد شـاركت ببعضها في المؤتمرات، ومنها قـد نـشر في المجـلات وبـرامج المؤتمرات العلمية في داخل العراق وخارجه

الغاية السامية من الكتاب هو التعريف بالانجازات التي قدمها علماء الاندلس من ابداعات في مجالات متنوعـة كانت اروع مـا شهده التاريخ الاسلامي عـبر عـصوره مـن اسهامات في مجالات علمية وانسانية.

مساهمة جادة في ذكر جوانب متنوعة في الابداع الاندلسي وهو غيض من فيض لمـا قدمه اهل الاندلس من روائع تاريخية سجلاتها الكثير من مصادر التراث الاندلس

اسئل الله ان اكون قد قدمت جزء يسير من معطيات الدراسات التاريخية وقد اعطيت عنواناً للكتاب يتناسب وما به من فصول الابداع الاحضاري لعلماء الاندلس واخر دعوانا ان الحمد لله رب العالمين والصلاة والسلام على سيد المرسلين

أ. د محمد بشير حسن العامري
جامعة بغداد / 1433- 2012

مظاهر الابداع الحضاري
في التاريخ الاندلسي

مظاهر الابداع الحضاري
في التاريخ الاندلسي

تقديم

فتح العرب المسلمون شبه الجزيرة الايبرية (اسبانيا) عام 711/92م بعد التفكير والدعم والاسناد واستغلال الظروف العامة في اسبانيا ومشورة الخلافة الاموية في دمشق للقيام بعملية عسكرية كبرى ومهمة وخطيرة على ارواح المقاتلين المسلمين لعبورهم البحر الشامي (المتوسط) وعبور اراضي وعرة ومناخ بارد قاسي وظروف اخرى تصادف المحاربين.

ابدع الفاتحون المسلمون في فتح اسبانيا في وضع الخطط والخرائط واستخدام البراعة في انجاح عملية الفتح التي استغرقت وقتاً طويلاً تجاوز السنة مستغلين كل فرصة سانحة وبذل اقصى الجهود والصبر عند الملمات الصعبة، وقد تم استشارة الخليفة الاموي الوليد بن عبد الملك في دمشق عندما اتصل الكوندي خوليان حاكم سبتة الاسباني يعرض على المسلمين في شمال افريقيا بفتح اسبانيا وتخليص المجتمع من الظلم والجهل والفقر والفساد والتأخر الاجتماعي والاقتصادي الذي كان يعاني منه الاسبان وبعد حادثة الاعتداء على ابنته الشابة الجميلة فلورندا التي كانت تدرس في اكاديمية طليطلة، مثل عادة بنات الاثرياء الذين يرسلون بناتهم الى العاصمة الاسبانية القديمة طليطلة للتعلم والحصول على الشهادة، وقد اعتدى على شرفها الملك الاسباني لذريق (ردريكRodrigo) عندما نظرها واعجب بجمالها الخارق كما تصفه الرواية الاندلسية بالقول: ((وكان جميع ملوك الاندلس يبعثون اولادهم الذكور والاناث الى بلاط ملكهم بطليطلة وهي يومئذ قصبة الاندلس ودار ملكها يكونون في خدمة ملكها لا يخدمه غيرهم يتأدبون بذلك حتى اذا بلغوا انكح بعضهم من بعض وتولى تجهيزهم فلما ولى لذريق اعجبته ابنة يليان فوثب عليها فكتب الى ابيها ان الملك وقع بها العلج ذلك وقال ودين المسيح لازيلن ملكه ولاحفرن تحت قدميه)) [1].

استغل المسلمون واستفادوا من هذه الحادثة في الاستعداد لفتح اسبانيا بعد ان عرض عليهم الكونت خوليان التسهيلات والتجهيزات والمعلومات من شرح اوضاع الاندلس وتوفير السفن والمراكب الاسبانية واحوال الحكم الاسباني متعهداً لهم بنجاح حملة الفتح الاسلامي للجزيرة الاسبانية.

اتصل الحاكم الاسباني لمدينة سبتة بالوالي موسى بن نصير البكري من مواليد قضاء عين التمر التابعة لكربلاء، كما اثبت لنا صاحب كتاب اخبار مجموعة، اقدم مؤلف

اندلسي، بقوله ((موسى بن نصير مولى بني امية واصله من علوج اصابهم خالد بن الوليد رحمه الله في عين التمر فأدعوا انهم من بكر بن وايل، فصار نصيراً وصيفاً لعبد العزيز بن مروان فأعتقه وبعثه وعقد له في سنة ثمان وسبعين على افريقية وما خلفها واخرجه الى ذلك الوجه في نفر قليل مطوعين لم يخرج له جند من الشام))[2] ابدع الوالي موسى في استقبال الخبر الجهادي في فتح اسبانيا ونشر الاسلام خلف البحار وتخليص المجتمع الاسباني من الاستبداد والعبودية والظلم بناءاً على دعوة الحاكم الاسباني خوليان ورغبة اهل اسبانيا، ولم يفوت موسى هذه الفرصة الذهبية، فأتصل بالخليفة الاموي الوليد بن عبد الملك ليطلعه على الخبر المفرح ويحصل على موافقته وارشاداته وتوجيهاته واقناعه على تجهيز حملة عسكرية لفتح اسبانيا، فوافق الخليفة ورحب بمشروع الفتح بعد ان حذره الحيلة والمكيدة التي ربما تم القيام بها الحاكم الاسباني، فطلب منه تجهيز حملة استطلاعية اشبه بالسرية، كما جاء بالخبر الاتي:

((ثم وصف له الاندلس ودعاه اليها وذلك في عقب سنة تسعين فكتب موسى الى الوليد بتلك الفتوح وبها دعاه اليه يليان فكتب اليه ان خضها بالسرايا حتى تختبر ولا تغرر بالمسلمين في بحر شديد الاهوال فكتب اليه انه ليس ببحر وانما هو خليج يصف صفة ما خلفه للناظر، فكتب اليه وان كان فأختبره بالسرايا فبعث رجلاً من مواليه يقال له طريف ويكنى بأبي زرعة في اربعمائة معهم مائة فارس فسار في اربعة مراكب حتى نزل بمراكبه جزيرة يقال لها جزيرة الاندلس التي هي معبر مراكبهم ودار صناعتهم))[3] .

ابدع الوالي في سرعة تنفيذ امر الخليفة الاموي الوليد في تجهيز الحملة الاستطلاعية واختيار القائد طريف بن زرعة المعافري ومعه اربع مراكب يقال للحاكم الاسباني خوليان للتعرف عن كثب ما يجري في اسبانيا واوضاعها العامة والتحقق مما وصفه وذكره خوليان من الظروف المناسبة لعملية الفتح لشبه الجزيرة الاسبانية، وعادت الحملة الاستطلاعية بأخبار سارة ومهمة ومفيدة كانت بداية تحقيق مشروع عبور الجيش الاسلامي، وكانت اصداء الحملة الاستطلاعية مفرحة في الاوساط العسكرية داخل الخلافة الاموية التي انشغلت بوضع الخطط والترتيبات اللازمة حفاظاً على ارواح المسلمين والسمعة الحربية الاسلامية وذلك في رمضان عام 91/هجري. الخطوة التالية كانت تجهيز الحملة العسكرية واختيار قائد عليها، وقد تم بعون الله اعداد 7 الف مقاتل تحت قيادة القائد طارق بن زياد من قبيلة زناتة المغربية، وقد امتدحته المصادر واشادت بقدرته واخلاصه وحبه للجهاد الاسلامي ومعرفته باحوال القتال في الجبال وخبرته العسكرية، كما ورد ذلك في النص ((فلما راى ذلك الناس اسرعوا الى الدخول فدعا موسى مولى له كان على مقدماته يسمى طارق بن زياد، وقيل هوفارسي وقيل هو من الصدف وقيل ليس بمولى، وقيل هو بربري

من نفزة، معقد له وبعثه في سبعة الاف من البربر والموالي، ليس فيهم عربي الا القليل، مهيأ له يليان المراكب وحل بجبل طارق يوم سبت في شعبان من سنة 92 هـ)) [4]

بذل موسى بن نصير جهوداً حربية مميزة تعد ابداعاً عسكرياً نادراً مستفيداً من كل فرصة في الاعتماد الذاتي على المسلمين في صناعة السفن واتقانها للمشاركة في عملية الفتح كما اكد لنا صاحب كتاب اخبار مجموعة بقوله ((وكان موسى مذ وجه طارقاً أخذ في عمل السفن حتى صارت معه سفن كثيرة فحمل اليه خمسة الاف فتوافق المسلمون بالاندلس عند طارق اثنا عشر الفاً)) [5] الحوادث التي رافقت الفتح والعبور الى اسبانيا سجلت ابداعات حضارية بارزة منها ان المكان الذي عبر منه القائد طريف بن ابي زرعة المعافري اطلق عليه اسمه مدينة طريف وبالاسبانية Tarifa تخليداً لدوره العسكري حتى يومنا، كما ان القائد طارق قد نزل بقواده عند جبل في وسط البحر الشامي كان يسمى جبل كالبي اصبح يسمى جبل طارق وبالاسبانية Gibraltar تخليداً لبطولته الحربية في عبوره.

حث القائد طارق بن زياد قواده وجيشه وبث في نفوسهم الطمأنينة والصبر والنصر ببراعته وابداعه العسكري وهمته الجهادية وبشرهم ببوادر النجاح فما اكسب ثقتهم في مواصلة القتال حتى الاستشهاد، فبعد ان ارتاح الجند في جبل طارق عزم على العبور الى الاراضي الاسبانية، وخطب في المقاتلين بعد ان احرق السفن حسب بعض الروايات، لضمان القتال ومنع فكرة العودة وتحقيق النصر والشهادة من اجل الاسلام، وقد تضاربت الاراء والروايات بشأن حرق السفن والخطبة، ولكن بعض الحقائق تؤكد ان امثلة وحوادث ترددت تؤكد على حقيقة السفن اذ ان هناك مثل بالاسبانية يقول ((لقد احرقت جميع مراكبي)) وان فاتحاً اسبانياً هو خوان كورتس عند فتح البرازيل قام بأحراق السفن تقليداً لما قام به الفاتح الاسلامي طارق، ومن الباحثين من يستدل على هذه الحوادث.

اما الخطبة فهي صورة ابداعية تمثل روعة التعبير البلاغي وجمال العبارات وجوانب الاحداث والكلمات التي تطمئن المقاتل وتكسبه الثقة والامان والغرض والحاجة التي شارك بها في حملة الجهاد والقتال، وكانت الخطبة تمثل براعة الاعلام الحربي عند المسلمين من اجل كسب قلوب المقاتلين وتحقيق النصر.

ننقل نص الخطبة للقائد طارق بن زياد والمعاني التي احتوتها والبراعة التي نسجتها ومالها من بصمات حضارية في نجاح المعركة في معركة شذونة عام 92هـ وتقول: ((ايها الناس، اين المفر؟ البحر من ورائكم والعدو من امامكم وليس لكم و الله الا الصدق والصبر، واعلموا انكم في هذه الجزيرة اضيع من الايتام في مأدبة اللئام، وقد استقبلكم عدوكم بجيشه واسلحته، واقواته موفورة، وانتم لا وزر لكم الا سيوفكم، ولا اقوات لكم الا ماتستخلصونه من ايدي عدوكم، وان امتدت لكم الايام على افتقاركم ولم تنجزوا لكم امراً ذهبت ريحكم، وتقوضت القلوب من رعبها منكم الجرأة عليكم، فادفعوا عن

انفسكم خذلان هذه العاقبة من امركم بمناجزة هذه الطاغية فقد القت به اليكم مدينته الحصينة، وان انتهاز الفرصة فيه ممكن ان سمحتم لانفسكم بالموت، واني لم احذركم امراً اناعنه بنجوة، ولا حملتكم على خطة ارخص متاع فيها النفوس الا وانا ابداً بنفسي، واعلموا انكم صبرتم على الاشق قليلاً استمتعتم بالأرفة الالذ طويلاً، فلا ترغبوا بأنفسكم عن نفسي، فما خطكم فيه بأوفى من خطي، وقد بلغكم ما انشأت هذه الجزيرة من الحور الحسان، من بنات يونان، الرافلات بالدر والمرجان والحلل المنسوجة بالعقيان، المقصورات في قصور الملوك ذوي التيجان، انتخبكم الوليد بن عبد الملك امير المؤمنين من الابطال عرباناً، ورضيكم لملوك هذه الجزيرة اصهاراً، واختاناً، ثقة منه بأرتياحكم للطعان واستماحكم بمجالدة الابطال والفرسان، ليكون حظه منكم ثواب الله على اعلاء كلمته، واظهار دينه بهذه الجزيرة، وليكون مغنمها خالصة لكم من دونه ومن دون المؤمنين سواكم، و الله تعالى اولى انجادكم على ما يكون لك ذكراً في الدارين. واعلموا اني اول مجيب ما دعوتكم اليه، واني عند ملتقى الجمعين حامل بنفسي على طاغية القوم لذريق فقاتله ان شاء الله تعالى، فاحملوا معي، فان هلكت بعده فقد كفيتكم امره، ولم يعوزكم بطل عاقل تستندون اموركم اليه، وان هلكت قبل وصولي اليه فاخلفوني في عزيمتي هذه، واحملوا بانفسكم عليه، واكتفوا اليهم من فتح هذه الجزيرة بقتله فانهم بعده يخذلون))[6].

اكدت الخطبة على المعاني والمفردات التاريخية للمقاتلين وهي:

1- براعت القائد طارق باللغة العربية على الرغم من كونه بربرياً كما ورد في بعض المصادر مثل ما ذكره ابن الكردبوس على ان طارق حسن الكلام ينظم ما يجوز كتبه [7].

2- ساهمت على المقاتلين على مواصلة الجهاد حتى الاستشهاد في سبيل الله.

3- التوصية والتأكيد على المقاتلين بالحذر واليقظة والاستعداد لمواجهة العدو.

4- تم اغراء الجند بالخيرات في الاندلس وجمال النساء من بنات يونان الاوربيات الشقروات ذوات الجواهر والحلي.

5- اكدت على الشهادة والحصول على جنة الخلد التي اوعد الله تعالى عباده بأن مصيرهم الجنة عند القتال في سبيل الاسلام.

6- حذر جنده من كثرة اعداد جيش العدو الكافر ووفرة اقواته وذخيرته وانه يقتال في ارضه ومناخه ووسط اهله.

7- اعلم جنده بثقة الخلافة الاموية في الرجال وقوتهم وحسن اختيارهم من الابطال الافذاذ.

8- اخبر القائد جنده بمواصلة القتال حتى لو استشهد طارق حتى تحقيق النصر وانزال الهزيمة بالملك الاسباني لذريق وقادته وجنده.

رافقت سنوات فتح اسبانيا احداث تاريخية وابداعات حضارية سجلتها لنا المصادر الاندلسية منها ان القائد طارق عندما زحف مع جيشه وعددهم 7 الف مقاتل لمواجهة الجيش الاسباني الذي بلغ تعداده 100 الف مقاتل حسب بعض الروايات اندهش طارق لذلك العدو الكبير من الجيش الاسباني، فصرخ طارق باعلى صوته

الغوث، الغوث !! انه ليوم الحشر وطلب المساعدة العاجلة من الجند وخاطب بذلك الوالي موسى بن نصير، فانجده بقوة من المقاتلين يصل تعداده 7 الف مقاتل،وقد ذكرت المصادر جيش الاسبان بقيادة لذريق ((فاقبل في جيش جحفل نحو المائة الف)) [8].

التقى الجيشان في معركة حامية في رمضان عام 92 هـ واستمر القتال 3 ايام حقق الجيش الاسلامي فيها نصراً كبيراً وعظيماً على الرغم من قلة عدده وعدته وانه يقاتل في ارض العدو ولايعرف عنها كثيراً في ظل مناخ غريب وقاسي عليه،كما جاء ذكر ذلك النجاح عند صاحب اخبار مجموعة((عند طارق اثنا عشر الف وقد اصابوا سبياً كثيراً ورفيعاً ومعهم يليان في جماعة من اهل البلد يدلهم على العورات ويتجسس لهم الاخبار فاقبل اليهم لذريق ومعه خيار اعاجم الاندلس وابناء ملوكها فلما بلغتهم عدة المسلمين وبصائرهم تلاقوا بينهم)) [9].

اصداء الانتصارات التي حققها الجيش الاسلامي افرزت نتائج مهمة منها:

1- دخول الاسلام الى اسبانيا.

2- نشر اللغة العربية التي دخلت مفرداتها على اللغة الاسبانية.

3- المصاهرات بين العرب والاسبان.

4- انقاذ المجتمع الاسباني من معاناته.

5- تولي الحكام المسلمون على اسبانيا.

6- اصبحت تسمية بلد الاندلس بدلاً من اسبانيا.

7- نشر تعاليم الاسلام.

8- اتخاذ مدينة اشبيلية وقرطبة قاعدة للحكم الاسلامي.

9- الاهتمام بانشاء المساجد منها مسجد الرايات الذي اسس من الوالي موسى بن نصير بعد دخوله الاندلس ومعه 18 الف مقاتل يحملون الرايات الاسلامية، ثم اسس المسجد الجامع في قرطبة (مسجد الجماعة) وفي الاسبانية Aljama في قرطبة من الامير عبد الرحمن بن معاوية الداخل.

10-الاهتمام بالحركة الفكرية.

11- ازدهار الحياة الاقتصادية في الزراعة والصناعة والتجارة.

12- تطور الفنون والاداب.

13- العلاقات الثقافية مع المشرق والمغرب الاسلامي.

14- تبادل السفارات.

15- التسامح والاحترام للديانات السماوية كاليهودية والنصرانية ومنحهم حق ممارسة الشعائر والطقوس الدينية وانشاء الاديرة والكنائس.

اطلقت تسميات عربية على اثر الاحداث التاريخية على مواقع اسبانيا منها فج طارق على الجبل الذي سلكه طارق عندما سار من طليطلة الى طريق وادي الحجارة، كما اطلق العرب اسم مدينة المائدة وبالاسبانية Almeida على المكان الذي عثر فيه طارق على مائدة النبي سليمان عليه السلام في طليطلة،كما ورد بالنص ((وسار طارق حتى بلغ طليطلة وخلى بها رجالاً من اصحابه فسلك الى وادي الحجارة ثم استقبل الجبل فقطعه من فج يسمى فج طارق وبلغ مدينة خلف الجبل تسمى مدينة المائدة وانما سميت المائدة لانه وجد فيها مائدة سليمان بن داود عليه السلام من زبرجد خضراء منها حافاتها وارجلها ولها ثلثمائة رجل وخمس وسبعين رجلاً ثم مضى الى مدينة امامه فأصاب بها حلياً ومالاً ولم.... ثم رجع الى طليطلة في سنة ثلث وتسعين)) [10].

اطلقت تسمية وادي الطين بالاسبانية Guadaltin على الموقع الذي وجد فيه فرس الملك الاسباني لذريق مقتولاً بعد خسارته في المعركة في مدينة شذونة عام 92 كما جاء بالخبر الاتي ((ثم انهزم رذريق واذرع المسلمون فيهم بالقتل وغاب رذريق فلم يدر اين وقع الا ان المسلمين وجدوا فرسه الابيض وكان عليه سرج له من ذهب مكل بالياقوت والزبرجد ووجد واحلة من ذهب مكللة بالدر والياقوت قد ساخ الفرس في الطين وفي السواخ وقع فيه وغرق العلج فلما اخرج رجله ثبت الخف في الطين و الله اعلم ماكان من امره لم يسمع له خبر ولا وجد حياً ولا ميتاً)) [11].

اما فج موسى فقد اطلق على الموضع بين اشبيلية ولقنت ومنه سار موسى عند عبوره الاندلس: [12]

احتفلت المصادر الاندلسية بذكر الروايات والاساطير عن احداث الفتح وصوره وهي تمثل اهمية الاحداث وجسامتها التاريخية وقيمتها الادبية في ربطها بالقوة والضخامة والاعجاب والروعة والدهشة وجلب اهتمام الرعية في متابعة عمليات فتح اسبانيا، ونعتقد انها من ابداعات اهل الاندلس وتذكر منها:

1- التابوت الذي فيه صور العرب، يذكر الاسطورة ابن القوطية القرطبي بقوله ((ويقال انه كان لملوك القوط بطليطلة بيت فيه تابوت وفي التابوت الاربعة الانجيلة التي يقتسمون بها وكان يعظمون ذلك البيت ولا يفتحونه وكان اذا مات الملك منهم كتب فيه اسمه فلما صار الملك الى لوذريق جعل التاج فانكرت ذلك النصرانية ثم فتح البيت والتابوت بعد ان نهته النصرانية عن فتحه فوجد فيه صور

العرب متنكبة قسيها وعمائمها على رؤسها وفي اسفل العيدان مكتوب اذا فتح هذا البيت واخرجت هذه الصور دخل الاندلس قوم في صورهم فغلبوا عليها)) [13].

2- قصة العجوز التي بشرت طارق بالفتح ووصفت هيئته، كما جاء بالخبر ((واصاب طارق عجوزاً من اهل الجزيرة فقالت له: كان لي زوج عالم بالحدثان، وكان يحدث عن امير يدخل بلدنا هذا ويصفه ضخم الهامة وانت كذلك ! ومنها ان بكتفه الايسر شامة عليها شعر، فان كانت بك هذه الشامة فأنت هو، فكشف طارق فإذا بالشامة على كتفه كما ذكرت العجوز، فاستبشر بذلك هو ومن معه)) [14].

3- رواية حلم طارق بالرسول الكريم (صلى الله عليه وسلم) يبشره بالنصر في فتح اسبانيا وهو دليل على ايمانه العميق وحرصه على الجهاد كما جاء بالنص ((وذكر عن طارق انه كان نائماً في المركب فراى في منامه النبي (ﷺ) والخلفاء الاربعة يمشون على الماء حتى مروا به، فبشره النبي (ﷺ) بالفتح وامره بالرفق بالمسلمين والوفاء بالعهد، وفي حكاية انه لما ركب البحر غلبته عيناه فراى النبي (ﷺ) وحوله المهاجرين والانصار قد تقلدوا السيوف، وتنكبوا القسي، فيقول له النبي: يا طارق تقدم لشأنك !ونظر اليه والى اصحابه قد دخلوا الاندلس قدامه فهب من نومه مستبشراً وبشر اصحابه ولم يشك في الظفر)) [15].

4- اسطورة الفساد الاجتماعي في السلطة الحاكمة في اسبانيا واعتداء الملك لذريق على ابنة حاكم سبتة الكونت خوليان، لتؤكد ضرورة الفتح وانقاذ المجتمع الاسباني، كما اورد لنا ابن الكردبوس بنصه ان ((يليان، صاحب سبتة كان من خواص الملك لذريق ووجوه رجاله فانفذ ابنته اليه في طليطلة، فكانت في قصره، وكان يزوره جليان مرة في العام في اغشت - اغسطس - بهدايا والطاف وطيور للصيد وكانت ابنته من اجمل النساء، فوقعت عين لذريق عليها وهو سكران، فواقعها وافتضها، فلما صحا واخبر بذلك ندم وامر بكتم ذلك، وان تمنع الصبية ابنة جليان من ان تخلو بأحد فتحدثه او تكتب معه كتاباً الى ابيها،فلما لم تتمكن الصبية فتحدثه او تكتب معه كتاباً الى ابيها. فلما لم تتمكن الصبية من شئ انفذت الى ابيها هدية عظيمة وفي جملتها بيضة مفسودة فلما رآها جوليان انكرها وعلم ان ابنته افسدت، فجاز اليهفي خلاف الوقت المعهود وذلك في شهر يناير، فقال لذريق، ما جاء بك في هذا الشتاء الحاد ؟ قال له جئت لأبنتي فأن امها مريضة وتخاف المنية فقالت لي لابد ان ارى ابنتي واتشفى منها. فقال له: وهل نظرت لنا في طيور؟ فقال قد نظرت لك في صيد طيور لم تر مثلها قط؟ وانا اتيك بها عن قريب ان شاء الله. يعني بذلك العرب. فأخذ ابنته وانصرف ومضى من فوره الى افريقية الى الامير موسى بن نصير...)) [16].

لعب الوالي موسى بن نصير وعبوره الى الاندلس دوراً مميزاً وكان معه 18 الف مقاتل من مختلف الولايات الاسلامية التي سمعت بأخبار الانتصارات في الاندلس ورغبت المشاركة في اعمال الفتح والبناء والنهضة الثقافية، وقد رست سفن الوالي موسى عند ساحل الجزيرة الخضراء والتي عرفت بالاسبانية Algeciras بموضع صار يعرف بأسمه (مرسى موسى) تكريماً وتقديراً وتمجيداً لجهاده [17].

ابدع المؤرخ الاندلسي الرازي في تأليف كتاباً سماه (الرايات)على اثر دخول الرايات العربية الى الاندلس، وجاء فيه:

((قال محمد بن مزين: وجدت في خزانة اشبيلة سنة احدى وسبعين واربع مئة ايام الراضي بن المعتمد سفراً صغيراً من تأليف محمد بن موسى الرازي، سماه بكتاب الرايات، ذكر فيه دخول الامير موسى بن نصير، وكم راية دخلت الاندلس معه من قريش والعرب فعدها نيفاً وعشرين راية، منها رايتان لموسى بن نصير عقدها له امير المؤمنين عبدالملك بن مروان على افريقيا وما ورائها، والاخرى عقد له امير المؤمنين الوليد بن عبد الملك على افريقيا ايضاً وجاء بفتحه وراءها الى المغرب وراية ثالثة لابنه عبدالعزيز الداخل معه، وسائر الرايات لمن دخل معه من قريش ومن قواد العرب ووجوه العمال، وذكر منه سائر البيوتات ممن دخل دون راية)) [18].

كما ساهم الوالي موسى بن نصير في انشاء مسجداً في موضع تجمع الرايات العربية اطلق عليه مسجد الرايات تيمنناً وتخليداً للحادث التاريخي، ويقع على باب البحر ويقال ان هناك اجتمعت رايات القوم للراي. [19]

برع الوالي موسى وابدع في عقد الاتفاقيات مع اهل ماردة Merida بعد حصارها عام 94 /712م حصل فيه المسلمون على امتيازات كما جاء بالنص:((فاعطوه ما سأل فصالحوه على ان جميع اموال القتلى يوم الكمين واموال الهاربين الى جليقية للمسلمين واموال الهاربين الى جليقية للمسلمين واموال الكنائس وحليها له ثم فتحوا له المدينة يوم الفطر سنة اربع وتسعين)) [20].

كما عقد موسى صلحاً مع اهل جليقية Galicia والمسلمين يؤكد لنا التسامح الاسلامي اثناء فتوحات المدن من اجل كسب اكبر عدد من الموالين [21].

انواع واشكال الابداعات الحضارية الاندلسية:

تنوعت الابداعات الحضارية الاندلسية وتعددت اشكالها واحجامها في كافة مجالات الحياة العامة، وقد شجعت عوامل عديدة على ظهور الابداعات في التاريخ الاندلسي نذكر منها جودة الارض وخصوبتها وتنوعها في الاقليم كما يتنوع المناخ في الجهات الاربعة من جغرافية الاندلس، ويشبه اقاليم مناخها اجواء الولايات الاسلامية وطبيعتها واحوالها وصناعتها وزراعتها وخيراتها الاخرى كما وصفها الرازي وغيره من

الجغرافيين ((والاندلس شامية في طيب ارضها ومياهها، يمانية في اعتدالها واستوائها، اهوازية في عظيم جبايتها، عدنية في منافع سواحلها، صينية في جواهر معادنها،هندية في عطرها وطيبها، واهلها عرب في العزة والانفة وعلو الهمة وفصاحة الالسن وطيب النفوس واباية الضيم وقلة احتمال الذل، هنديون في فرط عنايتهم بالعلوم وحبهم فيها، هم اشد الناس بحثاً عليها واصحهم ضبطاً وتقييداً ورواية لها وخاصة لكتاب الله وسنة نبيهم محمد (ﷺ) بغداديون في نباهتهم وذكائهم وحسن نظرهم وجودة قرائحم ولطافة اذهانهم وحدة افكارهم ونفوذ خواطرهم ورقة اخلاقهم وظرفهم ونظافتهم، يونايون في استنباطهم للمياه ومعاناتهم لضروب الغراسات واختيارهم لاجناس الفواكه وتدبيرهم لتركيب الشجر و... لاقامة البساتين بصنوف الخضر وانواع الزهر، فهم احكم الناس لاسباب الفلاحة، ومنهم ابن بصال صاحب كتاب الفلاحة الاندلسية التي شهدت التجربة بفضلها وعول على صحتها.

صينيون في اتقان الصنائع العملية واحكام المهن التصويرية فهم اصبر الناس على مطاولة التعب في تجويد الاعمال ومقاساة النصب في تحسين الصنائع، تركيون في معاناة الحروب ومعالجة الاتها، فهم احذق الناس بالفروسية وابصرهم بالطعن والضرب، وذلك بحسب ما يقتضيه اقليمهم. واعتطه لهم نسبتهم من ذلك على ما ذكره بطليموس وغيره)) [22].

وصف النص ابداعات اهل الاندلس واهتماماتهم المتنوعة وابجاداتهم في مختلف مجالات الحياة وبراعتهم وتقليدهم الى الكثير من العادات والتقاليد والاساليب في الزراعة والصناعة واعمال الفروسية بما شاهدوه في الولايات الاسلامية او ما نقلوه عنهم، كما انهم اضافوا الكثير من الجوانب الحضارية الى حياتهم، وبذلك اصبحوا محط انظار واعجاب وتقدير للرعية في داخل وخارج بلد الاندلس.

الابداعات الحضارية في عصر الولاية الاندلسية:

شهدت عصور التاريخ الاندلسي على مدى ثماني قرون انجازات حضارية متنوعة ومتعددة حسب الحاجة اليها لخدمة الانسانية ورغبة الحكام في خدمة الرعية ودونت لهم في سجل التاريخ.

ظهرت ابداعات حضارية في عصر الولاة الذي حكم فيه عشرون والياً اثنان منهم حكم مرتين خلال اقل من نصف قرن وفيهم من قام بأصلاحات مفيدة ظلت اثارها التاريخية منهم الوالي السمح بن مالك الخولاني الذي عينه الخليفة الاموي عمر بن عبد العزيز، فاهتم بالاراضي وتجديد قنطرة قرطبة وبناء مقبرة عامة للمسلمين فضلاً عن جهاده خلف جبال البرتات لمحاربة الافرنج جنوب فرنسا ن كما ذكر صاحب اخبار مجموعة بقوله ((وولي السمح بن مالك الاندلس وامره ان يخمس ارضها ويخرج منها ما كان عنوة خمساً لله من ارضها وعقادها ويقر القرى في يدي غنامها بعد ان يأخذ الخمس

وان يكتب اليه بصفة الاندلس وانهارها وكان رايه انتقال اهلها منها لانقطاعهم عن المسلمين وليت الله كان ابقاه حتى يفعل فان مصيرهم الى بوار الا ان يرحمهم الله فقدمها السمح سنة مائة فوضع يداً في السؤال عن العنوة ليميزه من الصلح وفي اخراج البعوث وبني القنطرة وذلك انه كتب الى عمر يستبشره ويعلمه ان مدينة قرطبة تهدمت من ناحية غربها وكان لها جسر يعبر عليه نهرهاووصفه بحمله وامتناعه من الخوض الشتاء عامة فان امرني امير المؤمنين ببنيان سور المدينة فعلت فان قبلي قوة على ذلك من خراجها بعد عطايا الجند ونفقات الجهاد وان احب صرفت صخر ذلك السور فبنيت جسرهم فيقال و الله اعلم ان عمر رحمه الله امر ببنيان القنطرة بصخر السور وان يبني السور باللبن اذ لايجد له صخراً فوضع يداً فبنى القنطرة في سنة احدى ومائة)) [23].

تعد هذه الانجازات بداية للقيام بالاصلاحات العامة بعد الفتح في الوقت الذي كانت حملات الجهاد مستمرة في الشمال الاسباني لمواجهة اخطار الغزو الافرنجي بقيادة شارل مارتل، وتم اخذ الاستعداد العسكري لذلك الموقف الخطير على الحدود الاندلسية فتم تقسيم الحدود مع الممالك الاسبانية الى:

1- الثغر الاندلسي الاعلى وقاعدته سرقسطة.

2- الثغر الاندلسي الاوسط وقاعدته طليطلة ومدينة سالم.

3- الثغر الاندلسي الاسفل وقاعدته مدينة قورية.

تم اتخاذ مدينة اربونة في وسط الشمال الاسباني قاعدة حربية لانطلاق الحملات العسكرية على الافرنج [24] نظراً لاهميتها وذلك:

1- موقعها الجغرافي الجيد على نهر الرون لمنع فرص حصار مائي من العدو

2- خصوبة ارضها للزراعة.

3- جودة مناخها عن غيرها ويمتاز بالدف لانها تقع بين جبال.

4- حصانتها الحربية لأنها تتوسط مرتفعات.

5- ولاء اهلها وحبهم للمسلمين.

6- قربها من العمليات الحربية.

وصف الحميري مدينة اربونة قائلاً ((مدينة هي اخر ما كان بأيدي المسلمين من مدن الاندلس وثغورها مما يلي بلاد الافرنجة، وقد خرجت من ايدي المسلمين سنة 330 مع غيرها مما كان في ايدي المسلمين من المدن والحصون)) [25].

قدم ولاة الاندلس جهوداً وتضحيات من اجل بقاء الاسلام في الاندلس فاستشهد منهم اربعة ولاة خلف جبال البرتات جنوب فرنسا وهم عبدالملك بن قطن، والسمح بن مالك الخولاني، وعنبسة بن سحيم الكلبي، وعبدالرحمن بن عبد الله الغافقي الذي قاد معركة بلاط الشهداء في رمضان 114هـ / 732م التي حدثت مع الافرنج، واشاد صاحب

كتاب اخبار مجموعة بالولاة بقوله ((وكان من وصفنا من الولاة يجاهدون العدو ويتوسعون في البلاد حتى بلغوا الافرنجة وحتى افتتحت عامة الاندلس)) [26].

امتاز الوالي عقبة بن الحجاج السلولي من البارعين في القتال وقد اعتمد عليه الخليفة الاموي، وقد امتدحه صاحب كتاب اخبار مجموعة بقوله ((فاختار عقبة الاندلس وقال اني احب الجهاد وهي موضع جهاد فولاه فدخل الاندلس سنة عشر ومائة فأقام عليها سنين وافتتح الارض حتى بلغ اربونة وافتتح جليقية والبة وبنبلونة ولم تبق بجليقية قرية لم تفتح غير الصخرة فانه لاذبها ملك يقال بلادي فدخلها في ثلث مائة راجل فلم يزل يقاتلونه ويغاورونه حتى مات اصحابه جوعاً وترامت طائفة منهم الى الطاعة فلم يزالوا ينقصون حتى بقى في ثلثين رجلا ليست معهم عشر نسوة فيما يقال انما كان عيشهم بالعسل ولاذوا بالصخرة فلم يزالوا يتقوتون بالعسل جباح والنحل عندهم في خروق الصخرة احتوزوا واعيا المسلمين امرهم فتركوهم وقالوا ثلثون علجاً ماعسى ان يكون امرهم واحتقروهم ثم بلغ امرهم الى امر عظيم)) [27].

شهد عصر الولاية دخول جماعات من اهل المشرق عرفوا بالطوالع وبالاسبانية Atalaya مع الوالي موسى بن نصير وبلج القشيري، وعرفوا بالشاميين اما الذين عبروا الاندلس فيطلق عليهم البلديون ويعتبرون انفسهم من اهل بلد الاندلس لانهم جاهدوا وقدموا تضحيات، اما الشاميون فيعدون غرباء ومنعوهم من العبور والدخول والسكن في اراضي الاندلس الابعد مفاوضات، وكان البلديون ((يقولون لأهل الشام بلدنا يضيق بنا فأخرجوا عنا)) [28].

ابدع ولاة الاندلس في استقبال النازحون من اهل الشام وتوزيعم على مدن الاندلس للسكن والعمارة والعمل فيها بموجب خطة اعتمدت عليها الولاية في انزالهم حسب اجواء والمظاهر الاقتصادية لمدنهم الاصلية، كما جاء بالخبر الاتي ((قد ثبت عند امير المؤمنين وعند عامله حنظلة بن صفوان ان فساد الاندلس بكم فخرجوا وخلفوا الى طنجة ونظر في انزال الشاميين في كور الاندلس وتفريقهم عن قرطبة اذ كانت لا تحملهم فانزل اهل دمشق بالبيرة واهل الاردن برية واهل فلسطين بشذونة واهل حمص باشبيلية واهل قنسرين بجيان واهل مصر بباجة وقطيعاً منهم بتدمير وكان انزالهم على اموال اهل الذمة من العجم، وبقى البلديون والبربر على غنايمهم لم ينتقصهم شي)) [29].

رافقت احداث عبور اهل الشام مع طالعة بلج القشيري ومنع اهل الاندلس من البلديين مشاحنات واضطرابات، ولكن ساد منطق العقل والتريث من قبل عبد الملك ابن قطن، وينقل لنا ذلك صاحب كتاب اخبار مجموعة بقوله ((... فاقبل قطن وامية ومعهما عبدالرحمن بن حبيب وكان في اصحاب بلج فلما صنع بعبد الملك ما صنع انحاز عنه وخرج عن دعوة اهل الشام واقبل معهم عبد الرحمن بن علقمة اللخمي صاحب اربونة

فاقبلوا في مائة الف او يزيدون راجعين الى بلج واصحابه بقرطبة وقد حل فلال كثير من اهل الشام كانوا في القرى والجبال ومن افريقية فلم يقووا على الرجوع الى الشام حتى صاروا في اثنى عشر الفاً سوى عبيد كثير اتخذهم من اهل البلد والبربر حتى بلغوا من قرطبة على بريدين الى موضع يقال له اقوة برطورة فخرج اليهم بلج في اصحابه فقاتلهم فلم يقوموا له ولم يصبروا الا صبراً يسيراً الا ان عبدالرحمن بن علقمة اللخمي وكان يعد فارس اهل الاندلس قد قال لهم اروني بلجاً فو الله لاقتلنه او لاموتن دونه فاشاروا له اليه وقالوا صاحب الفرس الابيض فشد بخيل الثغر فانفرج اهل الشام عن باج والراية في يده فضربه بالسيف على رأسه ضربتين)) [30].

تم معالجة ازمة طالعة الشام ببراعة العقلاء اذ تم تعين ابو الخطار الحسام بن ضرار الكلبي والياً على الاندلس من قبل حنظلة بن صفوان والخليفة بعد الوليد بن يزيد وهم نزول في المسارة او المعصرة ((فسمعوا واطاعوا وكان رجلاً من خيار اهل الشام من اهل دمشق فرضى به الشاميون والبلديون واطلق الاسرى والسبي فسمى ذلك العسكر عسكر العافية وصارت الكلمة جامعة... فاستقامت حال الناس بالاندلس وانزل اهل الشام في الكور)) [31].

الابداعات الحضارية في عصر الامارة:

تم اعلان الامارة الاموية في الاندلس عام 136هـ بعد سقوط الخلافة الاموية في دمشق، وهروب الامير عبدالرحمن بن معاوية بن هشام بن عبدالملك بن مروان بن الحكم ويعرف بالداخل لانه اول امير اموي يدخل الاندلس، ولقبه ابو جعفر المنصور العباسي (صقر قريش) لانه نجا باعجوبة من مكيدة دبرها له لتخليص من وجوده في الاندلس بواسطة العلاء بن مغيث الحضرمي الذي رفع الرايات السود العباسية، ويذكر صاحب كتاب اخبار مجموعة ((بعث المنصور الى العلاء بن مغيث الجذامي وكان من سكان باجة في الغرب وكان فيها رياسة وبعث اليه بسجل ولواء وقال له ان كان فيك محمل لمناهضة عبدالرحمن والا فابعث اليك بمن يعينك، فقام العلاء ودعا الى نفسه وتبعه خلق كثيروتطلع اكثر اهل الاندلس الى خلع عبدالرحمن وبلغ الخبر عبدالرحمن فخرج من قرطبة الى حصن قرمونة متحصناً فيه ومعه ثقات مواليه وخاصتهم وقدم العلاء ونازله بقرمونة فحاصره بها قريباً من شهرين فلما طال مقامهم انخزل عن العلاء اكثر من كان معه فواحد راقص واخر في زاد اعجزه فلما نظر عبدالرحمن الى تخلخل العسكر وكان في مثل سبعمائة من ذكور اصحابه وشجعانهم امر بنار فاوقدت عند الباب المعروف بباب اشبيلية ثم امر باحفات سيوفهم فطرحت في النار فاخذ كل واحد منهم نصل سيفه بيده وخرج وخرجوا فدارت الحرب بينهم ثم زلزل الله قدم العلاء واقدام اصحابه فولوا هاربين وقتل العلاء في المعترك واخذ راسه وحشاه بالملح والكافور وجعل معه السجل

واللواء في سفط وبعثه مع رجل من اهل قرطبة في جملة الحاج وامره ان يضع السفط بمكة فوافق المنصور قد حج تلك السنة فوضعه على باب سرادق فلما وصل الى المنصور نظر اليه وقال عرضناه المسكين للقتل وقال الحمدلله الذي جعل بيننا وبين مثل هذا من عدونا بحراً ثم لم تكن بعد هذا حركة)) [32].

اندهش الخليفة العباسي المنصور لبراعة عبدالرحمن الداخل في كشف مؤامرة العلاء وقتله وتحدى الخلافة العباسة ببغداد، كما اعجب المنصور بشخصية الداخل وانتصاره في انشاء الامارة الاموية، كما ورد بالخبر الاتي ((قال ابو جعفر عبد الله بن محمد الملقب بالمنصور يوماً لاصحابه من صقر قريش قالوا امير المؤمنين الذي راض الملك وسكن الزلازل وحسم الادواء واقاد بالاقال ما صنعتم شيئاً قال فمعاوية قال ولاهذا قالوا فعبدالملك ابن مروان قال لاقالوا فمن ياامير المؤمنين قال عبدالرحمن بن معاوية الذي تخلص بكيده عن سنن الاسنة وظباة السيوف يعبر القفر ويركب البحر حتى دخل بلداً عجمياً فمصر الامصار وجند الاجناد، واقام ملكاً بعد انقطاعه بحسن تدبيره وشده عزمه)) [33].

ابدع الامير عبد الرحمن الداخل اثناء توليه السلطة في الاندلس ونقل حضارة شاملة في جميع جوانب الحياة العامة ويمكن حصرها بالنقاط الاتية:

1- استقلال الاندلس تماماً عن المشرق بعد ان كان يعين الوالي في الاندلس الخليفة الاموي في دمشق او حاكم شمال افريقيا، صار الاندلس يعتمد على اهله في التعيين واصبح نظام الحكم وراثي كما كان سائداً في الخلافة الاموية.

2- لم يتلقب الامير الداخل بالخليفة لان الخلافة العباسية كانت في بغداد وحتى لايخلق ازمة شرعية او سياسية، وتلقب بالامير والداخل وصقر قريش وابن الخلائف وملك الملوك كما ورد ذلك في المصادر.

3- اصبحت قرطبة قاعدة حكم الامارة بعد ان كانت اشبيلية نظراً لموقعها واهميتها وخيراتها وكبرها.وصف الجغرافيون الاندلسيون نذكر منهم " قال احمد الرازي الكاتب:قرطبة قاعدة الاندلس وام المدائن،وقرار الخلافة ودار الملك،تجبي اليها ثمرات كل جهة وخيرات كل ناحية واسطة من الكور، وموفية على شاطيء النهر،مترفة لائقة مونقة،نهرها ساكن في جرية، لين في انصبابه،بقبلها بطاح سهلة، وبجوفها الجبل المنيف المسما بالعروس، المغروس بالكروم والزيتون وسائر الاشجار وانواع الازهار "[34] وتحدث عن قرطبة الحميري بقوله " وقرطبة على نهر عظيم،عليه قنطرة عظيمة من اجل البنيان قراراً، واعظمه خطراً،وهي من الجامع في قبلته وبالقرب منه فانتظم به الشكل.قالو:بامر عمر بن عبد العزيز قام على نهر قرطبة الجسر الاعظم الذي لايعرف في الدنيا مثله "[35]

4- استعان الامير عبد الرحمن الداخل بفئة من خيرة العلماء والفقهاء والقضاة فهم يحيى بن يزيد التجيبي قاضي الخليفة هشام بن عبد الملك على الشاميين وقد توفي فولاه للقضاء فكان قاضيه الى اخر امارته.[36]

5- شهد عصر الامير عبد الرحمن الداخل دخول كتاب الموطا للامام مالك بن انس "وفي ايام عبد الرحمن بن معاوية دخل الغازي بن قيس الاندلسي بالموطا عن مالك ابن انس رحمه الله وبقراة نافع بن ابي نعيم وكان مكرماً ومتكرراً عليه بالصلة في منزله "[37]

6- شجع الامير عبد الرحمن الداخل العلماء وقربهم واكرمهم منهم " دخل ابو موسى الهواري عالم الاندلس وكان قد جمع علم العرب الى علم الدين وكانت رحلتهم الى المشرق من الاندلس بعد دخول عبد الرحمن بن معاوية الاندلس."[38]

7- من ابدع اعمال الامير عبد الرحمن الداخل بناء المسجد الجامع "ومن عجائب قرطبة الجامع الذي ليس في الاسلام مثله "[39]

تم انشاء المسجد الجامع عام 170 هـ /786 م،وقد وصف الجغرافي البكري القرطبي والشريف الادريسي والعذري وغيرهم مساحات واعمدة وقبب وزخرفة وهندسة البناء باعجاب ودهشة وروعة العمارة.

8- الاهتمام بالزراعة وتطويرها واصلاح الاراضي وادخال محاصيل زراعية من المشرق، وبذلك حمل المسلمون الى الاندلس زراعة الزيتون والبرتقال والكروم والارز وقصب السكر والقطن وادخل نخلة عرفت بالعيدانية وتم تصنيف كتاب اندلسي من المؤلف النباهي المالقي بعنوان ((الاكليل في تفضيل النخيل)) ولاتزال اسماء الكثير من مفردات الفواكه والخضر التي ادخلها العرب تنطق بالاسبانية. كلف الامير الداخل عدد من الرسل والشخصيات الذهاب الى الشرق وجلب النوادر من اصناف الفواكه والخضر منهم القاضي معاوية بن صالح الذي اوفده الى الشام لجلب اخته ام الاصبغ لاشتياقه اليها وعند عودته الى الاندلس جلب معه كثير من اصناف مزروعات الشام كما ورد عنه بالخبر ثم لما صارمعاوية الى الامير عبدالرحمن ادخل اليه تحف اهل الشام وكان في تلك التحف من الرمان المعروف اليوم بالاندلس بالرمان السفري فجعل جلساء الامير من اهل الشام يذكرون الشام ويتأسفون عليها وكان فيهم رجل يسمى سفر بن عبد الكلاعي فاخذ من ذلك الرمان شيئاً لطف به وغرسه حتى علق ونما واثمر فهو اليوم الرمان السفري نسب اليه[40] ويعرف بالاسبانية Azifre ويمتاز بحلاوته وصغر حجمه.

9- شيد عبد الرحمن الداخل مدينة الرصافة تقليداً لرصافة الشام التي شيدها هشام بن عبد الملك بن مروان [41] وكانت الرصافة محببة الى قلب الداخل ونفسه بناهالكي يشعر في بلده الشام التي اضطرته الظروف الى تركه ومغادرته فهو كثير الترددعليها يقضي اكثر اوقاته بها [42] ابدعت الرصافة في جمال موقعها ومنظرها وحدائقها وبقيت مكاناً يتخذه الامراء والخلفاء من بني امية مكاناً للنزهة ولقضاء امتع الاوقات يتغزل الشعراء، كما وصفها الشاعر الاندلسي ابو الوليد بن زيدون في قصيدته:

على المُنعت السعدي مني تحية زكت وعلى وادي العقيق سلامُ

ولا زال نور في الرصافة ضاحكاً بارجائها تبكي عليه غمامُ

واهتم امراء الاندلس بمدينة قرطبة وتطويرها وازدهار احوالها في جميع جوانب الحياة منها تعين المسؤولين عليها من ذوي الكفاءة والامتاء، ومن اخبار الامير عبدالرحمن ابن الحكم (الاوسط) ((انه تكررت الشكوى عليه بولاة المدينة واحداً بعد واحد فاقسم الايولي المدينة رجلاً من اهل قرطبة فكشف عن من يستحق هذا من سكان الكور من مواليه واشير اليه الى محمد بن السلم ووصف عنده بالحج وحسن العقل والتوضع فبعث فيه وولاه المدينة فلما ركب اول يوم ولى فيه المدينة قيل له قتيل بالقصابين في شيرة. فقال نؤتي به فلما صار بين يديه امر بانزال القتيل في الرصيف لعله يمر به احد ممن يعرفه وامر بتقديم الشيرة اليه فنظر الى شيرة جديدة فقال علي بالحصارين كلهم تجارهم وعمال الايدي فلما اتى بهم قدم الى نفسه وجوههم فقال لهم عمل الشيرات والقفاف مشتبه او يعرف بعضهم عمل بعض فقالوا له بل يعرف بعضنا اعمال بعض ونعرف اعمال اهل الكور من اعمالنا بقرطبة فامر بابراز الشيرة اليهم فقالوا هذا من عمل فلان وهو في الجماعة واقف فامر بتقديمه فقدم اليه فقال نعم هذه الشيرة اشتراها مني بالامس فتى عليه هيئة خدمة السلطان ووصفه كذا فقال الشرط والمشترون هذه صفة فلان الاخرس الساكن برصافة فنهض اليه وفتش عليه فوجدت ثياب القتيل عنده فلما بلغ الخبر عبدالرحمن امر بتولية الوزارة مع المدينة فلما دخل البيت وصاروا له كلهم تبعاً في الرأي)) [44] حرص الامراء في الاندلس على حماية قرطبة بواسطة ابواب تغلق ليلاً لمنع اللصوص وتعين مراقبين على الدروب وتعرف ((بخطة الطواف بالليل وما يقابل من الغرب اصحاب ارباع في المشرق فانهم يعرفون في الاندلس بالدرابين لأن بلاد الاندلس لها دروب باغلاق تغلق بعد العتمة ولكل زقاق بائت فيه له سراج معلق وكلب يسهر وسلاح معدة وذلك لشطارة عامتها وكثرة

شرهم واغوائهم في امور التلصص الى ان يظهروا على المباني المشيدة ويفتحوا الاغلاق الصعبة ويقتلوا صاحب الدار خوف ان يقر عليهم او يطالبهم بعد ذلك ولاتكاد في الاندلس تخلو من سماع دار فلان دخلت البارحة وفلان ذبحه اللصوص على فراشه وهذا يرجع التكثير منه والتقليل الى شدة الوالي ولينه ومع افراطه في الشدة وكون سيفه يقطر دماً فان ذلك لايعدم وقد ال الحال عندهم ان قتلوا على عنقود سرقة شخص من كرم وما اشبه ذلك فلم ينته اللصوص)) [45]

تم حماية مدينة قرطبة بواسطة ابواب ضخمة ومتينة الاخشاب لمنع دخول الاعداء واللصوص والمخربين ومن ابواب قرطبة التي شيدت على عصور مختلفة اتخذت تسمية للمحلة او اتجاه مدن الاندلس وهي:

1- باب ابن عبد الجبار، وترف بباب طليطلة الشرقية، وتنسب الى عبدالجبار بن الخطاب بن مروان بن نذير مولى مروان بن الحكم.[46]

2- باب بطليوس، كانت باتجاه مدينة بطليوس.

3- باب الجامع، تواجه المسجد الجامع (الجماعة) في قرطبة، وقال ابن بشكوال عنه ((وهو باب قديم كان يدخل منه الخلفاء يوم الجمعة الى المسجد الجامع على الساباط)) [47]

4- باب الجزيرة الخضراء، وهذه من الابواب السبعة التي كانت توجد في قرطبة وكانت على جسر كما قال ابن بشكوال ((باب القنطرة الى جهة القبلة ويعرف بباب الوادي وباب الجزيرة الخضراء وهو على النهر)) [48]

5- باب الجنان، تقابل المسجد الذي امر ببنائه هشام بن عبدالرحمن حين فتح اربونة واشترط على المعاهدين من اهل جليقية من صعاب شروطه انتقال عدد من احمال التراب من سور اربونة المفتتحة يحملونه الى باب قصره بقرطبة ليبنى به المسجد المذكور المواجه لباب الجنان)) [49]

تلك الباب التي وقف امامها الملك الاسباني اردون بن ادفونش حين قدم على الخليفة الحكم المستنصربالله [50] كما يطلق عليه ايضاً الباب القبلي [51]

6- باب الجوز،وهي التي تؤدي الى سوق الجوز بقرطبة وقد عدها ابن بشكوال من الابواب التسعة لمدينة قرطبة.[52]

7- باب الحديد، وهي لاتزال باقية في قرطبة ضمن التخطيط العربي العمراني للازقة التي كانت تشق المدينة، وتصل الابواب المتقابلة بعضها ببعض.

8- باب ليون، وهي التي تقابل زقاق عيسى ومريم ويعرف بالمحجة العظمى ويمر تحت الساباط الذي كان يصل القصر بالمسجد.

9- باب رومية، وصفها ابن بشكوال ((وباب رومية وفيه تجتمع الثلاثة الرصف التي تشق دائرة الارض من جزيرة قادش الى قرمونة الى قرطبة الى سرقسطة الى طركونة الى اربونة مارة في الارض الكبيرة))(53)

10 - باب الزاهرة، وهي تقابل مدينة الزاهرة وفيها ضربت اعناق النصارى الذين يخدمون عند المنصور بن ابي عامر والذين كانوا يكاتبون اخواناً لهم في الدين يرشدونهم الى الاماكن الصالحة للاقامة من غير علم من المسؤولين المسلمين،كما ضربت بها رقبة الشيخ الذي وجد الصقالبة في برذعة حمارة رسالة النصارى وفيها اسرار عسكرية للجيش الاندلسي (54)
وقد ورد ذكرها خطأ عند المقري بعنوان ((باب الزهاري))(55).

11- باب السدة، تقع عند قصر قرطبة ويبدو انها كانت مدخل الناس لكنها كانت في الجهة الاخرى المقابلة للمسجد المنسوب لابي عثمان الذي كان يصلي فيه كبير علماء المالكية في ذلك العهد ابو ابراهيم ويلقي فيه الدروس على الرعية.

رغب الفقيه ابو ابراهيم من مبعوث الخليفة عبد الرحمن الناصر دخول المسجد الجامع من باب السدة لقربها له بقوله ((ولكني اضعف عن المشي الى باب السدة، ويصعب علي ركوب دابة لشيخوختي وضعف اعضائي، وباب الصناعة التي يقرب الى من ابواب القصر المكرم احوط واقرب وارفق بي فان راى امير المؤمنين - ايده الله تعالى - ان يأمر بفتحه لادخل اليه منه هون على المشي، وودع جسمي،واجب ان تعود وتنهي اليه ذلك عني حتى تعرف رايه فيه، وكذلك تعود الي فاني اراك فتى سديداً، فكن على الخير معيناً.

ومضى عنه الفتى، ثم رجع بعد حين وقال: يافقيه قد اجابك امير المؤمنين الى ماسألت، وامر بفتح باب الصناعة وانتظارك من قبله)) (56)

في عصر الحكم المستنصربالله اقام عرض عسكري، وكان الذي يقف يومه على باب السدة البوابون واعوانهم (57)

12- باب سرقسطة، وهي من الابواب السبعة التي عدها ابن بشكوال في قرطبة وكانوا يسمونها تارة باب الحديد واخرى باب سرقسطة لان منها كان يخرج القاصد الى سرقسطة. (58)

اتبع امراء الاندلس اسلوب انساني في التعامل مع الرعية واحترامهم وتنفيذ مطالبهم العادلة، وتذكر النصوص نماذج من التسامح والتقدير للامير عبدالرحمن الثاني مع رعيته، كما نقل لنا ابن حيان القرطبي وهو يتحدث عن الامير بقوله ((يابني ! وبذلك كان يخاطبهم مستلطفاً لهم ومرفقاً بهم)) (59)

استمع الامير عبدالرحمن الثاني وتباحث مع ولاته ووزرائه ما يخدم بلاد الاندلس ويعمل على تطويره وازدهاره، وعلى شكل دوري كل يوم او اسبوع، كما اعد لنا ابن حيان القرطبي بقوله ((والامير عبدالرحمن الثاني اول من الزم هؤلاء الوزراء الاختلاف الى القصر كل يوم، والتكلم معهم في الرأي، والمشورة لهم في النوازل. وافرادهم ببيت رفيع داخل قصره مخصوص بهم يقصدون اليه ويجلسون فيه فوق ارائك قد نضدت لهم يستدعيهم اذا شاء الى مجلسه جماعة واشتاتاً، يخوض معهم فيما يطالع به من امور مملكته ويفحص معهم الرأي فيما يبرمه من احكامه)) (60)

ابدع الامراء والخلفاء الاندلسيين في متابعة شؤون المجتمع وحل مشاكله وتقديم المعونة والعطف، فقد عطف الخليفة عبدالرحمن الناصر على معتوه تعرض له في عرض عسكري وحاول رفع سكين عليه والخليفة على جواده ولكن الحرس منعوه واسرعوا الى قتله ولم يلتفوا الى ممانعة الخليفة من الصفح عنه من دون ان يعلم انه مجنون وعندما علم بخبره اعتذر من اهله واجرى عليهم مرتباً شهرياً من ماله. (61)

حرص الخليفة عبدالرحمن الناصر على القيم والتقاليد الاسلامية وقد خط المصحف الشريف بيده وكان يحمله في جهاده تبركاً وهداية لنصر الاسلام ويقرأ فيه من الذكر الحكيم، وفي معركة الخندق عام 327هـ فقد المصحف الشريف مع درعه في ارض جليقية فحزن له وبكى عليه،كما اكد لنا الخبر بقوله ((وفيها مصحفه الخاص به ودرعه الاثيرة لديه، فلم يك يأسى على شئ من ذلك اساه عليها، بعد ان اغرق في الوقوف والثبات بنفسه في طائفة خاصته)) (62)

علم الخليفة الناصر بخبر مصحفه عند اهل جليقية الاسبان فعمل على فك اسرة منهم وتم استعادة مصحف الناصر كما جاء عند ابن حيان القرطبي بقوله ((وفي صفر (330) منها صرف على الناصر لدين الله مصحفه الذي كان ضاع بجليقية في الهزيمة الخندقية، وكان مجزءاً على اثني عشر جزءاً، انصاف اسداس، وله من نفسه مكان مكين، اشتد له قلقه وندمه على تغريره به، في ادخاله الى دار الحرب، خلافاً لسننه، لم يزل مستغفراً الله خالقه، من تلك الحوبة، باذلاً في افتكاكه كل رغبة، وكان قد ردت عليه اكثر اجزائه دفعاً، الا قليلاً اعيا على الملتمسين لها بجليقية وجدانها)) (63) امتاز عصر الخليفة الناصر بالانجازات الابداعية الحضارية بفضل حرصه وبذل المزيد من وقته وجهوده لبناء المجتمع الاندلسي واسعاده خلال حكمه نصف قرن من الزمان، وقد سئل الخليفة عن ايام السعادة في حكمه وحياته فكان جوابه ((ايام السرور التي صفت لي دون تكدير ايام سلطاني يوم كذا من شهر كذا من سنة كذا فعدت تلك الايام فعدت تلك الايام فوجد فيها 14 يوماً)). (64)

تابع الخليفة الناصر ملف الاسرى المسلمين عند الاسبان والافرنج ورصد لهم الاموال ولكنه لم يجد ذلك بفضل جهاده وانتصاراته، كما ورد بالنص بقوله ((واخبرني بعض مشايخ قرطبة عن سبب بناء مدينة الزهراء، ان الناصر ماتت له سرية وتركت مالاً كثيراً، فأمر ان يفك بذلك المال اسرى المسلمين، وطلب في بلاد الافرنج اسيراً فلم يوجد فشكر الله تعالى على ذلك، فقالت له جاريته الزهراء وكان يحبها حباً شديداً، اشهيت لو بنيت لي به مدينة تسميها باسمي، وتكون خاصة لي، فبناها تحت جبل العروس من قبلة الجبل وشمال قرطبة، وبينها وبين قرطبة 3 اميال، واتقن بناءها، واحكم الصنعة منها وجعلها مستنزهاً ومسكناً للزهراء وارباب دولته))[65]

حرص الخليفة الناصر على توزيع الاموال العامة التي يحصل من الضرائب والموارد الاقتصادية وكانت هائلة اذ ((كان الناصر يقسم جباية الاندلس اثلاثاً: فثلث للجند، وثلث مدخر، وثلث ينفقه على عمارة الزهراء))[66]

ولع الخليفة الناصر بالابداع العمراني وتقديم الخدمات لأهل الاندلس، ويذكر في بناء مدينة الزهراء اهتم باظهارها بمستوى حضاري جميل فريد وهندسة معمارية مميزة في تنويرها بحوض الزئبق في وسطها وكان يجلب ابصار الزوار اذا ما اشرقت الشمس عليه، كما ورد ذلك عن مجلس الزهراء ((في وسطه صهريج عظيم مملوء بالزئبق، وكان في كل جانب من هذا المجلس ثمانية ابواب قد انعقد على حنايا من العاج والابنوس المرصع بالذهب واصناف الجواهر.... وكانت الشمس تدخل من تلك الابواب فيضرب شعاعها في صدر المجلس وحيطانه فيصير من ذلك نور ياخذ الابصار. وكان الناصر اذا اراد ان يفزع احداً من اهل مجلسه اوما الى احد صقالبته فيحرك ذلك الزئبق فيظهر في المجلس كلمعان البرق في النور، ويأ خذ بمجاميع القلوب))[67]

تم تمجيد حكم الخليفة الناصر من المؤرخين الاندلسيين الاوائل منهم شيخ المؤرخين ابن حيان القرطبي وغيره كما ورد بالنص ((ذلك ابن حيان وغيرواحد ان ملك الناصر بالاندلس كان في غاية الضخامة ورفعة الشأن، وهادته الروم، وازدلفت اليه تطلب مهادنته ومتاحفته بعظيم الذخائر، ولم تبق امة سمعت به من ملوك الروم والافرنجة والمجوس وسائر الامم الا وفدت عليه خاضعة، راغبة، وانصرفت عنه راضية))[68]

احب اهل الاندلس خليفتهم الورع المصلح لكثرة اصلاحاته وخدماته للرعية فعندما اراد علاج دمه بالفصد، اجتمع الناس عند باب قصره يدعون له بالشفاء العاجل، كما جاء بالخبر:((من غريب ما يحكى عن امير المؤمنين الناصر انه اراد

الفصد فقعد بالبهو في المجلس الكبير المشرف على مدينته بالزهراء، واستدعى الطبيب لذلك، واخذ الطبيب الالة،وحبس يد الناصر فبينما هو اذ اطل زرزور فصعد على اناء ذهب بالمجلس، وانشد

ايها الفاصد رفقاً ... بأمير المؤمنينا

انما تفصد عرقاً ... فيه تحيا العالمينا[69]

كسب الخليفة الناصر رضى الرعية والتاريخ عندما ابدع في ادخال خدمات بلدية لاول مرة في التاريخ منها شبكة الماء الصافي والانارة الى مدينة قرطبة، وقد سجل لنا المؤرخ الاندلسي تلك الانجازات كما ورد الخبر عند ابن الفياض بقوله ((وسمعت ببلاد الاندلس من غير واحد من مشايخها: ان الماشي كان يستضئ بسروج قرطبة ثلاث فراسخ لا ينقطع عنه الضوء))[70]

وقام ابنه الحكم المستنصر بالله بجلب الماء من عيون في جبال قرطبة بواسطة قنوات من الرصاص والاجر الى الزهراء والمسجد الجامع بقرطبة. كما اورد لنا المؤرخ بقوله ((وفيها اجرى الماء الى سقايات الجامع والميضاتين اللتين مع جانبيه شرقية وغربية،ماء عذباً جلبه من عين بجبل قرطبة، خرق له الارض، واجره في قناة من حجر متقنة البناء محكمة الهندسة، اودع جوفها انابيب الرصاص لتحفضه من كل دنس، وابتدى جرى الماء من يوم الجمعة لعشر خلون لصفر من (356هـ) وفي جرى الماء الى قرطبة يقول محمد بن شخيص في قصيدة مطلعها:

وقد خرقت بطون الارض عن نظفٍ ... من اعذب الماء نحو البيت تجريها[71]

بالوقت الذي سادت النظافة عند اهل الاندلس وكثرت الحمامات في قرطبة التي بلغت911 حماماً[72]، نرى ان اهل جليقية لايهتمون بالنظافة، كما اورد لنا الجغرافي البكري القرطبي بقوله ((لايتنظفون ولايغتسلون في العام الا مرة او مرتين بالماء البارد، ولايغسلون ثيابهم منذ يلبسونها الى ان تنقطع عليهم، ويزعمون ان الوسخ الذي يعلوها من عرقهم تنعم به اجسامهم وتصح ابدانهم، وثيابهم اضيق الثياب، وهي مفرجة يبدو من تفاريجها اكثر ابدانهم))[73].

تولى الخليفة الحكم المستنصر بالله السلطة بعد وفاة ابيه الناصر واحدث ابداعات حضارية مميزة، واتبع سياسة التسامح والتطور الثقافي وانشاء المكتبات والاهتمام بالفقراء وانشاء المكاتب لهم وشراء امهات المصادر لاهالي الاندلس الذين اعجبوا بسيرته، وقد اورد لنا نص يقول ((وكان محباً للعلوم، مكرماً لاهلها، جماعاً للكتب في انواعها بما لم يجمعه احد من الملوك قبله، قال ابو محمد بن حزم، اخبرني تليد الخصى، وكان على خزانة العلوم والكتب بداربني مروان - ان عدد الفهارس

التي فيها تسمية الكتب اربع واربعون فهرسة، وفي كل فهرسة عشرون ورقة، ليس فيها الا ذكر اسماء الدواوين لا غير، واقام للعلم والعلماء سوقاً نافقة جلبت اليه بضائعة من كل قطر)) [74].

حاول الخليفة الحكم الثاني خدمة المجتمع الاندلسي في العطف والرحمة وقد اعتق عدد من العبيد كعمل خيري لجلب انتباه الرعية وبحضور عدد من وجهاء الخلافة، كما جاء عند ابن حيان القرطبي بقوله ((انفذ الخليفة اعتاق جمع كبير من عبيد له واماء تنيف على مائة رقبة انعقد الكثير منهم عتق بتل)) [75].

ازدهرت الاندلس ثقافياً في خلافة الحكم المستنصر بالله وذلك بجلب الكتب وشرائها باثمان غالية بواسطة فريق من المندوبين الثقافيين الاندلسيين يرسلهم الى المشرق ((وكان يبعث في الكتب الى الاقطار رجالاً من التجار ويرسل اليهم الاموال لشرائها،حتى جلب منها الى الاندلس مالم يعهدوه، وبعث في كتاب الاغاني مصنفة ابي الفرج الاصفهاني، وكان نسبه في بني امية، وارسل اليه فيه بالف دينار من ذهب العين، فبعث اليه بنسخة من قبل ان يخرجه الى العراق)) [76].

ابدع الخليفة الحكم الثاني في تقديم الدعم والعون الى تثقيف الفقراء مجاناً وتقديم الصدقة والمعونة لهم وبذلك كسب رضى الله والرعية، كما ورد بالنص ((وابتنى بغربي الجامع دار الصدقة، اتخذها معهداً لتفريق صدقاته (رحمه الله تعالى) ومن مستحسنات افعاله وطيبات اعماله اتخاذة المؤدبين يعلمون اولاد الضعفاء والمساكين القران حوالي المسجد الجامع وبكل ربض من ارباض قرطبة، واجرى عليهم المرتبات، وعهد اليهم في الاجتهاد والنصح، ابتغاء وجه الله العظيم، وعدد هذه المكاتب سبعة وعشرون مكتباً منها حوالي المسجد الجامع ثلاثة، وباقيها في كل ربض من ارباض المدينة، وفي ذلك يقول ابن شخيص (بسيط)

وساحة المسجد الاعلى مكللة مكاتباً لليتامى من نواحيها

لو مكنت سور القران من كلم نادتك ياخير تاليها وواعيها [77]

قدم الخليفة الحكم الثاني خدمات حضارية الى المعلمين والمؤدبين واحترام مهنتهم واكرمهم كما اورد الخبر الاتي: ((.... انفذ الخليفة تحبيس حوانيت السراجين بسوق قرطبة على المعلمين الذين قد كان اتخذهم لتعليم اولاد الضعفاء والمساكين بقرطبة)) [78].

شجع الخليفة الحكم الثاني الدراسات القرانية والسنة النبوية، كما اكد لنا ابن خلدون ((.... واما اهل الاندلس فمذهبهم تعليم القران والكتاب من حيث هو وهذا هو الذي يراعونه في التعليم، الا انه لما كان القران اصل ذلك واسه ومنبع

الدين والعلوم جعلوه اصلاً في التعليم فلا يقتصرون لذلك عليه فقط بل يخلطون في تعليمهم للولدان رواية الشعر في الغالب والترسل واخذهم بقوانين العربية وحفظها وتجويد الخط والكتاب ولاتختص عنايتهم فيه بالخط اكثر من جميعها الى ان يخرج الولد من عمر البلوغ الى الشبيبة وقد شدا بعض الشئ في العربية والشعر والبصر بينهما وبرز في الخط والكتاب متعلق باذيال العلم على الجملة)) [79].

ازدهر سوق الشعر عند اهل الاندلس اذ كان الفلاح ينظم الشعر على قريته كما جاء عند ياقوت الحموي في حديثه عن مدينة شلب بقوله ((قل ان ترى من اهلها من لايقول شعراً ولايعاني ادباً. ولو مررت بالفلاح خلف فدانه وسألته عن الشعر قرض من ساعته ما اقترحت عليه واي معنى طلبت منه)) [80].

انجبت الاندلس طائفة من اعظم مفكريها وادابها وشعرائها امثال الفيلسوف ابن حزم القرطبي ت 456 هـ والمؤرخ ابن حيان القرطبي ت 469 هـ والشاعر ابن زيدون ت 462هـ والشاعر الاديب ابن عبدون ت 520 هـ.

ان ملوك الطوائف كانوا طليعة الادباء والشعراء، كالعالم عمر ابن الافطس صاحب بطليموس والمعتضد والمعتمد بن عباد صاحبي اشبيلية والمعتصم بن صمادح صاحب المرية.

1. الطبيب ابو القاسم الزهراوي ت 516 هـ .
2. الفيلسوف ابن باجة ت 523 هـ .
3. الفتح بن خاقان ت 535 هـ .
4. ابن بسام الشنتريني ت 542هـ .
5. ابو جعفر بن الطفيل الاشبيلي (رسالة حي بن يقظان) ت 571 هـ .
6. الفيلسوف ابن رشد القرطبي ت 594 هـ .
7. الرئيس موسى بن ميمون ت 602 هـ .
8. ابو القاسم خلف ابن بشكوال القرطبي ت 578 هـ من اعلام الشعر والادب .
9. الشيخ محي الدين بن العربي شيخ المتصوفين ولد بمرسية 560 هـ ونزح الى الشرق وتوفي بدمشق 638 هـ
10. ابن البيطار المالقي ت بدمشق 646 هـ ودرس عليه ابن ابي اصيبعة .
11. ابن الابار القضاعي ولد سنة 595 هـ وتوفي 659 هـ
12. ابن سعيد المغربي الاندلسي ولد في غرناطة 610هـ وطاف بقواعد الاندلس والمغرب والمشرق وتوفي بدمشق سنة 673 هـ .
13. الوزير ابن الحكيم ابو عبد الله محمد بن يحيى اللخمي الرندي ولد برندة سنة 660 هـ .

14. ابو حيان الغرناطي ولد بغرناطة سنة 654 هـ وتوفي بمصر سنة 745هـ .
15. ابن الخطيب الغرناطي ولد في لوشة 713هـ وتوفى سنة 776 هـ
16. ابن زمرك تلميذ ابن الخطيب الغرناطي ولد سنة 733هـ وقيل سنة 797هـ

جوانب من الابداع والروعة في العمارة الاندلسية

شهدت العمارة في الاندلس عبرالعصور تفوقا في الهندسة والزخرفة والاتقان في استخدام مواد البناء من الحجارة والرخام فضلا عن ارقى درجة من الفن المعماري والابداع والجمال والتنسيق والدقة الهندسية.

فن العمارة في الاندلس شمل بناء المدن والمساجدوالقصور والاسوار والحصون والقلاع والابراج واحواض الماء والتي شيدت وفق قواعد واسس علمية بواسطة امهر المهندسين البنائين بذوق رفيع وتصاميم توحى بالجمال والروعة والابداع والاعجاب للناظرولاتزال اطلالهااليوم تعبرعن متانةالعمارةوجودة مواد البناء ومهارة البناء الاندلسي.

المسجدالجامع في قرطبة اومايعرف بمسجد الجماعة وبالاسبانية Alajama

نموذج معماري مميز في الحضارة الاندلسية شيده الاميرعبدالرحمن الداخل سنة 169هـ (صقرقريش)ليكون مثال للروعة والابداع الحضاري في اسبانيا،تحدثت عنه المصادرووصفته باحسن الاوصاف لمكانته الهندسية المعمارية،واجمل مافيه عدد الاعمدة الرخامية الجميلة التي بلغت حوالي 1300 عمودلم يبق غير نصفها اليوم [81].

بذل الاميرعبدالرحمن الداخل جهودا واموالاطائلة لتشييده واستغرق بناؤه اكثرمن عام، وكان شروع عبد الرحمن الداخل في هدم الكنيسة وبناء الجامع سنة 169هـ وتم بناؤه وكملت بلاطاته،واشتملت اسواره في سنة170،فذلك مدة من عام كامل،فقيل ان النفقة التي انفق الامام عبد الرحمن بطول هذه السنة في بناء الجامع ثمانون الفا بالوازنة. وفي ذلك يقول البلوي(رحمه الله) طويل:

وابرزفي ذات الاله ووجهه   ثمانين الفا من لجين وعسجد

فانفقهافي مسجدائمة التقى   ومنهجه دين النبي محمد [82]

انشدشعراء الاندلس التحفة الحضارية للمسجد الجامع لمكانته المعمارية وهندسته، وذكره الشاعر موسى بن سعيد(طويل):

لعمري لقد ابدى الامام التواضعا   فاصبح للدنيا و للدين خاشعا

بنى مسجدالم يبن في الارض مثله   وصلى به شكرا لذي العرش راكعا [83]

يعدالمسجدالجامع في قرطبة من عجائب العمارة الاندلسية كما وصف الجغرافي الاندلسي الزهري ((ومن عجائب قرطبة الجامع الذي ليس في الاسلام مثله.وذلك انه بناه

اثنا عشر ملكا من ملوك بني امية.ومن عجائبه الزيادة التي زادها الحكم المستنصربالله بن عبد الرحمان الناصر لدين الله.وذلك انهامتى التقيت اربع سوار كانت رؤوسها واحدةمن حجر واحد في اعلاها واسفلها،ومابنى في الاسلام مثله.[84]

ابدعت المصادر الاندلسية في وصف عمارة المسجدالجامع وزيادته وابوابه ومرافقه كما وردبالنص((وجعل للجامع سبعة ابواب لدخول الرجال وبابين لدخول النساء، وجعل طوله225ذراعاوعرضه105اذرع،فتم الطول الحكم المستنصر بالله طوله في القبلة خاصة 105 اذرع،فتم الطول 330 ذراعا،وزاد المنصور بن ابي عامر بامرهشام المؤيد في الجهة الشرقية خاصة 80ذراعا فتم العرض 130 ذراعا. وعدد بلاطاته 11بلاطا والبلاط الاوسط منها في عرضه 16 ذراعا،والاربعة التي عن يمين الاوسط ويساره كل واحد منها من 14 ذراعاً،والستة الباقية طول كل واحد منها 11ذراعاً،والثمانية التي زاد ابن ابي عامر.

طول الصحن من الشرق الى الغرب 128ذراعا وعرضه 105 اذرع،والسقائف الدائرة،كل سقيفة 7 اذرع،وعدد سواريه 1300سارية تنقص سبع سوار،وارتفاع صومعته370ذراعاً الى موضع الاذان.[85]

حدثت توسعات عمرانيةمهمة في عصرامراء الاندلس ومن اهمهافي امارة عبد الرحمن الاوسط والخليفة عبد الرحمن الناصر وابنه الحكم المستنصربالله والزيادة في حكم الحاجب المنصور العامري وماحمله من اجراس الكنائس في جليقية وعملها ثريات،اصاب المسجدالجامع في قرطبة من تشويهات في عمارته بعد سقوط قرطبة في عهدالملك الاسباني فردينانــدالثالث القشتالي ودخوله عام 1236م،اذ ادخل مصليات نصرانية شوهت هندسته وروعته وانسجامه واصابت العتمة اجزاء من المسجد،وفي عام 1523 فرض مجلس الكهنة بناء كاتدرائية كبيرة،داخل المسجد قد شوهت الروائع المعمارية الاسلامية وزادت من الظلام واحجبت الضوء الذي كان يدخل من نوافذ،حتى ان الملك الاسباني شارل الخامس اسف وتالم لما لحق من اضرارعلى المسجد بسبب انعدام الذوق والخبرة القشتالية.

اما نموذج الابداع في عمارة المدن الاندلسية،ناخذ مدينة الزهراء نموذجا والتي شيدها الخليفة الاندلسي عبد الرحمن الناصر عام325هـ لجاريته الزهراء وكانت في ضواحي قرطبة عند اطراف جبل العروس من الاماكن الجميلة،كرس الخليفة الناصر اهتمامه في عمارة الزهراء ((وكان يصرف فيها كل يوم من الصخر المنجور ستة الاف صخرة سوى التبليط في الاسوس، وجلب اليها الرخام من قرطاجنة افريقية ومن تونس.... وكان فيها من السواري 4313 سارية،المجلوبة منها من افريقية 1300 سارية،واهدى اليه ملك الروم140سارية،وسائرذلك من رخام الاندلس،واما الحوض الغريب المنقوش المذهب بالتماثيل،فلاقيمة له جلبه ربيع الاسقف من القسطنطينية من مكان الى مكان حتى وصل في البحر،ووضعه الناصر في بيت المنام في المجلس الشرقي

المعروف بالمؤنس،وكان عليه 12 تمثالا من الذهب الاحمر مرصع بالدر النفيس العالي مماصنعه بدار الصنعة بقصر قرطبة [86].

تنوعت اوصاف هندسة مدينة الزهراء في المصادر ومن اروع وابدع مافيها هو حوض الزئبق المنصوب بطريقة هندسية مميزة اذيستقبل شروق الشمس عن طريق النوافذ ويتوزع الضوء الى ارجاء القصر،وكان الحوض يتحرك بطريقة علمية متقنة،كماورد في النص((واعجب مافيهابيت بنى من خمس وعشرين سنة.وكان يقال له مجلس القبلق وكان سمكه من الذهب والزجاج الغليظ الصافي وحيطانه مثل ذلك. وكانت له قراميدمن الذهب والفضة,وفي وسطه صهريج مملوء بالزئبق.وفي كل جانب من المجلس ثمانية ابواب قد انعقدت على اقواس من العاج والابنوس على سوار من الزجاج الملون.وكانت الشمس تدخل على تلك الابواب فيضرب شعاعها في سمك المجلس وحيطانه،فيصيرمن ذلك نور يتلالاياخذ الابصار،فاذا اراد الناصر ان يفزع اهل المجلس او ورد عليه رسول عمد الى صقالبته فيحركون ذلك الزئبق فيظهر في المجلس نور كلمعان البرق ياخذ بمجامع القلوب فيخيل لمن كان في المجلس انه طار بهم في الهواء مادام الزئبق يتحرك،وقد قيل ان المجلس يدور فيسقبل الشمس [87].

يذكران ((عدد دور الزهراء125دارا،وابوابها كلها كبارها وصغارهاملبسات بالحديد والنحاس المموه بالذهب وهي نيف على 15الف باب.ومدينة الزهراء من انبل مابناه الانس واجله خطرا واعظمه شانا واغرب مابنى في الاسلام واعجبه))[88].

من الروائع الحضارية ماسجله لنا المؤرخ الاندلسي من احصائيات مهمة عن ماينفق من الصخر المنحوت وعدد المهندسين البناؤن والعمال العاملين والنجارين في تشييد الزهراء واجورهم اليومية والدواب المستخدمة،كماورد عند المؤرخ مسلمة بن عبد الله بقوله((وكان مبلغ ماينفق فيها كل يوم من الصخر المحكم المعدل لوجه البناء ستة الاف صخرة حاشا المرتل،وكان يخدم بها في كل يوم الف واربعمائة بغل منها اربعمائة زوامل السلطان المختصة به،والف من ذوات الاكرياءالمعرضة للخلعة، اجرة كل بغل منها في الشهر ثلاثة دنانيرمن الذهب الجعفري يجب لجميعها في كل شهرثلاثة الاف دينار،وكان عدة حذاق البناة بها في كل يوم ثلثمائة بناء،وعدة حذاق النجارين مائتا نجار،وعدة الاجراء في كل يوم خمسمائة اجير تتمة الف عامل حاشا من كان يخرج فيها من اعلاج النصارى عبيدة[89].

مما يؤكد على براعة العمارة الاندلسية وروعتها في بناء الزهراء مانقله لنا شيخ المؤرخين في الاندلس ابن حيان القرطبي بوصفه الجميل تائلاذر مازلت اسمع من الشيوخ المحصلين ان مصانع المدينة الزهراء وقصورها اشتملت على 15200 زوج باب زائدة،منها

المصفح بالحديد المبيض بالقزدير،ومنها المصفح بالنحاس الاصفر،ومنها الخشب المنقوش والمرصع،فهي على الجملة من اهوال مابناه الانسان واجله خطرا واعظمه شانا[90].

خاطب الخليفة عبد الرحمن الناصر المدينة الخلافية الزهراء في ابيات شعريةعند اكمالها واقفا في سطوحهابعد ان اصابه ارق لولعه وحبه لما انجزه من عمران مناديا:.

ياصاحب القصرالعظيم الذرى اسمع الى وعظى بحرفين

يوشك ان تنقل منه الى اهويه في ضيق شبرين

فاستوى جالسا وقال محيبا له:

لودامت الدنيا لمن قبلنا لدامت الدنيا لاثنين

اعنى سليمان وذاك الذي سد على ياجوج بابين[91]

كان الخليفة الناصر كلفا بالعمارة مولعا بروائع الهندسة متابعا في الاشراف على البناء واكماله ليبقى باسمه خالدا،وقد انجزاروع مشروع خدمي حضاري في مجال البلدية حيث جلب الماء العذب الى اهالي الزهراء،كما جاء في النص:

((وكان عبد الرحمن رحمه الله كلفا بعمارة الارض واقامة معالمها وانباط مياهها واستجلابها من ابعد بقاعها وتخليد الاثارالدالة على قوة ملكه وعزسلطانه وعلو همته فافضى به الاغراق في ذلك الى ان ابتنى مدينة الزهراء واستفراغ وسعه في اتقان قصورها وزخرفةمصانعها فانهمك في ذلك))[92].

ان الزائر لووقف على اطلال مدينة الزهراء اليوم سيرى ان الحكومة الاسبانية قد نصبت لوحة كتب عليها بالعربية والاسبانية:ان اول شبكة للماء الصافي في العالم اقامها الخليفة عبدالرحمن الناصرهي في مدينة الزهراء،اذتفخر وتعتز اسبانيا و تتباهبالمشروع الحضاري على ارضها يؤكد على الابداع في الخدمات البلدية، ووصف الجغرافي الشريف الادريسي مدينة الزهراء بقوله ((وهي قائمة الذات باسوارها ورسوم قصورها وفيها قوم سكان باهليهم وذراريهم وهم قليلون وهي في ذاتها مدينة عظيمة مدرجة البنية مدينة فوق مدينة سطح الثلث الاعلى يوازي على الجزء الاوسط وسطح الثلث الاوسط يوازي على الثلث الاسفل وكل ثلث منها سور وكان الجزء الاعلى منها قصورا يقصرالوصف عن صفاتها والجزء الاوسط بساتين وروضات والجزء الثالث فيه الديار والجامع [93].

ومن اروع الانجازات التي قام بها الخليفة الحكم المستنصر بالله في قرطبةهوايصال الماء الصافي الى المسجد الجامع للوضوءفي سنة356هـ ((وفيها اجرى الماء الى سقايات الجامع والميضاتين اللتين مع جانبيه:شرقيةوغربية،ماءاعذبا جلبه من عين بجبل قرطبة،خرق له الارض،واجراه في قناةمن حجرمتقنة البناء،محكمةالهندسة))

اودع جوفها انابيب الرصاص لتحفظه من كل دنس،وفي جري الماء الى قرطبة يقول محمد بن شخيص في قصيدة له،منها بسيط:[94]

قدخرقت بطون الارض عن نظف   من اعذب الماء نحو البيت تجربها

طهرالجسوم اذا زالت طهارتها   رئ القلوب اذا حرت حواريها

جوانب من الابداعات بعلم الطب والصيدلة في الحضارة الاندلسية:

شهدالتاريخ الاندلسي حالات من الانجازات العلميةالمتطورة في مجال الطب والصيدلة بفضل ظهور طبقة من الاطباء المشاهيرامثال:

1- ابوالقاسم خلف بن عباس الراوي القرطبي(ت404هـ/1013م)صاحب كتاب((التصريف لمن عجز عن التاليف))الذي يعد موسوعة طبية في اختصاصات الجراحة العامةوالذي ترجم الى مختلف اللغات العالمية،ولايزال يحظى باهتمام الاطباء.

2-الطبيب موسى بن ميمون،ابي عمران عبيد الله القرطبي صاحب المؤلفات الطبية منها كتاب((شرح العقار))وكتاب((السراج))،تولى خدمة الخليفة العاضدلدين الله الفاطمي والقاضي الفاضل عبدالرحيم بن علي البيساني الذي كان وزيرا عندالقائد صلاح الدين الايوبي ومن خلال رسالة ابن ميمون الى تلميذه يوسف بن عقنين يؤكد فيها مایاتي((....واعلمك انه قدحصلت لي شهرة عظيمة في الطب عند الكبراء مثل: قاضي القضاة،والامراء،ودارالفاضل،وغيره من روؤساءالبلد،فمن لاينال منهم شئ.. فكان هذا داعيا لقضاء الايام في القاهرة لزيارة المرضى....)) [95].

3-الطبيب ابن فرج القربلياني،ابوعبد الله محمد بن علي بن فرج القربلياني الملقب بالشفرةت761هـوهو من المدجنين- المسلمون الذين كانوا يقطنون الاراضي الواقعة تحت حكم النصارى في اسبانيا..

صنف كتاب((الاستقصاء والابرام في علاج الجراحات والاورام))وله كتابا في النبات[96].

من اراء الطبيب ابن فرج مهمة علميا نذكر منها قوله((واعلم ان جميع الجراحات-حينما وقعت من الجسم،يحتاج صاحبها الى تلطيف الغذاء في اول حدوثها ليقل الدم في الجسم فيامن من حدوث الورم،فان الطبيعة من عادتها ان ترسل للعضوالضعيف من الغذاء اكثر مماترسل اليه في وقت صحته ليقوى به،والعضو لضعفه لايقد على ان يشبه مايصل اليه من الغذاء حتى يرده جزء عضو فيجتمع ذلك الدم الذي ياتي الى العضو الضعيف فيفرق اجزاء الموضع ويرشح فيه فيورمه......))[97].

4-الطبيب ابن رشد القرطبي،ابو الوليد محمد بن احمد بن محمد بن احمد بن رشد القرطبي الاندلسي ت595هـ وكتابه ((الكليات في الطب))ويحتوي على فصول هي:

1-تشريح الاعضاء

2-الصحة

3-المرض

4-العلامات

5-الادوية والاغذية

6-حفظ الصحة

7- شفاء الامراض.

يعد كتاب الكليات فريدا في نوعه في الطب العربي وقداعتمد على نظريات علماء اليونان مثل ابقراط وجالينوس،ساهم الكتاب في ازدهار الطب في الاندلس ومنه انتقل الى اوربا،وقد صرح لنا الطبيب ابن رشد القرطبي في مقدمة كتابه بقوله((فان الغرض في هذا القول ان نثبت هاهنا من صناعة الطب جملة كافية-على جهة الايجاز والاختصار-تتضمن اصول الصناعة, وتكون كالمدخل لمن احب ان يتقضى اجزاء الصناعة،وكالتذكره ايضا لمنظر في الصناعة، ونتحرى في ذلك الاقاويل المطابقة للحق،وان خالف ذلك اراء اهل الصناعة(صناعة الطب)))[98].

ان اروع مافي كتب الطب الرسوم لاعضاء واجهزة الانسان كالدورة الدموية وجهاز الهضم والادوات الطبية المستعملة في اجراء العمليات الجراحية كمايظهر في كتاب((التصريف لمن عجز عن التاليف)) للزهراوي ممايؤكد التطور العلمي في استخدام افضل الاليات الطبية،فضلا عن التخدير والعمليات القيصرية في الولادة وقلع الاسنان وعلاجها،والكسور والمفاصل البشرية.

5- اسرة بني زهر الاشبيلية في الطب وتعود الى قبيلة اياد بن نزارمن قبائل العرب العدنانية،وكان عميدها ابومروان عبد الملك بن محمدبن مروان بن زهرة471هـ/1078 م،وقداشار ابن خلدون بفضلهم في الطب بقوله((وكان في الاسلام في هذه الصناعة (الطب)ائمةجاؤوا من وراء الغاية مثل الرازي،ابن سينا،ومن اهل الاندلس كثيرون واشهرهم ابن زهر)) [99]، ومن ابناء اسرة بني زهرهم:

1-ابومروان عبدالملك بن زهر(عميد الاسرة) .

2-ابنه ابوالعلاء بن ابي مروان ت526هـ/1131م .

3-ابنه ابومروان عبدالملك بن ابي العلاء ت557هـ/1161م .

4-ابنه ابوبكر محمدبن ابي مروان عبدالمالك(الحفيد)ت569هـ/1199 م .

5-ابنه عبد الله الحفيد ت602هـ/1205م .

ومن اروع وابدع مؤلفات بني زهرفي الطب هي:

1- كتاب التيسير في المداواة والتدبير، للطبيب الاندلسي ابي مروان عبدالملك بن زهر ت557هـ،تحقيق محمدعبد الله الروداني/ مطبوعات اكاديمية المملكة المغربية .

2- كتاب التذكرة،ابوالعلاء بن ابي مروان،ترجمة كولان،باريس1911 .

3- كتاب ((التبيين في قطع الشك باليقين))لابي العلاء بن ابي مروان بن زهر .

4- ((مسهلات باعتبار الفصول))لابي العلاء بن ابي مروان بن زهر .

5- كتاب((نجح النجح))لابي العلاء بن ابي مروان بن زهر .

6- ((محربات ابي العلاء بن زهرالايادي)) .

7- ((مختصركتاب حلية البرء لجالينوس))لابي بكر بن زهر595هـ/1199م .

8- كتاب((الخواص))لابي العلاء بن زهربن عبدالملك .

9- ((الجامع في الاشربة والمعجونات))لابي مروان عبدالملك بن زهر ت557هـ .

10- كتاب ((الاغذية والادوية))لابي مروان عبد الملك بن زهر ت557هـ .

11- ((الاقتصاد في اصلاح الانفس والاجساد))لابي مروان عبدالملك بن زهر ت557هـ .

12- رسالة تفضيل العسل على السكر لابي مروان عبدالملك بن زهر ت557هـ .

13- القانون المقتضب .

14- ((جمع الفوائدالمنتخبة من الخواص المجربة))لابي مروان عبدالملك بن زهر ت557هـ .

15- رسالة في طب العيون لابي العلاء محمد بن عبد الملك بمراكش 576هـ /او 595هـ / 1198مز

شهد علم الصيدلة في الاندلس تطوراً وابداعاً مميزا بفضل وفرة الاعشاب والحشائش والنباتات البرية الطبية،وخبرة اهل الاندلس بفوائدها،والكتب التي صنفت عنها من الرحالة والجغرافيين امثال البكري القرطبي الذي صنف كتابا عن النباتات الطبية.

والشريف الادريسي الذي الف كتابا خاصا عما شاهدوه من اعشاب ونباتات بعنوان جامع اشتات النبات،وافرد ابن البيطارالمالقي كتابا موسوما:((الجامع لمفردات الادوية والاغذية))اورد فيه 1400نبات طبي منها 300 نوع جديد.

كما اهتمت كتب الفلاحة الاندلسية بذكر الكثير من اسماء النباتات والاعشاب الطبية ومن هذه المؤلفات كتاب الفلاحة لابن بصال الطليطلي،وابن العوام الاشبيلي،وابن

وحشية وغيرهم،ومؤلفاتهم مطبوعة ومترجمة الى اللغات العالمية،اورد فيه1400 نبتة طبية منها 300نبتة جديدة.

ولايخفى علينا من التاثير المشرقي في مجال الطب والصيدلة وغيرها من العلوم والاداب والفنون على ازدهارحضارة الاندلس،ومن الابداعات والروائع ماقام به احمدوعمرابناء يونس بن احمد الحراني من رحلة علمية الى بغداد لتعلم صناعة الادوية والدراسة على يد امهراطباء العراق ورجعا الى الاندلس في عصر الخليفة الحكم المستنصر بالله،كماجاء في النص:((رحلا الى المشرق في دولة الناصرسنة 330هـ واقم هنالك عشرة اعوام، ودخلا بغداد فيها علي ثابت بن سنان بن ثابت بن قرة الصابي،كتب جالينوس عرضا،وخدماابن وصيف في عمل علل العين وانصرفا الى الاندلس في دولة المستنصر بالله، وذلك في سنة 351هـ))[100].

ترجم القفطي للصيدلاني يونس الحراني بقوله((الطبيب نزيل الاندلس رحل من المشرق الى المغرب ونزل الاندلس في ايام محمد الاموي المستولي على تلك الديار وادخل الى الاندلس معجونا كانت السقية منه بخمسين دينارا لاوجاع الجوف فكسب به مالا فاجتمع خمسة من الاطباء وجمعوا خمسين دينارا واشتروا سقية من ذلك الدواء،وانفرد كل واحد منهم بجزء يشمه ويكتب ماتادى اليه من بحدسه واجتمعوا واتفقوا على ماحدسوه وكتبوا ذلك ثم نهضوا اليه وقالوا قد نفعك الله بهذا الدواء الذي انفردت به ونحن اطباء اشترينامنه منك سقية وفعلنا كذا وكذا.

فان يكن ماتادى الينا حقا فقد اصبته والافاشركنا في عمله فقد انتفعت به واستعرض كتابهم،وقال ماعدمتم من ادويته دواءا ولكنكم لم تصيبوا تعديل زائه وهو الدواء المعروف((بالمغيث الكبير))فاشركهم في عمله وعرف حينئذ بالاندلس،ورايت هذه الحكاية بخط الحكم المستنصر الاموي المستولي على الاندلس))[101].

اهتم الخليفة الحكم المستنصربالله بتطويرعلم الصيدلة بالاندلس ومتابعة مايضع من الادوية في المختبرات،كماذكرلنا ابن جلجل بروايته((وصفت لامير المؤمنين المستنصربالله حوانيت (رايت بالبصرة للطباخين واتقانها)وحسن ترتيب الاطعمة، وانها موضوعة في غضايروعليها مكاب الزجاج،ولهم خدام وقوف بالمناديل والاباريق،والحوانيت مسطحة بالرخام الملون،الفائت في الحسن فركب المستنصرمن الزهراء الى قرطبة،وان في موكبه،فلمااتى المدى-موضع الطباخين-نظرالى الملل التي يطبخ فيها الشحوم فتاملها،فلمانزل القصر،افتقدني فاوصلني الى نفسه،وقال لي:ياأحمد:مافي تلك الملل؟فقلت له:اطراف وشحوم يا امير المؤمنين،فضحك على ذلك وعجب به.

وتولى اقامة خزانة بالقصرللطب لم يكن قط مثلها،ورتب لها اثنى عشرصبيا (صقالبة)طباخين للاشربة،صانعين للمعجونات،واستاذن امير المؤمنين ان يعطى منها من احتاج من المساكين والمرضى،فاباح له ذلك.

وكان بصيرا بالادوية المفردة،وصانعاللاشربة والمعجونات،معالجا لماوقف عليه.

وكان يداوي العين مداواة بنفسه،وله بقرطبة في ذلك اثار،وكان لايعذر اهل الدنيا في الارسال عليه بالمال عند علاجه لهم. وكان يواسي بعلمه،صديقه وجاره ورجلا مسكينا)) [102].

ماروع مانقراه في النص من تقديم المساعدة للفقراء والمحتاجين ومنحهم الدواء مجاناً لانقاذ حياتهم،وليس بغريب وجديد ماقام به الخليفة الاندلسي الحكم المستنصر بالله من اهتمامه بالرعية الضعفاء فقد كان له مواقف انسانية في الصدقات وفتح الكتاتيب لتعليم القران مجانا لطبقة المحتاجين،كماذكرابن عذاري بقوله((وابتنى بغربي الجامع دار الصدقة اتخذها معهدا لتفريق صدقاته(رحمه الله تعالى)ومن مستحسنات افعاله وطيبات اعماله،اتخاذه المؤدبين يعلمون اولاد الضعفاء والمساكين القران حوالي المسجد الجامع وبكل ربض من ارباض قرطبة،واجرى عليهم المرتبات،وعهداليهم في الاجتهاد والنصح،ابتغاء وجه الله العظيم،وعددهذه المكاتب سبعة وعشرون مكتبا،منهاحوالي المسجدالجامع ثلاثة،وباقيها في كل ربض من ارباض المدينة،وفي ذلك يقول ابن شخيص(بسيط):

وساحة المسجد الاعلى مكللة ... مكاتبا لليتامى من نواحيها

لومكنت سورالقران من كلم ... نادتك ياخير تاليها وواعيها [103]

ومن روائع الوثائق الاندلسية المخطوطة عثرعلى مجموع نباتي لمؤلف مجهول فيه اسماء النباتات والاعشاب الطبية ذات قيمة علمية يعود الى القرنين الحادي عشروالثاني عشرالميلادي يحتوي على اصناف من النباتات في مدن الاندلس منها في مدينة سرقسطة zaragoza قاعدة الثغرالاعلى الاندلسي يوجد فيها نبات نبيالة ينتج عصارة كان الجند ياخذونهاويضعونها على سهامهم ورماحهم لانهاسامة وتعرف ايضا بالطورة،وربما لهافوائدطبية اخرى لمعالجة الجروح والالام البشرية ويحتوي المخطوط على نبات الحربة(نجيدواله)وتنفع من الشوصة وذات الجنب،وهو نبات له ورق تشبه الحربة وخضرتها مائلة الى السواد وفيها متانة وهي كثيرة تخرج من اصل واحدمفترشة على الارض.

كماورد في المخطوط اسماء نباتات اخرى مثل لسان الحمل ويعرف بالاسبانية canas قانة يشبه الشعر الابيض من لونها ورقتها، وصنف اخرى يعرف بـ حلة من

جنس الشوك. كما اورد نباتات من مدينة طليطلة، ويبدو أن المخطوط عثر عليه ناقصاً ولكنه نافعاً ومهماً في دراسة النباتات الطبية في مدن الاندلس (104).

ومن ابداعات اهل الاندلس التسابق مع اهل المشرق في تصنيف الكتب عن النباتات والاعشاب والحشائش ومنها التي تدخل في صناعة الادوية لعلاج الكثير من الامراض، وكان للرجالة نصيب بارزاً في التاليف، ومن ابرز المؤلفات الزراعية في التاريخ الاندلسي هي: -

1- كتاب شرح العقار، لابن عمران القرطبي، ذكر فيه أسماء النباتات الطبية والاقتصادية، وبلغ عددها نحو 405 نبته.

2- كتاب الفلاحة النبطية، لابن وحشية النبطي، من اهل النصف الثاني من القرن الثاني الهجري، ويتالف الكتاب من 300 باب في العلوم الزراعية المختلفة وعلم التربة والري والمحاصيل والانواء الجوية الخاصة بالاشجار والخضروات والاعشاب.

3- كتاب الاعشاب أو النباتات الطبية ، لاحمد بن حنبل الغافقي الاندلسي ت 560 هـ يوجد في الكتاب 380 مصوراً ملوناً للنباتات والعقاقير.

4- كتاب الفلاحة، لابن بصال الطليطلي، ذكر فيه المياه والاراضي واصناف النبات.

5- كتاب الفلاحة الاندلسي، لابن العوام الاشبيلي يقع الكتاب في 34باباً في التربة والتسميد والري وطرق الزراعة وتصميم البساتين، واختيار الاشجار والثمار ومواعيد الزراعة.

6- كتاب القصد والبيان ، لابن بصال الطليطلي الاندلسي، ويحتوي على أصول الزراعة ودراسة بعض النباتات الاندلسية.

7- كتاب الجامع لصفات أشتات النبات، للشريف الادريسي ت 560 هـ ينقسم الكتاب الى جزئين، جمع في الاول نحو 260 نباتاً، وفي الثاني نحو 300 نبات

8- كتاب الاكليل في تفصيل النخيل، للنباهي المالقي.

9- كتاب تفسير أسماء الادوية المفردة من كتاب ديسقوريدس لابن جلجل القرطبي الفه عام 372 هـ في مدينة قرطبة.

10- كتاب أعيان النبات والشجريات الاندلسية، لابي عبيد البكري الاندلسي ت 487هـ

11- كتاب كلام على بعض النبات لارسطوطاليس، لابن باجه الاندلسي ت 533هـ

12- كتاب شرح حشائش ديسقوريدس، لابن العباس بن الرومية ت 627 هـ

13- كتاب تحفة الاحباب في ماهية الاعشاب ، لمؤلف مغربي مجهول.

هوامش

(1) المؤلف مجهول، أخبار مجموعة في فتح الأندلس وذكر أمرائها رحمهم اللـه والحروب الواقعة بهـا بيـنهم، تحقيق المتشرق الأسباني (أميليو لافونتي) القنطرة، مدريد 1867، نشر دار أسامة (دمشق د.ت) ص 5.

(2) الحميري، الروض المعطار في خبر الأقطار، تحقيق ليفي بروفنسال، القاهرة 1937، ص 7.

(3) المصدر السابق، ص 3.

(4) المصدر السابق، ص 5 – 6، الحميري، الروض المعطار، ص 8.

(5) الحميري، الروض المعطار، ص 9، أخبار مجموعة، ص 6.

(6) أخبار مجموعة، ص 7.

(7) المقري، نفح الطيب من غصن الأندلس الرطيب وذكر وزيرها أبن الخطيب، تحقيق د. أحسان عباس، نشر دار صادر (بيروت 1388هـ 1968 م، ج 1، 240، 241 نقلاً عن أبن خلكان، وفيات الأعيـان، وفيـات الأعيـان، ج 5، 321، 322، كما أورد الخطبـة عبـد الملـك بـن حبيب، افتتاح الأندلس تحقيق محمـود علـي مكـي، مجلة المعهد المصري للدراسات الإسلامية في مدريـد وشعار سكان الأندلس، مصور لـويس مرسي، بـاريس 1932، ص 70 – 71, وأوردهـا بإيجـاز أبـن حبيـب عنـد أبـن قتيبـة، الإمامـة والسـياسة في كتـاب أبـن القوطية القرطبي، افتتاح الأندلس، ص 138 – 139, الطرطوشي، سراج الملوك، القاهرة 1354 هـ 1935.

(8) نقلاً عن المقري، نفح الطيب، ج 1 / 265.

(9) مجهول، أخبار مجموعة، ص 8، أبن الكردبوس، الاكتفاء، ص 47.

(10) أخبار مجموعة، ص 9.

(11) المصدر السابق، ص 14 – 15.

(12) المصدر السابق.

(13) أبن القوطية القرطبي، افتتاح الأندلس، مجريط 1868، ص 9.

(14) المصدر السابق، ص 7، الحميري، الروض المعطار، ص 6.

(15) الحميري، الروض المعطار، ص 9.

(16) المصدر السابق، ص 9.

(17) أبن الكردبوس، تاريخ الأندلس، تحقيق مختار العبادي، نشر المعهد المصري للدراسات الإسلامية بمدريد 1971، ص 43 – 44.

(18) أبـن عـذاري المراكـشي، البيـان المغـرب في أخبـار الأنـدلس والمغرب، تحقيـق ليفـي بروفنـسال وكـولان، دار الثقافـة (بيـروت 1929) ج 2، 16، الـشريف الإدريـسي، كتـاب نزهـة المـشتاق في اخـتراق الأفـاق، نـشر عـالم الكتـب، بـيروت 1989، ج 2، 528.

(19) أوردهـا الغـساني، محمـد بـن عبـد الوهـاب، رحلـة الـوزير في افتكـاك الأسـير، تحقيـق الفريـد البسـتاني، طنجـة 1940، ص 11، كـما وردت ملحقـاً عنـد أبـن القوطيـة القرطبـي، كتـاب افتتـاح الأنـدلس، تحـت عنـوان (الرسالة الـشريفة إلى الأقطار الأندلسية)، ص 197 – 198.

(20) الحميري، الروض المعطار، ص 72.

(21) أخبـار مجموعـة، ص 16 – 17، وانظـر: أبـن عـذاري، البيـان المغـرب، ج 2، 14 – 15 المقـري، نفـح الطيـب، ج 1، 270.

(22) أبن عذاري، البيان المغرب، ج 2، 61، أبن الكردبوس، كتاب الاكتفاء، ص 49.

(23) أبـن غالـب الأندلسي، فرحـة الأنفـس في تـاريخ الأنـدلس (نـشر بعنـوان نـص أندلسي جديد قطعة مـن كتـاب 000 تحقيـق لطفـي عبـد البـديع، مطبعـة مصـر 1956، ص 13 – 14، البكـري القرطبـي، أبي عبيـد البكـري، ت 487 هـ 1094 م، كتـاب المـسالك والممالـك (نـشر بعنـوان جغرافيـة الأنـدلس وأوربـا مـن كتـاب 000 تحقيـق عبـد الـرحمن علي الحجي، دار الإرشاد (بيروت 1968) ص 70، الحميري، الروض المعطار، ص 3.

(24) أخبار مجموعة، ص 23 – 24، أبن القوطية القرطبي، تاريخ افتتاح الأندلس، ص 12.

(25) أخبار مجموعة، ص 28.

(26) الروض المعطار، ص 11 – 12.

(27) أخبار مجموعة، ص 25.

(28) المصدر السابق، ص 27 – 28.

(29) أبن القوطية القرطبي، تاريخ افتتاح الأندلس، ص 17.

(30) المصدر السابق، ص 20، أخبار مجموعة، ص 37 – 38.

(31) المصدر السابق، ص 43 – 44.

(32) المصدر السابق، ص 45 – 46.

(33) المصدر السابق، ص 32 – 33.

(34) أبن غالب الأندلسي، فرحة الأنفس، ص 26 – 27، الحميري، الروض المعطار، ص153.

(35) الروض المعطار، ص156.

(36) أبن القوطية القرطبي، تاريخ افتتاح الأندلس، ص 34.

(37) المصدر السابق، ص 34.

(38) المصدر السابق، ص 35.

(39) الزهـري، أبـو عبـد اللـه محمـد بـن أبي بكـر، كتـاب الجغرافيـة، تحقيـق محمـد حـاج صـادق، نشـر المعهـد الفرنسي بدمشق، 1968 ن ص 220.

(40) الخشني القيرواني، قضاة قرطبـة، المكتبـة الأندلسية (الـدار المصريـة للكتـاب والترجمـة والنـشر، القـاهرة, 1966، ص 16 – 17.

(41) أبن حيان القرطبي، المقتبس مـن أنبـاء أهـل الأنـدلس، تحقيـق محمـود علـي مكـي ج2, ص234، دار الكتـاب العـربي (بيروت 1393 هـ 1973 م).

(42) المصدر السابق ج 2، ص 227.

(43) ياقوت الحموي، معجم البلدان، دار صادر (بيروت 1397 هـ 1977 م)، ج 3، ص 48، 49.

(44) أبن القوطية القرطبي، تاريخ افتتاح الأندلس.

(45) المقرى، نفح الطيب، ج 1.

(46) أبن الأبار، التكملة لكتاب الصلة. تحقيق أحسان عباس، بيروت، 1388 هـ 1968م، ج 1، ص 465.

(47) نقلاً عن المقرى، نفح الطيب، ص 279.

(48) المصدر السابق، ج 1، ص465.

(49) المصدر السابق، ج 1، ص 337.

(50) المصدر السابق.

(51) المصدر السابق، ج 1، ص 464.

(52) المصدر السابق، ج 1، ص 465.

(53) المصدر السابق، ج 1، ص465.

(54) المصدر السابق، وانظر أبن عذاري، البيان المغرب، ج 2، ص 434.

(55) نفح الطيب، ج 8، ص 188.

(56) المقرى، أزهـار الريـاض في أخبـار عيـاض، تحقيـق السـقا والأبيـاري وشـلبي، طبعـة القـاهرة 1339هـ 1942م، ج 2، ص 285.

(57) المصدر السابق، ج 2، ص287.

(58) أبن سهل، الأحكام الكبرى.

(59) المقتبس، تحقيق محمود علي مكي، ص 159.

(60) نقلاً عن ابن القوطية, ورد عند ابن حيان القرطبي، تحقيق محمود علي مكي، ص 168.

(61) أبن عذاري، ج2، خبر المعوق الذي هم تبتل موكب الناصر.

(62) أبن حيان القرطبي، المقتبس (ج5) تحقيق جالميتا، المعهد الأسباني العربي للثقافة، مدريد 1979، ص 436.

(63) المصدر السابق، ص 475.

(64) أبن عذاري المراكشي، البيان المغرب، ج 2، ص 232، المقري، نفح الطيب، ج 1، ص 363.

(65) المقري، نفح الطيب من غصن الأندلس الرطيب، تحقيق الطويل، دار الكتب العلمية، ج 2 ، 64.

(66) المصدر السابق.

(67) المصدر السابق.

(68) كما ورد عند المقري، نفح الطيب، ج 1، 351، كما نقل نص ابن خلدون،العبر، ج 4.

(69) المقري، نفح الطيب، ج 1، ص 346.

(70) عند عبد الواحد المراكشي، المعجب في تلخيص أخبار المغرب، دار الكتاب (الدار البيضاء) د. ت) ص 420.

(71) أبن عذاري المراكشي، البيان المغرب، ج 2، ص 240.

(72) المقري، نفح الطيب، ج 2، ص 80.

(73) أبو عبيد البكري ت 487 هـ كتاب المسالك والممالك (نشر بعنوان جغرافية الأندلس وأوربا) تحقيق د. عبد الرحمن الحجي، دار الإرشاد، بيروت 1387 هـ 1968، ص 81.

(74) المقري، نفح الطيب، ج 1، ص 369، ابن حزم القرطبي، جمهرة أنساب العرب، ص 100.

(75) نقلاً عن أبن عذاري المراكشي، البيان المغرب، ج 2، 370.

(76) المقري، نفح الطيب، ج 1، ص 370.

(77) أبن عذاري المراكشي، البيان المغرب، ج 2، ص 240 – 241.

(78) أبن حيان القرطبي، المقتبس في أخبار بلد الأندلس، تحقيق عبد الرحمن الحجي، (بيروت 1965)، ص 207.

(79) أبن خلدون، المقدمة, ص 538.

(80) ياقوت الحموي، معجم البلدان، دار صادر(بيروت، د. ت) ج 3، 357، المقري، نفح الطيب، ج 1، ص 184.

(81) المصدر السابق، ج 1، ص 464.

(82) أبن عذاري، البيان، ج 2، 229 – 230.

(83) المصدر السابق.

(84) أبو عبد الله محمد بن أبي بكر الزهري، كتاب الجغرافية، تحقيق محمد حاج صادق، نشر المعهد الفرنسي، في دمشق، 1968، 87.

(85) مجهول المؤلف، ذكر بلاد الأندلس، تحقيق وترجمة الأسبانية: لويس مولينا، المجلس الأعلى للأبحاث العلمية (معهد فيجل أسين، مدريد) 1983، ج 1، ص 116.

(86) أبن عذاري، البيان، ج 2، ص 231، نقلاً عن أبن حيان، أنظر مجهول المؤلف، ذكر بلاد الأندلس، ج 1، 162 – 163.

(87) الزهري، كتاب الجغرافية، ص 87.

(88) مجهول المؤلف، ذكر بلاد الأندلس، ج 1، ص 163.

(89) أبن غالب الأندلسي، كتاب فرحة الأنفس في تاريخ الأندلس (نشر بعنوان نص أندلسي جديد قطعة من كتاب) تحقيق: لطفي عبد البديع، مطبعة مصر 1956، ص 31.

(90) ورد في المصدر السابق، ص 32.

(91) المصدر السابق، ص33.

(92) المصدر السابق، ج 1، ص34.

(93) أبي عبد الله محمد بن محمد بن عبد الله بن أدريس الحمودي الحسني، ت 560 هـ كتاب نزهة المشتاق في اختراق الآفاق، نشر عالم الكتب، بيروت 1409 هـ 1989 م، ج 2، ص 579 – 580، الحميري، أبي عبد الله محمد بن محمد بن عبد الله بن عبد المنعم (جمع كتابة عام 866 هـ) كتاب الروض المعطار في خبر الأقطار) تحقيق ليفي بروفنسال، القاهرة، 1937، ص 95، نشر بعنوان (صفة جزيرة الأندلس منتخبة من).

(94) أبن عذاري، البيان، ج 2، ص 240.

(95) مقالة العالم مونك في مجلة الدراسات الأسيوية 1842، ص 22 نقلاً من كتاب موسى بن ميمون، حياته ومصنفاته، تأليف د. إسرائيل ولفنسون، القاهرة لجنة التأليف والترجمة والنشر 1355- 1936، ص 23- 24.

(96) الخطابي، محمد العربي، ((أبو فرج القربلياني الأندلسي وكتابة في الجراحة الصغرى) مقالة في مجلة المناهل المغربية العدد 35 السنة 13، الرباط 1407 – 1986، الصفحات 28 – 54.

(97) المرجع السابق، ص 53 – 54.

(98) أبن رشد القرطبي، الكليات في الطب، تقديم د. محمد عابد الجابري، مركز دراسات الوحدة العربية ط 1، بيروت 1999, ص 40 – 41.

(99)   أبن خلدون، عبد الرحمن بن محمد (ت 808 هـ 1405 م) المقدمة، مطبعة مصطفى محمد مصر، بلاد تاريخ، ص 493.

(100)   أبن أبي أصيبعة، موفق الدين أبي العباس الخزرجي، ت 668 هـ عيون الأنباء في طبقات الأطباء، صححه محمد باسل عيون السود، دار الكتب العلمية - بيروت 1419، 1998، ص 448، نقلاً عن: أبن جلجل الأندلسي، أبي داود سليمان بن حسان، طبقات الأطباء والحكماء، تحقيق فؤاد سيد، معهد العلمي الفرنسي للآثار الشرقية، القاهرة 1955، ص 112

(101)   القفطي، جمال الدين أبي الحسن علي بن القاضي، الأشرف (ت 646 هـ)، كتاب أخبار العلماء بأخبار الحكماء، دار الآثار، بيروت بلا تاريخ) ص 258 نقلاً عن أبن جلجل، طبقات الأطباء والحكماء، ص 94- 95.

(102)   طبقات الأطباء والحكماء، ص 113.

(103)   أبن عذاري، البيان، ج 2، 240 - 241.

(104)   مخطوط عن الأعشاب والنباتات الطبية، لمؤلف مجهول، نشرة المستشرق الأسباني ميجيل أسين بلاثيوس تحت عنوان معجم عن أصوات الرومانسية الأندلسية وبالأسبانية.

(105)   Miguel Asin Palacios, Glosario de Voices Romances Madrid – Granada 1943, pp. 60, 61, 146, 147.

التعايش والتسامح بين الديانات في المجتمع الأندلسي

التعايش والتسامح بين الديانات في المجتمع الأندلسي

عاش ابناء الديانات السماوية الثلاث الاسلامية النصرانية واليهودية في بلاد الاندلس في ظل عصور التاريخ الاندلسي(الفتح والولاية والامارة والخلافة والطوائف, والمرابطين والموحدين، وسلطنة غرناطة) في أجواء يسودها التسامح والمحبة والاحترام وممارسة الشعائر الدينية والطقوس والعادات والتقاليد بكل حرية،وحدثت مصاهرات واندماج الثقافات والتلاقح في اكتساب تقاليد اجتماعية في طقوس الزواج وختان الاولاد واستخدام الحناء في صبغ الشعر والتزيين وفن الطبخ والازياء والاحتفال بالاعياد واستعمال الاسماء حتى ان اللغة الاسبانيةاستعارة الكثير من المصطلحات العربية التي تربو على اربعة الاف كلمة من اصل عربي. وبناء الكنائس والاديرة في الاحياء القريبة من المسلمين واستخدام الاقواس والزخارف العربية فيها،والاثار الاندلسية الباقية في اسبانيا اليوم دليل على التسامح والتعايش. يعود الفضل الى الاسلام وعدالة حكام الاندلس الذين زرعوا روح المحبة والاحترام والالفة بين ابناء البلد في الاهتمام بالثقافة والعمران وتنظيم الجيش والحرية والزراعة والصناعة والتجارة وخدمة الرعية في توفير افضل سبل الحياة لهم،اذ تفتخر مدينة قرطبة والزهراء في انشاء اول شبكة للماء الصافي والانارة بالزيت في عهد الخلافة الاندلسية وبناء الكتاتيب لاولاد الفقراء مجاناً لتعليم القرآن الكريم اذ قام الخليفة الحاكم المستنصر بالله بأنشاء 27 مكتباً فيها ثلاثة مكاتب منها حول المسجد الجامع بقرطبة ودار للصدقة ومراكز لعلاج الفقراء والمساكين مجاناً مع توفير الدواء لهم، كما اسس اكبر مكتبة عامة في القصر الخلافي تحتوي على امهات الكتب،وفي الاندلس تم منح الصلاحيات للقساوسة والرهبان في بناء الكنائس والاديرة ولهم محاكم ومجالس خاصة لادارة الرعايا النصارى واليهود.

أن عدد من زوجات حكام الاندلس كان منهن الاسبانيات وتم استقبال عدد من السفارات لعلاج ابناء ملوك الاسبان المرضى واعتمد الحكام على استخدام الاطباء من النصارى واليهود دليل على التسامح ونجاح الحكم الاسلامي في اسبانيا الذي دام اكثر من ثمانية قرون هو افضل نموذج حضاري للعالم في العصور الوسطى الذي اعجب العلماء والاستشراق، وفي الاندلس تم تأليف موسوعات في العلوم الصرفة والتطبيقية والانسانية ومنه تبعث الموسيقى والالحان والزجل والرقص وفنون الطبخ والعمارة وهندستها واختراع الطيران وصناعة العود وكتب الزراعة والجراحة البشرية والحب العذري والتلاقح في هندسة المساجد والكنائس والملابس والاسماء والرحلات والتزاوج بين ابناء البشرة السمراء والشقراء لينتج جمالاً مثالياً تفتخر به اسبانيا وان وارداتها من السياحة

بفضل الاثار العربية اكثر من واردات البترول العربي الذي صار فتنة ونقمة لبعض الشعوب.

يشكل التعايش السلمي والتسامح الانساني المثالي بين الديانات السماوية الثلاثة الاسلامية والنصرانية واليهودية في ظل الحكم الاسلامي في اسبانيا النموذج الامثل لالتحام العناصر البشرية التي كانت قوام هذا المجتمع، ويظهر ان الالمام بالثقافة الاندلسية يجمع مكوناتها العقائدية والفكرية والفنية - من شأنه ان يساعد على توطئة السبل لتأجيل الحوار البناء بين الثقافات،كما نعتقد انه في وسع المجتمع الانساني المعاصران يستفيد كثيرا من تجارب المجتمع الاندلسي بما يساعده على نشر اسباب السلم والامن في عالم يتهدده الارهاب والعنف والعنصرية والتسلط والاستهتار بحقوق الشعوب وممارسة العقيدة والشعائر الدينية الخاصة بكل طائفة،اذ تطغى اليوم في الكثير من المجتمعات مظاهر التمييز الفاضح والفوارق الفاحشة بين ابناء الديانات والطوائف المختلفة.[1]

شكلت ارض اسبانيا خلال الحكم العربي الاسلامي محطاً ومختبراً لتجارب الديانات الثلاث وافرزت روح التسامح والمحبة والتعاون والتزاوج والاعمار والنتاج العلمي خلال القرون الثمانية من الوجود الاسلامي في اسبانيا في كل مجالات الحياة ففي المجال الثقافي والادبي والفني امتزجت الممارسات والتقاليد الاجتماعية كالغناء والموسيقى والرقص والزواج والحفلات بالاعياد الدينية والدنيوية والختان للاولاد والانتصارات في المعارك وتنصيب الحكام،مما افضى الى افراز انماط فنية مبتكرة عبارة عن خليط للعادات والتقاليد للاقوام التي عاشت على ارض اسبانيا تميزت بطابع الاصالة والتجدد والتدقيق للحياة انخرط في ابداعها وتطويرها ابناء الديانات الثلاث من عربا وبربر وزنوج وقوط وصقالبة.

تميز الحكم العربي الاسلامي في الاندلس بتوخي روح التسامح والتساهل واشاعة الخيروالبر من الحكام،فترك لهم كامل الحرية في ان يبقوا على دينهم طالما آثروه على غيره من الاديان وشملهم برعايته وحمايته،كما سوى بينهم في الحقوق والواجبات والالتزامات على اختلاف طبقاتهم وشتى مذابهم.

وقد كان نصارى الاندلس في ظل الحكم الاسلامي - ينعمون بالحياة الكريمة والسعيدة،فأقدم كثير من نصارى اسبانيا على اعتناق الاسلام طوعاً لاكرهاً، وانخرطوا في المجتمع الاندلسي فتعلموا اللغة العربية والعادات والتقاليد الاجتماعية العربية الاسلامية وحصلوا على حظ وافر من الثقافة،فلم يعد من العجب ان يظهر من المستعربين الاسبان عدد منهم من نبغ في الارتقاء الى مراكز متقدمة.

نجد الكثير من المستعربين من حصل على العيش الكريم في قصور الامراء والخلفاء والسلاطين ففي عصر الخليفة عبد الرحمن الناصر نال الصقالبة حظوة كبيرة

ورفيعـة في قـصر الخلافـة والادارة والجـيش وكـذلك في عـصر الطوائـف اذ حكمـوا في امـارة بلـنسية مـنهم خيران ومجاهد العامرين.

ان عمليـة انـصهار المجتمـع مـن تـشكيلاته العرقيـة بالانـدلس قـد انـصهر عهـلى مـدى التعـايش الـسلمي ومؤثراتـه ونتائجـه الايجابيـة،اذتركت بعـض الاقـوام العربيـة والبربريـة جفـوة الطبع،وخـشونة البـداوة،فرقت اخلاقهـم ولانـت طباعهم،واصـبحوا اكـثر نزوعـاً الى المـرح والترف،واشـد مـيلاً الى التمتـع بلذائـذ الحيـاة،كما اصبحوا عـلى مـستوى رفيـع مـن رهافـة الحـس وسـمو الـذوق،يحتفون بـالعلماء والفقهـاء والادباء، ويغدقون عليهم الهبات والهدايا الثمينة.

لابـد لنـا مـن ذكـر نمـاذج مـن الانـصهار الحـضاري بـين الـديانات الـسماوية الـثلاث مـن خـلال الاحـداث والروايـات والحقـائق والوقـائع التاريخيـة ويؤكـد عـلى سـماحة الاسـلام في انـه ديـن يكـرم الانـسان ويحترمـه ويكـره الاختلاف،ويبـيح حريـة اختيـار الـدين،وينهى عـن محاربـة الابرياء،ويـدعوا الى المنـافع والمـصالح،ويؤكـد عـلى حـسن معاملـة اهـل الكتـاب يظهرالتـسامح والتعـايش في الـزواج بـين المـسلمين والنـصارى،اذ ان الفـاتحين المـسلمين الـذين دخلـوا هـذا البلـد كـانوا رجـالاً لم يقـدموا بأسرهم،فكـان علـيهم ان يتزوجـوا مـن اهـل الـبلاد،ومن عمليـة امتـزاج بـين عنـاصر الفـاتحين مـن عـرب وبربروسـكان اصـليين مـن رومـان وقـوطيين،ومن هـذا الامتـزاج نـشأ ذلـك الـشعب المولـد،وان اول نمـوذج للـزواج المهـم هـو زواج الـوالي عبـد العزيـز بـن مـوسى بـن نـصير مـن ارملـة ملـك اسـبانيا رودريكـو لـذريق (Rodriguez) وهـي ام غاصـم ايليـو خيـا وزواج الامـير محمـد عبـد اللـه مـن الامـيرة الاسـبانية ونقـة التـي انجبـت عبـد الـرحمن الثالـث وزواج الخليفـة الحكـم المستنـصر بـالله مـن الامـيرة الاسـبانية صـبح البشكنيـشة،التي انجبـت لـه الخليفـة هـشام المؤيـد بـالله والامثلـة عديـدة،وزواج زيـاد بـن نابغـة التميمـي مـن امـرأة اسـبانية كـان لهـا دور في الاحـداث الاولى التـي اعقبـت فـتح اسـبانيا (2)، ومـع مـرور الـزمن يـزداد التـزاوج العـربي الاسـباني سرعـة وشـمولاً حتـى صـار الموثقـون والعـدول يخصـصون فـصولاً مـن كتـبهم لكتابـة صـيغ نموذجيـة لعقـود زواج المـسلمين بالكتابيـات و شـارك اهـل الانـدلس في الاعيـاد والاحتفـالات مثـل الفطـر المبـارك والاضـحى والمولـد النبـوي الـشريف وليلـة القـدر والاسراء والمعراج،امـا اعيـاد النـصارى مثـل اعيـاد المـيلاد وعيـد الليلـة العظيمـة في 25 كـانون اول ولادة الـسيد المـسيح ورأس الـسنة الجديـدة وقـد شـارك الكثـير مـن ابنـاء الديانـة الاسلامية بممارسـة ومـشاركة اهـل هـذه الاعيـاد وصـدرت فتـاوى مـن الفقهـاء تحـرم وتنكـر عـلى المـسلم بالمساهمة.(3)

تـم عقـد اتفاقيـات بـين نـصارى اسـبانيا والفـاتحين مثـل اتفاقيـة مـع اهـل مـاردة وجليقيـة والـوالي مـوسى بـن نـصير البكـري بدايـة الفـتح العـربي الاسـلامي ذكـر العـذري في ترصيعه وفي سـنة 94هـ/713م ابـرم الـوالي عبـد العزيـز بـن مـوسى بـن نـصير مـع تـدمير بـن غنـدريش امـير تـدمر(مرسـية) وفيـه دونـت عبـارات التسامح وهو ينص على(ان له (اي لتدمير)عهد اللـه

وميثاقه وما بعث به انبياءه ورسله،وان له ذمة الله عز وجل وذمة محمد صلى الله عليه واله وسلم الايقدم له ولايؤخر لأحد من اصحابه سوءاً وان لايسبون ولايفرق بينهم وبين نسائهم واولادهم،ولايقتلون، و لاتحرق كنائسهم ولايكرهون على دينهم))[4]

حصل المستعربون في ظل الحكم الاسلامي في الاندلس على مر العصور على الحقوق والامتيازات وكانوا يطلعون في خدمة المجتمع،وارتقى بعضهم الى اعلى المناصب في ظل حكم الامارة والخلافة،نذكر منهم قومس بن انتنيان الذي ولي ديوان الرسائل في عهد الامير محمد بن عبد الرحمن (238هـ - 0 273هـ) وربيع بن ريدة وهو مؤلف التقويم الزراعي المعروف بالقرطبي،وسفير الخليفة عبد الرحمن الناصر الى بلاط المانيا،واصبغ بن عبد الله بن بنسيل الذي توسط بتفويض من الحاجب المنصور العامري في النزاع بين امير قشتالة شانجة بن غرسيه وفعندة جونثالث الوصي على ملك ليون الطفل الفوتسو الخامس،ومنهم معاوية بن لب كونت قرطبة في ايام الخليفة الحكم المستنصر بالله والوليد بن الخيزران ترجمان الحكم لملك ليون.اردونيو الرابع حينما زار قرطبة سنة 352هـ /962م) وتتكررالمصاهرات بين الحكام المسلمين بالاندلس وحكام الدويلات المسيحية في الشمال الاسباني مثل نبرة وليون قشتالة، اتسمت بالعطف والشفقة نذكر مثل ماقام به الحاجب المنصور العامري عندما وقع له في اسره امير قشتالة غرسيه بن فرننديز وقد اثخنته الجراح في عام 358هـ/995م فقد امر الحاجب اطباءه بذل اقصى جهودهم لأنقاذ حياة الامير النصراني ولكنه توفي بقرطبة وقد اشاد الشاعر ابن دراج القسطلي بذلك الموقف البطولي وهو موقف اكدت عليه الشريعة الاسلامية.[5]

تمتع المستعربون بحقوقهم في نظام قضائي مستقل وله قاضي العجم،وقد استمر جو التسامح مع طائفتي المسيحيين واليهود خلال عصر دويلات الطوائف اذ تولى النصراني ششنند مستشار المعتمد بن عباد ملك اشبيلية واليهودي صمويل بن النغريلة وابنة يوسف وزيري باديس بن حبوس حاكم غرناطة واسرة بني حداي اليهودية التي ولى افرادها مناصب الكتابة في بلاط بني هود حكام سرقسطة وكانوا على درجة واسعة من الثقافة الادبية في الشعر والنثر.[6]

صدر كتاب القوانين الكنيسية المؤلف عام 433هـ/1041م بالعربية لخدمة المستعربين المسيحيين،وعند استيلاء الفونسو السادس على طليطلة (Alfonso VI) عام478هـ/1080م فشرعت في الظهور اولى مظاهر التعصب المسيحي حينما حول مسجد طليطلة الجامع الى كنيسة بعيداً عن رغبة الملك القشتالي الذي يلقب نفسه ملك الملتين،وانما كان وتم تحت ضغط زوجته الفرنسية ورهبان كلوني الفرنسيين المعروفين بتعصبهم ضد المسلمين.هاجر عدد من المستعربين الاسبان الى مدن المغرب مثل مكناس وسلا بعد غزو الفونسو الاول المحارب ملك ارغون عام 519هـ/1125م وانتزاعه

سرقسطة بحملة عسكرية سريعة استفادمن دعم واسناد وتعريف من عدد من هؤلاء المستعربين وان تعيين السلطات من يقومون بخدمتهم من القسيسين.(8)

اصدر قاضي الجماعة بغرناطة احمد بن محمد بن ورد اجابة على سؤال ورد اليه من السلطان المرابطي علي بن يوسف بن تاشفين حول النصارى المعاهدين الذين رحلوا عن اشبيلية،وقد ذكر الونشريسي الفتوى في كتابة المعيار المعرب بقوله(ان للرهبان والقساوسة مالسائر اهل الذمة من انهم اذا افتقر منهم مفتقر وعجز لزمانه(اي مرض) وهرم عن الاكتساب ان ينفق عليه من بيت المال على سبيل الانعاش او على طريق الاحتساب وهو تأكيد على التسامح.(9)

الموحدون وسياستهم تجاه الديانات الاخرى:

سقط عدد من مدن الاندلس بعد معركة العقاب عام 609هـ/1612م وتحول سكانها المسلمون الى مدجنين خاضعين للسلطة المسيحية وكانوا يعدون من الدرجة الثانية،وكانت اسبانيا تعاملهم بقدر من التسامح وان كانت مساجدهم قد حولت الى كنائس وحرموا من كثير من الحقوق وادى ذلك الى فقدهم كثيراً من عناصر ثقافتهم الاسلامية وتراثهم العربي،على ان موجات التعصب الديني الصليبي بلغت مداها في عصر محاكم التفتيش والتحقيق هي التي تصاعدت منذ سقوط غرناطة اخر معاقل الاسلام في الاندلس، وصدرت المعاهدة في نوفمبر 1491م وقد ضمنت لهم حرية العبادة وحماية مساجدهم وقدراً كبيراً من الحكم الذاتي، ولكن ذلك الوضع لم يستمر الابضع سنوات،اذ سرعان ماحرموا تلك الحقوق بمقتضى القوانين المتوالية التي حرمت عليهم استخدام لغتهم والزي واتخاذ الحمامات العامة والاسماء العربية والعادات والتقاليد كالختان لاولادهم واستخدام الحناء لنسائهم والحفلات الدينية والدنيوية والخروج للصلوات في الاعياد والجمع والزغاريد والملابس البيضاء ووضع غطاء على الرأس والسراويل والاغطية كالعباءة وتم احراق التراث الاسلامي في ميدان باب الرملة في غرناطة،وتم اجبار المسلمين على اعتناق النصرانية وبطل وقائد التعصب هو الكاردينال تيبسيروس الذي كان يفخر بأنه كان يقوم بتنصير اربعة الاف مسلم في يوم واحد،انتقد الكتاب الاسبان المعتدلين ومنهم كاروا باروخة سياسة حكام اسبان تجاه المسلمين في غرناطة ونقض العهود والمواثيق والتنصير القسري في غرناطة وقشتالة وليون عام 1502م وهي جريمة نكراء تجاه التسامح والمحبة والمصاهرات وتشهد الحوادث التاريخية ان حالة من الركود والكساد والمرض والامية والاسى والحزن عمت ارجاء اسبانيا بعد خروج العرب الاسلام وانتهاء حكم الاسلام في اسبانيا وصارت محاكم لتفتيش رمزاً للتعصب والصليبية والظلم والقهر والفساد.

(نماذج وصور من الواقع التاريخي للتسامح بالاندلس)

1- مظاهر من استبداد اليهود في سلطنة غرناطة مستغلين التسامح الاسلامي فأنشد ابو اسحق الالبيري قصيدة نذكر منه ابياتاً هي:

لقد ضجت الارض من فسقهم وكادت تميد بنا اجمعين

تأمل بعينيك اقطارها

تجدهم كلابابها خاسئين

واني حللت بغرناطة

فكنت اراهم بها عابثين

وقد قسموها واعمالها

فمنهم بكل مكان لعين

وهم يقبضون جبايتها

وهم يخصمون وهم يقضمون

وهم يلبسون رفيع الكسا

وانتم لأوضعها لابسون

وهم امناكم على سركم

وكيف يكون خؤون أمين

2- شهد القرن السادس الهجري ظهور عدة شعراء يهود نذكر منهم موسى بن عزرا الذي لم تسعفه الظروف للزواج بمحبوبته،فظل يكتب الشعر مدفوعاً بالالم الداخلي،وجمع قصائده في ديوان ذكر فيه الخمر والهوى ولذات العيش على طريقة شعراء العرب،اما يهوذا هاليفي فقد نظم أشعاره في قوالب وموضوعات عربية،وألف رسالته المسماة الحجة والدليل في نصرة الدين الذليل.

3- راقب المحتسب الاندلسي كل مظاهر الغش والخداع والتزويرونقص الكيل وحاسب المقصر حماية لتعاليم الدين ففي بيع جوارٍ من التجار يذكر السقطي ان

رجلاً اشترى جارية اوهم انها افرنجية لكي تشتري بمال كبير،واوهمت هي كذلك المشتري بأنها افرنجية باللغة الافرنجية)) (السيوطي/نزهة الجلساء من اشعار النساء - ص30)

4- حاول نفر من المتعصبين تعكير صفوة التسامح الاسلامي ففي عهد الامير الحكم بن هشام الربضي ت260هـ/873م فقد سمع الشاعر عباس بن ناصح عندما تكالب النصارى على مدينة وادي الحجارة في الاندلس عبث النصارى بنواحي المدينة امرأة تستغيث قائلة((واغوثاه بك ياحكم لقد اهملتنا حتى تكالب العدو علينا فأيمنا وايتمنا)) فبعث الى الحكم الربضي قصيدة حثه فيها على الجهاد والانتقام من العدو قائلاً:

تململت في وادي الحجارة مسهداً ... أراعي نجوماً مايردن تغوراً

اليك أبا العاصي نضيت مطيتي ... تسير بهم سارياً ومهجرا

تدارك نساء العالمين بنصرة ... فأنك أحرى ان تغيث وتنصرا

كان لأستغاثة المرأة وابيات الشعر تأثيرها الفعال على الامير الجكم فكان انتقامه من العدو رهيباً وتفقد ضرب رقاب الاسرى أمام المرأة المستغيثة واجاب الشاعر بكل فخر واعتزاز:

الم تر باعباس أني أجبتها ... على البعد أقتاد الخميس المظفرا

فأدركت اوطاراً وبردت غلة ... ونفست مكروباً واغنيت معسراً

5-عبر الشاعر الاندلسي على عادات النصارى بمعاقرة الخمر عند خروجهم للمعارك في حملة الحاجب المنصور العامري على مملكة ليون عام385هـ/995م سقط عدد من النصارى بين قتيل وجريح فمنهم سكارى كما يصفهم ابن دراج القسطلي بقوله:

غبقوا بخمر الحرب صرفا فأغتدت ... تلك الحفائظ والحقوق خمارها

6- تدنيس المقدسات من مظاهر التعصب والحقدوالبغضاء بين ابناء الديانات من تدمير المساجد والكنائس وممارسة طقوس منافية للاخلاق العامة مثل دق الناقوس من منارة المسجد اوضرب الطبول والتزمير بالقرب من صفوف المصلين او مرور الخنازير امام المصلين.وهتك ستر الغادة الحسناء من المسلمات يعد صون وعفاف لها.او خلع الحجاب بالقوة من على رأس وحسد النساء المسلمات،وقد يصل الامر الى قيام جند العدو الى الاعتداء على الحرمات والمقدسات والنساء فيذكر (المقري

في كتاب ازهار الرياض في اخبار عياض، ج25/2 بقوله((يفتضون البكر بحضرة ابيها والثيب(*) بحضرة زوجها واهلها))

- يؤكد المستشرق الفرنسي هنري بيريس على التسامح الاسلامي بالاندلس بقوله(ان اي شعب مغلوب في اي قطر من الارض لم يحظ بما حظى به الشعب الاسباني أبان حكم المسلمينمن تسامح تخلي في تطبيق العهود والقوانين الاسلامية التي اعطت لاهل الكتاب حقوقاً كاملة في العيش الكريم))

-افصح حب عدد من الشعراء المسلمين لكل ماهو مسيحي بالاندلس مثل:عيسى عليه السلام وانجيلهنوالقساوسة وصلبانهم،والرهبان وكنائسهم،والنصارى واعيادهم اضافة التثليث ورموزه والطقوس واناشيدها.

قال ابن حداد:

وكل قس مظهر للتقى ... يأتي انصات وأخبأت

ويقول الشاعر القيسي الغرناطي الذي وقع بحب فتاة نصرانية تدعاالبيرة التي بادلته الحب بقول

فأعجب عباد الصليبية ... سبتني بوجه مثل بدر متمم

فبت حليف الهم من فرط حبها ... وباتت بهجري في فراش تنعم

وكم نعمتي من لذيذ وصالها ... بما لم تصل نفسي له بتوهم

فقبلت منها الخد وهو مورد ... وتنيت بالثغر المليح التبسم

ومالت لفرط السكر وهي مريضة ... كميل الصبا صبحا بغض تنعم

ولولا عفافي واتقاء عتابها ... تمتعت منها بالمحل المحرم

((أحداث وقعت في الممالك الاسبانية النصرانية الشمالية))

في سنة 133هـ - 750م حل القحط بالاندلس واستمر لعدة سنوات وكان تأثيره شديداً على المناطق الشمالية،فجلا كثيراً من المسلمين عن هذه الانحاء مخلفين منطقة واسعة تفصل بين جليقية واراضي المسلمين فأجتاح النصارى هذه المناطق وقتلوا من بها من المسلمين وأخرجوا البقية عن أهلها كلها، وعن استورقة وغيرها من المناطق حتى نهر

(*) الثيب من النساء التي تزوجت وفارقت زوجها باي وجه كان بعد ان مسها، ينظر: أبن منظور، لسان العرب، ج1 / 725

دويـرة.وهكـذا خـسر المـسلمون مراكزهامـة مثـل ليـون وسـمورة وسـلمنقة وشـقوبية وابلـة وغيرهـا مـن اماكن بذلت الجيوش العربية الفاتحة الكثيرمن الجهد والعناء في فتحها.

تـولى غرسـيه انيجـز ملـك نافـار ا ادنبـارة الـذي يـسميه ابـن حـزم القرطبـي ملـك البـشاكة،والذي كـان عـلى صـلة طيبـة بـين قـسي المولدين،سـادة الثغـر الاعـلى فقـد ارتـبط معهـم بربـاط التحـالف والمـصاهرة،وحارب مـع زعـيمهم مـوسى بـن نـصير بـن قرتـون ضـد اردينـو الاول ملـك جليقييـة في معركـة البلدة (Albelda) سنة 248هـ/862م.

((مواثيق الصلح مع الممالك الاسبانية النصرانية))

اتفـاق الـوالي عبـد العزيـز بـن مـوسى بـن نـصير مـع مـوسى بـن عـدبس حـاكم مرسـيه ففـي عهـد الامـير عبـد الـرحمن الـداخل تـم عقـد امـان وسـلام مـع جيرانـه نـصارى قـشتالة هـو بـسم اللـه الـرحمن الـرحيم، كتـاب امـان الملـك العظـيم عبـد الـرحمن للبطارقـة والرهبـان والاعيـان والنـصارى والانـدلسيين اهـل قـشتالة،ومن تـبعهم مـن سـائر البلـدان:كتـاب امـان وسلام،وشـهد عـلى نفـسه ان عهـده لاينـسخ ماالقـاموا على تأديـة عـشرة الاف اوقيـة مـن الـذهب وعـشرة الاف رطـل مـن الفـضة وعـشرة الاف مـن رأس مـن خيـار الخيل ومثلها مـن البغـال مـع الـف درع والـف بيضة ومثلهـا مـن الرمـاح في كـل عـام الى خمـس سـنين كتـب بمدينة قرطبة ثلاث من صفر عام 142هـ 759 م.

أن الـصلح الـذي فرضـه عبـد الكـريم بـن عبـد الواحـد بـن مغيـث عـلى الجلالقـة بعـد ان غـزاهم سنة 208هـ / 823 م غزوة ابيله والقلاع، ومن بنود الصلح:-

1- اطلاق سراح جميع الاسرى.

2- دفع جزية كبيرة.

3- تسليم بعض زعماء المنطقة الى المسلمين ليكونوا رهائن،ضماناً لعدم اعتدائهم في المستقبل.

عن المقري/نفح الطيب، ج1/344-345.

زواج الـوالي عبـد العزيـز بـن مـوسى بـن نـصير مـن ارملـة الملـك لـذريق آخـر ملـوك القـوط في اسـبانيا، شـجع الملـك مورتـاجوت 173هــ/789م حكـم جليقيـة،وبالغ في التـودد الى المـسلمين وشـجع بحماس زواج الفتيـات المـسيحيات مـن المـسلمين زواج الامـير محمـد والامـير عبـد اللـه بـن محمـد مـن الامـيرات النافاريـات ونقـة بنـت فرتـون بـن غرسـيه التـي تزوجـت وانجبـت ابنـة هـي طوطـه (Toda) ملكـة نافـار وعـاصرت عبـد الـرحمن الثالـث ووفـدت عليـه بـسفارة عـام 347هــ/958م تـزوج الحاجـب المنـصور العامري من احدى بنات شانجة الثاني ملك نبرة (Navara) سميت عبدة انجبت شنجول.

((اقوال واعترافات مؤرخين اوروبا بحق الحضارة الاسلامية في اسبانيا))

يقول رينان الفرنسي ((انني لم ادخل مسجداً من غير ان اهتز خاشعاً،اي من غير ان اشعر بشئ من الحسرة على انني لست مسلماً)) صرح لوبون((ومن المسلمين في الاندلس تعلمت اوروبا ايضاً قواعد الفروسية وتقاليدها وخصالها العشر الصلاح والكرامة ورقة الشمائل والقريحة والفصاحة والقوة والمهارة في ركوب الخيل والقدرة على استعمال السيف والرمح والنشاب)).

عمل بعض رجال الكنيسة الى اثارة التعصب الذين كانوا يصفون المسلمين بالكفار الملحدين مثل الفيلسوف توما الاكويني الذي اتهم ابن رشد القرطبي بهذه التهمة على الرغم من انه سرق اراءه وعاش عالة عليها.

ولما دخل الثيد القمبيطور (El cid compiador) مدينة بلنسية عام 487 هـ/1094م لم يحجم عن حرق حاكمها القاضي أبن ابي الجحاف بأن وضعه في حفرة الى نصفه في الارض وحرقه ليكرهه على كشف وتسليم ماكان يظن وجوده في حوزته من الكنوز.يوم كانت قرطبة تزهو بشوارعها الممتدة اميالاً عديدة مبلطة ومضاءة بالمصابيح العامة (المقري/نفح الطيب 456/1هـ/،216/3 لم يكن في لندن مصباح عمومي واحد.يوم كانت جامعة اكسفورد في انكلترا تعتبر الاستحمام عادة وثنية (لينبول، تاريخ العرب في اسبانيا ص119، دوزي/المسلمون في الاندلس ص37

ان التاريخ يشهد – وهو صادق في شهادته- انهم بناة حضارة اكرمت الانسانية وسمت بالعقل البشري ورفعت مكانة الانسان وادانت شتى نواحي الحياة السياسية والعمرانية والاجتماعية والاقتصادية والثقافية، ولازالت اثارها- او بعض اثارها - شاهدة على انها كانت قادرة على ان تصنع التاريخ على احسن مايمكن ان يصنع التاريخ، لو لم تعمل العوامل الشخصية على تقويض بنيانها الشامخ، فأتاحت الفرصة هذه العوامل الفرصة للحاقديم وعلى المسلمين عامة ان يجدوا الثغرة التي ينفذون منها الى ضربها واياهم في الصميم واعملوا معاول الهدم في هذه الشامخة العظيمة

يقول الشاعر بن رشيق القيرواني في حكام الطائف واتخاذهم الالقاب السلطانية البراقة وهم لايستحقونها بأبيات:

مما يزهدني في ارض اندلس ... اسماء مقتدر فيها ومعتضد

القاب مملكة في غير موضعها ... كالهر يحكي انتفاضاً صولة الاسد

قال الشاعر ابن التطيلي:-

يأهل اندلس حثوا مطاياكم ... فما المقام بها الامن الغلط

الثـــوب ينــسل مـــن اطرافـــه وارى   ان ثـــوب الجزيـــرة ينــسل مـــن الوســـط

احوال الزواج في عصر القوط الرومان وهي ان العائلة المسترقة كانت تؤدي في الغالب لمولاها خدمة معينة يتوارثها الابناء عن الاباء كزراعة الارض حيناً والصيد حيناً ورعى الاغنام تارة... ويستحيل على العبد او القن ان يتزوج دون رضا مولاه ويبطل زواجه اذا تم بغير الحصول على موافقة سيده، ويحال بينه وبين امرائه بالقوة واذا اقترن احد الارقاء بأمرأة في خدمة سيد آخر تقاسم السيدان بالتساوي الاولاد الناتجين عن هذا الزواج.

(احوال اليهود في ظل المجتمع الاسباني)

ولقد ظل اليهود اكثر من ثمانين عاماً يتجرعون غض الام صابرين، حتى اذا عيل صبرهم ازمعوا على الثأر من مضطهدهم فما وافت سنة 694هـ اعنى الفتح الاسلامي بسبع عشرة سنة، حتى ضرموا ثورة شاملة مع اخوانهم اليهود في العدوة المغربية، بيد ان الحكومة علمت بالمؤامرة قبل موعدها وسرعان ما اتخذ الملك الاسباني في ايجيكا الاحتياطات اللازمة، ثم عقد مجمعاً في طليطلة، وان المؤامرة كانت ترمي الى تهويد اسبانيا بهم الغضب منه والسخط عليهم. وصادروا جميع املاك اليهود وحرموهم حريتهم،وجعلهم الملك عبيداً للنصارى بل لولائك الذين حتى هذه اللحظة كانوا عبيداً لليهود ثم حررهم الملك وفرض على السادة لايسمحوا لعبيدهم الجدد بممارسة شعائر الدين القديم.

ثم حرم التزاوج بين اليهود والنصارى، فلايستطيع العبد اليهودي ان يتزوج الامن امة نصرانية ولاتتزوج الجارية اليهودية الاعبداً مسيحياً.

(تصريحات المستشرق الفرنسي ليفي لروفنسال)

الاندلسي المسلم بدأ عفوياً بحسن اصالته الذاتية والواقعية في مطامحة السياسة واشد من ذلك واقوى في حياته الثقافية، ومع ذلك لم يلبث المتعلقون بالاسلام وشريعته، ومثله الديني الاعلى الا ان يتعلقوا، تعلقاً ودوداً وشديداً نان يميزوا على نحو واضح، في اهم مظاهر حياتهم اليومية، ونماذج ازيائهم، وطريقة ارتدائها وفي مهاراتهم لحرفية والزراعية.

ارتحل عن المشرق كثير من العرب الساخطين والمتذمرين، وكبار ذوي المراتب السابقة، وممن فقدوا امتيازاتهم واعطياتهم، وكل هؤلاء جذبهم الغرب اليه منهم ولاة وامراء مثل عبد الرحمن بن معاوية (الداخل) الذي اصبح سيد قرطبة، وبدأت التقاليد الشامية تسود في اسبانيا.

يوسف بن تاشفين: جاء من اجل دفع الخطر المسيحي في موقعة الزلاقة 479هـ / 1086 م بعد سقوط طليطلة عام 478هـ على يد الفونسوا لسادس حاكم قشتالة

(Alfonso XI) سجل الموحدون كالمرابطين من قبل، مآثر انتصاراتهم في اسبانيا الاسلامية واخضعوها دون عناء كبير، وبسطوا عليها مذهبهم في التشريع، وطريقتهم الخاصة في الحكم ولكن حركة الاسترداد المسيحية كانت تتقدم على نحو محسوس حينئذ في اسبانيا فأنتصر الموحدون في معركة الارك هذا آخر انتصاراتهم للمسلمين.

وفي سنة 609هـ/1212م ثأر المسيحيون لهزيمتهم في واقعة العقاب وفي سنة 1236 م سقطت قرطبة على يد فرناندوا الثالث ملك قشتالة (Fernando III).

مواطن اجناد الشام في مدن الاندلس

جند الشام البيرة، جند الاردن	مالقة جند فلسطين شذودنة
جند حمص اشبيلية جند قسرين	جيان جند مصر باجة

جاء عرب المشرق الى اسبانيا ومعهم انماط حياة اسلافهم وحافظوا على اشكالها وبقيت مدة طويلة دون ان تمس، وكان من الضروري ان يتمثلوا ارض شبه الجزيرة الايبرية في البطش وان يكيفوا حياتهم مع واقعها تدريجاً نوان يتصلوا اجتماعياً مع السكان الاصليين،صلات كانت في البدء منقطعة عمداً ثم اصبحت ضرورية ومستمرة مع الزمن، لان هؤلاء اخذوا يدخلون في دين الله افواجاً، وادى هذا كله الى ان تفقد التقاليد العربية الاصلية تدريجاً مشيناً من حدتهانوان شئت ارتضت مؤثرات لم تكن بمخبأ من اثارها ولو انها حافظت في الوقت نفسه على مكانتها الرفيعة. في عصر عبد الرحمن الثاني كان قصر قرطبة يزدحم بالجواري وجميعهن اشتهرن في المجتمع لابجمالهن وثقافتهن فحسب، وانما بتقواهن ايضاً كل واحدة منهن اقامت في قرطبة على حسابها الخاص مسجداً وسبيل ماء يحمل اسمها وان احدى هؤلاء المدنيات الثلاث الا فتاة من مقاطعة نبرة في شمال شرقي اسبانيا، وقعت فمن السبي صغيرة ثم بيعت، وارسلت الى المدينة المنورة فلم تبرحها الالتعود من جديد الى موطنها ومهبط نشأتها فتغنى بأغانيها، وملامح فكرها، ستبدا اسبانيا العربية.

من كتاب ليفي بروفسنال

واديرة ورئيسها المسؤول وعن ضواحيها، وقاضيها الذي يطبق في احكامه القانون القوطي القديم تحت اشراف الدولة الاموية وتخضع لرقابتها.

اما الملاحقات النادرة التي عانت منها تلك الجاليات مردها دائماً مسيحيون متهوسون يرفضون ان يتراجعوا تهجمهم على دين اصحاب الدولة والحق ان ابناء جلدتهم من القسس او العلمانيين فكانوا ينكرون هذه التهجمات على البارو القرطبي.

ان كل الموهوبين من شبان النصارى لايعرفون اليوم الا لغة العرب وادابها ويؤمنون بها ويقبلون عليها لافي فهم وهم ينفقون اموالاً طائلة في جمع كتبها، ويصرحون

في كل مكان بأن هذه الاداب حقيقة الاعجاب فأذا حدثهم عن كتب النصرانية اجابوك في ازدراء بأنها غير جديرة بأن يصرفوا اليها اشباههم، ياللام لقد انسى النصارى حتى لغتم فلاتكاد تجد واحداً منهم بين الالف يستطيع ان يكتب الى صاحب له كتاباً سليماً من الخطأ فأما عن الكتابة في اللغة العربية فأنك ستجد واحد منهم عدداً عظيماً يجيدونها في اسلوب منمق، بل هم ينظمون من الشعر العربي مايفوق شعر العربا أنفسهم فناً وجملاً.

ان الاندلس لم يكن يحمل السلاح دوماً في وجه جيرانه، حتى في اللحظة التي بلغت فيها من القوة حداً لايقهر، اعطى الاندلس خلالها السخاء اكثر ما تلقى، وبرهن دائماً على روح التسامح فيما يتصل لرعاياه المسيحيين، وهو مالايحلم احد بأفكاره اليوم او الشك منه كانت العلاقات فيه بين الاسلام والمسيحية ضرورة كما كانت في اسبانيا الاسلامة نلقد حافظ الجانب الاكبر من شعبها، في القرن الاول من الفتح على الاقل على الدين الرسمي لدولة القوط وفيما بعد حتى بعد ان دخل الاسبان المسيحيون في الاسلام افواجاً ليتمتعوا بنظام مالي افضل ومن الرعايا المسيحيين شكلوا جاليات مزدهرة لها كذلك.

الخاتمة

توصل الكتاب الى نقاط هامة هي:

1. حقق الفتح العربي الاسلامي لشبه الجزيرة الاسبانية اكبرنجاح في التاريخ الحضاري الانساني حتي استمر اكثر من ثمانية قرون.

2. يظهر التسامح والتعايش في كل جوانب الحياة العامة واكثرها وضوحاً في المجتمع الاندلسي حيث انصهرت العادات والتقاليد والاسماء والازياء والطقوس الدينية والدنيوية.

3. نرى ان ثقافة الفاتحين المسلمين لعبت دوراً بارزاً في التواصل الحضاري بين ابناء الملل الدينية حيث تم نشر الثقافة الاسلامية في العلوم والاداب والفنون.

4. ساهم حكام الاندلس في زرع روح المحبة والاحترام وكانوا يحملون افكاراً اسلامية ويحترمون الانسان ويعملون على خدمته من خلال ما اوردته النصوص التاريخية.

5. التصدي للمشاكل والخروقات والنعرات الدينية بحزم وعقلانية خشية من انتشارها مثل فتنة الربض ايام الامير الحكم الاول، وفتنة طائفة من المستعربين المتعصبين الذين كانوا يشتمون الاسلام واهله ايام الامير عبد الرحمن بن الحكم (الاوسط) وتم مفاتحة قومس النصارى بالموضوع وافكاره الى مجموعة من الانتحاريين، ومعالجة فتنة عمر بن حفصون من المولدين ومحاصرته ومهادنته وعرض التسلم عليه ثم محاربته في عصر الامارة ايام الامراء المنذر وعبد الله وعبد الرحمن الناصر وكان يعد اخطر تمرد واجه الاندلس، ثم عصر الطوائف الذي تم التخلص من حكام المدن بواسطة دعوة المرابطين من عدوه المغرب بعد ان استنجد بهم الامير المعتمد بن عباد حاكم اشبيلية الذي قال عبارته المشهورة ((رعي الجمال خير من رعي الخنازير)).

6. الاعترافات التي صرح بها الاستشراق الاوروبي بحق الحضارة الاندلسية وانجازاتها الانسانية خير دليل ومثال على نجاح الثورة الاسلامية اذ حقق ابناء الاندلس من مشاريع خدمية لاهل الديانات لم تستطع ان تحقق منه جزء الدول الكبرى التي تستعمر الشعوب الاسلامية التي فشلت في استخدام القوة المحرمة واذعنت ابناء البلاد الاسلامية الى الذل ونشر التخلف والفساد والطائفية والرذيلة والامراض والاوبئة المستعصية على العلاج.

المصادر الاولية والمراجع الحديثة التي اعتمد عليها الكاتب

1. مؤلف مجهول/اخبار مجموعة في فتح الاندلس وذكر امرائها رحمهم الله والحروب الواقعة بهابينهم/تحقيق المستشرق الاسباني اميليو لافونتي القنطرة/مدريد 1867 م
2. ابن القوطية القرطبي/تاريخ افتتاح الاندلس/طبع في مدينة مجريط 1868م.
3. البكري القرطبي/ابو عبيدة ت487هـ/كتاب المسالك والممالك (نشر بعنوان جغرافية الاندلس واوروبا) تحقيق عبد الرحمن علي الحجي/دار الارشاد بيروت 1387هـ/1968م.
4. العذري/احمد بن عمربن انس المعروف بأبن الدلائي ت478هـ/كتاب ترصيع الاخبار،وتنويع الاثار والبستان في غرائب البلدان والمسالك الى جميع الممالك،(نشر بعنوان نصوص عن الاندلس)تحقيق عبد العزيز الاهواني/معهد الدراسات الاسلامية المصري مدريد 1965 م.
5. ابن عذاري المراكشي ت بعد 712 هـ)البيان المغرب في اخبار الاندلس والمغرب، تحقيق كولان وليفي بروفسنال،دار الثقافة،بيروت بلاتاريخ)ج2،3
6. ابن حزم القرطبي،ابو محمد علي ابن محمد(ت 456هـ) جمهرة انساب العرب، تحقيق عبد السلام هارون 1962 ب رسائل ابن حزم، تحقيق احسان عباس، القاهرة 1954 م.
7. ابن حيان القرطبي/ابو مروان حيان بن حلف (ت469هـ).
   أ. المقتبس من انباء اهل الاندلس،ج2/تحقيق محمود علي مكي /بيروت1973 م.
   ب. المقتبس، تحقيق المستشرقين الاسبان:
   بدرواجالميتا،د.فدريكوكورينطي،المعهد الاسباني العربي للثقافة-مدريد 1979م.
   ج. المقتبس في تاريخ رجال الاندلس،ج3/نشر ملشور انطونية، باريس 1937 م.
   د. المقتبس في اخبار بلد الاندلس،تحقيق عبد الرحمن علي الحجي،بيروت 1965 م.
8. ابن الخطيب الغرناطي /لسان الدين ابو عبد الله محمد التلمساني ت 776هـ اعمال الاعلام في من بويع قبل الاحتلام من ملوك الاسلام، تحقيق ليفي بروفنسال بيروت 1956 م.
9. الونشريسي/ابو العباس احمد، ت914هـ المعيار المعرب والجامع المغرب عن فتاوي علماء افريقية والمغرب والاندلس. حققه مجموعة من الفقهاء، دار الغرب الاسلامي.
10. المقَّري / شهاب الدين احمد بن محمد التلمساني ت 1041هـ
   أ. ازهار الرياض في اخبار عياض/تحقيق مصطفى السقا وآخرون القاهرة 1939-1940 م في 4 مجلدات
   ب. نفح الطيب من غصن الاندلس الرطيب،تحقيق احسان عباسدار الثقافة (بيروت 1968)في 8 مجلدات.
11. ديوان ابن دراج القسطلي /تحقيق محمود علي مكي،المكتب الاسلامي دمشق 1964 م.

12.   ابـن الكتـاني /ابـو عبـد اللـه محمـد بـن الكتـاني الطبيـب / كتـاب التـشبيهات مـن اشـعار اهل الاندلس،تحقيق د.احسان عباس،دار الثقافة، بيروت.

13.   ابـن دحيـة الكلبـي البلنـسي /ابـو الخطـاب عمـر بـن حـسن ت633هـ/المطـرب مـن اشـعار اهل المغرب/تحقيق ابراهيم الابياري،حامد عبد المجيد،احمد احمد بدوي المطبعة الاميرية القاهرة 1954 م.

المراجع الحديثة:

1.   ليفي بروفنسال/الحضارة العربية في اسبانيا / ترجمة الطاهر احمد مكي/ دار المعارف 1399هـ/1979م.

2.   غوستاف لوبون/حضارة العرب/تعريب عادل زعيتر،دار احياؤ التراث العربي /ط23 بيروت 1399هـ/1979م.

3.   زيجريـد هونكـة/شمس اللـه عـلى الغـرب/او فـضل العـرب عـلى اوروبـا، ترجمـة /فؤادحـسنين عـلي/دار المعارف/مصر 1969م.

تسامح المجتمع الاسلامي مع اليهود

تسامح المجتمع الاسلامي مع اليهود

تقديم تاريخي...

قد يظن البعض ويتوهم بان اليهود في اسبانيا وقفوا الى جانب العرب المسلمين اثناء عمليات الفتح واستقبالهم للفاتحين وتقديم الدعم والاسناد للمسلمين،ولكن الحقيقة تقول ان حب اليهود للفتح العربي الاسلامي جاء لتلبية لمصالحهم الشخصية وانقاذ حياتهم من المصائب،لان اهل الجزيرة الاسبانية وحكامها كرهوا اليهود،وضيقوا عليهم،وذلك رداً على افعال اليهود وبغضهم للاجناس البشرية واستعلائهم عليهم،واستهزائهم بمعتقداتهم الدينية وعاداتهم وتقاليدهم وأزيائهم،واستحلال اموالهم بطرق غير مشروعة واعمال النصب والاحتيال والتعطش للدماء.

قدم المسلمون أثناء فتح اسبانيا مكاسب لاهل الذمة ونال اليهود قسطاً كبيراً.اذ رفع عنهم الاضطهاد والقهر،ورجع عدد منهم من المتنصرين بالقوة والخوف الى يهوديتهم وسمح لهم بممارسة طقوسهم الدينية في الاديرة،وحصلوا على الحرية الكاملة في السكن والعمل وارتدوا الازياء الخاصة بهم ومزاولة انواع النشاط الاقتصادي،وكانت لهم احياء خاصة بهم في العاصمة قرطبة وباقي مدن الاندلس،كما حافظ الاسلام على ارواح اليهود واموالهم وحقوقهم،وتنعموا في ظل الحكم العربي بأجواء هادئة يسودها العدل والمساواة والتسامح والحرية التي طالما انتظرها اليهود قبل الفتح لاسبانيا،وتمتع اليهود طيلة الحكم العربي الاسلامي لاسبانيا لاكثر من ثمانية قرون بنعيم واحترام،اذ خدم عدد من اليهود في قصور حكام الاندلس وشغلوا وظائف ادارية هامة باحترام وتقدير بفض وتشجيع حكام قرطبة لليهود في مواصلة التطور والارتقاء والابداع في كافة مجالات الحياة العامة،كما اغدقوا عليهم الاموال الطائلة،ونال منهم نصيب واسع من الامتيازات والحقوق والاحترام النابع من تعاليم الشريعة الاسلامية السمحاء،فصار منهم كبار الاطباء في القصور.

اعجب يهود اسبانيا بمعاملة المسلمين الحسنة لهم وانبهروا بالتسامح والعطف والاحترام لعوائلهم،حتى قام عدد من اليهود بتقليد المسلمين في معاملتهم،وتعلموا العربية وتكلموها،كما تثقفوا بالادب والفكر والعادات العربية الاصيلة،وبرزت منهم ووضعوا مؤلفات كان لها نصيب بارز في تاريخ الاندلس.

على الرغم مما قدمه العرب المسلمين لليهود الا انهم تنكروا وتآمروا على اسيادهم وتخاذلوا وتحايلوا وعمدوا الى المشاركة في الدسائس والتطاول على سيادة الاسلام لقاء اغراءات مادية ودوافع شريرة في نفوسهم حقداً على الاسلام،اذ نشاهدهم ينخرطون الى المؤتمرات والثورات والفتن وخصوصاً في عصر دويلات الطوائف اذ فقدوا الامن

والاستقرار وضاعت القيم والتقاليد والاعراف،ومن حق الاسبان من رجال الكنيسة في اعتبار اليهود كفاراً ورفضوا تزويج بناتهم من اليهود،بعد سلسلة تجارب من الخيانة والخذلان.

مراكز استقرار اليهود بالاندلس...

توزع اليهود واستقروا في عدد كبير من اقاليم ومدن وقصبات الاندلس نظراً لتوفر فرص العمل فيها أو ملائمة ارضها ومناخها وكثرة خيراتها او هرباً من اضطهاد وملاحقة الاسبان النصارى المتعصين لهم.

تطرقت المصادر الاندلسية عن مواطن اليهود في الاندلس اثناء الفتح العربي الاسلامي وقد اورد لنا صاحب كتاب اخبار مجموعة المدن المفتوحة التي كان بها اليهود منها:البيرة Elvira بقوله "فحصروا مدينتها،فافتتحت،فالقوا بها يؤمئذ يهوداً،وكانوا اذا الفوا اليهود ببلده ضموهم الى مدينة البلد،وتركوا معهم من المسلمين طائفة،ومضى عظم الناس ففعلوا ذلك بغرناطه،مدينة البيرة،ولم يفعلوا ذلك بمالقه،مدينة رية،لانهم لم يجدوا بها يهوداً،ولاعمارة،وانما كانوا لاذوا بها وقب حاجتهم"[1].

قرطبة Cordoba فتحها القائد مغيث الرومي وجمع يهود قرطبة فضمهم اليها[2]،اشبيلية Sevilla فتحها الوالي موسى بن نصير كما ورد بالنص الاتي:"فآتاها موسى بن نصير،حتى حصرها اشهراً،ثم ان الله فتحها،وهرب العلوج الى مدينة باجة،فضم موسى يهودها[3].

اورد المقري خبر فتح اشبيلية ويهودها بقوله:"فامتنعت اشهراً على موسى،ثم فتحها الله عليه،فهرب العلوج عنها الى مدينة باجة،فضم موسى يهودها الى القصبة وخلق بها رجاله"[4].

طليطلة Toledo فتحها القائد طارق بن زياد،كما اورد الحديث عنها ابن عذاري المراكشي بقوله:"والفى طارق طليطلة خالية،ليس فيها الا اليهود في قوم قلة،وفر علجها مع اصحابه،ولحق بمدينة خلف الجبل،وتبعهم طارق،بعد ان ضم اليها"[5].

---

(1) المؤلف مجهول/اخبار مجموعة في فتح الاندلس وذكر امرائها رحمهم الله والحروب الواقعة بما بينهم،تحقيق المستشرق الاسباني اميليو لافوتني القنطرة Emihb lafuenete Alcantara/مدريد 1867م،ص12.

(2) م.ن،ص14.

(3) م.ن،ص16.

(4) المغري التلمساني/نفح الطيب من غصن الاندلس الرطيب/تحقيق د.احسان عباس/دار صادر (بيروت 1408هـ-1988م) ج269/1.

(5) البيان المغرب في اخبار الاندلس والمغرب/تحقيق كولان وليفي بروفنسال دار الثقافة (بيروت د.ت) ج12/2.

تحدث ابن الخطيب الغرناطي عن تواجد اليهود في جنوب الاندلس بقوله"ثم انهزم ذلك الجيش بالجيش المتوجه الى البيرة فحاصروا مدينتها،وفتحوها عنوة،والفوا بها يهوداً ضموهم الى قصبة غرناطة،وصار لهم في ذلك سنة متبعة حتى وجدوا بمدينة يهوداً ضموهم الى قبضتها،ويجعلون معهم طائفة من المسلمين يسدونها"[6].

سمح المسلمون للاقليات اليهودية في قرطبة بتخصيص مقبرة خاصة بهم،كما اورد ذلك ابن حيان القرطبي بروايته"توفي عبد الرحمن بن عثمان بن عفان القشيري في ذي الحجة من سنة ودفن في مقبرة حلال،بينها وبين مقبرة اليهود الطريق السالك بحوقى قرطبة"[7].

عرفت احد ابواب قرطبة بباب اليهود،كما جاء ذلك عند الحنفي بقوله:"كان سعيد بن سليمان القاضي يحكم في المسجد الجامع،ويأتي اليه ماشياً.وانه كان يوماً من الايام مقبلاً، فلما اتى باب اليهود التقى بسعيد بن حسان الفقيه"[8]كما اكد ابن حيان القرطبي بقوله:"وكانت طريقة اليهم على مقبرة باب اليهود المنسوبة الى ام سلمة،فاحال بصره فيها وتأمل بها من ضيقة لتكاثر الدفن فيها،فعهد باتباع دور جمة مهنا، وتزاد فيها،ضمن ذلك"[9].

---

(6) الاحاطة في اخبار غرناطة/تحقيق:محمد عبد الله عنات/الشركة المصرية للطباعة والنشر (القاهرة 1393هـ/1973م) ج101/1.

(7) عند ابن شكوال /خلف بن عبد الملك الخزرجي الانصاري/الصلة/تحقيق:ابراهيم الابياري،دار الكتاب المصري ودار الكتاب اللبناني (القاهرة وبيروت 1402هـ/1982م) ج462/2.

(8) الخشني/محمد بن الحارث/قضاة قرطبة،تحقيق:ابراهيم الابياري دار الكتاب المصري،ودار الكتاب اللبناني (القاهرة-بيروت 1402هـ/1982م) ص140.ظل سعيد بن سليمان قاضيا حتى نهاية حكم الامير عبد الرحمن الثاني (الاوسط) سنة 288هـ

(9) ابن حيان القرطبي/المقتبس في اخبار بلد الاندلس/تحقيق د.عبد الرحمن علي الحجي،دار الثقافة (بيروت 1965) ص92.

النص المذكور يتحدث عن الخليفة الحكم الثاني المستنصر بالله عام 361هـ/971م،كما توحد باب اليهود في مدينة سرقسطة Zaragoza قاعدة الثغر الاندلسي الاعلى[10].

يوضح المقَّري ان باب اليهود تغير اسمها الى باب الهدى في قرطبة وذلك لان المسلمين ينفرون من اليهود وتصرفاتهم[11].

كان عدد اليهود في قرطبة الاسلامية كبيراً وصار لهم جباً خاصاً بهم كما جاء في ذلك عند ابن عذاري بقوله:"وثارت العامة ايضاً بقرطبة في هذه السنة،وفي رجب على اليهود،لعنهم الله بسبب قتل وجديين أظهرهم،ففتحت منازلهم،وانتبهت أموالهم،وقتل نفر منهم"[12].

اليسانة Lucena:استقر اليهود في مدينة اليسانة بعيداً عن سكن المسلمين بأمر من السلطة الاندلسية،كما جاء ذلك بالجنص"واليهود يسكنون بجوف المدينة،ولايداخلهم فيها مسلم السبتة...ولليهود بها حذر وتحص ممن قصدهم"[13].

غرناطة Granada:سكنها عدد كبير من اليهود في حي خاص بهم،ذكر لنا ذلك ابن عذاري بقوله:"وقتل في هذا اليوم من اليهود جملة عظيمة،ونهبت دورهم"[14]

واوضح ابن بسام الشلتريني احداث اليهود في غرناطة بقوله:"وقد استطال الناس على يهود،وقتل منهم يومئذ على اربعة الاف"[15].

أوضاع اليهود واحوالهم في عصور التاريخي الاندلسي...

شهد اليهود في ظل الحكم العربي الاسلامي في الاندلس اوضاع سادها الاحترام والحرية منذ الفتح الاسلامي لشبه الجزيرة الاسبانية،واستمرت احوالهم بصورة جيدة في

(10) ابن الفرضي/عبد الله بن محمد بن يوسف/تاريخ علماء الاندلس/ادار المصرية للترجمة والتأليف _القاهرة 1966م،ص127،ترجمة رقم 391.

(11) المغري،نفح الطيب/ج156/1.

(12) البيان المغرب/ج266/3.

(13) الشريف الادريسي/ابو عبد الله محمد بن محمد الحمودي ت560هـ/كتاب نزهة المشتاق في اختراق الافاق/نشر عالم الكتب (بيروت 1409هـ/1989م) ج2،ص571-572.

(14) البيان المغرب،ج231/3.

(15) ابو الحسن علي بن بسام الشنتريني /الذخيرة في محاسن اهل الجزيرة/تحقيق احسان عباس/دار الثقافة للطباعة والنشر والتوزيع (بيروت 1399هـ/1979م) مجلد 769/2.

اختيار العيش والسكن والانتقال بحرية،وشهدت قرطبة اكبر تجمع لليهود باعتبارها قاعدة للحكم العربي الاسلامي ويشير المؤرخ ابن القوطية القرطبي الى هروب الفقيه اليهودي طالوت في عهد الامير الحكم الاول الربضي (80هـ/206م) بالاختفاء في بيت يهودي لمدة سنة هرباً من الاحداث التي شهدتها قرطبة ابان فتنة او هيج الربض Arrabl[16].

اعتمد الامير الحكم الربضي على منصور اليهودي وهو من ابرز المساعدين بارساله الى الاديب والمغني والموسيقار زرياب الموصلي البغدادي كي يدعوه القدوم من المشرق الى الاندلس[17].

تمتع اليهود في عصري الامارة والخلافة بنشاط اقتصادي واسع بسبب الازدهار الحضاري الذي وصل اليه الاندلس،وزوال اليهود واعمالهم في التجارة والصناعة وحصلوا على الاموال الطائلة بفضل حسن سياسة الحكام واحترامهم لاهل الذمة اذ خدم حسداي بن شريط الخلافة الاندلسية واصبح الطبيب الخاص المختلفة عبد الرحمن الناصر وكلفه الخليفة في علاج سانجو السمين من سمنته المفرطة بعد ان عجز اطباء اوربا من شفائه.فجاءت به الاميرة طوطه Toda بعد ان عجز اطباء اوربا من شفائه.فجاءت به الاميرة طوطه Toda من بلاد البشكنس Vasco والتقت من الخليفة الناصر بعرضه على الاطباء الاندلسيين الذين اشتهروا بخبرتهم وشهرتهم بالطب،فكلف الخليفة الناصر طبيبه اليهودي بعلاجه ونجح في شفائه تقديراً واحتراماً لجيرانه الاسبان النصارى من الشمال.

لعب حسداي ابن اسحاق الاسرائيلي دوراً بارزاً في النشاط الدبلوماسي في عصر الخليفة الناصر والتفاوض مع حكام الممالك الاسبانية الشمالية،كما اكد على ذلك المؤرخ ابن حيان القرطبي في احداث 328هـ بقوله:"وفيها عقد حسداي بن اسحاق الاسرائيلي،الكاتب،المسلم مع شنيير بن غيفريد الافرنجي،صاحب برشلونة واعمالها،على الشروطالتي ارتضاها الناصر لدين الله وحدها،واشخص حسداي الى برشلونة لتقريرها مع شنيير،صاحبها"[19].

---

(16) ابن القوطية القرطبي/تاريخ افتتاح الاندلس/تحقيق:عبد الله انيس الطباع،دار النشر للجاماعيين (بيروت 1975م) ص75-77.

(17) المغري/نفح الطيب/ج3/124-125.

(19) ابن حيان القرطبي/المقتبس (ج5) تحقيق:بدرواجالميتا،ف كورينطي،ومحمود صبح/نشر المعهد الاسباني العربي للثقافة (مدريد 1979) ص454.

ونجح حسداي بن اسحاق الاسرائيلي في مهمته الدبلوماسية (ودعا حسداي عظماء برشلونة الى طاعة الناصر لدين الله وسيلة،فاجابه جماعة من ملوكهم،منهم انجه،احد عظمائهم"[20]. شارك الكاتب حسداي بن اسحاق الاسرائيلي في اشغال المهمات الخارجية وابرام الاتفاقيات والمعاهدات مع حكام المماليك الاسبانية الشمالية نيابة عن الخلافة فقد ارسله الخليفة الناصر الى حاكم جليقية بعد موقعة الخندق سنة 327هـ التي انكسر فيها جيش الخليفة،وابرام اتفاقية سلام واطلاق سراح الاسرى كما ورد بالنص "وكان ذلك سبباً لاخراج حسداي بن اسحاق الاسرائيلي الكاتب الى جليقية في جمادي الاخرة منها في ذلك،سائراً في اتمام يسلمة التي اتصلت خطته بها،...ولما ان سار حسداي الى الطاغية رذمير واختبره،حث على قلبه واستماله،ولطف به،حتى احبه،وسمع فيه،وافتتن به ووالى مجالسته،فطال مكثه لديه سبعة اشهر وأياماً،ورذمير انس به ومستمتع بحديثه،مستنيم اليه،مصغ الى قوله لايظهر له حسداي القصص بطول مقامه،ولا الحنين الى قرطبة،بل يريد الاستكثار منه غنيمة له،حتى استبطن سره،وفهم غرضه..."[21].

نجح الكاتب حسداي بن اسحاق الاسرائيلي في مهتمه الى ملك جليقية وتم اطلاق سراح محمد بن هاشم التجيبي الذي سقط سيراً بيد جند جليقية اثناء معركة الخندق عام 327هـ وذلك في عام 330هـ "وخرج معه حسداي بن اسحاق الاسرائيلي،الكاتب،رسول السلطان الى الطاغية رذمير،ووجوه اساقفة اهل الذمة الذين عقدوا الصلح معه...وكان اسره يوم الثلاثاء لثلاث عشرة بقيت من شوال سنة سبع وعشرين،فكان من يوم اسره الى يوم دخوله قرطبة سنتان وثلاثة اشهر وتسعة عشر يوماً"[22].

تغيرت احوال اليهود بعد ضعف وانهيار الخلافة الاندلسية بسبب تعدل الاوضاع العامة اثناء الفتنة التي عمت الاندلس وظهور دويلات الطوائف وصار لكل حاكم نظرة خاصة تجاه اليهود،كما ان عدد من اليهود باعوا انفسهم لبعض الحكام من اجل ارضائهم واشتغلوا في مجالس التجسس واعمال الرذيلة والخيانة واعمال القتل والسلب،كما اكد لنا ابن الخطيب الغرناطي بروايته"وفر ابن عكاشه يوم المدافعة،فقتله بالقنطرة يهودي من رجال قرطبة"[23].

(20) م.ن.

(21) م.ن/ص466-467.

(22) م.ن/ص473-474.

لم يتحمل الرعية بالاندلس تصرفات اليهود وخيانتهم واخلالهم بالعهود والمواثيق والمعاملة الطيبة التي شاهدوها من المسلمين،وجرت مناوشات بينهم منها في قرطبة عام 529هـ/1134م كما ذكر ذلك ابن عذاري بقوله:"وثارت العامة ايضاً بقرطبة في هذه السنة في رجب على اليهود لعنهم الله بسبب قتل وجد بين اظهرهم،ففتحت منازلهم،وانتبهت اموالهم،وقتل نفر منهم"[24]. من المؤسف حقاً بان يرد اليهود على جميل المسلمين اعمال القتل والسلب والاعتداء على تعاليم الشريعة الاسلامية السمحاء فيذكر لنا عن ذلك الفقيه ابن القطان الفاسي بروايته "وقتل يهودي مسلماً،سنة 529هـفاستطال المسلمون على اليهود،فنهبت أموالهم،وهدمت ديارهم وذلك بقرطبة"[25].

وردتنا كتب الفقيه بمعلومات عن نزاعات اليهود مع المسلمين وتنصلهم عن المواثيق والعهود المعقودة بين الطرفين ويظهر غالباً في الوثائق عدم التزام اليهود،كما جاء عند ابن سهل الاندلسي في احكامه بروايته "فهمنا-وفقك الله-ماذكرت من رفع الدافع اليك علاماً اقفل عليه في دار يستغيث.ويقول انه يكره على اليهودية.فأرسلت من وثقت به،فكشفت عن ذلك.فأنصرف ومعه يهودي وغلام بالغ،فاعلمتهما بما رفع اليك.فقال اليهودي:الغلام عبدي،ابتعته منذ اربعة اعوام من يهودي في طليطلة والغلام يستئذن يهودي،وانكر ان يكون ضربه،واقفل عليه وقال الغلام:انا حر ابن حرين،مسلم ابن المسلمين من أهل مدينة طليطلة.قدمت منها ثلاثة اعوام مع رجل من اليهود،فنزلنا فندقاً ثم انتقلت منه الى هذا اليهودي فخدمته وأبي حين أظهرت للاسلام،واردت الخروج من خدمته،ضربني واقفل علي وكشف الغلام ظهره،وبه أثار ضرب شديد ولايمكنه فصل ذلك بنفسه.."[26].

النص المذكور اعلاه يوضح المحاولات العدوانية لليهود في الاندلس في طمس هوية وحقائق الغزو والاعتداء على حقوقه واستعباده مصلحته الشخصية واستخدام اعمال القوة لارغامه على ترك دينه مرغماً.

انجبت الاندلس عدد من المفكرين اليهود منهم طليطلة التي ظهر عدد كبير من المثقفين اليهود الذين تتلمذوا على شيوخ العلم بالاسلام وعاشوا في اجواء يسودها الامن

(24) البيان المغرب/ج4/93.

(25) ابن القطان الفاسي /ابو الحسن علي بن محمد بن عبد الملك بن يحيى الكتامي الفاسي/نظم الجمان/تحقيق:د.محمود علي مكي/منشورات كلية لاداب والعلوم الانسانية/جامعة محمد الخامس (الرباط د.ت) ص217.

(26) القاضي ابي الاصبغ عيسى بن سهل الاندلسي/وثائق في احكام قضاء اهل الذمة في الاندلس ستخرجه من كتاب الاحكام الكبرى /تحقيق .د.محمد عبد الوهاب خلاف،الكويت 1980،ص47-48.

والاستقرار والاحترام منهم اسحاق ابن قسطار من اهل طليطلة الذي ذكره صاعد الطليطلي بقوله:"كان بصيراً باصول الطب مشاركاً في علم المنطق مشرفاً على اراء الفلاسفة،وكان متقدماً في علم العبرانية في فقه اليهود،خبيراً في اخبارهم وتوفي طليطلة سنة 448هـ وهو ابن خمس وسبعين"[27].

تدفق اليهود في النزوح الى الجزيرة الاندلسية نظراً لما سمعموه من روح التسامح والحرية بالعبادة والعمل والسكن حتى ان غرناطة استقبلت اعداداً كبيرة منهم وصارت تعرف كما يقول الحميري بـ"اغرناطة اليهود لان نازلتها كانوا يهوداً"[28].

احصت المصادر الاندلسية اعداد اليهود في غرناطة بارقام عالية وقتل من اليهود في الاشتباكات التي جرت مع المسلمين في غرناطة فيذكر ابن عذاري بان عدد القتلى وصل الى اكثر من ثلاثة الاف يهودي في الصدامات الدموية[29].

ويحصهم ابن بسام الشنتريني بأكثر من اربعة الاف يهودي قتل[30].

استعان الحكام المرابطون في غرناطة باستخدام اليهود فيذكر ابن عذاري ان عمر بن علي بن يوسف بن تاشفين كان والياً لابيه على غرناطه قد "اتخذ كاتباً يهودياً منها"[31].

عمد اليهود الى ازعاج السلطة في غرناطة وذلك بالتحريض وتشجيع الاسبان النصاري لغزو غرناطه ودعمهم وتشجيعهم،كما ذكر ذلك ابن الخطيب الغرناطي "وازعج منهم الى بئر العدوة في رمضان من العام المذكور عدد جم،انكرتهم الاهواء،واكلتهم الطرق،وتفرقوا شذر مذر،فاصاب كثير من الجلاء جمعتهم من اليهود،وتقاعدت بها منهم طائفة"[32].

اتخذ عدد من اليهود غرناطه ملجأ لليهود بها دهاليز من ردود فعل النصارى الاسبان حتى نهاية الحكم العربي الاسلامي في الاندلس عام 897هـ/1492م.

---

(27) ابو القاسم صاعد بن احمد الاندلسي /طبقات الامم/نشر يويس شيخو اليسوعي،المطبعة الكاثوليكية للاباء اليسوعيين (بيروت 1912)ص89.

(28) الحميري/الروض المعطار/ص119.

(29) البيان المغرب،ج3/80.

(30) الذخيرة في محاسن اهل الجزيرة،ق1/م2/ص769.

(31) البيان المغرب/ج4/77.

(32) الاحاطة،ج1،114.

استقرت اعداد من اليهود في حصن البونت Alpuent عند الحجر اليهودي فيها،كما اكد لنا ابو عبيد البكري القرطبي بقوله:"والحجر اليهودي في ناحية البونت،وهو انفع شئ"[33].

تحذر الملكين الكاثوليكيين من اليهود فقام الملك فرديناند الخامس حكم قشتاله بطرد اليهود من غرناطه بعد سقوطها وطرد اليهود منها"وعمل على هدم الحجي اليهودي،وبني مكانه كنيسة على اسم مريم العذراء"[34].

هاجرت اعداد كبيرة من اليهود بعد سقوط غرناطة اذ وصل عددهم الى خمس مئة يهودي تقريباً عند دخول الملكين الكاثوليكيين بعد ان كان يصل الى عشرين الفاً في ظل الحكم العربي الاسلامي في غرناطة[35].

لعب اليهود دوراً بارزاً في مدينة اليسانة Lucena التي تقع جنوب مدينة قرطبة وعلى بعد نحو اربعين ميلاً[36]وتعد الطائفة اليهودية في اليسانة من الجماعات النشطة التي مارست اخطر التحركات وابشع الجرائم من خلال شبكاتهم او اصبحت اليسانة مركزاً لليهود حسب قول المؤرخ ابن حيان القرطبي ان "مدينة اليسانة يهود الذمة"[37].

اشاد الجغرافي الشريف الادريسي الى مكانة اليسانة ودورها في التطور السياسي والاجتماعي بقوله "مدينة اليسانة وهي مدينة اليهود،ولها ربض يسكنه المسلمون وبعض اليهود،وبه المسجد الجامع،وليس على الربض سور،والمدينة مدينة متحصنة بسور حصين،ويطوف بها من كل ناحية حفير عميق القعر والسروب،وفائض مياهها قد ملأ ذلك الحفير واليهود يسكنون بجنوب المدينة ولايداخلهم فيها مسلم البتة،واهلها اغنياء

(33) المسالك والممالك (نشر بعنوان جغرافية الاندلس واوربا)تحقيق:د.عبد الرحمن علي الحجي،دار الارشاد (بيروت)ص128.

(34) قرحات/يوسف شكري/غرناطة في ظل بني الاحمر (بيروت/المؤسسة الجامعية للنشر 1982).

(35) عبد المجيد/محمد بحر/اليهود في الاندلس/الهيئة المصرية العامة للتأليف والنشر،دار الكتاب العربي (القاهرة 1970م) ص40-41.

(36) الشريف الادريسي ت 560هـ/نزهة المشتاق في اختراق الافاق/نشر عالم الكتب (بيروت 1989م) ج2/571-572.

(37)المقتبس،تحقيق:الاب ملثور انطوانيه Melchor Antonic .

مياسير،اكثر غنى من اليهود الذين ببلاد المسلمين،ولليهود بها حذر وتحصن ممن قصدهم،ومن اليسانة الى مدينة قرطبة اربعون ميلاً"(38).

اصبحت قبيلة اليسانة ملجأ وملاذاً للهازلين والمجرمين والجواسيس والمنفيين وسبب ذلك يعود الى ممارسات اليهود فيها،ومن يشتبه به من الرعية ينفى اليسانة للتخلص من خطورته،اذ نفي الخليفة الموحدي ابو يوسف يعقوب (580هـ/595هـ) الى اليسانة ابا الوليد محمد بن احمد بن رشد،كما ذكر لنا ذلك المؤرخ الفقيه ابن عبد الملك المراكشي بقوله:"ثم امر ابو الوليد بسكنى اليسانة،لقول من قال انه ينسب في بني اسرائيل،وانه لايعرف له نسب في قبائل الاندلس،وعلى ماجرى عليهم من الخطب،فما للملوك ان يأخذوا الا بما ظهر...ثم عفي عنه واستدعي الى مراكش،فتوفي بها ليلة الخميس التاسعة من صفر خمس وتسعين وخمس مئة"(39).

كما امر الامير الموحدي ابا العلاء ادريس حاكم اشبيلية ينفي ابي القاسم بن حسان الاشبيلي الى مدينة اليسانة لمعاقبته لانها اصبحت ملجأ لنفي الشخصياتالخطيرة كما ذكر لنا ابن سعيد المغربي بقوله:"فوجلعن ذلك في نفسه ابو العلاء،حتى نفاه،واسكنه اليسانة مدينة اليهود،وادام فيها مداه الى ان عفا عنه بالشفاعات،وأقام بإشبيلية فطرح الجانب غير آمن شر العواقب"(40).

كان يهود اليسانة تحت اشراف السلطة الاندلسية التي اجبرتهم على دفع ضريبة الجزية بموجب تعاليم الشريعة الاسلامية وتم تكليف جابي منهم لجمعها وتسليمها للحاكم الاندلسي،وقد تسجل لنا المؤرخ القرطبي ابن حيان نموذجاً عن ذلك في احداث

---

(38) نزهة المشتاق في اختراق الافاق/ج2/571-572،كما اكد المؤلف المجهول/الحلل الموشية في ذكر الاخبار المراكشية تحقيق:د.سهيل زكار وعبد القادر زمامة/دار الرشاد الحديثة (الدار البيضاء 1979م)،ص80 اذ ورد ان "مدينة اليسانة،وهي مدينة منيعة سورها من أعظم الاسوار"تفرد سكانها اليهود".

(39) الذيل والتكملة لكتابي الموصول والصلة/تحقيق د.احسان عباس،دار الثقافة(بيروت 1973)،ط1،ص26-31،ترجمة رقم 51.

(40) اختصار القدح المعلي في التاريخ المحلى/تحقيق:ابراهيم الابياري،دار الكتب الاسلامية،ط2(القاهرة 1400هـ/1980م)،ص149،ترجمة رقم 34.

عام 363هـ بقوله:"سجل الحجاج ابن متوكل اليهودي على قسامة قومه يهود اليسانة"[41].

حاول يهود اليسانة على التمرد كعادتهم والامتناع من دفع ضريبة الجزية لسلطنة غرناطة في عهد الامير عبد الله بن بلقن من ملوك زيري لكنه بعث اليهم بقوة عسكرية اجبرتهم بالقوة على دفع الضريبة واحترام التعليمات القانونية[42].

حدثت اتصالات بين يهود اليسانة ويهود العراق رغم تنسيق وتبادل الاراء والتوجيهات بينهم،كما جاء ذلك في الوثائق اليهودية في احداث عام 239هـ/853هـاذ كتب كبير احبار العراق الجاوون تطروباي جواباً على رسالة يهود اليسانة فخاطبهم بقوله:"اما بخصوص سؤالكم الذي تذكرون فيه ان اليسانة مدينة يهودية ذات سكان يهود كثيرين...دون وجود أي فرد غير يهودي بينكم"[43].

تم تحريض يهود اليسانة من اليهود خارج الاندلس على ممارسة نشاطات عدوانية ويحثونهم على ممارسة نشاطاتهم الدينية،ولكن في الحقيقة والواقع ان اليهود كانوا تحت المراقبة والمتابعة من الحكومة الاندلسية لما عرفه المسلمون عن اخلاقهم وطبائعهم وفقدان الامان والثقة وعدم احترام العهود والمواثيق منذ بداية عصر الرسالة كإسلامهم من بني النضير وقريظة وبني قنيقاع الذين خانوا الاسلام.

ظهرت عصابات يهودية في الاندلس تزعمها عدد من الشخصيات التي عملت على التحريض وبث العداء مع المسلمين والنصارى الاسبان،محاولين استغلال الفرص والمناسبات والاجواء وتسامحهم الحكام فيذكر ان رئيس الطائفة اليهودية في مدينة اليسانة في القرن الخامس الهجري ويدعى ابن ميمون،عمل على تحريض يهود اليسانة على العصيان وحثهم على عدم دفع ضريبة الجزية للمسلمين في عصر الامير عبد الله بن يلقين اخر ملوك بني نيري في غرناطة[44].

---

(41) المقتبس في اخبار بلد الاندلس/تحقيق:د.عبد الرحمن علي الحجي،دار الثقافة (بيروت 1385هـ/1965م)،يتحدث عن خمس سنوات من حكم الخليفة الحكم المستنصر بالله)،ص149.

(42) مذكرات الامير عبد الله (اخر ملوك زيري بغرناطة 469-483هـ) المسماة بكتاب التبيان/تحقيق :ليفي بروفنسال/دار المعارف (مصر 1955)،ص130-132،ثورة يهود مدينة اليسانة.

(43)Astor,Ehyahu/Spain Encyclopedia Judaica (Jerusalem 1972 vol.I/308.

(44) مذكرات الامير عبد الله (كتاب التبيان)،ص130-131.

النشاط العدواني لليهود في مدينة مالقة Malaga...

تقع مالقة على الساحل الجنوبي من الاندلس وعلى البحر المتوسط،وتقابل العدوة المغربية تم فتحها القائد طارق بن زياد عام 92هـ واصبحت تحت الحكم العربي الاسلامي حتى عام 893هـ وبعدها سقطت بيد الملكين الكاثوليكيين فرديناند الخامس والملكة ايزابيلا Los Reyes Fernando Isabela.

امتازت مدينة مالقة بخصوصيات جغرافية اذ كانت تصل لليهود سراً المساعدات المالية عن طريق البحر بعيداً نوعاً عن رقابة الحكومة الاندلسية وذلك لسهولة الاتصال وسرعته،واتخذها اليهود مركزاً لهم،وكانت مالقة موطناً أمناً للتمرد اليهودي ابو ابراهيم اليهودي المشهور بابن نغراله الذي كان كاتباً بين يدي ابي العباس كاتب حبوس ثم اتخذه حبوس ايضاً كاتباً له،واستغل اليهودي ابن نغراله قلة خبرة حبوس بالسياسة،فمكر به.

خدم ابن نغرالة اليهودي الامير الغرناطي باديس بن حبوس ووصفه الامير عبد الله بن زيري بقوله:"وكان مع هذا تدميز بن باديس بسعادته ودهاءه،فافترض السعي له والتخدم لارادته مادام مكنه ذلك،في وقت المناوين له والقائمين عليه،للذي قدر من أيامه معه"[45].

اشترك ابن نغرالة في صناعة الجرائم وقيادة لشبكات التجسسية والاتفاق ع اعداء الامير باديس والتخطيط للتخلص منه،على الرغم من احترام الامير له،واشار الى ذلك النص الاتي:"فلما انفق اعداؤه مع يدير عليه،شاركوا في ذلك ابا ابراهيم (ابن نغرالة)،واجتمعوا في منزله،يرومون قتل باديس وإقامة يدير،وعدهم على الاجتماع عنده،وتقدم الى باديس،وأخبره الخبر،واتى معه الى المنزل،وقال له-ليس الخبر كالعيان اسمع بإذنك وع بقلبك!"وهو يعني بذلك باديس جدنا الذي يراهم ولايرونه.فتنكر ذلك باديس لابي ابراهيم وايقن بثقته وامانته.وصار له خادماً من ذلك النهار وشاوره في اكثر ماله مع بني عمه"[46].

هذا التخطيط والمحاولة من اليهودي ابن نغرالة وراءها اهداف ومقاصد هي لكسب ثقة الامير باديس من حبوس ولكن الايام القادمة ستكشف الحقيقة المرة واللاذعة لتصرفات هذا اليهودي وشروعه العدواني.

اتخذ ابن النغرالة الوسائل بدهائه وبراعته،كما اكد لنا الامير عبد الله بن بلقين بقوله:"وكان في اليهودي من الكيس والمداراة للناس،سابق الزمان الذي كانوا فيه والقوم الذين يرمونهم.فاستعمله لذلك استجياشاً من غيره،ولما كان يرى في طلب بني عمه

---

(45) مذكرات الامير عبد الله (كتاب التبيان)،ص31.

(46) المصدر السابق نفسه،ص31.

له،ولان هذا يهودي ذمي،لانتشره نفسه الى ولاية،ولاهو اندلسي،فيبقى منه ادخال داخله مع غير جنسه من السلاطين،ولاحتياجاته الى الاموال التي يطلبها بني عمه،ويحاول بها امر الملك،لم يكن له بد من مثله ان يجمع له من الاموال مايدرك معها الامل،ولم يكن له تسلط على مسلم في حق ولاباطال ولان الرعايا اكثرهم بتلك البلدة،والعمال انما كانوا يهوداً،فكان يجبى منهم ألاموال ويعطيه،فيلقى ظالماً منهم الى ظلمه،يأخذ منهم باعلابه بيت المال،وإقامة اود المملكة اولى به منهم"[47].

ترك ابو ابراهيم بن نغرالة ولده يوسف بن نغرالة اليهودي الذي كان له نشاطاً خطيراً في احداث مدينة وادي آش ووصفه الامير عبد الله بن بلقين في مذكراته بقوله:"فلما توفي ابو ابراهيم،وترك ابنه وزير جدنا،ورث لابيه أموالاً كثيرة ووصاه بان يسعى في طلب الوزراء عند استقامة الدولة للرئيس،وعرض عليه الابواب التي بينها يكون متفق كل واحد منهم،لما كان بأيديهم من البلاد واستثارهم بالجبايات تجعل الخنزير نفسه لذلك.وكان المظفر رحمه الله،لايقبل منه مطالبة لمسلم،ولاعرضه لذلك.....،فيرسل في اليهودي ويقال له:"بلغني امر كذا وكذا"فيريه اليهودي التيترو من ذلك بأن يقول له:"كل ما نقل اليك كذب،فثبت!".فيقول له الرئيس:"اخبرني من لاشك عندي في نصيحته!"فكان اخر مايقول له:"ماقطع الشر الاساسية"وكان لمباهاته ومخرفته،يرى الناس انه بقدر،ولم يكن ذلك منه،الا عن تحيل ومكر"[48].

لعب يوسف بن نغرالة دوراً مهماً في التآمر والخيانة وتحريض السلطان واقناعه بخديعة للاستيلاء على مدينة وادي آش والاستفادة من موارد الخراج وكان السلطان لمظفر بأخذ بنصائح اليهودي ابن نغرالة الذي منح وزيره عبد الله خراج مدينة وادي آش مقابل دفع مبلغ خمسة عشر الف دينار-دراهم وهي تساوي اكثر من مائة الف دينار،فدخل عليه اليهودي وحرض السلطان وقال له:"اقبض وادي آش من عدده،ولذلك فيها ازيد من الوجه،فتكون مفاسدة،وهم متصرفون في حدتها"فوجد اليهودي السبيل الى جبلة في تزعمها باسم بمحيق الدولة ابنا"وقال:"لآخذن البلدة من يد عدو،فأضعها في يد سلطان يشكوني عليها،ويرى لي ذلك عن تخدم وبصيحة!"[49].

تذمر الوزراء الاخوة علي وعبد الله من تصرفات اليهودي ابن نغرالة والخطوة التي نالها عند السلطان سيف الدولة الذي اعلم بالامر،كما جاء ذلك في مذكرات الامير عبد الله بقوله "فلما رأى وزراء الدولة علي واخوه تمكن اليهودي عند السلطان وعند

(47) المصدر السابق نفسه،ص31-32.

(48) المصدر السابق نفسه،ص37.

(49) المصدر السابق نفسه،ص38.

الابن،اغاظهم ذلك واقلقهم،وبلغ منهم كل مبلغ،واجمع رأيهم على الدخول بينه وبين أبينا.وكان اولاد علي وعبد الله وزراء بسيف الدولة وقلعاء،لايفارقونه،فعملوا عليه من كل وجه بأنفسهم ومع بينهم،وقالوا لسيف الدولة:"ان الاموال التي يغنم اليهودي ويستأثر بها انت احق بها واولى،وقد احملك واحمل الدولة اجمع ولو انك قتلته،لم يقل لك ابوك في ذلك شيئاً:وما عسى أن يصغ بابنه"ارادوا القسفة قتل عدوهم على يدي ابن الرئيس،ليخرجو ايديهم من المسألة:فات عاقب،عاقب ابنه،إنشاء وحصلوا على الدولة دون صلابة من السلطان:فلم يزالو به أبداً،يتمنون باليهودي،ويكذبون عليه،ويمضون الى اليهودي بالكذب على لسانه"[50].

وهكذا خطط الاخوة الوزراء على التخلص من اليهودي ابن نغرالة واطماعه ومؤمراته ودسائسه في مدينة وادي آش مستغلاً دبلوماسية وحيلة تجاه السلطان.

اصبح يوسف بن نغرالة اليهودي موضع احتقار وتذمر النساء بالقصر السلطاني لما سمعوه عنه من اخبار سبته "وكان امهاته يطالبنه ويمنعنه عن صحبة اليهودي،حتى شعر بذلك"[51].

ارتكب الوزير اليهودي ابن نغرالة مؤامرة نكراء في إمارة باديس بن حبوس في ثورة منهاجة والتي ادت الى قتله بعد تصرفاته ومحاولاته التفريق بين ابناء السلطان من زوجاته كما جاء بالخبر الاتي:"وان الخنزير لعنه الله لما رأى طغيان النساء،وكل فرقة منهن تريد ولاية من تربية من ابناء السلطان،ورأى تغيير مولاه عليه امعان التايه لمطالبته والازدياد في جاهه،لم يجد في الارض مهرباً،ولا وجد الى التخلص سبيلاً"[52].

حرص الموحدون على وضع حد لتصرفات اليهود وتحركاتهم العدوانية داخل المجتمع الاسلامي وعلى الرغم من ذلك منح الموحدون لليهود حقوقهم المشروعة والاعتراف بطقوسهم وحمايتهم فقد حرص الخليفة الموحدي سنة 587هـ وفداً الى مراكش كان في صحبة اهل الاندلس يوسف بن الفخار اليهودي رسولاً عن ملك قشتالة في تثبيت المهادنة معه،فاستقبله الخليفة الموحدي ورحب بوفادته.

اهتم الموحدون بوضع التعليمات في المجتمع الاندلسي وتثبيت مكانة المسلمين وتحديد اوصاف ازياء اليهود والالوان،اذ اصدر السلطان الموحدي المنصور عام 595هـكما جاء ذلك عند ابن عذاري بقوله "ومن فضائله المشهورة في الوجود ما أمر به من مشكلة اليهود وذلك انهم كانوا قد علوا على زي المسلمين وتشبهوا في ملابسهم

(50) المصدر السابق نفسه،ص39-40.

(51) المصدر السابق نفسه،ص41.

(52) المصدر السابق نفسه،ص50.

بعليتهم وشاركوا الناس في المظاهر من احوالهم فلا يميزون من عباد الله المؤمنين فجعل لهم صفة كحداد ثكلى المسلمين اردان قميصهم طول ذراع في عرض ذراع ازرق وبرانيس زرق وقلانس زرق في سنة خمس وتسعين المؤرخة ولما اتصل الخبر بإبن نغرالة اللعين عمل ارجوزته التي اولها:

ليس ذا الازرق ليس فيه خسارا

فافهموا ياقوم هذي الابشارا

يذكر فيها نبذا ونكتا من الحدثان ويتعرض فيها للتعاؤل بهذا الازرق للسلطان"[54].

دور اليهود في المجتمع الغرناطي...

حظي اليهود في سلطنة غرناطة Granda والتي حكمها سلاطين بني الاحمر زهاء قرنين ونصف،بمعاملة طيبة وتسامح ديني،وتعامل سلاطين غرناطة مع اليهود وفق احكام الشرعية الاسلامية الخاصة بأهل الذمة،فاعطوهم حقوقهم كاملة،كما الزموهم بتنفيذ ماعليهم من تعليمات بروح من التسامح والعطف والاحترام.واستفادت حكومة غرناطة من التجارب السابقة من السلطات الاندلسية اذ تم تنفيذ ارتداء زي يهودي خاص بهم يميزهم عن المسلمين وصفه المغزي بقوله"قلنسوة صفراء،اذ لاسبيل اليهودي ان يتعمم البستة"[55].

تابع سلاطين غرناطة وضع اليهود تصرفاتهم داخل المجتمع الاسلامي فأمر نصر الجيوش حكمه (708-713هـ/1309-1314م)،وصفه المؤرخ لسان الدين ابن الخطيب الغرناطي بقوله:"لما تصير الامر الى السلطان نصر سنة 708هـ،واشتد في اقامة الحدود،واراقة المسكرات واخذ يهود الذمة بالتزام سمة تشهرهم،وشارة تميزهم ليوفوا حقهم وفي المعاملة التي أمر بها الشارع في الطرق والخطاب".

تابع سلاطين بني الاحمر في غرناطة متابعة تصرفات اليهود في داخل المجتمع الاسلامي،كما فعله السلطان ابو الوليد اسماعيل بن فرج وحكمه 713-725هـ/1314-

(54) البيان المغرب (قسم الموحدين)،ص228-229.ويذكر ابن عذاري في ص372 عن احداث 643هـ بالمغرب بتغريم اليهود في مدينة أزمور مبلغاً من المال لتصرفاتهم العدوانية في عهد الوالي ابن معتصم الكبير عندما هاجمه ابن ماكسن.

(55) المقري،نفح الطيب،ج1،ص223.

1325م) اذ انه "اخذ يهود الذمة بالتزام سمة تشهرهم،وشارة تميزهم،وليوفي حقهم من المعاملة التي أمر بها الشارع في الخطاب والطرق،وهي شواشي صفر"[56].

استفاد سلاطين غرناطة من حسن معاملتهم لليهود واحترامهم والاستفادة من بعض تجار اليهود في اتخاذهم جواسيس لهم على النصارى في الممالك الاسبانية الشمالية وحسب الظروف[57].

لم تسجل الاحداث التاريخية ثورات او تمردات لليهود في سلطنة غرناطة بسبب حسن معاملة السلاطين لهم،كما لم تقم اية انتقادات شعبية عليهم[58].

استقبلت غرناطة اعداد كبيرة من اليهود الفارين من المدن الاسبانية المجاورة الفارين من اضطهاد النصارى المتعصبين عليهم[59] وذلك بسبب المذابح المروعة لليهود التي شهدتها المدن الاسبانية الجنوبية،قامت بها جماهير النصارى ورجال دينهم،في اشبيلية وقرطبة،تدفق المهاجرون اليهود الى غرناطة والعدوة المغربية الخاضعة للحكم العربي الاسلامي،وكان عدد اليهود الذين لجأوا الى غرناطة في احدى المناسبات الى 300 عائلة يهودية،وقد حدث ذلك سنة 766هـ/1367م في عهد السلطان ابي عبد الله محمد الخامس[60].

استفاد بعض سلاطين من بعض الشخصيات ليهودية واتخاذهم كسفراء ومن بين هؤلاء السفير الحكيم بن زرزار[61] والسفير يوسف بن وقار الاسرائيلي الطليطلي[62] وامتازت معاملة هؤلاء السفراء اليهود بصورة حسنة وطيبة يسودها الاحترام والاعتراف بحقوقهم داخل المجتمع الاسلامي.

قدم اليهود بعض الخدمات لسلاطين غرناطة لقاء الحقوق والامتيازات والفضائل التي حصلوا عليها في جمع الاخبار عن ملوك قشتالة النصارى كما اخبرنا عن ذلك ابن

(56) ابن الخطيب الغرناطي،الاحاطة في اخبار غرناطة،تحقيق محمد عبد الله عذان،الشركة المصرية للطباعة والنشر،ط2،(القاهرة 393هـ/1973م)،ج1،ص383.

(57) فرحات،يوسف شكري،غرناطة في ظل بني الاحمر،المؤسسة الجامعية للنشر،بيروت 1982م،ص63-77.

(58) فرحات،المرجع السابق،ص97.

(59) فرحات،المرجع السابق،ص97-98.

(60) فرحات،المرجع السابق نفسه،ص97-98.

(61) ابن الخطيب الغرناطي،اعمال الاعلام،ص333-334.

(62) ابن الخطيب الغرناطي،اعمال الاعلام،ص332.

الخطيب الغرناطي بقوله:"كنت طلبت شيئاً من ذلك (اخبار ملوك قشتالة) من مظنته،وهو الحكيم الشهير طبيب دار قشتالة واستاذ علمائها،يوسف بن وقار الاسرائيلي الطليطلي،ولما وصل الينا في غرض الرياسة عن سلطانه"[63].

حصل يهود غرناطة على امتيازات وحقوق في الوثيقة التي وضعها فقهاء المسلمين لقبول تسليم غرناطة للملكين الكاثوليكيين فرديناند وزوجته ايزابيلا عام 897هـ/1492م،وجاء بالنص الذي يقضي "بأن يتمتع اليهود من أهل غرناطة والبيازين وأرباضهما،والاراضي التابعة لها،بما في هذا العهد من الامتيازات،وأن يسمح لهم بالعبور الى المغرب خلال ثلاثة اشهر،تبدأ من يوم 19 ديسمبر"[64].

تدارك الفقهاء طبيعة الروح العدوانية لليهود عبر التاريخ واخذوا بنظر الاعتبار تسجل اليهود ومواقف الانسانية تجاه الاسلام،وطلبوا من الملكين الكاثوليكيين عند تسليم غرناطة وتوقيع الوثيقة،جاء فيها نصاً يقول"الابولي على المسلمين مباشر يهودي،او يمنح أية سلطة او ولاية عليهم"[65].

الحقيقة والواقع ان الملكين الكاثوليكيين لم يحترموا ماجاء في الوثيقة ولم يحترموا النصوص الواردة فيها وضربوا عرض الحائط الحقوق والامتيازات التي وردت عن المسلمين،كما أصدر الملكين الكاثوليكيين قراراً يأمر بطرد اليهود من أراضي اسبانيا وغرناطة وذلك بتاريخ 1492/2/31م.كما خان حكام اسبانيا دينهم وشرفهم الذي ذيل الوثيقة التي تقول"ان ملكي قشتالة يؤكدان وبضمان بدينهما وشرفهما الملكي،القيام بكل مايحتويه هذا العهد من النصوص،ويوقعانه باسميهما ويمهرانه بخاتمهما"[66].

شنتان بين العهود الاسلامية التي قدمت لليهود من الحقوق والامتيازات والاحترام والاعتراف التي جاءت بها الشرعية الاسلامية وبين الوثائق التي كتبت وختمت بأختام الملوك الاسبان كالنصارى وعدم احترام الديانات الاخرى وحقوقها والنكبات التي لحقت بهم جراء تصرفات المتعصبين والحاقدين من خلال محاكم التفتيش الاسبانية التي نكلت بالمسلمين واجبرتهم على التنصير القسري والاعتداء على حقوقهم وحياتهم بأبشع الاساليب اللاانسانية التي تهز الضمائر الشريفة بحق اقوام قدموا للبشرية

(63) ابن الخطيب الغرناطي،اعمال الاعلام،ص322.

(64) عنان ، محمد عبد الله،/نهاية الاندلس وتاريخ العرب المتنصرين،ط2،مصر،1958م.

(65) المرجع السابق،ص23.

(66) المرجع السابق،ص235.

حـضارة لاتـزال تعـيش اسـبانيا مـن خيراتهـا واصـبحت باثارهـا وتراثهـا الفكـري اول بلـد سـياحي في العـالم يجني من الثروات اكثر مما تجنيه الدول العربية اليوم من واردات البترول.

مكانة أبو بكر بن ا الانباري العلمية في الأندلس

مكانة أبو بكر بن ا لانباري العلمية في الأندلس

من رواد الفكر العربي الاسلامي محمد بن القاسم بن محمد بن بشار بن الحسن بن بيان بن سماعة بن فروة بن قطن بن دعامة الانباري وكنيته أبو بكر الانباري الذي ذاع صيتة العلمي في المشرق والمغرب والاندلس من خلال مؤلفاتة العديدة في علم القرأن والحديث واللغة والبلاغة والادب.حيث كان متلون الثقافة وكان معتنيا بالغريب والرواية عن علماء البصريين والكوفيين والاعراب [1]

ولدابن الانباري في مدينة الانبار حاضرة بني العباس عام 271هـ وعاش وتتلمذ في بغداد وعلى مشاهير العلماء فيها.ونشا في بيت علم حيث كان والده من العلماء الكبار في الكوفة.وكانت الاجواء مهيئه لنجاحه العلمي من حيث محيط الاسرة الثقافة والنهضة العلمية في العصر العباسي في بداية القرن الرابع الهجري وانصرافه الى البحث العلمي وولعه بالحفظ والمتابعة والاستماع ؛خلقت منهشخصية علمية متميزة ساعته على الاتصال بالخليفة العباسي الراضي بالله (329هـ)ليكون مؤدبالاولاده[2]

كان ابن الانباري مولعا بالحفظ محبا للاطلاع في امهات المصادر العربية حتى نعته الخطيب البغدادي.((كان آية من ايات الله في الحفظ)) [3] وقال عنه تلميذه أبو علي القالي البغدادي. انه كان يحفظ ثلثمائة الف بيتاً شاهد في القرآن))[4].

وعندما سئل أبو بكر بن الانباري رعن حفظه من الكتب اجابت بقوله.((احفظ ثلاثة عشر صندوقا))[5] تتلمذه على يد أبي بكر الانباري مشاهير العلماء من لغويين ونحويين وقراء ومفسرين ورواة شعر واخبار نذكر منهم:

أبو القاسم الزجاجي، اللغوي أبو علي القالي البغدادي، اللغوي الاديب بن الفرج الاصفهاني، ابن خالويه، أبو جعفر النحاس، محمد بن معاوية بن عبد الرحمن الاندلسي.

هذه النخبة البارزة من العلماء قد لعبت دورا كبيرا في رفع الحضارة العربية الاسلامية بالمؤلفات التي تضمنت النظريات والاراء والابيات الشعرية التي كانت لها صدى عظيم في الحركة العلمية العربية الاسلامية في ارجاء العالم.

حققت منهجية ابن الانباري العلمية في اللغة والادب شهرة كبيرة وسمعة طيبةفي الأندلس في عصر الخلافة الأندلسية، حيث وصلت اخبار ابن الانباري العلمية الى قرطبةحاضرة الأندلس بواسطة تلامتذة منهم أبو علي القالي البغدادي الذي وفد على الأندلس عام 330هـ بدعوة رسمية من الخليفة عبد الرحمن الناصر، حيث استقبل استقبالا حافلا وعظيما في قرطبة، تعبيرا عن حب اهل الأندلس لقدوم العلماء وتقديرا لمكانتهم الثقافية ودورهم في المجتمع الاسلامي.

حمل القالي البغدادي معه الى الأندلس مؤلفات ابن الانباري وارائه ونظرياته

العلمية، وقد تحدث لنا المؤرخ ابن حيان القرطبي عن وفادة القالي في ((مقتبسه)) بقوله ((العالم المستبحر في علوم اللسان، الجامع لضروب الآدب، المحتوي على دواوين الثقات، الرواية عن جلة اهل العلم، الملتقي لثقات طرا من اقضى ارض العراق، قاصدا باب عظيم الخلفاء بأسم البضاعات) فأكرم الناصر لدين الله مورده،واحسن تقبله، واكرم مثواه، وبوأ لديه اسنى مبوأ، واوسع عليه في الانزال والاقطاع، وناغاه في ذلك ابنه، ولي عهده، الحكم، بفضل عنايته بالعلم ونزاعه الى اهله، فنال بها امنيته، واطمأنت في كنفها ذراه، واوعز اليه بنشر ما يحمله من علمه في الناس،واشاعة اسماعهم وافادتهم، وتاليف ما التقط من منشور ما اعيا عليهم، فسارع الى ذلك بجد وقوة، وافاض على طلاب العلم منه باعظم انتفاعهم به جدا...))[6].

تحدثت المصادر الأندلسية باسهاب عن رحلة القالي العلمية للاندلس المكانة التي حظي بها هذا العالم اللغوي الاديب البارع عندهم، فذكر عنه المؤرخ الضبي (ت 599هـ) بقوله.((كان اماما في علم اللغة متقدما فيها،متقنا لها،فاستفادة الناس منه وعولوا عليه،واتخذوه حجة فيما نقله، وكان كتبه في غايه التقييد والضبط والاتقان،وقد الف في علمه الذي اختصر به تآليف مشهور ة تدل على سعة علمه ودرايته))[7]

استطاع العالم اللغوي القالي من نقل اخبار معلمه أبو بكر بن الانباري سماعا الى الأندلس،فيذكر لنا ذلك ابن خير الاشبيلي في فهرسته)) ان القالي البغدادي نقل الى الأندلس خمسه اجزاء من اخبار ابن الانباري سماعا.[8] كما نقل كتاب الاحباس في جزء لابي نصر الذي سمعه من ابن الانباري [9] بالاضافة الى الكتب والمصنفات الاخرى التي ضمنت نقولات واراء وتحليلات وانتقادات ابن الانباري.

كما وصلت مؤلفات ابن الانباري وروایاته وسماعاته عن طريق علماء الأندلس الوافدين لبغداد امثال: أبو الوليد سليمان بن خلف التجيبي الباجي الاندلسي (ت بالمرية عام 474هـ) ومحمد بن فتوح الميورقي الحميدي (ببغداد عام 488هـ) وابو بكر محمد بن عبد الله المعافري المعروف بابي بكر بن العربي (ت بفاس عام 543هـ) وغيرهم كثيرون[10]

اما المؤلفات التي وصلت الأندلس رواية وسماعا او مصنفا لابن الانباري، فقد تحدثت عنها المصادر الاندلسيه،حيث ذكرلنا ابن خيرا الاشبيلي ايضا عنها مانصه:

((كتاب الوقف والابتداء)) لابي بكر محمد القاسم بن الانباري، الرواية أبي العباس الشعيري، حيث حدث به الشيخ أبو عبد الله محمد بن سليمان بن احمد الثغري، أدناه واجازة لابي محمد بن غانم بن وليد المخزومي (الاديب خال المؤلف ابن خير) عن أبي العباس المهدوي[11].

وتستمر الروايات للاعلام الذي نقلو هذا الكتاب بطريق الرواية الى الأندلس كما حدث به عدد من العلماء وبروايات مختلفه الاعلام من الرجال وباسنادات موثقة.

كما تم نقل عدد من المؤلفات العلماء لتلميذه ابن الانباري الى الأندلس بواسطة رواة اندلسيين، مثال على لذلك: ((كتاب نزهة القلوب في تفسير غريب القرآن على حروف المعجم)) تاليف أبي بكر محمد بن عزيز السجتاني، فيذكر لنا أبو عمر وعثمان بن سعيد الداني (ت بداية عام 444هـ) [12] قال ((سمعت فارس بن احمد الضرير المقري يقول: قال الحسبن بن خالويه: كان أبو بكر بن عزيز معنا عند أبي بكر بن الانباري، فلما الف كتابة ((في غريب القرآن)) ابتدأ بقراءة على سبيل التصحيح على أبي بكر بن الانباري، فمات ابن عزيز ولم تكمل قراته على أبي بكر)[13].

((كتاب شرح غريب هذه الخطبة)) لابي بكر محمد بن القاسم بن الانباري قراه ابن خير الاشبيلي على الحسين عبد أبي الملك محمد بن هشام، وسمعه من أبي علي الصدفي. ونقل رواياته عدد من الرواه والمحدثين الاندلسيين منهم ابن العربي الاشبيلي [14]

- (كتاب شرح أبي بكر محمد بن القاسم بن بشار الانباري لغريب كلام هند بن أبي هاله التميمي، في رسول الله صلى عليه وسلم هذا الكتاب حدثه القاضي أبي بكر بن العربي الاشبيلي الى ابن خير الاشبيلي، والذي سمعه في مسجد الكرخ ببغداد من الشيخ أبو الحسين المبارك بن احمد بن القاسم الصيرفي البغدادي [15]

- كتاب شرح أبي بكر بن الانباري ايضا، لغريب حديث ام زرع)) تحدث به الشيخ أبو محمد بن عتاب الى خير الاشبيلي، عن أبو عمر ابن عبد البر النمري القرطي عن أبي الوليد محمد بن الفرضى الازدي عن اخرين من الرواة عن أبي بكر بن الانباري.[16]

وعلى نهج هذا الكتاب صنف القاضي أبي الفضل عياض بن موسى التجيبيي السبتي، كتاب بنفس العنوان ((شرح حديث ام زرع))[17]

- شرح غريب خطبة عائشة ام المؤمنين في ابيها أبي بكر الصديق (ﷺ) لابي بكر محمد بن القاسم بن الانباري، حدثه الشيخ أبو الحسن علي بن عبد الله بن موهب الى ابن خير الاشبيلي عن أبي العباس احمد بن عمر بن انس البغدادي الدلائي عن آخرين قال: املى علينا أبو بكر بن الانباري كتاب هذا [18].

كونت هذه المصادر والروايات لابن الانباري ثروة علمية ثمينة في مجال علوم القرآن والحديث والفقه واللغة والبلاغة والادب عند اهل الأندلس، وعلى نهجها واسلوبها ثم تصنيف مؤلفات عديدة ولذلك شكلت عند الباحث الأندلس منهجا ومصدرا اساسياً جعلته يواصل التعميق بالبحث والتحقيق والتأليف.

اما المؤلفات التي صنفها القالي البغدادي والتي جلبها وادخلها معه الى الأندلس فقد شكلت ثروة علمية عظيمة في الأندلس، وقد اعتز بها اهل الأندلس غاية الاعتزاز وكان لمؤلفيها مكانة علمية كبيرة لدرجة ان العالم المورخ ابن حزم القرطي قد اعتبر القالي البغدادي اندلسيا اعتزاز وتكريما وتقديراً لمكانته العلمية بقوله:((فمن هاجر الينا من سائر

البلاد فنحن احق به وهو منا، وعلى هذا فآننا لاندع اسماعيل بن القاسم...)) [19]

اما كتاب ((النوادر)) الذي يعد من اهم مصنفات القالي البغدادي لما فيه من معلومات نافعة واراء ونظريات لابي بكر بن الانباري، وقد املاه القالي على طلبته في مدينتي الزهراء وقرطبة كل يوم خميس، ثم قدمه هديه الى الخليفة الحكم المستنصر بالله بعد ان اضاف عليه، وقد اعجب بالنوادر كل من ابن حزم القرطبي وقال عنه: ((وهذا الكتاب مبار لكتاب الكامل الذي جمعه أبو العباس المبرد ولئن كان كتاب أبي العباس اكثر نحوا وخبرا فان كتاب أبي علي الاكثر لغة وشعراً)) [20]

كما قال عنه الحميدي: ومن كتبه في اللغة:((البارع)) كاد يحتوي على لغة العرب وكتابه في ((المقصود والممدود والمهموز)) لم يؤلف في باب مثله)) [21]

تضمن كتاب ((النوادر)) الذي شاع صيته في الأندلس اراء وافكار ابن الانباري التي طرزت صفحات الكتاب الذي اصبح معجما لغويا واديبا لايستغنى عنه العالم والباحث، وقد وردت في الذيل معلومات لغوية فريدة عن ابن الانباري في الصفحات التالية:

ص 18 قال أبو علي، وحدثنا أبو بكر الانباري...

ص29 وحدثنا أبو بكر الانباري، قال حدثنا عبد الله بن الخلف...

ص 29 وحدثنا أبو بكر الانباري، قال حدثنا اسماعيل بن اسحاق

ص 141 قال أبو علي، حدثنا أبو بكر الانباري

ص 159 قال أبو علي، حدثنا أبو بكر الانباري

ص 189 قال أبو بكر بن الانباري... [22]

اما كتاب ((الامالي)) فهو الكتاب الذي نال شهرة واسعة في مجال اللغة الادب، وقد تضمن نصوص عديدة لابن الانباري اعتمد عليها القالي البغدادي والتي اصبحت مادة غنية مهمة عند الاندلسيين طورت الآراء كما ازالت الاشكالات وسهلت على الباحث الكثير من المصاعب اللغوية والادبية ولعلماء الأندلس انارت لهم الطريق في حقل المعرفة والتأليف والتتبع والتحقيق والمقارنة.

نظر لاهمية النصوص التي تضمنها كتاب ((الامالي)) من نظريات واراء مهمة لابي بكر بن الانباري سنعمل على ايرادها ايجازا والصفحات

التي اوردها الكتاب:

النـصوص التـي اوردهـا القـالي في الامـالي عـن طبعـه دار الجيـل - بـيروت 1407هـ \1987م الأجـزاء والصفحات

الأجزاء	والصفحات
1- حدثني أبو بكر ب ن الانباري	304/24/11/2ج 272/86/1ج
2- حدثنا ابوبكر بن الانباري	/163/124/123/113/107/100/91/78/54/37/ 1ج
3- قال وحدثنا أبي بكر بن الانباري	/241/240/239/225/223/222/215/213/202/195
4- زارنا أبو بكر بن الأنصاري	/258/243/
5- اخبرني أبو بكر بن الانباري	/99/84/75/73/71/70/60/57/55/45/21/11/802/2ج
6- اخبرنا أبو بكر بن الانباري	/206/196/195/140/135/126/107/106/105/101/100
7- روى أبو بكر بن الانباري	/288/281
8- أنشدني أبو بكر بن الانباري	/307/306/303/301/294/263/191/190/188/183/45/2ج
9- أنشدنا أبو بكر بن الانباري	310
10- قال أبو بكر بن الانباري	/225/2ج
11- قال وأنشدنا أبو بكر بن الانباري	112/2ج
12- قرأت على أبي بكر بن الانباري	142/ 2ج
13- قرأت على أبي بكر بن الانباري	/165/163/ 162/ 1ج
14- قرانا على أبي بكر بن الانباري	/1/251/189/123/ 20 /1ج
15- أملى علينا أبي بكر بن الانباري	//130/125/112/110/109/107/85/81/63/45/38/36/27/9/ 1ج
16- وكان أبو بكر بن الانباري يرواية	/208/203/192/187/186/165/164/140/136/153/132
	/267/253/250/239/238/228/226/224/221/218/217
	/270
	/224/138/118/95/93/87/56/55/51/47/41/25/20/3/2ج

	/314/269/226 ج1/ 4/218/137/123/77/39/ ج2/26/301/ ج2/219/280/286/ ج1/37/71/ ج1/229/ ج1/255 ج1/272/299/ ج1 /104/

يستفاد الباحث من الآراء والتعليقات العلمية لابن الانباري والتي ساهم بنقلها القالي البغدادي الى الأندلس بفضله وجهوده والتي أرفدت المكتبة الأندلسية بالعلوم والنظريات الجديدة والتي انكب عليها علماء الأندلس وأدبائه على دراستها وتتبعها في البحث العلمي،وأصبح القالي البغدادي وما درسه وما ألفه وما ادخله من كتب الى الأندلس يمثل مرحلة جديدة في الحياة الفكرية ولاسيما اللغوية والأدبية [23].

تتلمذ على يد اللغوي والأديب القالي البغدادي عدد كبير من خيرة العلماء في الأندلس حيث تلقوا علوم ابن الانباري وأفكاره بواسطة تلميذه، حيث أصبح هؤلاء العلماء يشكلون مدرسة لغوية وأدبية خاصة ساهمت في نهضة الحركة الفكرية في الأندلس وأدت الى أنشاء جامعاتها في مدن الأندلس،كما أدت الى أنتاج ثروة علمية عظيمة صار لها صدى واسع في أرجاء العالم إلا سلامي عبر عصوره التاريخية.

المتتبع لكتب التراجم الأندلسية أمثال كتاب ((جذوة المقتبس)) للحميدي الميورقي،وكتاب بغية الملتمس)) للضبي وفهرست ابن خير الاشبيلي،((وكتاب الصلة)) لابن بشكواك وغيرها يجد لها اثراً كبيرا وصدى عميقا وواسعا للجهود العلمية التي بذلها العالم ابن الانباري وتلميذه اللغوي والأديب القالي البغدادي في الحركة العلمية في الأندلس.

ومن مشاهير تلاميذ القالي البغدادي:

- أبو بكر محمد بن الزبيدي النحوي (ت 379هـ)صاحب ((كتاب مختصر كتاب العين))و((أخبار النحويين))و((الواضح في النحو)) وكان اماما في الأدب في زمانه،وعرف بفضل أستاذه القالي البغدادي،فمال إليه، واختص به [24])
- يوسف بن هارون الرمادي (ت403هـ) نسبة الى رماده، موضع بالمغرب قال عنه الحميدي:((شاعر قرطبي كثير الشعر،سريع القول،مشهور عند العامة والخاصة

هنالك،لسلوكه في فنون من المنظوم نفق عندالكل حتى كان كثير من شيوخ الآدب في وقته يقولون:فتح الشعربكنده، وختم بكنده،يعنون امرأ القيس والمتنبي، ويوسف بن هارون،وكانا متعاصرين، استدللت على ذلك بمدحه ابا على اسماعيل بن القاسم عند دخوله الأندلس))[25]

- حبيب بن احمد بن محمد بن نصر المعروف بالشطجيري، روى عن أبي على البغدادي خرج - من قرطبه عام 404هـ[26]

- الحسين بن محمد بن مبشر الانصاري المقرى من سرقسطة Zaragoza اخذ القراءة من أبي على القالي البغدادي وتوفى عام 473هـ[27]

- سعيد بن عثمان بن أبي سعيد بن محمدبن سعيد بن عبد الله بن يوسف سعيد البربري اللغوي،يعرف بابن القزاز ويلقب بلحية لذبل من قرطبه.cordobaكان حافظاً اللغة العربية في الأندلس وكان ومن اجل اصحاب أبي علي البغدادي،ومن طريقة صحت اللغة العربية بالاندلس بعد أبي علي البغدادي وله كتاب في الرد على صاعدبن الحسن اللغوي البغدادي،في مناكير كتابه في النوادر والغريب والمسمى بالفصوص،توفى عام 400هـ[28]

- سعيد بن محمد بن شعيب بن احمد بن نصر الله الانصاري،ابا عثمان،سمع من أبي على القالي البغدادي يسيرا وهوصغير،توفى بحدود عام 420هـ (29) عبيد الله بن فرج الطوطا لقي البغدادي، وتحقق بالادب واللغة وعنى بذلك كله،وآلف كتابا متفتا في اختصار المدونه،ت386هـ[30]

- محمد بن احمد بن معارك العقيلي من قرطبه،عالماً بالعربية روى عن أبي علي البغدادي،ت400هـ[31]

االنخبة التي ذكرت اعلاه من علماء الأندلس درست وتتلمذت وروت عن أبي علي القالي البغدادي قد ساهمت بشكل جاد وفعال بنقل افكار ابن الانباري العلمية ونظرياته اللغوية والادبية عن طريق تلميذه القالي البغدادي الذي دخل الأندلس ايام الخلافة الأندلسية في عهد الخليفة عبد الرحمن الثالث (الناصر) وابنه الحكم الثاني (المستنصربالله) وساعدت بشكل واضح على تطوير اللغة والادب وعلم القرآءات للقرآن الكريم والحديث والشريف في بلد الأندلس، فلهما الفضل الكبير الاثر البالغ للمعلم الاول ابن الانباري وتلميذه القالي البغدادي في الاسهام في بناء الحضارة العلمية الاسلامية في الأندلس وقد تغمدهم الله برحمته مع اخوانهم علماء الاسلام

علماء اندلسيون تتلمذوا عند أبي بكر بن الانباري

- محمد بن معاوية بن عبد الرحمن معاوية بن اسحاق بن عبد الله بن معاوية ابن هشام بن عبد الملك بن مروان،ابا بكر المعروف بابن الآحمر من قرطبة سمع بالاندلس من

علمائها منهم:عبيد الله بن يحيى،وسعيد بن حمير،واصبغ بن مالك،محمد بن عمر بن لبابة.

رحل المشرق وعام 295هـ فسمع بمصر وبمكة،ودخل بغداد فسمع من خيرة علمائها منهم:أبو بكر بن القاسم بن بشار بن الانباري، ونفطويه وابي القاسم ابن بنت منيع البغوي وغيرهم.

دخل الهند تاجرا وبها عرفت بضاعته بقيمه ثلاثين الف دينارا رجع الى الأندلس عام 325هـ وبدأ محمد بن أبي علاقة البواب من قرطبة يعلم الناس القراءة،وهو اول من ادخل الأندلس وصنفه في السنين،ت عام 358هـ [32]

من مشاهير علماء الأندلس في الأندلس في اللغة والادب،له رحله الى المشرق فدخل فيها العراق ولقى علماؤها واخذ من: أبي بكر بن الانباري،وابي اسحاق الزجاجي،وابي الحسن علي بن سليمان الاخفش كتاب ((الكامل))للمبرد، وقال عنه الخليفة الحكم المستنصر بالله، لم يصح كتاب ((الكامل)) في الأندلس من رواية الامن قبل بن أبي علاقة [33]

ان علماء الأندلس الذين تتلمذوا ببغداد عند مشاهير علمائها الذين تتلمذ عندهم أبو علي القالي البغدادي،كما ذكر لنا النباهي المالقي في كتابه ((نزهة البصائر والابصار))فيقول نقلا عن القالي البغدادي مانصه:((وسمعت الاخبار واللغة من أبي بكر محمد بن الحسن بن الحسن بن دريد الازدي البصري وابي بكر محمد بن القاسم بن بشار الانباري وابي عبد الله محمدبن ابراهيم بن عرفه المعروف بنفطويه ومن أبي بكر محمد بن السيرفي السراج النحوي ومن أبي اسحق ابراهيم الزجاج النحوي ومن أبي الحسن على بن سليمان بن الفضل الاخفش ومن أبي بكر بن أبي الازهر ومن أبي محمد عبد الله بن بن جعفر بن درستويه، اخذت منه كتاب سيبويه عن المبرد ومن أبي جعفر احمد بن عبد الله بن مسلم بن بن قتيبة اخذت منه كتب ابيه ومن أبي بكر محمد بن موسى بن مجاهد قراءت عليه القرآن بحرف أبي عمر وبن العلاء غير مره واخذت منه كتابه في القراء ت السبع وغير ذلك [34]

منذر بن الحسين بن عبيد الله بن عثمان بن أبي روح الكلاعي من الجزيزة الخضراء Algeciras رحل وسمع من ابن الانباري) [35]

لمؤلفات ابن الانباري اثر بالغ على المصادر الأندلسية التي اهتمت بنقل نصوص من كتب ابن الانباري،فكتاب ((الزاهر)) له اثر كبير على مؤلفات الاندلسيين نذكر منهم:

- ابن سيدة المرسي ت 458هـ وكتابه ((المخصص)) ج1/ 13 / 44.

أبو بكر الزبيدي ت 379هـ في لحن العوام))ص 147/ 175

- البكري القرطبي ت 487هـ في فصل المقال)) و((معجم ما استعجم))ص800

- القرطبي ت 671هـ في كتاب ((الجامع لاحكام القرآن))ج1/ 104

- الزبيدي ت1205هـ في كتاب (تاج العروس)

- أبو الوليد الباجي ت 434هـ قرآواستفاد كثيراً من (كتاب تهذيب الزاهر) لابن الانباري [36]

ان مادونه وصنفه ابن الانباري يعد خزانة علمية ضخمة ومهمة في علوم القرآن والحديث واللغة والنحو والادب،وقد طبع عدد كبير فيها وضاع قسم منها ولايزال عدد اخر منها محفوظا في الخزانات العربية والعلمية ينتظر الدراسة والتحقيق هذا غيض من فيض من تراثنا العربي الاسلامي من مساهمة العالم اللغوي العراقي الانباري الذي ذاع صيته في القرن الرابع الهجري في المشرق الاسلامي بالاضافةالى الأندلس والمغرب منه في مجال علم اللغة العربية والادب وعلم القرآءات،وصار يتسابق طلاب العلم من الأندلس للحصول عليه او الاستماع له ونقل رواياته.

حملت مؤلفات ابن الانباري من المشرق الاسلامي الى مغربه لمكانتها العلميه،وظلت حية في عقول العلماءقرون عديدة تتناقلها الاجيال وتؤلف على نهجها العلمي،كما عملت على شحذ الهمم في التحقيق والمقارنة لقيمتها العلمية.

الهوامش

(1) الضامن،د.حاتم صالح، المقدمه لتحقيق (كتاب الزاهر في معاني الناس)لابي بكر الانباري،طبعه في بغداد.

(2) (القفطي)،جمال الدين، انباه الرواة على انباه النحاة)تحقيق محمد أبو الفضل ابراهيم، طبعه دار الكتب المصريه 1950 (ثلاثه اجزاء ج 3/ 203.

(3) الخطيب البغدادي،(تاريخ بغداد)طبعه مصوره،دار الكتاب العربي، بيروت (اربعه عشر جزاء)ج984/3.

(4) نقلا عن الزبيدي،أبي بكر محمد بن الحسن الزبيدي (ت379هـ)((طبقات النحويين واللغويين))تحقيق محمد أبو الفضل ابراهيم،ط،اولى،القاهره373هـ /1954.

(5) القفطي، المصدر السابق،ج 203/3.

(6) ابن حيان القرطبي،((المقتبس)) تحقيق بدورا جالميتا ومحمود صبح،مدريد 1979/ ج5،480/479.

(7) الضبي، احمد بن يحيى بن احمد بن عميره الضبى (ت 599هـ) بغية الملتمس في تاريخ رجال اهل الأندلس)) تحقيق ابراهيم الابياري،المكتبه الأندلسية، دار الكتاب المصري القاهره - دار الكتاب اللبناني بيروت 1410هـ1989 ج1/ 252- 256 ترجمه 304.

(8) ابن خير الاموي الاشبيلي (ت 575هـ)((فهرسة ابن خير)).

(9) تحقيق:ابراهيم الانباري،المكتبه الأندلسية،دار الكتلب المصري القاهره،دار الكتاب اللبناني بيروت، ابن خير الاشبيلي،المصدر السابق،ج2 /325 ترجمه 1132.

(10) انظر مقالة: د.حسين امين ((العلاقات الثقافية بين الأندلس وبغداد في العصر العباسي)) نشرت في مجلةالمؤرخ العربي،العدد 24 (بغداد 1984م) الصفحات 11-17، وبحثنا،مكانة بغداد، مدينة السلام، مركز احياء التراث العلمي العربي بجامعة بغداد بالتعاون مع امانة بغداد في 1995/4/22م.

(11) ابن خير الاشبيلي،المصدر السلبق،ج60/1 ترجمه 79.

دراسة تاريخية
على مخطوط أندلسي في القوس العربية

دراسة تاريخية
على مخطوط أندلسي في القوس العربية

بحثنا يحاول أن يسلط الأضواء التاريخية على استخدام القوس العربية (قوس اليد أو البسيطة) والقوس الأجنبية (قوس الرجل والمركب) في الأندلس وأثر المشرق الإسلامي في فن صناعة القوس بالأندلس.

ومن المعروف أن تراثنا العربي الإسلامي يزخر بالدور المشرف بصفحات من البطولة والإنسانية، ولا عجب أن تفتخر هذه الأمة العريقة بالتطور الذي حصل بالميادين كافة ومنها باب الجهاد بما يتلاءم مع العصر.

لقد امتلأت المكتبات العربية والعالمية ومتآحفها بإعداد هائلة من المخطوطات العربية في الشؤون العسكرية ولاسيما المجالات التي تخص الجهاد كالمكتبة الوطنية في فرنسا ومدريد ودير الاسكوريال (La Real Biblioteca del Escorial) بضواحي مدريد والمتحف البريطاني ومكتبة غوطا في ألمانيا ومكتبة أحمد الثالث في تركيا ومكتبة رضا رامبور بالهند وغيرها، وأما المكتبات العربية فهي دار الكتب المصرية بالقاهرة والمتحف الحربي بمصر ومكتبة القصر الملكي بالرباط (الخزانة الحسينية) والخزانة العامة بالرباط، ومكتبة معهد التراث العربي بحلب ومكتبة جامعة الدول العربية بالقاهرة والمكتبة الوطنية في تونس والجزائر والمركز الوطني للوثائق العراقية ببغداد ومكتبة المجمع العلمي العراقي وغيرها بالإضافة إلى المكتبات الخاصة في أرجاء المعمورة.

من خلال متابعتنا واهتمامنا واختصاصنا بالمخطوطات العسكرية الإسلامية واقتنائنا لعدد غير قليل من روائع هذا التراث الأصيل، لاحظنا أن بعض المخطوطات القيمة دونت عليها ملاحظات باللغات الأجنبية مما يدل على أن الأوربيين قد انتفعوا منها في علومهم وحضاراتهم لكن للأسف تنكر العالم الأوربي لفضل الإسلام وتاريخه المجيد.

أن البحث في مجال العلوم العسكرية ذو اتجاهين متلازمين أحدهما تقني، والآخر تشريعي ولقد عرف أجدادنا سر ذلك المنحى وأشاروا أليه إذ لا نكاد نجد مخطوطه من المخطوطات العسكرية إلا وتأخذ أما بكلا الاتجاهين في البحث والتقصي والاستنساخ وأما بأحدهما فتبرز فيه وتنشط.

وقد تناولت مخطوطاتنا الجانب الحضاري الذي يتم عن التنظيم وطريقة العمل، بالإضافة إلى جانب الإعداد والتهيئة للحرب والأخذ بالأسباب ومتطلبات العمل العسكري ويسمى باللهو الشرعي فيه الذي لم يكن لهواً من أجل اللهو، وإنما من أجل الإعداد والتهيئة ورفع الكفاءة الحربية لدى المقاتلين، وهذا أمر قد أقره الشرع وشجعه [1].

أهتم عدد من العلماء والمؤرخين العرب والأجانب بتحقيق التراث العسكري الإسلامي الذي يمثل ثروة تراثية مهمة ترمز للتطور العملي المبدع عند العرب، ومن هؤلاء الباحثين والحريصين على إنقاذ هذا التراث من الاندثار والضياع وأحياء وإبراز انجازات أجدادنا الأبطال: أمثال د. عبد الرحمن زكي من القطر المصري ومحمود شيت خطاب وكوركيس عواد من العراق [2] وغيرهم.

أن المؤرخين اهتموا وولعوا كثيراً بالتأليف في كل صنف من أصناف الأسلحة وأساليب القتال التي استخدمت في الجهاد مع الأعداء، لذا نرى تعدد أبواب مؤلفاتهم العسكرية من كتاب يخص السيف أو الرمح أو المنجنيق أو الدبابة أو العرادة إلى الاهتمام بالخيل والفروسية وطرق وأساليب القتال والحيل الحربية ونصائح وتحذيرات للمقاتلين المجاهدين الصابرين أمام الكفار والأعداء.

فالسلاح أذن هو اللغة التي عبر من خلالها الإنسان عن مطامحه المشروعة وهو الصوت الذي تسمع قدرته وهو يؤدي مهمته، ويكتب صفحات الوفاء، ويحقق للأمة تواصلها الحضاري والفكري، وحياتها الإنسانية الكريمة، وقد ظلت أحاديثه تتلى وهي تتجاوز العصور، وتمجد وهي تعبر عن النوازع الكامنة في روح المقاتلين عندما يصبحون وجهاً واحداً، ويمتزجون وجوداً في ميادين الدفاع، ويتعاملون معه وهو يقف معهم في المواقف الحاسمة، ويعبرون عن حياته وهم يشدون أكفهم على مواضيع الحركة فيه، ومقابض الضرب، ووسائل المناوشة، وكما وجد فيه الفرسان بضاعتهم التي ترفع منهم أسباب الانتصار [3].

فالمخطوط الأندلسي (كتاب البدائع والأسرار في حقيقة الرد والانتصار وغامض [4] ما اجتمعت عليه الرماة بالأمصار) للشيخ الفقيه أبو بكر محمد بن عبد الله بن أصبغ الهراوي الأشبيلي، والذي نستفيد منه في بحثنا يعرض لنا معلومات عسكرية غنية وقيمة ومفيدة وجديدة عن اتصال الأندلس بالمشرق والاستفادة من خبراته في صناعة القوس العربية توجد نسختان للمخطوط أحداهما في ألمانيا بمكتبة غوطا في برلين الشرقية تحت رقم 5538 وذكرها بروكلمان [5] والأستاذ كوركيس عواد، حيث تحتوي هذه النسخة على 68 ورقة بوجهين وبذلك تشكل 136 صفحة وكل صفحة تحتوي على 19 سطراً وكتب بالخط المشرقي النسخي وتتميز بجودة وجمالية ووضوح الخط والإملاء على نسخة الرباط الثانية، وناسخها هو محمد بن حميد البطوشي المغربي وتاريخ النسخ سنة 792هـ / 1389م كما ورد في الصفحة الأخيرة للمخطوط.

أما الثانية فهي نسخة الرباط التي تحتوي على 301 صفحة وكل صفحة تتضمن حوالي 15 سطراً ولم يرد فيها أسم الناسخ ولا تاريخ النسخ وكتبت بخط مشرقي نسخي

تتميز بالأغلاط الإملائية وينقص كلماتها التنقيط والأحرف وتقع النسخة ضمن مجموع يحمل رقم ق 32 حيث تتضمن الكتب العسكرية التالية:-

1. كتاب كامل الصناعة في الفروسية والشجاعة, لمؤلف مجهول.
2. كتاب في الفروسية، لمؤلف مجهول.
3. كتاب غاية الإتقان في أعمال النشاب والصولجان، لمؤلف مجهول. (7)

ويبدو أن المؤلف أبا بكر الأشبيلي قد درس علم الحرب على يد علماء الأندلس والمشارقة المختصين واستفاد من خبراتهم ونظرياتهم ومؤلفاتهم الحربية وذلك من خلال ما أورد لنا من أسماء الكتب المشرقية والإعلام، ومن العلماء اللذين وردا أسمه كثيراً هو أبو عبد الله (؟) والذي كان كما يبدو عالماً متمرساً بفن الأسلحة وخصوصاً باب القوس العربية والشؤون الحربية، وذلك من خلال المعلومات التي نقلها لنا المؤلف عن هذا العالم الأندلسي والذي كان معلماً له (8).

ولو سلطنا الضوء على عنوان المخطوط والدوافع التي حملت المؤلف على إعطاء تسمية طويلة لمؤلفة تضمنت كلماتها براقة وعميقة المعاني وبليغة، حيث أن أبا بكر الأشبيلي تكرم علينا وساعدنا في توضيح أسباب تسمية كتابه وفيها تعليق ودفاع وتوضيح ما تضمنه كتابه بالعبارة التالية:- ((.... وسميته كتاب البدائع والأسرار في حقيقة الرد والانتصار وغامض ما اجتمعت عليه الرماة في الأمصار)) ليكون أسمه مطابقاً لمعناه ورسمه وقفاً لنحواه ومغراه وإلى الله تعالى أرغب في العصمة من الخطأ والزلل والتوفيق في القول والعمل، ولعل أحداً من المضفين (9) النقاد المتعجرفين البغاة البرّاد سيطعن فيما ألفناه وسيضعن ما صنعناه حسداً وبغياً واعتداءاً وزهواً... ورقة أ5 نسخة برلين، ورقة 17 نسخة الرباط).

وفي الحقيقة أن التسمية جاءت مطابقة تماماً لمحتوى النصوص الواردة في الكتاب، فالبدائع والأسرار يقصد بها المعلومات الواضحة والبديعة فالأسرار يقصد بها النظريات والانتصار فهو ما قام به المؤلف من نقد على بعض آراء أصحاب النظريات والمحترفين بصناعة القوس العربية والأجنبية حيث أن المؤلف كان يشجع على استعمال القوس العربية والتدريب عليها والحذق فيها على القوس الأجنبية أقتداءاً بسيرة الرسول الكريم (ﷺ) وأصحابه (رضي الله عنهم جميعاً) وكان المؤلف يرفض استعمال القوس الأجنبية - كما سنرى تباعاً في النصوص - علماً بأن أفكاره التي جاء بها قد نجحت وانتصرت على أفكار وآراء الآخرين لصحتها والدليل على ذلك هو التجربة التي جاء في تطبيق ما ورد في استخدام القوس بالقتال أثناء المعارك، بالإضافة إلى أن أغلب أفكاره وتوجيهاته العلمية المهمة نقلها وأعتمد عليها حرفياً عدد من المؤلفين المشارقة في باب صناعة القوس - كما بينا سابقاً.

وعبارة - غامض - [10] ما اجتمعت عليه الرماة بالأمصار - يقصد بها ما أتفق عليه أصحاب النظريات من المختصين بالقوس والقادة العسكريين والرماة والفرسان البارعين بالقتال في الجيش الإسلامي في المشرق والمغرب والأندلس حيث عدد لنا المؤلف قائمة بأسماء المصادر المشرقية الأساسية التي اهتمت في صناعة القوس حيث استفاد المؤلف من كل ملاحظة مرت أثناء القتال بواسطة القوس واغلبها من الأحداث الحربية بالأندلس، ثم أخذ بالنصائح والتوجيهات والتحذيرات في طريقة حمل واستخدام القوس نادراً ما نعثر عليها في المؤلفات العسكرية الأخرى في صناعة القوس.

أذن لم يبالغ المؤلف قط عندما أطلق العبارة البراقة والجميلة والطويلة والعميقة المعاني على كتابه لما تضمنه من معلومات نادرة وتوجيهات صائبة ومادة عسكرية واسعة لا شائبة بها يستحق كل التكريم والتقدير والإعجاب والثناء.

ومن خلال متابعتنا في الكتب والمخطوطات العسكرية المشرقية التي اهتمت بدراسة القوس والتي نقلت نصوصاً من ((كتاب البدائع والأسرار.....)) حيث سمت مؤلفه (أبا بكر الأشبيلي) أو (أبا بكر محمد بن عبد الله بن أصبغ الأشبيلي) والكتب التي اعتمدت على المخطوط وهي:-

1. ((كتاب القول التام في فضل الرمي بالسهام)) لشمس الدين السخاوي (ت 902هـ / 1496 م) مؤلف كتاب ((الضوء اللامع لأهل القرن التاسع)) لنشر مكتبة القدس، القاهرة - 1335، ويقع في 12 مجلداً.

المخطوط يعود إلى مكتبة دير الاسكوريال بضواحي مدريد، وهناك نسخة أخرى في مكتبة دار الكتب المصرية. النصوص في الورقات ب 39، 122 كتاب القول التام. الورقات أ 10. أ 122 كتاب البدائع نسخة برلين.

2. ((كتاب هداية الرامي في الأغراض والمرامي في رمي النشاب)) لمحمد بن عيسى الحنفي السنجاري، ألفه سنة 855 هـ / 1451 م.

النسخة الأصلية تعود إلى مكتبة الجامعة العربية بالقاهرة، النصوص التي وردت في الورقات (ب 27، ب 37، ب 67، أ 73، ب 73، ب 74، ب 77) كتاب هداية الرامي. الورقات (ب 4، أ 8، أ 21، أ 48) كتاب البدائع نسخة برلين. علماً أن السبخاري قد نقل معلومات عسكرية عن القوس من كتاب البدائع والأسرار في كتابه ولكنه أحياناً لم يذكر لنا أسم المصدر وأحياناً يذكر لنا (قال أبو بكر الأشبيلي) تجنباً للتكرار.

3. ((كتاب السيف والرمي)) لمؤلف مجهول / تحقيق عيد ضيف ألعبادي، مجلة المورد، المجلد 12، عدد 4 (عدد خاص بالفكر العسكري عند العرب) بغداد 1404 هـ / 1983م، الصفحات 387 (قال الفقيه أبو بكر محمد بن أصبغ الأشبيلي المعروف

بابن الحل ثورة في كتابه البدائع والأسرار: القوس العربية) ورد النص في الورقة ب 7 كتاب البدائع صفحة 388 وقال الأشبيلي المذكور في كتابه: القوس الملعونة هي القوس المركبة.... النص في الورقة (أ 10، ب 10) كتاب البدائع نسخة برلين.

4. ((كتاب عن الرماية والقتال وأدواتها)) المؤلف مجهول، مخطوطة مدرسة يحيى باشا الجلبي، الموصل, مصور بالميكروفيلم برقم 4 عسكرية في المجمع العلمي العراقي, النصوص في الورقات (أ 4، ب 4، أ 5) كتاب عن الرماية.

يتبين لنا من خلال المؤلفات المشرقية التي نقلت من المخطوط الأندلسي كتاب البدائع والأسرار أن المؤلف الأندلسي كان بارعاً ومبدعاً وموسوعياً في تأليفه في باب القوس مع أنه كان قد اعتمد على مؤلفات مشرقية حيث كانت المادة الأساسية في تأليفه وقد أورد لنا قائمة بأسمائهم - كما سنرى - فالتعاون والعلاقة الثقافية بين المشرق والأندلس كانت وظلت وثيقة وعلى اتصال مستمر حتى نهاية الوجود العربي في الأندلس من أجل خدمة الثقافة الإسلامية.

أما الأهداف والدوافع التي حملت أبا بكر الأشبيلي على تأليفه كتاب البدائع والأسرار فيوضحها في هذا النص: ((...... وأني لما وقفت على ما في الرمي من أجر العظيم والذكر الحكيم مع أنا في هذه الجزيرة اسبانيا المنقطعة (الأندلس) التي هي بين عدو مقلق وبحر مغلق علمت أنه فيها أجل قوة وأكبر [11] منفعة فأصرفت أليه عنايتي وعملت منه في الخصوص والعموم جملتي (12) فلقيت فيها شيوخاً جلة وأكابر علماء من كل فرقة وقلة فكل بما عنده ضنين وباداعته غير مبين فإنها وأن كانت هذه الصناعة مهجوراً بابها غير مألوف جنابها فأن أهلها يسحبون فيها ذيول الزهو والإعجاب ويروثها وبحق أجل الذخائر وأفضل الاكتساب فهم يتحاسدون عليها تحاسد الأكمة البصير ويتكادمون عليها تكادم الحمير حتى تؤديهم إلى السرف وتوريهم [13] غاية التلف.... فلما رأيت هذه الشأن كل يوم [14] في التدابر والنقصان وقد ذهب أكثر أسمه ويحفا جل أسمه جمعت همتي إلى جمع معانيه [15] وتأليفها وشرح جميع معلوماته وتصنيفها وتبيان ما تغلق به من غوامض هذه الصناعة وخفيها وبسط أنواع أسرارها وجليها بعد أن كنت علم الله تعالى أغضيت على ما علمته من فوائدها فأضربت عن ذكرها وسكت على ما وعيت من أسرارها.....)) ورقة أ 4، ب 4 نسخة برلين، ورقة 14، 15 نسخة الرباط.

فالأهداف والدوافع التي حملت أبا بكر الأشبيلي على تأليفه نستطيع أن نوجزها بالنقاط التالية:

1. الأجر والثواب للمقاتلين والمجاهدين في سبيل نشر الدين الإسلامي والدفاع عن أرضه وحماية أهلها وهو هدف كل مؤلف مسلم.

2. الحث على استخدام القوس العربية لما فيها من معان إسلامية كما جاء في أحاديث الرسول (ﷺ): ((عليكم بالقنى والقسي العربية فيها نصر نبيكم وفتح عليكم في البلاد)) ورقة ب 6 نسخة برلين، ورقة 25 نسخة الرباط. وقوله (ﷺ): ((أتاني جبريل عليه السلام يوم بدر متقلداً قوساً عربياً)) ورقة أ 7 نسخة برلين، ورقة 28 نسخة الرباط.

حيث أن القوس العربية هجرها عدد من المقاتلين المسلمين في الأندلس واستخدموا قوس الرجل أو الأجنبية التي كان يكرهها المؤلف ويحث على عدم استخدامها حيث أورد نصوصاً وأحاديثاً حولها منها: ((قال علي بن أبي طالب (رضي الله عنه) عممني رسول الله (ﷺ) بيده عمامة سدل طرفها على منكبي ثم قال: أن الله أمدني يوم بدر وحنين بملائكة متعممين هذه العمامة ألا وأن العمامة حاجز بين المسلمين والمشركين ثم أخذ يتصفح الناس وبيده قوس عربية فرأى رجلاً بيده قوس فارسية فقال له: ألقها عن يدك فأنها ملعونة ملعون حاملها وعليكم بالقسى العربية ورماح القنى فأن الله يؤيد بهما الدين ويمكن لكم في البلاد، وهذه القوس الملعونة هي المركبة على المجرى.....)) ورقة أ 10 نسخة برلين، ورقة 43 نسخة الرباط.

3. الخبرة والمعلومات التي كان يمتلكها المؤلف أراد أن يسجلها في كتاب لينفع ويفيد بها المقاتلين في الجهاد ضد الأعداء.

4. ندرة المؤلفات الأندلسية في باب القوس وحاجة الجهاد إلى مثل هذا الكتاب الواسع. أما أهم وأشهر المؤلفات المشرقية العسكرية في باب القوس والتي اعتمد عليها كتاب البدائع والأسرار فهي مصنفات الطبري والمسعودي والطبرستاني والنخعي وأبي عبيدة والأصمعي ومؤلفاتهم القيمة عن القوس [16].

هذا وأن أبا بكر الأشبيلي استفاد وأطلع على أشهر النظريات وأراء الحرفيين ذوي الخبرة العريقة بصناعة القوس، حيث أنتقى لنا ملحقاً مفيداً في كل جانب من أقوالهم يستدل على ذلك من العبارة التالية: ((قال المؤلف رحمه الله: ولقد رأيت كثيراً من كتب المؤلفين في هذه الصناعة فما رأيت أحداً ذكره ولا بينه، وقليلاً من يدعي هذه الصناعة يحسنه..... الورقة أ 19 نسخة برلين، الورقة 18 نسخة الرباط.

أما اعتماده واهتمامه بالمصادر المشرقية الأساسية فيوضحه بالعبارة التالية: ((..... ذكر أبو جعفر الطبري في كتابه الكبير وكذلك المسعودي في كتابه وغيرهما من المؤلفين للأخبار أوُلي الثقة الأخيار وبذلك أخبرنا غير واحد من شيوخنا رحمهم الله.....)) الورقة ب 15 نسخة برلين، 67 نسخة الرباط.

فيتبين لنا من العبارات المذكورة أن المؤلف الأندلسي كان كثير الإطلاع على ما ألف في المشرق في حقل اختصاصه قبل أن يؤلف في باب القوس من أجل أن يأتي بجديد

ونافع انطلاقاً من الحكمة لا خير في علم لا نفع منه، فكل ما يهم المؤلف الأندلسي والمشرقي وغيرهم هو خدمة البشرية والقيم السماوية التي جاء بها الدين الإسلامي. أما الأسلوب الذي نهجه كتاب البدائع والأسرار فكان الإيجاز في العرض مع توضيح وافٍ بتعبير مختصر مفيد في كل باب من أبواب الكتاب وعند كل مسألة مما يدل كنا على أن المؤلف يملك من القدرة والبراعة النادرة في فن الحرب فكان أسلوبه في سرد الأحداث رفيعاً وبديعاً وقد وضح لنا المؤلف عن أسلوبه في التأليف بهذا النص: ((....... لو أردنا استقصارها لخرجنا إلى الإطالة وليس فرضنا من كتابنا إلا الاختصار أن شاء (الله).....)) ورقة ب 5 نسخة برلين، ورقة 28 نسخة الرباط.

ومثل هذا الأسلوب في الأسلوب في التأليف من حيث الإيجاز والتوضيح لاحظناه عند أغلبية المؤلفين المشارقة وقلده عدد من الأندلسيين وتأثروا به انطلاقاً من القول خير الكلام ما قل ودل.

ويبدو أن أبا بكر الأشبيلي قد شارك بنفسه في الحملات الجهادية ومنها المعارك والحملات البحرية على الأعداء ولا نعرف هل أنه رافق الحملة كمؤرخ لتدوين الحوادث أم قائدٍ أو مقاتلاً؟ ونعتقد أنه شارك للاستطلاع والجهاد وأن يدونوا الحوادث وذلك من سيرة أغلب المؤلفين والفقهاء في تاريخ الحملات العسكرية الأندلسية وهذا ما كان يحدث كذلك في المشرق الإسلامي فقال لنا المؤرخ: ((...... ولقد شهدت غزوة في مراكب المسلمين، وكان عندنا ثلاثة من الرماة بهذا القوس محسنين، فلما تناشبنا القتال مع العدو ونزلوا إلى تكبيد قسيهم فأقبلت عليهم رشة من حجر كوابل المطر فطرحوها في الأرض وجعلوا مبستترون فلما خف ذلك قليلاً جنحوا إلى تكبيد قسيهم ثانية فأقبل عليهم رشة ثانية وكل واحد منا مشغول فنبروها وجعلوا يرمون بالحجر ولم يستطيعوا بها دفع الضرر....)) ورقة ب 12 نسخة برلين، ورقة 53 نسخة الرباط.

أن لهذا النص قيمة تاريخية مهمة في تفسير الأحداث العسكرية البحرية لربما التي وقعت في الأندلس حيث يستفيد منه الباحث في معرفة خطة القتال في البحر والأسلحة التي ينتفع منها، ولكن للأسف أن المؤلف لم يذكر لنا أسم المعركة البحرية ومع من حدثت ؟ وأين وقعت؟ وفي أي سنة جرت؟ وما هي نتائجها ؟ لتوضحت الصورة والأحداث بشكل أفضل وأنفع للباحث عن نشاط الأسطول الإسلامي.

كان للآراء والتحليلات العسكرية التي عرضها لنا المؤلف في باب القوس وصناعته ما يصور لنا شخصية المؤلف وسعة علمه وخبرته في الأسلحة لدرجة أنه أنتقد بعض المؤلفين ونظرياتهم وذلك لعدم معرفتهم واطلاعهم على المؤلفات العسكرية الأخرى ولعلها المصادر المشرقية الأساسية - التي وردت سابقاً - ويوضح لنا ذلك ما

أورده النص التالي: ((..... قال المؤلف رحمه الله: وإنما جهل أكثر المؤلفين للمذاهب.....)) الورقة أ 12 نسخة برلين، الورقة 38 نسخة الرباط.

لقد تحدث لنا المؤلف كثيراً عن استخدام القوس في الولايات الإسلامية المشرقية كالعراق - ومصر - الحجاز بالإضافة إلى الأندلس، دون أن يعرض لنا استخدام القوس في الولايات الإسلامية الأخرى، لربما لمعرفته الواسعة لهذه الولايات من خلال الإطلاع على مؤلفاتهم وأما أنه قد زارها واطلع على مؤلفات أهلها حيث درس في مدارسها وهذا ما كان يحدث لكثير من علماء الأندلس ((...... وأما هذا الاختلاف هو بلدانهم، وأما أهل الحجاز فأهل باديتها لا يرمون إلا بعود النبع والشوحط.....)) الورقة ب 43 نسخة برلين، الورقة 183 و 292 نسخة الرباط.

أن المؤلف أبا بكر الأشبيلي ينكر علينا أن أهل الأندلس لم يستخدموا القوس العربية وهجروها واستبدلوها بالقوس الأجنبية أو المركبة في أكثر من نص في كتابه، حيث يتفق في هذا الرأي مع ابن سعيد المغربي (610 - 685 هـ / 1213 - 1286 م) وصاحب ((كتاب المغرب في حلى المغرب)) بنص أورده لنا المقرّي في نفحه [17]: أن أهل الأندلس كانوا يستخدمون التراس والرماح الطويلة للطعن، ولكنهم لا يعرفون الدبابيس، ولا قسي العرب، بل يستعملون قسي الإفرنج للمحاصرات في البلاد، وهي تكون بيد المشاة عادة عند الاصطفاف للحرب)).

ويشير لنا أبن هذيل الأندلسي في حليته إلى أن القوس الإفرنجية هي القوس التي أصبح أهل الأندلس يستعملونها في العصر الغرناطي [18] ويضيف المؤلف المجهول صاحب (كتاب كامل الصناعة في الفروسية والشجاعة) أن أهل الأندلس تخلوا عن استعمال القوس العربية [19].

ونحن نقول بأن القوس العربية كانت معروفة في الأندلس والمغرب من خلال النصوص التاريخية التي اهتمت بتاريخ الأندلس، فمثلما استخدمت القوس العربية في المشرق كانت معروفة في الأندلس بداية الفتح الإسلامي وبعده. والظاهر أن أبن سعيد وأبا بكر الأشبيلي وآخرين كانوا يتحدثون عن عصرهم حين كانت القوس الأجنبية معروفة لأنها أكثر تطوراً، في حين أن أهل الأندلس استخدموا القوس العربية قبل عصرهم (المؤلفين).

وهنا لابد من القول بأن الأندلسيين كانوا تواقون لمواكبة التطور التقني الحاصل في فن صناعة القوس مثلما حدث في أنواع الأسلحة الأخرى ليواكبوا التطور الحاصل في السلاح عند الكفار الأعداء وخصوصاً في الثغور الشمالية المتاخمة للعدو حيث أن القوس المركبة أو الأجنبية والتي أغلبها تعمل بالقدم تقذف أكبر عدد من السهام وبأحجام كبيرة ومتخلفة.

نعود فنقول أن المؤلفين المذكورين أعلاه قد وقعا بنفس الخطأ وربما قد تأثر احدهما بالآخر عندما أنكروا استخدام القسي العربية أو قسي اليد في الأندلس، في حين تتوفر نصوص تاريخية تذكر أن القسي العربية أو قسي اليد في الأندلس، في حين تتوفر نصوص تاريخية تذكر أن القسي العربية كانت معروفة ومستخدمة في الأندلس بداية الفتح الإسلامي وبعده حسب ما أخبرتنا النصوص الأندلسية ومنها الأسطورة التي تقول أن لذريق ملك أسبانيا عثر على تابوتاً من خشب فوجد فيه تصاوير العرب وأشكالهم معممين معهم القسي العربية وقد تقلدوا السيوف المحلاة [20].

والخبر الذي أورده لنا أبن حيان القرطبي في مقتبسه [21] أثناء وصفه لعرض عسكري أيام الخليفة الحكم المستنصر بالله في مدينة الزهراء (...وقد لبسوا الثياب الملونة من الأفرند وغيره، على عواتقهم القسي العربية....).

وفي أيام الحاجب المنصور بن أبي عامر كانت مصانع قرطبة الحربية تنتج الأقواس العربية حيث أخبرنا المؤرخ الغرناطي أبن الخطيب [22]: (...وطريحة القسي في السنة أثني عشر ألف قوس بشطرين عربية وتركية: ستة الألف من قبل طلحة الصقلبي بالزهراء. وكانت طريحة النبل في الشهر عشرين ألفاً).

لابد من أن نذكر بأن أبا بكر الأشبيلي لم يتحدث لنا عن استخدام السهام المسمومة في كتابه علماً بأن هنالك نباتات مسمومة معروفة في المشرق أيضاً. وقد وصف لنا مخطوط أندلسي لمؤلف مجهول عن صنف من النباتات المسمومة في ناحية سرقسطة Zaragoza في الثغر الأندلسي الأعلى بهذا الخبر: ((وصف أخر من (نبيالة) وهذا النبات هو موجود بناحية سرقسطة وبالثغر الأعلى، وبه كان رؤساء ذلك البلد يسموا أسهامهم ورماحهم وهو ألطوره)) [24].

أما الفصول التي احتواها كتاب البدائع والأسرار لأبي بكر الأشبيلي فهي:

- الفصل الأول: في فضل الرمي وأنواع القسي وتفضيلها.
- الفصل الثاني: في استنباط أنواع القسي ومن رمى بها، وأول من رمى بها.
- الفصل الثالث: في تسمية أجزاء القوس، وذكر أنواع صناعة الرمي وبيان أطواله وفروعه.
- الفصل الرابع: في علل الرمي وآفاته وكيفية الاحتياط في زوالها.
- الفصل الخامس: في النسب والمقادير من السهام والقسي والأغراض.
- الفصل السادس: في صناعة السهام وصفة سهام الطراد.
- الفصل السابع: في الرمي بالدوداني والحسبان.
- الفصل الثامن: في أنواع الأوتار والكستبانات وصنعتها وأوزانها وما يصلح منها بكل قوس وبكل هوى.

- الفصل التاسع: في ملح بالسهام الطوال وتبيان غوامضه.
- الفصل العاشر: في ملح الرمي بالمجازي وتبيان غوامضه.
- الفصل الحادي عشر: في نصب الأغراض والرمي عليها والرمي المناظر، والرمي بجميع السلاح مع القوس.
- الفصل الثاني عشر: في السبق وحيله، وما في المناضلة من الحلال والحرام وتبين ذلك كله.

فالفصول التي عرضها لنا المؤلف الأندلسي وما تضمنتها من معلومات عسكرية تشكل مادة جديدة تضيف إلى معارفنا العسكرية أخباراً مفيدة إضافة إلى ما ظهر من مادة مشرقية تبين للباحث المؤثرات المشرقية على الحضارة الأندلسية وكلها تشكل لنا نصوص جديدة ومهمة، علماً بأن هناك الكثير والمفيد من المعلومات عن القوس العربية والأجنبية تفيد الباحث في الجانب الحربي لا نستطيع أبرادها كلها لضيق الوقت والتقيد بصفحات البحث كل ذلك جعلنا أن نوجز في البحث مستفيدين من المخطوط حيث رمزنا لنسخة برلين بحرف - ب - حيث اعتمدنا عليها أساساً لحسن الخط والإملاء والتنظيم ونسخة الرباط ورمزنا لها بحرف - ط - واستفدنا منها في مقارنة وتكملة النصوص.

النصوص التي وردت فيها صراحة (الأندلس) وتحدثت عن القوس وحوادث حربية أخرى من المخطوط كتاب البدائع والأسرار لأبي بكر الأشبيلي.

نص رقم (1)

ورقة 4 ب (نسخة برلين) ورقة 16 (نسخة الرباط).

...... ثم أني رأيت أهل الأندلس قد رفضوا قوس اليد واستهجنوها ومالوا إلى قسي [1] الرجل واستعملوها، وهو [2] منهم غلط بين لا محالة وجهل لعمري وأتباع ضلالة، فرأيت أيضاً [3] أن أبين وجه إغفالهم وأدل على فساد تلك وإتباع أهوائهم، وأشرح جميع [4] ذلك شرحاً شافياً وأبين فضل القوس العربية على غيرها تبياناً [5] كافياً بحول الله.....

نص رقم (2)

ورقة 8 أ (نسخة برلين) ورقة 30 – 31 (نسخة الرباط).

...... والصف الثاني قوس لها جوزة ومفتاح، وهي خاصية أهل [6] الأندلس، وهي أفضل قسي الرجل عندهم وأقواها وبها يصيدون وعنها يرمون، وحكمها عندهم أنهم يجيدونها بحزام له مخطافات [7] يلقونها [8] في الوتر ويحتزمون به ويحبذون الوتر بذلك الجبابيد [9]، فإذا حصل في الجوزة أزالوا المخطافين وألقوا السهم واحزموه بحزام [10] ورموا عنها (ورقة 8 ب، برلين)، وجميع هذه الأضباس لا تستعمل [11] إلا بالأندلس فقط.

وجميع [12] قسي الرجل كلها لا خير فيها ولا يجب لرجل عاقل أن [13] يرمي بها ولا يعتمد [14] عليها. ونحن ذاكرون عيوبها وغررها وما فيها من التكلف والمؤنة، ونبين لك

فضل القوس العربية على غيرها أن شاء الله تعالى، فأن دعت الضرورة إلى قوس الرجل فلا ترم عنها إلا من أعلى سور، وترمي منها بالقوس التي تشبه قسي الأتراك التي لها قفل ومفتاح فأنها أسلم [15].

1. في ط: قوس
2. في ط: وذلك
3. في ب: (أيضاً)، لم ترد.
4. في ب: (جمع) لم تزد.
5. في ب: وردت (بياناً).
6. في ط: بأهل.
7. في ط: مخطافين.
8. في ط: يلقونه.
9. في ب: الجياد.
10. في ط: وردت بعد (بحزام، حينئذ)
11. في ب: لا يستعمل.
12. في ب: وأنواع.
13. (أن) لم ترد في ب.
14. لا يعتمد في ب:
    ولا يعول.
15. الفقرة في (وغررها وما فيها...... فأنها أسلم) لم ترد في ط.

نص رقم [3]

ورقة 11 أ (نسخة برلين) ورقة 48 (نسخة الرباط).

...... ومن هنا عدل أهل الأندلس إلى القوى الإفرنجية [1]، (11 ب نسخة برلين) التي لها جوزة ومفتاح، إذا لم يمكنهم تركيب [2] قوس قوية على هذه [3]، ونحن نبين فساد هذه القوس أن شاء الله تعالى [4] و الله سبحانه الموفق للصواب [5].

أنا قد قدمنا ذكر [6] فساد الرمي [7] بأنواع قسي الرجل كلها من طريق الشريعة وكراهية [8] رسول الله (ﷺ) لها [9] إذ هي كالصليب [10].

نص رقم (4)

ورقة 12 أ (نسخة برلين) ورقة 51 - 53 (نسخة الرباط).

...... ولقد أخبرنا شيخنا أبو عبد الله وغيره ممن شاهد هذا، أن رجلاً من الرماة يقوس الرجل هذه كان رامياً حاذقاً مشهوراً كان يرمي من بعض غزوات أهل الأندلس من وراء جدار السور على محاربتهم رمياً ممطوراً، ويثخن من قتلاهم إثخانا [11] مذكوراً،

فحرضه من كان معه على أن يخرج إلى البرج فيرمي من قرب على أهل النجدة وأولي البأس [12]، فطاوع شيطانه في أن يفارق مكانه فأستتر بجدار قريب [13] ولم يعلم ما أليه المآب، فجعل صياده [14] في قوسه وكبد ولم [15] يكمل حتى وقف عليه أسود طوله عشرة أذرع أو أزيد بيده حربه تلمع [16] كالنار إذ تتوقد [17] فصاح به صيحته أدهشته وأسقطت ما في يده وأبكته، فألهمه الله تعالى لما أراد من تأخير أجله إلى حيله من حيلة أن عرض القوس أليه وأشار أليه، وقال له: لو شئت لقتلتك وبهذا السهم كنت قد أنقذتك، فظن ذلك الأسود المسكين أن ذلك منه حتى يقين وأنه قبل [18] رآه وما أراد قتله بل رعاه, فقبل الأسود يده شاكراً وجعل متيقافز [19] أمامه صادراً.

1. في ب: السينية
2. لم ترد في ط
3. في ط: (هذا) ولكي يستقيم المعنى تكون على هذه الشاكلة
4. في ب: لم ترد تعالى
5. الفقرة (و الله سبحانه الموقف للصواب) لم ترد في: ب
6. لم ترد في ط: ذكر
7. في ط: التوفي
8. في ط: كرهها
9. في ط: لاستعمالها
10. الفقرة (إذ هي كالصليب) لم ترد في: ب
11. في ب: أمراً
12. في ط: السلاح
13. في ب: تحته خراب
14. في ط: حيادية
15. في ط: فلم
16. في ب لم ترد: تلمع
17. في ط: تنفذ
18. الأصح (قد)
19. في ط: تيفاد

وقد [1] أعطاه قفاه [2] راجعاً قفوق ذلك سهمه في قوسه والأسود المغرور يظن أنه قد خلص بنفسه، وضربه ضربة بين كتفيه خرج السهم [3] بين ثدييه [4] وكوم [5] الأسود (12 ب نسخة برلين) في التراب وأب شر مآب [6] ورجع ذلك إلى ما منه يعض أصابعه من

الندامة ويحمد الله على السلامة، ولم ير بعد هذه القضية [7] خارج سور المدينة [8] (ورقة 53 نسخة الرباط)، فهذا كله معلوم [9] أن صاحبها ضعيف الكتابة محكوم وأن لم يكن له موضوع يستند أليه وإلا بطل جميع ما في يديه....))

نص رقم (5)

ورقة 13 أ (نسخة برلين) ورقة 55 – 58 (نسخة الرباط).

... أما [10] جهل أهل الأندلس هذا الرمي ولم يحسنوه [11] ولم يكن لهم قدرة عليه فرفضوه، ومالوا إلى قسي الرجل فوجدوها أقرب متناولا [12] أليهم وأسهل وأخف عليهم وأقل صعوبة وأنذر قيمة، فعدلوا أليها وردوا جميع الرمي عليها مع أن لم يكن دربه على الخيل فتدعوهم إلى قسي اليد داعية الاضطرار أنما كانت حروبهم في قرى محصنة أو من وراء [13] جدار، وأي مبالاة [14] تقع بجزء [15] في الدنيا لا يتجزأ [16] قد جهلوا هذا الرمي [17] وعادوه، وانحرفوا إلى غيره فأحبوه [18].

فجميع أهل الدنيا قد جهلوا من عربها وعجمها وهندها [19] وسندها يفضل هذه [20] القوس العربية تشهدوا عليها [21] في حروبها ويعتمد وأن رأوا تلك بيد أحد ضحكوا منه وهزوا به، فليت شعري هل [22] من جهل أجيالهم هذا المصاب أم أهل الأندلس أوتوا الحكمة وفضل الخطاب. ولقد رأيت أعجمياً بالمرية وقد رأى [23] قوس الرجل بيد أحد الناس فعرض عليه وجه الصناعة بها فقال لا يصلح [24] هذا إلا الجزار بيع اللحم [25].

1. في ب: لم ترد في (وقد)
2. في ط: لم ترد (قفاه)
3. في ب: الزج
4. في ب: ثديه
5. في ط: وكرب
6. في ط: سد مآب
7. في ط: القصة
8. في ط: خارجاً عن السور
9. في ط: مفهوم معلوم
10. في ط: أنما
11. في ط: يستعملوه يقصد بالرمي المتماطر
12. في ط: تناولا
13. في ط: ورا
14. في ط: مبالغة
15. في ط: يحز

16. في ط: لا يتجدى
17. في ط: قد جهلوا هذا الحق
18. في ط: وانحرفوا إلى الباطل فأحيوه
19. في ب: وسندها وهندها
20. في ب: هذا
21. في ط: يشهدوا ويسلم عليها
22. في ط لم ترد هل
23. في ب: رى
24. في ب: ما يصلح
25. في ط: هذا إلا بجزار يعلق منه اللحم

ويكون [3] له كالوضم، فأنظر ما دعاه الطبع إليه وحملته [4] ألخلقه عليه. وكذلك هذه القوس المشؤمة لا ترى [5] ألا بيد سقال الناس والعامة والجهال، وما رأيت رجلاً حازماً عاقلاً يرمي عنها ولا يعرج عليها [6] لقررها وتكلف صاحبها ويعضد هذا ما حدثناه به شيخنا أبو عبد الله قال: اهدينا [7] إلى المعتمد على الله * ثمان قسي عربية محكمة سرية مع ثمانية [8] أيدي سهام حسنة البري [9] محكمة الصنع، فلما أدخلت عليه ووقف غلامه بها بين يديه، أعجبته وسر بها وأبهجته وجعل يأخذها واحدةً واحدةً فيؤثرها [10] ويذوقها بالجيد [11] ويجعلها على فخذه حتى أكملها الثمانية مع سهامها (ورقة 58 نسخة الرباط) دون أن يجعلها في الأرض بيد يديه، وأمر بإدخالي عليه فوديت أ [11] واجبه، فاستدناني [12]، وأجلسني جانبه فنظرت إليه نظر المتعجب من فعله مع جلاله قدرة وعلو منصبه [13]، فعلم المتعمد بما وهبه الله من الفطنة، وجعل فيه من دقة [14] الذهن والحكمة [15]، أني متعجب من حمله [16] ثقالتها على فخذيه [17] دون أن يجعلها بين يديه فقال: أو انك [18] متعجب مما ترى !!!، فقلت: ايَ والذي يديم عرشك [19] وجلالك [20] ويخلد ملكك !!! [21] فقال - تعلم أنها قوس مباركة منصورة قرشية النسب سلطانية الحسب لا ترى إلا بيد شريف النبع خاضية [22] الطبع ذي نفس أبيه وهمة سرية، وأما قوس الرجل فلا ترى إلا بيد غبي أو عامي [23] أو دنيء ساقط الهمة خامل البنية.

- ترجمة عن المعتمد على الله

انظر قائمة مصادر البحث رقم (23)

1. في ط: وتكون
2. في ط: وحيلته
3. في ب: لا تزال
4. في ط وردت عاقلاً حازماً يرى عنها ولا يعرج عليها

5. في ط: أهديته للمعتمد
6. في: تعانيه
7. في ط: البدي
8. في ط: فيوترها
9. في ط: بالجبد
10. الأصح أديت
11. في ط: استدناني
12. في ط: منصبه وعلو مرتبه
13. في ب: دق
14. في ط: الفطنة وحيله عليه من دقة الذهن والحكمة
15. في ط: احتماله
16. في ب: فخذه
17. في ط: انك
18. في ط: عزك
19. في ط لم ترد (وجلالك) في ب
20. في ب: ملك
21. في ب: خاضي
22. عامي لم ترد في نسخة ب

نص رقم (6)

ورقة 21 أ (نسخة برلين) ورقة 93 (نسخة الرباط)

- ولا رأيت (المؤلف) احداً في جميع البلاد يستعملها [11] إلا بالأندلس خاصة ونحن ذاكرون من استنبطها، [2] وكيف كان السبب في إخراجها [2].

نص رقم (7)

ورقة 43 ب (نسخة برلين) ورقة 182 نسخة الرباط

- وأحسن القسي بالأندلس القليلة الخشب، المعتدلة من العقب، الكثيرة القرن، فان الكتابة والقوة، أنما هي في القرن، لكن [3] كلما كثر قرن القوس كثر اعوجاجها وكلما كثر الخشب والعقب، كان اثبت لها واقل لطردها *

ورقة 48 نسخة برلين ورقة 205 نسخة (الرباط)

- وبالأندلس الصنوبر الأحمر الخفيف الذي قد خرجت لهنيته *

1. المقصود: قوس: الرجل
2. في ط: استنباطها

3. في ط: اركن

تعليقات على النصوص الواردة في المخطوطات من مصادر مشرقية وأندلسية.

النص رقم (1) و (2) و (3)

قال ابن قيم الجوزية (ت 751 هـ / 1350 م) في كتابه الفروسية (بغداد - 1987) في صفحة 116 وهو مشرقي النسب معلومات عن قوس الرجل كما وردت في كتاب البدائع والأسرار حيث قال: ((أما القوس الرجل فنوعان: احدهما هذه التركية. والثاني قوس الجرخ وهي قوس لها جوزة ومفتاح وأهل المغرب يغننون بها كثيراً ويفضلونها وأصحاب قوس اليد يذمونها ويقولون لا ينبغي لعاقل أن يرمي بها ولا أن يعتمد عليها ويذكرون ما فيها من الغرر, والعيوب، والتكلف، والإبطاء، وشدة المؤنة بالحمل, وإنها تخون وقت الكفاح ولا يتمكن المحارب بها من أكثر من سهم واحد ثم يخالطه عدوه.

...... وأما قوس الرجل فانفع وقت حصار القلاع والحصون وانكى من قوس اليد وقد يكون الرمي بها من داخل الحصون ايضاً غلى العدو والخارج انفع وانكى فيهم فلهذه موضع ولهذه موضع، وقوس اليد اعم نفعاً وعلى الرمي بها أكثر الأمم، وأهلها هم الرماة على الحقيقة)).

أما ابن هذيل الأندلسي في كتابه ((حيلة الفرسان)) صفحة 211 فقد بين لنا ((أن القوس العربية أثبتت للفارس وأكثر معونة، ولاسيما في الحصار والمراكب البحرية وشبه ذلك، وهي خاصية بأهل الأندلس، وبها يصيدون، وعنها يرمون، وفيها يتنافسون، وعليها يعتمدون فرساناً ورجالاً))

يتبين لنا من النصوص الواردة بأنها تتفق تماماً مع ما ذكره لنا كتاب البدائع والأسرار في تفضيل القوس العربية على الأجنبية لحمله أسباب وردت في النصوص أعلاه وهو تقليد إسلامي بسيرة الرسول (ﷺ) حيث فضل القوس العربية على غيرها بأحاديث وأردناها سابقاً في حين القوس الأجنبية لها صفات من حيث البعد والسرعة والعدد والضخامة تناسب تطور العصر. لكنها غير مرغوبة في الجيش الإسلامي لأنها كالصليب واستعملها الكفار.

النص رقم (5)

أورد لنا ابن قيم الجوزية في الفروسية صفحة 119 نصاً قريباً ((..... وإنما مال من مال عنى من أرباب قوس الرجل لأنهم وجدوها اقرب تناولاً إليهم، وأسهل مؤنة واخف عليهم، فعدلوا لذلك إليها وعولوا بعجزهم عنى عليها وسهل ذلك عليهم أنهم لم يكن لهم دربة على الخيل فتدعوهم إلى قسي اليد داعية الاضطرار، وإنما كانت حروبهم من قرى محصنة، أو من وراء جدار فاسمع الآن جملة من عيوبك المتكاثرة إلى المساجلة والمفاخر)).

نص رقم (6)

يبالغ المؤلف في إن القسي الأجنبية لا تستعمل إلا بالأندلس حيث استخدمت في المشرق وشمال أفريقيا كما استعملت عند الجيوش المسيحية.

نص رقم (7)

هذا النص عثرنا عليه في مصادر مشرقية منها عند الحسن بن عبد الله في كتابه ((آثار الأول في تدبير الدول)) (مطبعة بولاق 1295 هـ) صفحة 160. النص: ((أجود القسي وأكثر فوقها وقل خشبها وصح لجامها واشتد جفانها وثقل وزنها وقوى حبلها والدمشقية أجود من غيرها وقد تتخذ من الخشب المفرد.

تحدث ابن قيم الجوزية في كتابه الفروسية صفحة 116 فذكر لنا: ((وأولاها وانفعها ما عظمت نكاسة وقلت آفته، وخف وقوى فعله فتلك القوس المحمودة لصاحبها الدافعة الأذى عن حاملها، وهذا عام في جميع السلاح فانفعه وأفضله ما خف حمله على الأعضاء ودفع عنها الأذى)). وخير القسي اليد وانفعها ما تركب من الخشب والعقب والقرن والفرار، وفي ذلك حكمة بليغة، وصفة شريفة رفيعة أنها منشأة الإنسان فأن قوامه وبناءه على أربع على العظم واللحم والعروق والدم فكذا نشئت القوى على هذه الأربع)).

النص رقم (8)

أجود أنواع خشب الصنوبر كما يخبرنا الجغرافي الأندلسي الحميري في كتابه الروض المعطار في خبر الأقطار (تحقيق إحسان عباس، طبعة بيروت) صفحة 124 في طرطوشة ((.... وبجبالها خشب الصنوبر الذي لا يوجد لها نظير في الطول والغلظ، ومنه تتخذ الصواري والقرى، وهو خشب احمر صافي البشرية بعيد التغيير لا يفعل منه السوس ما يفعله في غيره من الخشب....)).

ملحق رقم (1)

بالمصطلحات العسكرية للقوس وأجزاءه مستقاة من المصادر العربية الأندلسية والمشرقية:-

(القسي)

■ الشريج: وهي التي تشق من فلقتين.

■ القضيب: التي عملت من غضن غير مشقوق.

■ ملساءُ: ليست فيها شق.

■ العالكة: التي طال بها العهد واحمر عودها.

■ القلوع: القسي التي إذا نزع فيها انقلبت.

■ الزلاء: التي نزل سهمها منها زليلا من سرعة خروجه.

- الطروح: ابعدُ القياس موقع سهم.
- الجَشُ: القوس الخفيفة من قبل بريها أو جوهر عودها.
- العتلُ: القسي الفارسية وأصدها عتلة.
- حَاشِكه: القوس البعيدة الرمي.
- حنيره: القوس بغير الوتر.
- رهيش: التي إذا رُمي عنها اهتزت وضرب وترها ابهرها.
- زَفيَات: السريعة الإرسال السهم.
- نَاتَره: التي تقطع الوتر لصلابتها.
- نَفوُحٌ: وهي الشديدة الدفع للسهم.
- أفوَق: السهم المكسور الفوُق.
- أعضَفُ: السهم الغليظ الريش.
- المعبله: السهم الخفيف.
- الرهب: السهم العظيم.
- الخطوة: سهم طوله ذراع.
- الأهْزَع: أخر السهام الذي يبقى في الكنانة، وهو اردءها، وقبل: هو أخر ما يبقى من السهام في الكنانة جيداً كان أو رديئاً.
- عُرَاضة ٌ: القوس العريضة.
- عبَهْرٌ: القوس الممتلئة العجَس
- ناترة: القوس التي تقطع الوتر لصلابتها.
- صَيجر: الوتر الغليظ.

ملحق رقم (2)

بالمخطوطات والمطبوعات التي اهتمت بدراسة القوس والنبال والرمي يستفاد منها:

1. ((أحكام السبق والرمي)) للشيخ تاج الدين احمد بن عثمان التركماني الحنفي (ت744هـ).
2. ((الأشكال في الرمي بالنبال)) لمؤلف مجهول.
3. ((أولى الأسباب في الرمي بالنشاب)) لابن جماعة / عز الدين محمد بن أبي بكر (ت819هـ / 1416 م).
4. ((البداية والنهاية في علم الرماية)) لم يعلم مؤلفه ومجهول المكان.

5. ((الإيضاح في علم الرماية)) أبي عبد الله محمد بن يوسف الإخباري الشافعي / نسخة كتبها محمد بن حجي خيري الشافعي ت 853 هـ / دار الكتب المصرية تحت رقم 12766 ى.

6. ((التعلم والأعلام في رمي السهام)) لعلي بن قاسم السعدي الحلبي، وقد قدمه إلى الأمير برسباي الشركسي – مجهول المكان.

7. ((ثلاثة مذاهب خاصة بالفروسية والرمي)) جمشا (الخوارزمي). النسخة الأصلية في المتحف البريطاني، نسخة مصورة في مكتبة جامعة القاهرة تحت رقم 26340

8. ((الرمي)) أبي بكر محمد بن خلف ت 306 هـ

9. ((الرمي)) تأليف الملك الفارسي بهرام جودر / ترجم غلى العربية خلال القرن 2هـ - مجهول المكان.

10. ((السباق والرمي)) لأبي النصر محمد بن مسعود العياشي.

11. ((السبق والرمي)) لابن المفيد محمد بن احمد / مجهول المكان.

12. ((شرح منية الرمي وغاية المرام)) طيبوغا الاشرفي البكلميشي / المكتبة العثمانية الرضائية بحلب تحت رقم 802 فروسية.

13. ((غرس الانشاب في الرمي بالنشاب)) جلال الدين عبد الرحمن ابن أبي بكر السيوطي ت 911هـ / 1505 م نسخة مكتبة أحمد الثالث في استنبول تحت رقم 2425، مصور في معهد المخطوطات العربية بالقاهرة تحت رقم 1056.

14. ((ألقسي والسهام والنبال)) لأبي حاتم سهل بن محمد السجستاني – مجهول المكان.

15. ((كتاب الرماية بالنشاب)) لمؤلف مجهول / مخطوط مكتبة بلدية الإسكندرية رقم 1201 ب.

16. ((المختصر المحرر في رمي النشاب)) محمد بن علي الصغير ت / في القرن التاسع للهجرة / مخطوط مكتبة أحمد الثالث بأستنبول تحت رقم 2620.

17. ((هداية الرامي إلى طريق المرامي)) أبي العباس أحمد بن إبراهيم بن أحمد سبطين حرز الله مخطوط دار الكتب المصرية تحت رقم 76 فنون حربية.

18. ((الواضح في علم الرمي)) عبد الرحمن بن احمد الطبري / مخطوط مكتبة روان كشك في استنبول تحت رقم 8933، نسخة مصورة في دار الكتب المصرية (12766ى).

19. المخطوطات التي ذكرناها أعلاه وردت في أبحاث المؤتمر السنوي الثاني للجمعية السورية لتاريخ العلوم المنعقد بجامعة حلب (6 - 7 نيسان 1977)، نشر معهد التراث العلمي العربي، جامعة حلب 1979.

20. كتاب في علم الرمي وفي فضل القوس والوتر والنشاب ومعرفة أصول ذلك وسقاية السلاح المهلكة للأعداء على نية الجهاد في سبيل الله تعالى، لم يعلم مؤلفه، مخطوط دار الكتب المصرية رقم 12766 ب.

21. بغية المرامي وغاية المرام للمعاني في علم الرمي / سيف الدين طيبغا الأشرفي البكلمشي اليوناني / مخطوط دار الكتب المصرية رقم 12766 ى.

22. ((كتاب فضل القوس العربية)) الفرحاتي / مصطفى السورنجي ت 1140هـ / 1630م تحقيق: أحمد نصيف الجنابي / ميري عبود قتومي / نشر في مجلة المورد / مجلد 12 رقم 4, بغداد 1404 هـ / 1983 م، ص 253 - 304.

23. ((فضائل الرمي في سبيل الله تعالى)) القراب / إسحاق بن إبراهيم / تحقيق أسامة النقشبندي، مجلة المورد، مجلد 12، عدد ع، بغداد 1404 هـ 1983، ص 305 - 318.

24. ((السبق والرمي وأسلحة المجاهدين)) مؤلف مجهول / تحقيق عيد ضيف العبادي / مجلة المورد، مجلد 12، عدد ع، بغداد 1404 هـ / 1983، ص 379 - 419.

25. ((الكتاب السلاح)) لأبي عبيد القاسم بن سلام (ت 224 هـ) تحقيق د. حاتم صالح الضامن / مجلة المورد، مجلد 12، عدد ع، بغداد 1404هـ / 1983، ص 232 (باب القسي ونعوتها).

مصادر ومراجع وملاحظات:

((السبق والرمي وأسلحة المجاهدين)) لمؤلف مجهول، تحقيق عيد ضيف ألعبادي، نشر في مجلة المورد، العدد 4، المجلد 12 (عدد خاص بالفكر العسكري عند العرب)) بغداد 1404هـ 1983، الصفحات 379 - 419، أنظر الصفحة 379 مقدمة المحقق.

عواد، كوركيس، مصادر التراث العسكري عند العرب، مطبوعات المجمع العلمي العراقي، بغداد 1401هـ 1981 م ويقع في ثلاث مجلدات، في الجزء الأول صفحة 117 ذكر لنا الأستاذ كوركيس عواد أسم المخطوط ومؤلفه كما ورد في نسخة برلين.

كتاب السماح في أخبار الرماح، السيوطي، جلال الدين عبد الرحمن بن كمال الدين، تحقيق د. نوري حمودي القيسي، نشر في مجلة المورد، العدد 4، المجلد 12 (عدد خاص بالفكر العسكري عند العرب) بغداد 1404 هـ 1983م، ص 79، مقدمة المحقق.

في نسخة الرباط وردت (غوامض).

C.Broc Kelmann,Geschichet Der Arabischen Litteratar Leiden, Leiden,E.J.Brill 1938,T. II.P.166 (14 Militar und Jagd) Land wirtschaft.)

من خلال متابعتي وبحثي في فهارس المكتبات العربية والعالمية لم أعثر على نسخة ثالثة للمخطوط نستفاد منها في توضيح أبواب وكلمات المخطوط.

لفائدة الباحث ندرج الصفحات التي وردت فيها الكتب العسكرية في نسخة الرباط، كامل الصناعة في الفروسية والشجاعة 301 - 334

((كتاب في الفروسية)) 334 - 340

((كتاب غاية الإتقان في أعمال النشاب والصولجان)) 340 - حتى نهاية المخطوط.

الورقات التي ورد فيها أسم (أبو عبد الله) العالم الأندلسي الذي أعتمد عليه المؤلف في نقل أخبار ونصوص في مؤلفة ((كتاب البدائع والأسرار)):

ب 4، أ 8، ب 8، أ 11، أ 12، أ 13، أ 43، أ 48

نسخة برلين 51، 57، 66 نسخة الرباط

ويبدو أن أبا عبد الله قد زار المشرق وأطلع على صناعة القوس من خلال النص التالي:

((..... ولقد أخبرني شيخنا أبو عبد الله قال: رأيت في المشرق رجلاً من الرماة ماشياً وبيده قوسه وسهمان فمر على حداد وهو يضرب على وتره.....)) أ 15 نسخة برلين، ورقة 66 نسخة الرباط.

نسخة الرباط: المبغضين.

نسخة الرباط: غوامض.

نسخة برلين: أكثر.

نسخة برلين: وأعملت في الخصوص منه والعموم حيلتي.

نسخة برلين: ويوُرثهم.

(كل يوم) لم ترد في نسخة برلين.

نسخة برلين: وعفى جل رسمه أستشرقت همتي إلى جميع معانيه.

الورقات التي ذكرت فيها أسماء المؤلفين المشارقة، انظر الورقات: ب 9، ب 15، ب 22، أ 24 نسخة برلين، الورقات 38، 42، 44، 67، 82، 91 نسخة الرباط

المقّري، نفح الطيب من غصن الأندلس الرطيب، تحقيق د. إحسان عباس، بيروت 1968 ج 1، 223. أنظر مقالة الأستاذ الدكتور عبد الواحد ذنون طه (تنظيمات الجيش في الدولة العربية الإسلامية في الأندلس في العصر الأموي) نشرت في كتاب دراسات في التاريخ الأندلسي، ط 1، جامعة الموصل 1987، ص 37 – 88.

أبن هذيل الأندلسي، علي عبد الرحمن من اهل القرن الثامن الهجري، حلية الفرسان وشعار الشجعان، تحقيق محمد عبد الغني حسن، دار المعارف مصور ص 211 ترجم الكتاب إلى الإسبانية من المستشرقة الإسبانية Dra Maria Jesues Viguera يتحدث لنا أبن قيم الجوزية في كتابه الفروسية ص 114 عن النهي في استخدام القوس الأجنبية (..... فذاك في وقت مخصوص وهو حين كانت العرب هم عسكر الإسلام وقسيهم العربية، فكلامهم بالعربية وأدواتهم عربية، وفروسيتهم عربية. وكان الرمي بغير قسيهم والكلام بغير لسانهم حينئذ تشبهاً بالكفار من العجم وغيرهم. أما في هذه الأزمان فقسي عسكر الإسلام الفارسية والتركية وكلامهم وأدواتهم، وفروسيتهم، فلو كره لهم ذلك ومنعوا منه فسدت الدنيا والدين وتعطل سوق الجهاد واستولى الكفار على المسلمين.

أبن جُزى الكبلي الغرناطي، عبد الله بن محمد (من القرن 8 هـ)، مطلع اليُمن والإقبال في انتقاء كتاب الاحتفال (كتاب الخيل) تحقيق محمد العربي الخطابي، دار الغرب الإسلامي - بيروت 1406هـ 1989, ص 213 وأنظر كذلك أبن القوطية القرطبي / (ت 367 هـ 1977م) تحقيق إبراهيم الأبياري، المكتبة الأندلسية رقم 2، الناشر دار الكتب المصري واللبناني القاهرة - بيروت طبعة ثانية 1410هـ 1989م.

أبن حيان القرطبي، المقتبس، تحقيق د. عبد الرحمن علي الحجي، دار الثقافة بيروت 1965 ص 49.

أبن الخطيب الغرناطي، أعمال الإعلام، تحقيق ليفي بروفنسال، ط 2، بيروت 1956 ص 101.

المعتمد على الله (المعتمد بن عباد بن اسمعيل أبو القسم المعتمد بن المعتضد) ولد بمدينة باجه Beja الأندلسية سنة 431 هـ 1039م، وولى الملك سنة 461هـ 1068م بأشبيلية Sevilla فقام به أحسن قيام وأهتم به أتم اهتمام عدل في الرعية وأنصفهم، وكان المعتمد بن عباد من أكبر ملوك الطوائف ويؤدي الضريبة للاذفونش Alfonso vI ملك النصارى، فلما ملك طليطلة لم يقبل الضريبة طمعاً في أخذ بلاده وأرسل إليه يتهدده ويأمره بالنزول عن الحصون التي معه، فضرب المعتمد الرسول وقتل من كان معه من الفرنج وكان الاذفونش متوجهاً لحصار قرطبة Cordoba فرجع إلى طليطلة Toledo، فكتب المعتمد إلى أبن تاشفين صاحب مراكش يستنجده فحضر إلى سبتة Ceuta وعبر بالعساكر إلى الجزيرة الخضراء Algeciras وهم عشرة آلاف فارس واجتمع بالمعتمد وتسامع به ملوك الأندلس وساعدوه فكتب الاذفوتش إلى أبن تاشفين كتاباً يتهدده فيه أن التقى الجيشان عند الزلاقة من بلاد بطليوس Badajoz ونصر الله الإسلام وثبت المعتمد على الله.

وكانت وفاة المعتمد على الله سنة 481هـ 1088م وكان أديباً وشاعراً أنظر ترجمة في المصادر: أبن بسام الشنتريني (ت 542 هـ 1147م) الذخيرة في محاسن أهل الجزيرة، نشر جامعة فؤاد الأول، كلية الآداب، القاهرة 1361هـ1942م، 32 - 67 عبد الواحد المراكشي، المعجب في تلخيص أخبار المغرب، تقديم د. ممدوح حقي، دار الكتاب - الدار البيضاء ص 149 - 150، أبن الخطيب الغرناطي، أعمال الإعلام، ص 157 - 170، أبن عذاري المراكشي، البيان المغرب، تحقيق كولان وليفن برفنسال، دار الثقافة بيروت ج 3، 193 ألصفدي، كتاب الوافي بالوفيات، تحقيق هلمون رينر، دار النشر فرانز شتاينر بفيسان 1381هـ 1961م، ج 3، 183 - 185 ترجمة رقم 1165، ابن الأثير، (التاريخ الأندلسي عند ابن الأثير)، وابن خلكان، د. تقي الدين عارف الدوري، بغداد 1410هـ 1990، ص 344.

(24)Asin Palacios, Miguel, Glosario de voces Romances (registrado por un Botanico Anonimo Hispano - Musulman siglos Xl - Xll Madrid - Granada 1943, p.191.

وقد ذكر لنا أبي حامد الأندلسي الغرناطي 473 - 565 هـ 1080 - 1169م كتاب تحفة الألباب، تحقيق

Gabriel Ferrand, journal Asiatique, juillet – September 1925. p. 42

وأهـل غانـة أحـسن السـودان.... يرمـون نبـل مـسمومة بـدماء حيّـات صـفر لا تلبـث سـاعة واحـدة حتـى يـسقط لحـم مـن إصـابة ذلـك السـهم عـن عظمـة ولـو كـان فيـلا أو غيـره مـن الحيوانـات الأفـاعي. وجميـع أصـناف الحيـات عنـدهم كالسـمك يأكلونهـا لا يبـالون بـسموم الأفـاعي ولا الثعـابين إلا بالحيـة الصفراء التـي في بلادهـم فـأنهم يتقونهـا ويأخـذون دمهـا لسـهامهم وفتـيهم صـغار رأسـهم في بـلاد المغـرب ونبلهم قـصار كـل سـهم بـشر ونضالهم شـوك شـجر كالحديـد في القـوة قـد شـدوه في نبلهم بلجـاء شـجر يصيبون الحدق وهم شر نوع في السودان.

استنتاجات

تبين لنا بوضوح من أن المشرق الإسلامي كان الرافد الحقيقي الذي يصب في الأندلس لتزويده بالمعلومات عن فن الصناعة العسكرية عبر التاريخ الإسلامي حيث شمل التأثير كل الميادين ومنها باب صناعة القوس العربية وذلك من خلال ما اعتمد المؤلف على المصادر والنظريات المشرقية التي أوردها في مخطوطته.

ولا يفوتنا من ذكر عنصر الإبداع والتجديد الذي ادخله المؤلف الأندلسي على جوانب متعددة من فن الصناعة واستخدام القوس العربية في الحروب مع الأعداء بما ينجم مع ما يمتلكه العدو من سلاح والظروف الطبيعية والمناخية السائدة، من أجل كسب النصر في سبيل الله تعالى.

أن المؤلف أبا بكر الأشبيلي حث وأكد في كتابه على استخدام القوس العربية لقيمتها الدينية والمعنوية حيث أن الرسول الكريم قد فضلها على القوس الأجنبية أو المركبة لأنها لا خير فيها على حد تعبيره، لدرجة أنه أنكر استعمال القوس الأجنبية في الأندلس وهذا غير صحيح حيث بينا وجودها واستخدامها في الأندلس بداية وأثناء الوجود الإسلامي في الأندلس.

من الواضح أن المؤلف كان عالماً متمرساً بفن صناعة القوس حيث كان على الإطلاع تام بذوي الخبرة والبارعين من علماء ومهرة في القوس من مشارقة وأندلسيين، وقد طالع مؤلفاتهم ونظرياتهم واستمع أليهم لدرجة أنه أنتقد بعض الآراء والنظريات التي وردت عنهم.

لقد تمتع كتاب البدائع والأسرار بقيمة وأهمية تاريخية عظيمة في باب القوس لدرجة من أن عدد كبير من المصادر المشرقية قد اعتمدت عليه ونقلت منه نصوصاً كاملة من المعلومات (أنظر الصفحة الخامسة من الكتاب).

أن المخطوط غنياً جداً بالمعلومات العسكرية عن القوس في كافة أبوابه، وقد حاولنا دراسته وذكر أبوابه واقتبسنا وحققنا النصوص التي ورد فيها ذكر الأندلسي بوضوح عن النسختين في مكتبة برلين ومكتبة الخزانة العامة بالرباط ولا علم لنا بنسخة ثالثة.

نستطيع القول من أن ((كتاب البدائع والأسرار)) بحق يعتبر موسوعة تاريخية كاملة عن القوس لأن فيه من معلومات في غاية الأهمية والدقة والوضوح والشمول ومن تعدد المصادر والنظريات والمشاهدات لم نجدها في المصادر العسكرية المشرقية أو الأندلسية من جودة في العرض والمعلومات والشواهد بالنصوص يندر أن نعثر عليها في كل كتاب، فالمؤلف الأندلسي يستحق كل الثناء والتقدير والإعجاب تغمده الله تعالى برحمته و الله الموفق والمعين ومنه نستمد الإيمان والصبر.

اسهامات مشاهير علماء الرياضيات

ودورهم

في ازدهار الحضارة الاسلامية

اسهامات مشاهير علماء الرياضيات ودورهم في ازدهار الحضارة الاسلامية

تمهيد تاريخي:

علـم الرياضـيات مـن الميـادين التـي سـاهمت فيهـا حـضارتا وادي الرافـدين ووادي النيـل, أذا ان البـابليين كـانوا يعرفونـه معلومـات عـن المتواليـات العدديـة والهندسـية وانهـم أسـتعملو ا النظـام الـستيني والنسبة والتناسب وتقسيم الدائرة الى 6 أقسام متساويته والى 360 قسماً متساوياً.

تـم العثـور عـلى رقـم طينيـة تـتضمن معرفـة بخـواص مثلثـات قائمـة الزاويـة شـبيهته بنظريتـه فيثـاغورس ونظريتـه اقليـدس مـن نظريـت فيثـاغورس وتـسبقهم 1700 عـام. عـرف المـصريون المثلثـات بحـاجتهم لهندسـة الاهرامـات وقـانون الحجـوم, وانهـم كـانوا يعرفـون المتواليـات العدديـة والهندسـية وكيفية ايجاد مجموع عدة حدود من كل منهما.

أطلـع علـماء الرياضـيات العـرب في بدايـة نهظـتهم العلميـة عـلى تلـك العلـوم فأسـتفادوا منهـا وترجموا بعض مؤلفاتها الى اللغة العربية.

فنقلـوا نظـام الترقـيم الـذي كـان سـائد في الهنـد وأسـتعملوه بـدلاً مـن نظـام الـتريم عـلى حـساب الجمل.

حيـث كانـت بـدل الهنـود أشـكال عديـدتاً للارقـام, اذا هـذب العـرب منهـا سلـسلتين الاولى عرفـت بالارقـام الهوائيـة التـي تـستعمل اليـوم والتـي كانـت ارقـام لغـة العلـم في الـتراث العـربي, والسلـسلة الثانيـة الارقـام الغباريـة وهـي التـي استعملت في المـشرق العـربي بعـد اسـتعمال السلـسلة الاولى بقـرون وانتقلـت الى اوروبا.

عمـل العـرب عـلى تهـذيب الارقـام واسـتعملوا طريقـة الاحـصاء العـشري كـما اسـتعملوا الـصفر لـنفس الغـرض الـذي نـستعمله اليـوم, وبـذلك تركـوا الارقـام اليونانيـة, ولم يـستعملوا الارقـام العربيـة القائمـة عـلى حـساب الجمـل في علـوم الرياضـيات وأسـتعملوا الارقـام الهنديـة بـدلاً عنهـا بعـد ان هـذبوها واجـادوا في تحديـد اشـكالها وجعلـوا لكـل رقـم قيمتـين, قيمـة في نفـس الـرقم وقيمـة بالنـسبة للمنزلتـه التـي يقـع فيهـا, وأسـتعمل الـصفر في المنـازل الخاليـة مـن الارقـام لتحديـد المنزلتـه التـي تعـين قيمـة كـل رقـم, ولـوا الـصفر لمـا اسـتطاع علـماء الرياضـيات مـن حـل كثـير مـن المعـادلات الرياضـية مـن مختلـف الـدرجات بالسهولة التي تحل الان.

كـان للعـرب دوراً بـارزاً في علـم الجـابر والمقابلـة, أذا كـان لـه أثـراً كبـيراً جـداً لايختلـف لا يختلـف عن اثـر اسـتعمال الارقـام, بـل هـما متلازمـان منـذ أيـام الخـوارزمي, فلـرقم الـذي أسـتعمله الخـوارزمي سـهل عليـه حـل المـسائل الجبريـة في كتابـه الجـبر والمقابلـة الـذي يعـد اول كتـاب وضـع في هـذا العلـم تـضمن جهداً علمياً كبيراً صرفه هذا العالم المسلم في حل هذه

المسائل الجبرية والحسابية والهندسية وفق منهجية علمية دقيقتاً ومهدة فيه الاكتشاف اللوغارتمات, وأستمر على نهجه العلمي الدقيق عدد كبير من علماء الرياضيات العرب الذين جاءوا من بعده فبذلوا جهداً كبيراً في تفسير وأجراء العمليات الرياضية الدقيقة في حل المعادلات.

أبتكر العلماء العرب بعد الخوارزمي طرق هندسية عديدة لحل بعض معادلات الدرجة الثانية, كما قاموا بحل العمليات الهندسية في المساحة بطرق جبرية, وتناولوا علم الهندسة على أسس علمية دقيقة والفوا فيه كتب ورسائل كثيرة.

نقل العرب في بداية نهظتهم العلميته في العصر العباسي الاول في مؤسسة بيت الحكمة ببغداد كتاب أقليدس في الهندسة وسموه بالاصول او الاركان وزادوا على نظرياته ونقضوا بعض مباحثه ثم شرحوه والفوا كتباً كثيرتاً على نسقه واشتغلوا في مجالات عديدة في علوم الهندسة ومما قالوه ان الهندسة على نوعين عقلية وحسيته, فالحسية هي معرفة المقادير ومايعرض فيها من المعاني أذا أضيفت بعضها الى بعض وهي مايرى بالبصر ويدرك باللمس والعقلية وهي مايعرف ويفهم دون ان يرى او يلمس.

أبدع العلماء العرب في علوم الرياضيات بصورة واسعة وكثيرتاً, اذ طوروا نظريات ومنهجيات التي اتبعها غيرهم, والمؤلفات التي وصلتنا من نتاجات علماء الرياضيات العرب تكشف لنا عن الحقائق العلمية التي توصله لها الانسان العربي وكان له دوراً سباقاً في معرفتها واكتشافها, اذ أغنت الحضارة العالميته باسباب التطور والتقدم نحو الامام.

مرت الرياضيات في الحضارة العربية الاسلامية في 3 مراحل رئيسية هي:

1- الترجمة عن الحضارات اليونانية والرومانية والهندية.

2- الابداعات والاضافات الهامته الى الرياضيات.

3- التاليف الموسوعي والشروح والحواشي والتعليقات وتعميق فهم المخطوطات التعليمية

تطور علم الرياضيات وأزدهر في زيادة عدد المدارس الرياضية في الولايات الاسلامية, وقد ساهمة علماء الرياضيات العرب مساهمة كبيرة في مجال تعميم الرياضيات وشيوعها بين الناس, ويدل على ذلك الموضوعات التي تناولها بالدرس والكتاب وعدد نسخ المخطوطات الرياضية.

من الجدير بالذكر ان المؤلفات الرياضية للعالم الرياضي الشامي, سبط المارديني تمتاز في حسن ترتيب موادها وتسلسلها بشكل منطقي بحيث تخدم هدفها التعليمي والذهني, ويظهر أهتمام العلماء والباحثين بهذه الاعمال العلمية المتميزة والهامة,, وفيها

كشف العلاقات والقوانين والقواعد الرياضية المستخدمته في المسائل والحلول عن تزاوج أفكار علماء المشرق العربي بافكار علماء المغرب العربي

أمتاز كتاب أرشاد الطلاب الى وسيلة الحساب لسبط الماردينى بتفوق أفكاره التعلمية التي ترتكز على تطوير تفكير المتعلم وذهنه, وذلك بأستخدام أفعال الامر في مراحل الحل، وأقتراح تراكيب وطرق أقرب للفهم والوضوح واتمييز بين مستويات الطلاب وتبسيط الحلول والمطالبته بالتمارين والحفظ والتشجيع المبادرته والتفكير.

عالج كتاب أرشاد الطلاب بالتفصيل المسهب، عمليات الضرب المختصرته التي تعد من أهم مايميز مخطوطات الحساب الهوائي او حساب اليد أو حساب العقود او مايعرف اليوم بالحساب الذهني, وقد ساهمت أفكاره في تعميق معرفة المتعلم أذ تكسبه كفاءة ومهارته عالية في اجراء العمليات الحسابية وبخاصة الضرب.

أستخدم العالم الرياضي الشامي سبط الماردينى الذي يعد نموذج مميزاً للعلماء أكثر من نسخة مخطوطة للمقارنة وأختيار الرواية المناسبته في شرحه, ومن ثم كانت لديه بذور اصول تحقيق النصوص.

تميز منهج العالم الشامي في الشرح بالموضوعية والعلمية فقد تحقق من نص المتن باعتماده على اكثر من نسخة, وأختاره تعابير أفضل مما جاء في المتن, وأعترض على العالم الرياضي أبن الهائم أحياناً وتدخل في موضوعات الكتاب,,كن حريصاً على أختيار المسطلحات الرياضية بدقة ومن ثم كان سبط الماردينى فاعلاً في النص ووقف منه موقف الشارح والمحلل والباحث والمبدع.

أهتم الرياضون العرب والمسلين بالكتاب والاستقراء لتطوير الحساب بشكل عام والحساب الذهني خاصتاً وتعميق التوجه التعلمي والتربوي الذي يعد جانب مهماً في ازدهار الحضارة العربية الاسلامية.

علم الرياضيات بالاندلس:

أقدم نص رياضي أندلسي موجود بالحضارة العربية هو الرسالة غير المنشورة حولة مسح الارضي التكسير التي كتبها الطبيب محمد أبن عبدون الجبابي قبيلة منتصف القرن 4 هـ / 10 م, والكتاب النص ذو طبيعة عمليته وأنه أحدى السمات الرئيسية للتجليات الاولى في الرياضيات الاندلسية.

شهد النصف الثاني من ق4هـ /10م ظهور المدرسة الرياضيته والفلكية المهمة التي اسسها العالم الرياضي الاندلسي ابو القاسم المسلمة بن احمد المجريطي (ولد في مدريد) وتوفى (397هـ / 1007 م) والتي كتب 3 من أعضائها مسلمة المجريطي, وابو القاسم احمد بن محمد بن السمح (ت 426هـ /1035م) وابو الحسن علي بن سليمان الزهراوي, رسائل في الحساب التجاري - المعاملات -, وهذه الرسائل مفقودة الا اننا يمكن أن

نستفيد منها بفكرة رياضية عن محتوياتها خلال كتاب المعاملات (liber mahameteteh) وهو ترجمة لاتينية تنسب الى يوحنا الاشبيلي, رسالة اندلسية حول الموضوع ذاته,اما الثقات الذين التي ذكروا فهم الرسالة المترجمة (أقليدس، أرخميدس، ميقوماخوس، الجرشي، محمد بن موسى الخوارزمي، أبو كامل الشجاع بن أسلم المصري) فهم بالظبط أولئك الذين يتوقع أن يكونوا معروفين في الاندلس في النصف الثاني من القرن 4 هـ / 10 م. وتتناول الرسالة الحساب الابتدائي (الجمع والطرح والضرب والقسمة,استخراج الجذر التربيعي وكذلك طرقاً وافية بالحصول على تقريبات جيدة لجور التربيعية غير التامة)، والجذر(معادلات من الدرجتين الاولى والثانية) وتنتهي بمجموعة طويلة من المسائل العلمية التي تهم التاجر.

في عصر سلطنة غرناطة في الاندلس وفي عصر بني نصر (631/897هـ /1232/1492م) ظهرة كتاب عن تلخيص الجذر بعنوان (كتاب أختصار الجبر والمقابلته الفه ابو عبد الله) الفه ابو عبد الله بن عمر بن محمود بن بدر، وتم تاليفه قبل عام 747 هـ / 1343م) وربما كان مؤلفه من اهل الاندلس.

أما كتاب الاختصار عبارة عن رسالة في الجبر الابتدائي تتناول من بين اشياء اخرى المعادلات الغير محدودة وفق التقليد الديوا فنطي، التي توثق فيه لاول مرة في الاندلس واما الاكثر أثارة للاهتمام من كتاب الاختصار فهو ماقام به اخر الرياضيين الاندلسيين المهميين.

لعب العام الرياضي الاندلسي ابو الحسن علي بن محمد البسطي الذي ولد حوالي 815هـ /1412م,وتوفى عام 891ه /1486م او912ه /1506م,والذي كتب بشكل واسع في الحساب والجبر والفرائض,وقد تأثرت مؤلفاتة الرياضية بألؤلف الرياضي المغربي ابي العباس احمد بن محمد المعروف بأبن البناء المراكشي 654ـ725هـ/1256/1321م,اذعمل على اجراء تسحينات مثيرة الاهتمام على طريقة التقريبات المتعاقبة للجذور التربيعية غير التامة,الا ان الطريقة التي تعامل بها مع مجاميع متواليات المربعات والمكعبات حذت حذو ابي المنصور البغدادي (ت429هـ /1037م) والاموي الاندلسي ق8هـ/14م,وانه يعد العالم الرياضي الذي ادخل الرمزية الجبرية,وقديكون استعملها,الاان كثيرين اخرين سواء في المشرق او في المغرب قد سبقوه الى ذلك.

في مجال علم الهندسة باالقرن 5هـ/11م ظهر ابو عامر يوسف بن احمد المؤتمن حاكم سرقسطة,وابو زيد عبد الرحمن بن السيد,الذي ازدهر في بلنسية بين اعوام 456ـ490هـ /1063/1096م وكان العالم الفيزيائي والفيلسوف محمد بن يحيى الصائغ

المعروف با بن باجة (463ـ533هـ ـ 1070 1138 وابو عبد الله محمد بن معاذ الجياني (قاضي جيان,ت 486هـ/1093م)

علما ان المؤتمن حاكم سرقسطة كتب رسالة تسمى الاستكمال,وكان المؤتمن حاكم سرقطة كتب رسالة تسمى الا ستكامال وكان المؤتمن يملك مكتبة ملكية مهمة تحوي اجود الكتب المتوافرة في ق 5هـ 17م لدراسة الرياضيات المتقدمة: كتابي اقليدس الاصول والبيانات, وكتاب ارخميدس في الكرة والاسطوانة,وكذلك تعليق ثاوزوسيوس ومنلاوس ورسالة بني موسى في قياس الاشكال المستوية والكروية وكتاب المناظر وكتاب ابراهيم بن سنان حول تربيح تربيح القطع المتكافي وكتاب المناظر لابن هيثم وما الى ذلك,فضلا عن معالجة المؤتمن للمسائل الهندسية,لم تقتصر على مجرد اعادة انتاج ما في المصادر التي اعتمد عليها, وانما تقدم في كثير من الحالة حلوللا اصيلة تثبت انه كان هندسيا بارعا.

كتب نيقو ما خوس الجرشي (كتاب الحساب arithmetic) ويقدم لنا تلميذه أبن باجة بعض المعلومات عن بحثه في الهندسة، الذي درسة فيه القطوع المخروطية معطياً تعريفات جديدة مكافئة لكنها غير مماثلة لتعريفات أبو لونيوس والمنحنيات المستوية التي هي أعلى في درجتها من الدرجة الثانية ولا تنتمي الى القطوع المخروطية، كما درسة فيه بعض المسائل التقليدية (الكلاسكية) مثل تثليث الزاوية وتحديد المتناسبات المتوسطة.

أما الرياضي أبن معاذ، فقد نشرة له ودرس أثنان من مؤلفاته:

المقالة في شرح النسبة (تعليق على مفهوم النسبة)، وكتاب مجهولات قسيّ الكرة (أقواس الكرة المجهولة)، وقد أثار الكتاب اهتمام المؤتمن.

كان الرياضيون اليونان قد أعتبروا ان النسبة لا توجد الا عندما يكون ناتج القسمة بين مقداري عدداً منطقياً (جذرياً)، على ارغم ان أقليدس قد قبل أمكانية وجود النسبة في حالة العلاقة بين كمية تعطي القسمة بينهما عدداً اصم.

وهذا المسلك الاقليدي في الكتاب اتبعه بعض الرياضيين العرب مثل أبن الهيثم وعمر الخيام، ويعتبر كتاب أبن معاذ دفاعاً بارعاً عن تعريف أقليدس للنسبة وأول مثال معروف، على مايبدوا على فهم وافي لها.

يعتبر كتاب المجهولات اول بحث في الهندسة الكروية اولفة في الغرب الاسلامي وكذلك اول مثال معروف على هذا الفرع المعرفي الرياضي وجد مستقلاً عن علم الفلك.

وبينما أستخدم الرياضيون والفلكيون اليونانيون أداة مثلثية واحدة، وهي المعروفة بمبرهنة م نيلاوس (شكل القطاع) التي ارست العلاقات بين المقادير الـ6 (الاقواس والزوايا) المنتمية الى مثلثين كرويين نجد أن الرياضيين العرب في المشرق قد طوروا ذلك قبيلة نهاية القرن 4 هـ / 10 م، وفي بداية ق5 هـ / م 11 سلسلة من المبرهنات الجديدة

أبتسمت بالميزة الواضحة الكامنة في أرساء العلاقات بين مقادير 4 تنتمي الى المثلث الكروي ذاته. وقد ترتب على هذا العمل نوع من المعلومات في علم المثلثات، وأدخل أبن معاذ 6 من هذه المبرهنات الجديدة الى المغرب فمئلفه كتاب المجهولات، هو بحث كامل في علم المثلثات الكروي، درس فيه حل جميع الحلات الممكنة للمثلثات الكروية.

كان أبن معاذ اول عالم في الغرب الاسلامي يستخدم طريقة في الاستكمال الداخلي التربيعي وبحسب جدول للضلال الزواية اخذت به قيمة الميل (GNOMON) أن أستخدام أبن معاذ للمثلث القطبي جاء مستقلاً عن أستخدام سابقه المشرقي ابي نصر منصور ابن عراق ت حوالي 428 هـ / 1036 م.

أما كتاب أصلاح المجسيطي الذي وضعه ابو محمد جابر بن أفلح، الذي ازدهر عام 545 هـ / 1150م، وقد ترجمة الى اللاتنية والى العبرية وظهرت به 4 من مبرهنات ابن معاذ في المثلثات.

ملحق مخطوطات الرياضيات في المكتبات السورية (المكتب الظاهرية - مكتبت معهد التراث دار الكتب الوطنية):-

أبن البناء:

كتاب المقالات في الحساب /

31 ورقة 31 سطر حجم كبير 90 سم

دمشق المكتبة الظاهرية رقم 3077 معهد التراث 1078

أبن الهائم شهاب الدين، أحمد المقدسي:-

شرح النزهة في الحساب والمتن /

50 ورقة 25 سطر حجم وسط

معهد التراث 2023

أبن الهائم:-

شرح ارجوزة أبن الياسمين /

102 ورقة 21 سطر حجم وسط

مصور معهد التراث 2078 عن دار الكتب الوطنية تونس رقم 596

أبن الهائم:-

النزهة في علم الحساب /

20 ورقة 18 سطر حجم صغير

المكتب الظاهرية رقم 9557 مصور معهد التراث 1655

أبن الهائم:-

متن الوسيلة /

44 ورقة 19 سطر حجم صغير
المكتب الظاهرية رقم 4280 مصور معهد التراث 1652
أبن الهائم:-
كتاب المعونة في علم الحساب /
128 ورقة 19 سطر حجم صغير
المكتب الظاهرية 9261 مصور معهد التراث 1717
أبن الهائم:-
كتاب النزهة في علم الحساب /
25 ورقة 19سطر حجم صغير
المكتب الظاهرية رقم 3089 مصور معهد التراث 1734
أبن الهائم:-
مقنع في الجبر والمقابلة /
14 ورقة 15 سطر حجم صغير
المكتب الظاهرية 4823مصور معهد التراث 17292
ابن الهائم:-
كتاب الممتع في شرح المقنع في الجبر والمقابلة
49 ورقة 25سطر حجم وسط
المكتب الظاهرية 24 مصور معهد التراث 1658
أبن الهائم:-
كتاب مرشدة الطالب الى أسنى المطالب /
45 ورقة 31سطر حجم كبير
المكتبة الظاهرية 3077 معهد التراث 1707
أبن الهائم:-
شرح الارجوزة الياسمينية/
73 ورقة 28 ورقة حجم كبير
المكتبة الظاهرية 3084 مصور معهد التراث 1662
أبن الهيثم البصري الحسن بن الحسن أبي علي ت 430هـ:-
أستخراج ضلع المكعب
67 ورقة 38 سطر حجم كبير
مصور معهد التراث مجموع 1971 عن مكتبة لليينغراد الوطنية 600
أبن الهيثم البصري:-

في خواص الدواير /
11 ورقة 38سطر حجم وسط
مصور معهد التراث مجموع 1972 عن مكتبة للبينغراد الوطنية 600
أبن الهيثم البصري:-
في التحليل والتركيب/
20 ورقة 25 سطر حجم كبير
مصور معهد التراث مجموع 1974 عن مكتبة للبينغراد الوطنية 600
ابن الهيثم البصري:-
القوس والهالة /
73 ورقة 29 سطر حجم كبير
مصور معهد التراث مجموع 1980 عن مكتبة للبينغراد الوطنية 600
ثابت ابن قرة:-
رسالة في الحجة المنسوبة الى سقراط في المربع وقطره /
5 ورقة 19 سطر حجم صغير
المكتبة الظاهرية 5648 مصور معهد التراث مجموع 1690
ثابت ابن قرة:-
رسالة في كيف ينبغي ان يسلك الى نيل المطلوب من المعاني الهندسية
7ورقة 19 سطر حجم صغير
المكتبة الظاهرية 5648 مصور معهد التراث 1689
ثابت ابن قرة:-
كتاب في طريق التحليل والتركيب والاعمال الهندسية /
33 ورقة 19 سطر حجم صغير
المكتبة الظاهرية 5648 مصور معهد التراث مجموع 1688
ثابت ابن قرة:-
كتاب في مساحة قطع المخروط الذي يسمى المكافيء/
23 ورقة 19سطر حجم صغير
المكتبة الظاهرية 5648 مصور معهد التراث مجموع 1691
ثابت ابن قرة:-
في مساحة القطع المكافيء/
8 ورقة 19 سطر حجم صغير
المكتبة الظاهرية 5648 مصور معهد التراث 1692

أبن الشاطر ابو الحسن علي بن ابراهيم بن محمد:-

أيضاح المغيب في العمل بالربع المجيب /

64 ورقة 19 سطر حجم وسط

مصور معهد التراث 2037 عن المكتبة الوطنية تونس 684

أبن الظريف، عبد الـله بن محمد:-

نظم اللؤلؤء المهذب في عمل الربع المجيب

9 ورقة 28 سطر حجم وسط

مصور معهد التراث 2035 عن دار الكتب التوسية 3792

أبن غازي، محمد بن احمد:-

بغية الطلاب في شرح منية الحساب /

122 ورقة 22 سطر حجم متوسط

مصور معهد التراث 2055عن دار الكتب التوسية 969

أبن اللباد، عبد اللطيف ابن يوسف:-

كتاب المغني الجلي في الحساب الهندي /

108 ورقة 17 سطر حجم صغير

المكتبة الظاهرية 3078 مصور معهد التراث 1713

أبن ثبات، جمال الدين ابي العباس:-

كتاب غنية الحساب في علم الحساب /

108 ورقة 17 سطر حجم صغير

المكتبة الظاهرية 3075مصور معهد التراث 1706

أبن الحمبلي، أبراهيم بن يوسف بن عبد الرحمن الحلبي:-

عدة الحاسب وعمدة المحاسب/

106 ورقة 24 سطر حجم متوسط

المكتبة الظاهرية 5132 مصور معهد التراث 1680

ابن سنان، ابراهيم:-

كتاب في طريق التحليل والتركيب والاعمال الهندسية/

33 ورقة 19 سطر حجم وسط

المكتبة الظاهرية7648 مصور معهد التراث 1688

أبن الياسمين، عبد الـله بن حجاج الاوزاني ابي محمد ت 600هـ:-

تلقيح الافكار في العمل برسوم الغبار

284 ورقة 21 سطر حجم وسط

مصور معهد التراث 1457 عن الخزانة العامة في الرباط رقم 222

الارومودي، عرفة بن محمد:-

شرح نزهة النظار في قلم الغبار /

97 ورقة 25سطر حجم وسط

المكتبة الظاهرية 8815 مصور معهد التراث 1678

الاشعري، محمد بن ابراهيم:-

شرح نخبة التفاحة في علم المساحة /

36 ورقة 25 سطر حجم وسط

المكتبة الظاهرية 11120معهد التراث 1654

أفندي، فائض خليل:-

فذلكة الحساب

19 ورقة 21 سطر حجم وسط

المكتبة الظاهرية 33 مصور معهد التراث 1676

أطلولو قس:-

تحرير كتاب الكرة المتحركة (أصلحه ثابت بن قرة):-

5 ورقة 19سطر حجم وسط

المكتبة الظاهرية 5648 مصور معهد التراث 1682، 5648

البغدادي، عبد القادر بن طاهر:-

أخراج المضمرات من كتاب التكملة في الحساب /

4 ورقة 26 سطر حجم وسط

مصور معهد التراث 2012 عن المكتب الاثرية لقسم طرجي غلوا بورس ساهاراس 4/1164

التبريزي، تاج الدين:-

كتاب التذكرة بالحساب /

41 ورقة 15 سطر حجم وسط

المكتبة الظاهرية 6000 مصور معهد التراث مجموع 1645

سبط المارديني, بدر الدين محمد بن شمس الدين ابي عبد الله ت912

دقائق الحقائق في حساب الدرج و الدقائق

12ورقة 23سطر حجم وسط

حلب _ مكتبة معهد التراث _ رقم 30 1600

الرومي, علي الداميري

رسالة كافية في علم الزابرجة العددية

5 ورقة   24سطر   حجم وسط

حلب _معهد التراث _ مكتبة لطفي السومي   2086

الرومي, صلاح الدين موسى زاده

شرح اشكال التأسيس

52 ورقة   17 سطر   حجم وسط

دمشق _ المكتبة الظاهرية رقم 3620   1705

الزنجاني _ عبد الوهاب الحرني

رسالة في علم الحساب

25ورقة   13 سطر   حجم صغير

دمشق _ المكتبة الظاهرية رقم 11494   1715

الدري, زين العابدين بن سري الدين

رسالة في الحساب

45_ ورقة _21 سطر_ حجم وسط

دمشق _ المكتبة الظاهرية _ 9345   1670

سبط المارديني، بدر الدين محمد بن شمس الدين أبي عبد الله   6012هـ

شرح المقدمة الرحبيّة فب علم الفرائض

22 ورقة....22سطر – حجم وسط

حلب .... مكتبة معهد التراث – 287/137   1931م

سبط المارديني، بدر الدين محمد

كتاب إرشاد الطلاب إلى وسيلة الحساب

91 ورقة ... 21 سطر ... حجم وسط

دمشق ... المكتبة الظاهرية رقم 9218   1668

سبط الماريني، بدر الدين محمد

كتاب إرشاد الفارض إلى كشف الغوامض

114 ورقة – 21 سطر – حجم وسط

دمشق - المكتبة الظاهرية - رقم 6133   1679

سبط الماريني، بدر الدين محمد

نحفة الأحباب في علم الحساب + رسالة في قواعد الحساب

47 – 17 سطر ... حجم وسط

دمشق - المكتبة الظاهرية - رقم 7759 مجموع 1647

سبط الماريني، بدر الدين محمد...

حقائق الرقائق في حساب الدرج والدقائق

28 ورقة - 18 سطر حجم صغير

دمشق - المكتبة الظاهرية - رقم 4704 1730

سبط الماريني، بدر الدين محمد...

شرح قصيدة المقنع في علم الجبر والمقابلة

29 ورقة - 21 سطر - حجم وسط

دمشق - المكتبة الظاهرية رقم 7575 1733

سبط الماريني، بدر الدين محمد...

شرح نزهة النظار في قلم الغبار

105 ورقة 21 سطر - حجم وسط

دمشق - المكتية الظاهرية - رقم 22 1677

سبط الماريني، بدر الدين محمد...

كتاب اللمعة الماردينية في شرح الياسمينية

11 ورقة - 21 سطر - حجم وسط

دمشق - المكتبة الظاهرية - رقم 4436 1657

سبط الماريني، بدر الدين محمد...

دقائق الحقائق في الحساب الدرج والرقائق

12 ورقة - 23 سطر - حجم وسط

حلب - مكتبة معهد التراث - رقم 30 1600

سبط الماريني، بدر الدين محمد...

رسالة في العمل في الرابع المجيب (منقوص من بدايته ونهاية ووسطة)

19 صفحة 23 سطلا - حجم وسط

حلب مكتبة معهد التراث - رقم 189/42 1630

السخاوي . عبد القادر علي

كتاب مقدمة السخاوي في علم الحساب

17 ورقة 15 سطر حجم وسط

حلب - مكتبة معها التراث - رقم 458

السخاوي. عبد القادر علي

مقدمة في علم الغبار

12 زرقة 15 سطر حجم صغير

دمشق - المكتبة الظاهرية - رقم 4490

السمرقندي الليثي، أبو القاسم بن يكن 383هـ

شرح الرسالة الوضعية

11 ورقة - 17 سطر - حجم وسط

حلب - مكتبة معهد التراث - 197/50.

الخضري, محمد بن احمد بن مصطفى, ت1288

جداول يستخرج منها الاوقات الشرعية

25 ورقة 21سطر حجم وسط

حلب _ المكتبة الوقفية _ 970 _احمدية 1765

الحفني, محمد سالم

فوائد عوائد جبرية على شرح السبط الياسمينية

16ورقة 25 سطر حجم وسط

دمشق _ المكتبة الظاهرية _ رقم 9229 1704

الحسني،بو عبد اللـه محمد بن ابي الخير

في معرفة فصل الدوائر

15 ورقة 19 سطر حجم وسط

تونس _ دار الكتب الوطنية _ رقم 774 2057

الحصار, ابو بكر محمد

كتاب الحصار في علم الغبار

95 ورقة 19 سطر حجم صغير

دمشق _ المكتبة الظاهرية _ رقم 9760 1669

ثابت بن قرة بن مروان بن ثابت ابي الحسن

شرح الشكل الملقب بالقطاع من كتاب المجسطي في هيئة

30 ورقة 21سطر حجم وسط

مكتبة الخازمي _ رقم 445 مجموع 1834

ثابت بن قرة

كتاب ثابت في النسبة المؤلفة

28ورقة 21سطر حجم وسط

مكتبة الخازني 445 مجموع 1834

ثابت بن قرة
تحرير كتاب المفروضات
10 ورقة 25سطر حجم صغير
ايران _جامعة طهران _ 2423 مجموع 720
ثابت بن قرة
كتاب في الشكل الملقب بالقطاع
13ورقة 19 سطر حجم صغير
دمشق_المكتبة الظاهرية _ 5648 مجموع 1694
ثابت بن قرة
مقالة في برهان المصادر المشهورة من اقليدس
3 ورقة 19 سطر حجم صغير
دمشق _ المكتبة الظاهرية _رقم 5648 مجموع 1695
التبريزي, تاج الدين
رسالة في الحساب
58 ورقة 15 سطر حجم وسط
دمشق _ المكتبة الظاهرية _ رقم 6000 مجموع 1645
ابن سنان, ابر اهيم
كتاب في طريق التحليل و التركيب و الاعمال الهندسية
33ورقة 19 سطر حجم وسط
دمشق _ المكتبة الظاهرية _ رقم 5648 1688
ابن الشاطر, ابو الحسن علي بن ابراهيم بن محمد
أيضاح المغيب في العمل بالربع المجيب
64 ورقة 19 سطر حجم وسط
تونس _ المكتبة الوطنية _ 684 2037
الهأئم, شهاب الدين ابن احمد المقدسي
شرح النزهة في الحساب و المتن
50 ورقة 25 سطر حجم وسط
مكتبة شاكر مطلق _مخبر معهد التراث 2023

دور بيت الحكمة البغدادي في ازدهار علم الرياضيات:

يعد بيت الحكمة البغدادي العباسي اول مؤسسة اكادمية ظهرت في التاريخ العربي الاسلامي و ذلك في عصر الخليفة العباسي المنصور (135_158 هـ/752 _774 م) حين جمع بعض الكتب التي تتعلق بعلم الرياضيات و الفلك و التنجيم,, و امر بترجمة بعضها الى العربية مستفيد من خبرة المترجمين في عصره مثل الفزاري و الاسطرلابي, فترجمة كتب من اليونانية و الفارسية و السريانية الى العربية, ازداد بيت الحكمة ا اهمية في عصر هارون الرشيد (170 _ 193_هـ/ 786_808م) اذ اهتمةبالكتب العلمية و ترجمتها و استخدام كثير من العلماء و المشرفين و المجلدين,ثم جاء الخليفة المأمؤن (198_218هـ/ 813_ 833 م) الذي اصبح عصره الذهبي و بلغ بيت الحكمة درجة عالية في التقدم و الرقي و النضج الفكري اذ عينة اشهر

العلماء في الاشراف عليه منهم الرياضي الخوارزمي, سندرسه لاحقآ, اتبع المامؤن سياسة ناجحة في كسب عدد كبير من المترجمين بلغ عددهم اكثر من 90 مترجم مثلهم العلماء الذين ألفوا و ابتكروا و ابدعوا.

كان في مقدمة المترجمين شيخهم حنين بن اسحاق, و ثابت بن قرة, و حبيش بن الحسن الاعسب و غيرهم ممن عربوا و ترجموا الكثير من الكتب الرياضية و الفلكية و غيرها اتبع المامؤن اسلوبآ علميآ ناجحآ في كسب خبرت اكبر عددمن العلماء لبيت الحكمة و ذلك بدفع الاموال بسخاء اذ كان يعطي حنين بن اسحاق من الذهب زنة ماينقله له من الكتب نقلآ عن ابن ابي أصيبعة في كتابه عيون الانباء, وابن النديم في الفهرست.

استخدم الورق البردي في الكتابة في العصر العباسي ايام الخليفة المعتصم بالله سنة 221هـ/ اذ أنشأ في مدينة سامراء مصنع للورق, ذكره المقريزي في كتابه الخطط ج1 / 91: (أن يحيى بن خالد بن برمك, حين تصرف في الامور ايام الرشيد اتخذ الكاغد, و تداوله الناس من بعده حتى القرن 9هـ في ايامه).

تحتفظ المكتبة الوطنية النمساوية في فينا بالكثير من نصوص البرديات العربية للعصر العباسي تصل اعدادها مئة الف بردية متنوعة العصور, منها عدد يقدر اربعين الف بردية عربية لم تدرس يذكر ان العالم محمد بن علي العبدي الخراساني الاخباري للخلفاء العباسين, افادةى بقوله امام الخليفة القاهر بالله عن حرص الخليفة المنصور بالعلماء الرياضيين و تقريبهم ا واحتضانهم بقول الاخباري: (اول خليفة قرب المنجمين و عمل باحكام النجوم وكان معه نوبخت المجوسي, المنجم, واسلم على يديه, و ابراهيم الفزاري المنجم صاحب القصيدة, و غير ذلك من علماء النجوم و هيئة الفلك و و علي بن عيسى

الاسطرلابي المنجم و هو اول خليفة ترجمت له الكتب من اللغات العجمية الى العربية,...)

يؤكد ابن النديم في الفهرست, وجود خزانة حكمة للرشيد و المامؤن, و من العلماء ايام المامؤن منهم خرزاد الحاسب و ابو عبد الله محمد البتاني, و يعقوب بن اسحاق بن الصباح الكندي البصري, انتقل الى بغداد و كان عالمآ بالحياب و الهندسة و الفلسفة و الطب و النطق, و يوحنا بن البطريق الترجمان مولى المامؤن (كان امين على الترجمة, حسن التادية للمعاني, لكن اللسان في العربية, و كانت الفلسفة اغلب عليه من اطب, و هو تولى ترجمة كتب ارسطو طاليس خاصتآ و ترجم من كتب بقراط مثل حنين و غيره)

لعبة بنوا موسى بن شاكر دور علميآ بارزآ ايام المامؤن و كانوا نهاية في العلم, و كان اكبرهم واجلهم ابو جعفر محمد, وكان و افر الحظ من الهندسة و النجوم, ثم خدمة و صار من وجوه القواد الى ان غلب الاترك على الخلافة. و كان احمد دونه في العلم الا صناعة الحيل فأنه فتح له فيها مالم يفتح مثله احد. و كان الحسن و هو الثالث منفردآ بالهندسة و له طبع عجيب فيها لايدانيه احد علم كل ما علم بطبعه ولم يقرا من كتب الهندسه لا ست مقالات من كتاب اوقليذس في الاصول وهي اقل من نصف الكتاب و لكن ذكره كان عجيبآ وتخيله كان قويا. وفي دار محمد بن موسى تعلم ثابت بن قرة بت مروان الصابئي الحراني نزيل بغداد ومن علماء الرياضيات في العصر الدولة البويهية ايام شرف الدولة بن عضد الدولة: احمد بن محمد الصاغاني ابو حامد كان فاضلآ في الهندسة و علم الهيئة, و كان و يجن بن وشم ابو سهل الكوهي فكان حسن المعرفة و علم الهيئة متقدمآ فيهما الى الغاية المتناهية.

يذكر اليعقوبي و المسعودي ان الخليفة المنصور احضر المهندسين و البنائين و الفعلة من كل بلد عند بناء بغداد و كانت و صيته لابنه المهدي (عليك بعمارة البلاد) كما اشتهر الخليفة المعتصم بحبه للعمارة, وهو الذي ابتنى مدينة سامراء و شيدة الكثير من المشاريع العمرانية مستفيدآ من المهندسين في عصره في مجال برنامج الترجمة و النقل شهد النصف الثاني من القرن الرابع الهجري كان العرب قد تجاوزوا فيه مرحلة العمل السريع وترجمة كل ما يمكن ترجمته, تلك المرحلة الممتدة من عصر المامؤن حتى عصر المتوكل الى مرحلة التدقيق, اذ لم تعد هناك ثقة بالترجمات السريعة التي نشأت في مابعد التي تخالف الترجمات في العهد الاول من حيث الدقة و الوضوح, اما العهد الثاني فقد اختلف عن الاول بأن معظم الترجمات كانت من السريانية الى العربية لا من اليونانية الى العربية مباشرة ربما لاسباب منها: قلة العارفين باليونانية من المترجمين, وثانية من اكثر المؤلفات اليونانية كانت قد ترجمت من الاوئل لحاجتهم اليها شهد بيت الحكمة نشاطآ متميزآ بفضل المشاهير

منهم ثابت بن قرة: (221_288 هـ/836_1010 م) اول من مهد لحساب التفاضل و التكامل, و قد نشأ بحران و اتصل بالخليفة العباسي المعتضد و صنف له 190 كتاباً

و ترجمة كتباً الى العربية منها الى افلاطون و ارسطو و الاسكندر,و كان يحسن السريانية و اكثر اللغات الشائعة في عصره.

اما ابن السمح, ابو القاسم الاندلسي (369_427 هـ/ 979_ 1035 م) العالم الرياضي الفالكي وله اعمال في الهندسة و الحساب, كما له شروحات و نظريات هندسية فضلاً عن كونه مترجماً قديراً عاش لمدة من الوقت في بغدالد في بيت الحكمة, تاثر الاندلس بثقافة بيت الحكمة البغدادي في عصر الامارة ايام عبد الرحمن الثاني و في عصر الخلافة ايام الحكم الثاني و يمكن ملاحظة ذلك:

1. احتظان الاندلس عدد من العلماء و النساخ و الخزان و الموظفين القادمين من العراق في عصر الخلافة و يذكر المؤرخ عبد الواحد المراكشي في معجبه ان في ضاحية قرطبة الشرقية كانت هناك 170 امراة يعملن بنسخ القران الكريم بالخط الكوفي.
2. استخدم الاندلس موظفين و استلاحات اشبه ماتسود في بيت الحكمة مثل صاحب البيت او المشرف على البيت او خازن البيت
3. اهتم حكام الاندلس بالمكتبات مثل ما كان سائد عند الخلفاء العباسيين,و يثكر ابن حزم القرطبي و ابن الابار ان المكتبة الخاصة للخليفة الحكم الثاني كانت تحتوي على 44 فهرساً في كل فهرست منها 20 ورقة ليس فيها الاكر اسماء الدواوين, كان يريد ان يقلد المامؤن و فلسفته.
4. استخدم بيت الحكمة في بغداد و قرطبة امين للترجمة من الموهوبين
5. احتضن بيت الحكمة في بغداد و قرطبة الطلبة البارعين و الحاذقين بالكتاب العلمي لنيل الدراسات العليا
6. أستخدم بيت الحكمة البغدادي نظام الاستعارة للكتب في عصر المامؤن, اذ امر بتخصيص حجرة فيها عليها خادم لتقديم الخدمة للوافدين, و حصل ذلك ايضا في بيت الحكمة في الاندلس ايام الخليفة الحكم الثاني الذي كان يعير الكتب من داره للطلبة من خارج الاندلس و مثال ذلك ما حدث مع احد فقهاء مصر
7. قام بيت الحكمة في بغداد و الاندلس بأحتضان جملة من الاساتذة الأكفاء في الاختصاصات العلمية و الانسانية.

ابرز علماء بيت الحكمة:

الخوارزمي: محمد بن موسى (ت 232هـ) من كبار علماء الرياضيات وقد عهد اليه الخليفة المأمؤن مهمة الاشراف على بيت الحكمة, وقد استطاع بمقدرته الفائقة ان

يصوغ عام الجبر و ان يجعله علماً مستقلاً عن الحساب. و له مؤلفات عديد منها كتاب الجبر والمقابلة الذي يشكل رصيد مهم للرياضيين العرب, و قد استعمل الجبر لحل المسائل الهندسية و قد اعتبره مورخوا العلوم ابرز شخصية في تاريخ الرياضيات, ان ظهور كتابه هذا في بداية القرن التاسع حدث مميز في تاريخ الرياضيات بسبب مادته المميزة اذ قال عنه الخوارزمي في بغداد (ألفت من حساب الجبر و المقابلة كتاباً مختصراً حاصراً للطيف الحساب و جليله) ان كتاب الخوارزمي هذا يشكل مصدر الهام, لا للرياضيين العرب المسلمين فحسب, انما ايضا لكافة دول العالم, اذ استهل القسم الاول من كتابه بتحديد مانسميه اليوم التعابير الاولية لنظريه, هذه النظرية اقتصرت على معالجة المعادلات من الدرجة الاولى و الثانية و ذلك انسجاماً مع متطلبات الحل بواسطة الجذور ومع مستوى معارفه في هذا المجال, ادخل الخوارزمي مفاهيم: معادلة الدرجة الاولى و الثانية و ثنائيات الحدود و ثلاثياتها الملازمة لهذه المعادلات و الشكل المنتظم للمعادلة, و الحلول الطرائقية, و برهان صيغة الحل, ان مفهوم المعادلةتظهر في كتاب الخوارزمي لكي يدل على فئة لانهاية من المسائل, لاكما يظهر مثلآ عند البابليين, في مجرى حل هذه او تلك من المسائل كما ان الخوارزمي قد برهن مختلف صيغ الحلول, لا جبرياً بل عن طريق مفهوم تساوي المساحات.

لابد من ذكر ان الخوارزمي كان موسوعياً و كطان احد منجمي المامؤن انقطع الى الدراسة و الكتاب له مؤلفات عديدة هي:

1. الزيج الاول و الزيج الثاني و يعرفان بالسندهند (كتاب الرخامة) .
2. لتكملة في الحساب: تحقيق احمد سعيد سعيدان, الكويت 1985.
3. الجبر و المقابلة: ترجمة الى اللاتينية من روبيرت تشتسر, تحقيق علي مصطفى مشرفة و محمد مرسي احمد, القاهرة 1939
4. الجمع و التفريق.
5. الحساب. ترجمة اللاتينية .

مؤلفات الكندي الرياضية:

1. رسالة في اختلاف المناظر.
2. رسالة في اختلاف منا.
3. رسالة في استخراج الضمير في الحساب.
4. رسالة في استخراج خط نصف النهار وسمت القبلة بالهندسة .
5. رسالة في لستخراج الساعات على نصف كرة بالهندسة .
6. رسالة في استعمال الحساب الهندي .
7. رسالة في اصلاح كتاب أقليدس .

8. رسالة في اصلاح المقالة 14و15 من كتاب أقليدس .
9. رسالة في الاعداد التي ذكرها افلاطون في كتاب السياسية .
10. رسالة في اغراض كتاب أقليدس في الهندسة .
11. رسالة في البراهين المساحية .
12. رسالة في تصحيح قول ايسفيلاوس في المطالع .
13. رسالة في تقريب وتر الدائرة .
14. رسالة في تقريب قول ارخميدس في قدر قطر الدائرة من بمحيطها .
15. رسالة في تقسيم المثلث و المربع و عملهما .
16. رسالة في الحيل العددية و علم اضمارها .
17. رسالة في الخطوط و الضرب بعددالشعير .
18. رسالة في السوائح بالهندسة .
19. رسالة في شروق الكواكب و غروبها بالهندسة .
20. رسالة في صنعة الاسطرلاب بالهندسة .
21. رسالة في عمل الرخامة بالهندسة .
22. رسالة في عمل الساعات على صفيحة تنصب على السطح الموازيه للافق خير من غيرها.
23. رسالة في عمل شكل الموسطين في الهندسة.
24. رسالة في قسمة الدائرة ثلاثة اقسام.
25. رسالة في الكمية المضافة.
26. رسالة في كيفية عمل دائرة مساوية لسطح اسطوانة مفروضة.
27. رسالة في ما نسب القدماء كل واحد من المجسمات الى العناصر.
28. رسالة في المدخل الى الارثماطيقي في علم الحساب.
29. رسالة في مساحة ايوان .
30. رسالة في منفعة الاسطرلاب بالهندسة.
31. رسالة في النسب الزمانية .
32. كتاب في تاليف الاعدادز
33. كتاب في التوحيد من جهة العدد.

مؤلفات البوزنجي:

1. كتاب تفسير الجبر و المقابلة .
2. كتاب تفسير اليوفنطس في الجبر, نشر راشد رشدي, القاهرة 1957/طبع بعنوان:صناعة الجبر او الحدود.

3. كتاب العمل في الجدول الستيني .
4. كتاب في ما ينبغي انت يحفظ قبل كتاب الارثماطيقي .
5. كتاب المنازل في الحساب .
6. كتاب استخراج ضلع المكعب بحال مال .
7. كتاب الهندسة .
8. المدخل الى الارثماطيقي .
9. مقالة في معرفة الدائرة من الفلك .
10. رسالة في ما يحتاج اليه الصانع (الصناع) من اعمال الهندسة .
11. صناعة الجبر او الحدود لآبرخس الزفتي, نقله الى العربية و اصلحه ابو الوفاء البوزنجي .
12. رسالة في الرسم الهندسي .

مؤلفات بني موسى بن شاكر الرياضية:

1. قياس الاشكال المسطح و الكروية .
2. كتاب الشكل المدور المستطيل .
3. كتاب الشكل الهندسي .

ذكر ابن النديم في كتابه الفهرست عدداً من مؤلفات الاخوة الثلاثة في الرياضيات منها.

1.كتاب بني موسى في القرسطون.
2.كتاب الفلك الاولى مقالة لمحمدبن موسى .
3.كتاب في اولية العالم امحمدبن موسى .
4.كتاب الحيل لاحمدبن موسى .
5.كتاب الشكل المستطيل المدور للحسن بن موسى .

الخاتمة و الاستنتاجات العامة عن اسهامات مشاهير علماء الرياضيات و دورهم في ازدهار الحضارة الاسلامية:

1.اهتم المسلمون بالرياضيات من اجل خدمة المجتمع و حاجة الناس في العد و البناء و التجارة و الزراعة و الصناعة .

2.ظهور عددمن العاماء المسلمين البارزين بالرياضيات منهم:الخوارزمي و الكندي و اولاد موسى بن شاكر و الفاربي و غيرهم كثيرون في العصر الاموي و العباسي في المشرق و المغرب الاسلامي .

3.لعب بيت الحكمة العباسي في بغداد دوراً مهما في ازدهار علم الرياضيات بفضل دعم و تشجيع العلماء على التأليف و الترجمة الى العربية .

4.عامل المنافسة و التطوير و الابداع و التصحيح والنقد من علماء الرياضيات على ماصنفه اليونان الرومان و الهنود ساهم في ازدهار الحضارة .

5. الحركة العمرانية في التاريخ الاموي و العباسي في بناء المساجد و القصور و الحصون و القلاع و القناطر و بناء مدينة بغدادو الزهراء و الزاهرة و المرية في الاندلس احتاج الى مهندسين و خرائط و جداول .

6. التكريم و التشجيع و التقدير الذي حصل عليه علماء الرياضيات لمؤلفاتهم ساهم في ازدهار الحضارة الاسلامية .

المصادر والمراجع التي أستفادة منها الكتاب

1- فهرس بمخطوطات الحساب والهندسة والجبر في مكتبة المتحف العراقي، أسامة ناصر النقشبندي وظمياء محمد عباس، وزارة الثقافة والاعلام المؤسسة العامة للاثار والتراث دار الحرية للطباعة.

2- فهرس مخطوطات مكتبة الاوقاف العامة بالموصل، سالم عبد الرزاق أحمد، وزارة الاوقاف 1397هـ 1977م.

3- الاثار الخطية في المكتبة القادرية في جامع الشيخ عبد القادر الكيلاني، عماد عبد السلام رؤف، مطبعة المعارف، بغداد 1980 الجزء الرابع.

4- مخطوطات المكتبة العباسية في البصرة، علي الخاقاني، مطبعة المجمع العلمي العراقي 1382هـ بغداد، 1962م.

5- فهارس الرقيقات لمكتبة مخطوطات المجمع العلمي العراقي، أبراهيم خورشيد ارسلان مطبعة المجمع العلمي العراقي 1401هـ بغداد 1981م

6- مخطوطات الطب والصيدله والبيطرة في مكتبة المتحف العراقي / أسامة ناصر النقشبندي، دار الحرية للطباعة، بغداد 1981.

7- مخطوطات الفلك والتنجيم في مكتبة المتحف العراقي

أسامة ناصر النقشبندي وظمياء محمد عباس، دار الرشيد للنشر بغداد 1982

8- رسائل اخوان الصفاء وخلان الفوفاء، المجلد الاول القسم ارياضي، دار صادر، دار بيروت للطباعة والنشر بيروت 1376 هـ / 1957 م.

9- مجلة معهد المخطوطات العربية، م 28، جـ 2، الكويت 1984 م، مقالت الاشكال المساحية لابي العباس احمد بن البناء المراكشي، تحقي أد محمد سويسي، (الصفحات 192 / 516).

10- مجلة دراسات تاريخية العدد 2(نيسان / حزيران 1424 هـ/ 2001) بيت الحكم - بغداد دكتور حميد مجيد هدو (جهود علماء بيت الحكمة في حقل الرياضيات، الصفحات 65 - 74.

11- فهارس الخزانة الحسنية، تصنيف محمد العربي الخطابي، م3، الراط 1403هـ 1983

12- فهارس المخطوطات المصورة في معهد التراث العلمي العربي، جامعة حلب، أعدد محمد عزت عمر، حلب 1406 هـ / 1986.

13- سبط الماrديني، مخطوطة أرشاد الطلاب الى وسيلة الحساب، تحقيق ودراسة وتحليل مصطفى موالدي معهد التراث العلمي العربي، جامعة حلب 1425هـ 2004

14- ابن غازي المكناسي الفاسي ت 919هـ بغيت الطلاب في شرح منية الحساب، تحقيق وتقديم محمد السويسي معهد التراث العلمي العربي، جامعة حلب 1403هـ / 1983.

15- أبو الحسن احمد بن ابراهيم الاقليديسي، الفصول في الحساب الهندي تحقيق، احمد سعيدان معهد التراث العلمي العربي، جامعة حلب 1405هـ /1985م.

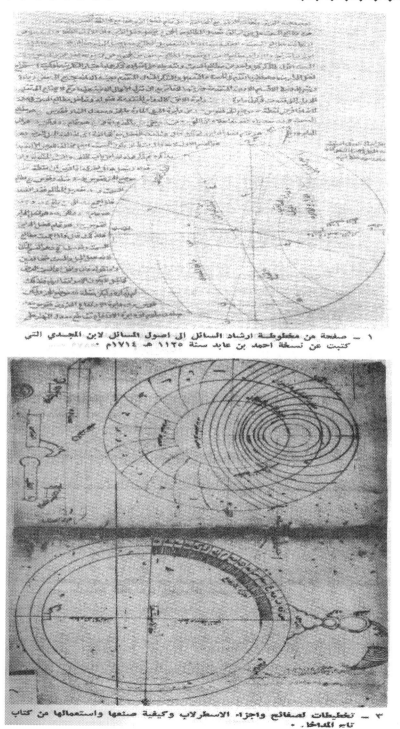

١ ـ صفحة من مخطوطة ارشاد السائل الى اصول المسائل لابن المجدي التي كتبت عن نسخة احمد بن عابد سنة ١١٢٥ هـ ١٧١٤م

٣ ـ تخطيطات لصفائح واجزاء الاسطرلاب وكيفية صنعها واستعمالها من كتاب تاج المداخل.

٥ ــ صفحة اخرى من مخطوطة التبصرة تتضمن صور للارض والشمس والقمر
والحالات التي يكون فيها القمر من الارض والشمس .

٦ ــ صفحة من مخطوطة تحرير المجسطي للطوسي التي كتبت سنة ١٠٢٧هـ
١٦١٨م .

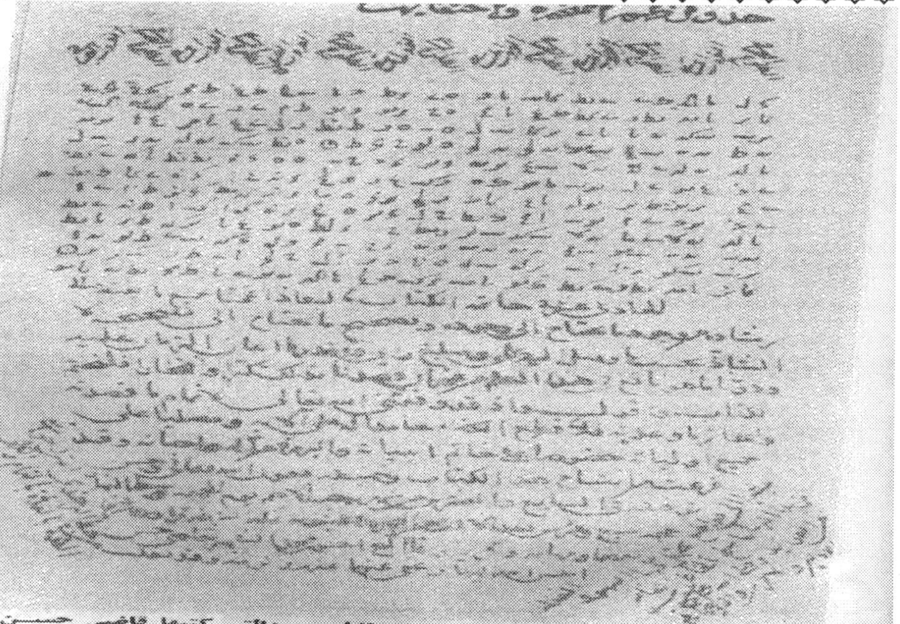

٧ – الصفحة الاخيرة من تحرير المجسطي للطوسي والتي كتبها قاضي حسن سنة ١٠٢٧هـ/١٦١٨م عن نسخة البرجندي وكما مبين في هذه الصورة .

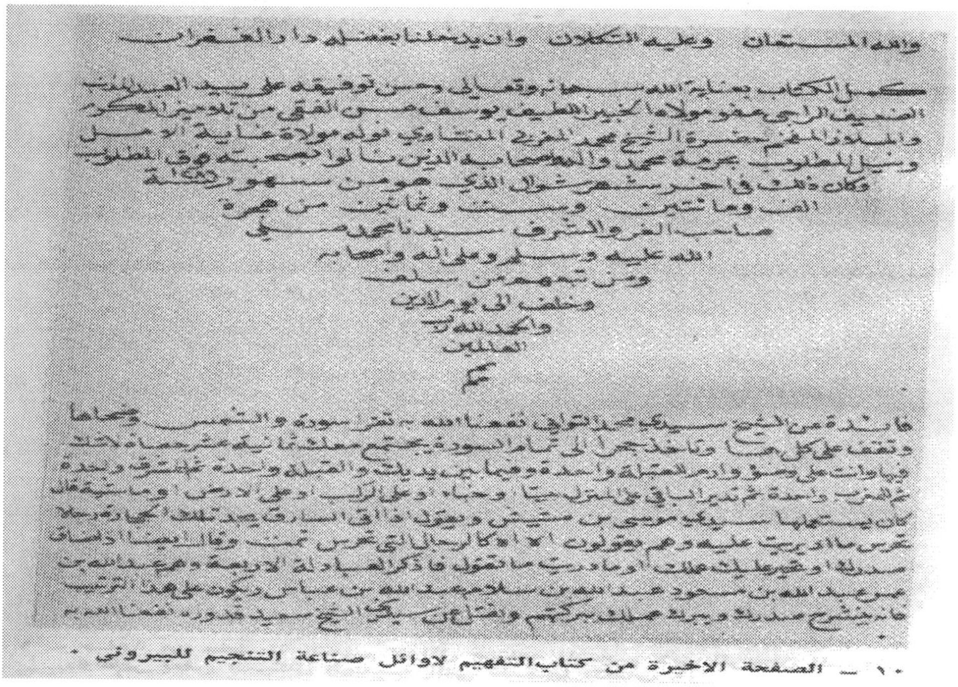

والله المستعان وعليه التكلان وان يدخلنا بفضله دار الغفران

كمل الكتاب بعناية الله سبحانه وتعالى وحسن توفيقه على يد العبد المذنب الضعيف الراجي عفو مولاه الخبير اللطيف يوسف حسن الفقي من تلاميذ المكرم والسيد المفخم حضرة الشيخ محمد المنشاوي نوله مولاه غاية الامل ونيل المطلوب بحرمة محمد واله واصحابه الذين نالوا بصحبته فوق المطلوب وكان ذلك في اخر شهر شوال الذي هو من شهور سنة الف ومائتين وست وثمانين من هجرة صاحب العز والشرف سيدنا محمد صلى الله عليه وسلم وعلى اله واصحابه ومن تبعهم من سلف وخلف الى يوم الدين والحمد لله رب العالمين

١٠ – الصفحة الاخيرة من كتاب التفهيم لاوائل صناعة التنجيم للبيروني .

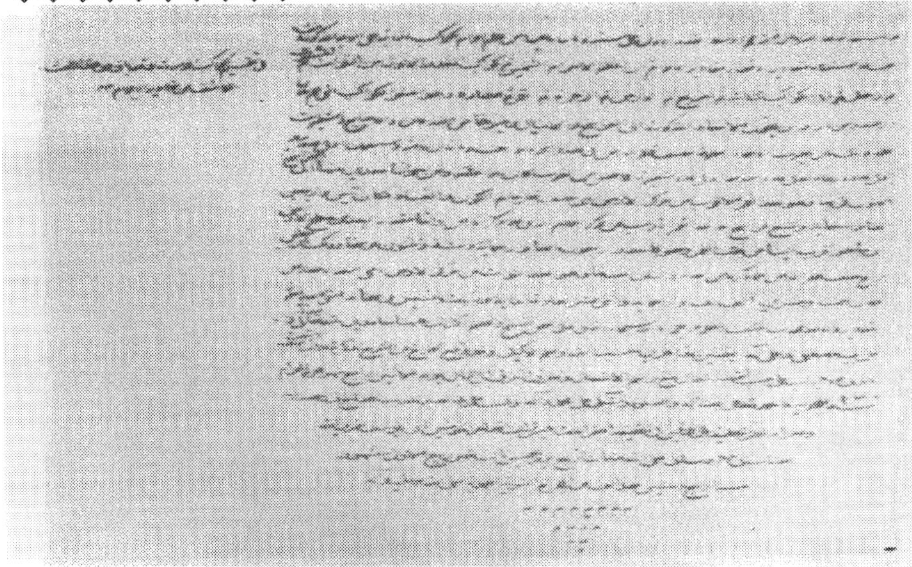

١١ – الصفحة الاخيرة من كتاب التكملة شرح التذكرة النصيرية لشمس الدين الخفري والتي كتبت سنة ١٠٦٤هـ ١٦٥٣م .

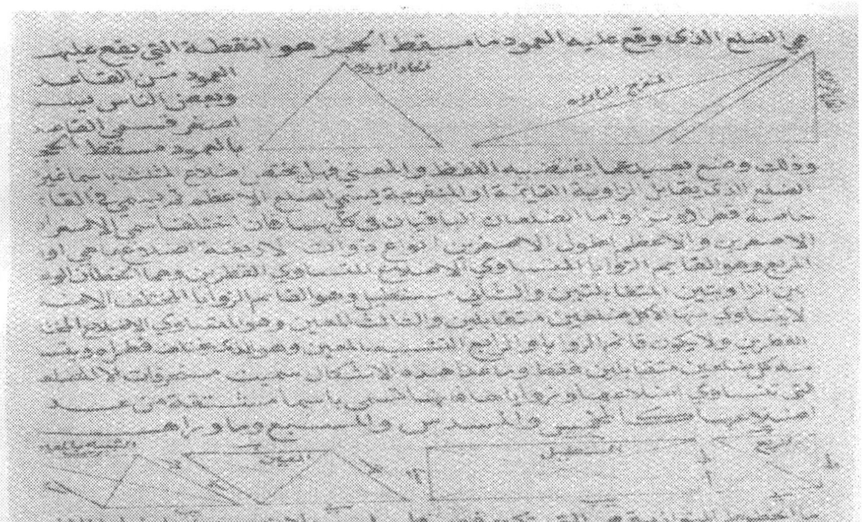

٩ – صفحة من مخطوطة التفهيم لاوائل صناعة التنجيم لابي الريحان البيروني وتظهر بعض الاشكال الهندسية التي تضمنها الكتاب .

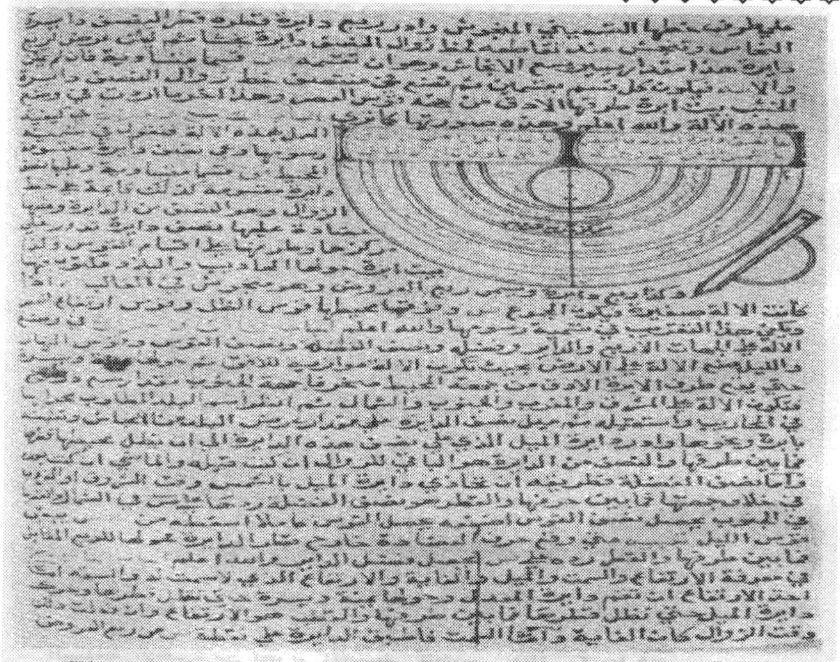

٨ – صفحة من مخطوطة تحصيل الانتفاع وغاية الارتفاع في وضع المقاييس ورسم الارباع لعبد الرحمن الطولوني .

٢ – صفحة من مخطوطة تاج المداخل لغيات الدين الكاتب البغدادي التي كتبت سنة ٨٧٩هـ ١٤٧٥م .

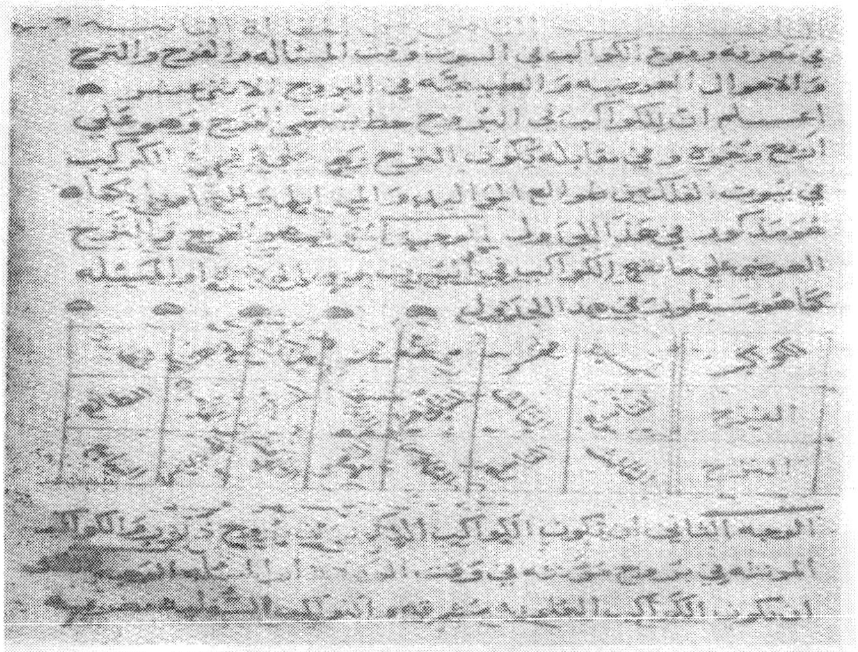

٢ — صفحة من مخطوطة تاج المداخل لغياث الدين الكاتب البغدادي التي كتبت سنة ٨٧٩هـ ١٤٧٥م .

٤ — الصفحتان الاول والثانية من التبصرة لمحمد المروزي الخرقي والتي نسبت في هذه النسخة خطأ لعبد الجبار البائيني الخرقي .

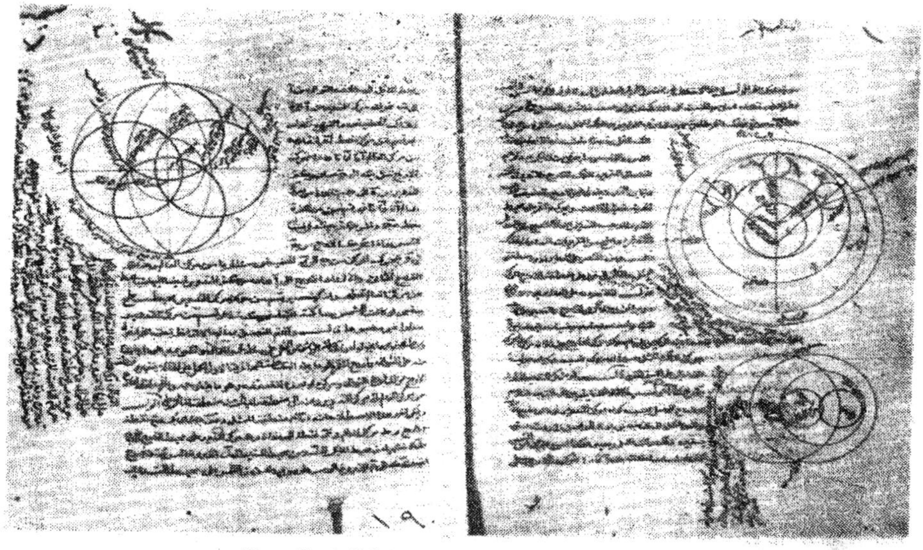

١٢ ـ صفحتان من مخطوطة توضيح التذكرة النصيرية لنظام الدين الاعرج وتتضمن بعض الصور التوضيحية ٠ ترقى هذه النسخة للقرن التاسع الهجري القرن الخامس عشر الميلادي ٠

١٢ ـ صفحتان من مخطوطة توضيح التذكرة النصيرية لنظام الدين الاعرج وتتضمن بعض الصور التوضيحية ٠ ترقى هذه النسخة للقرن التاسع الهجري القرن الخامس عشر الميلادي ٠

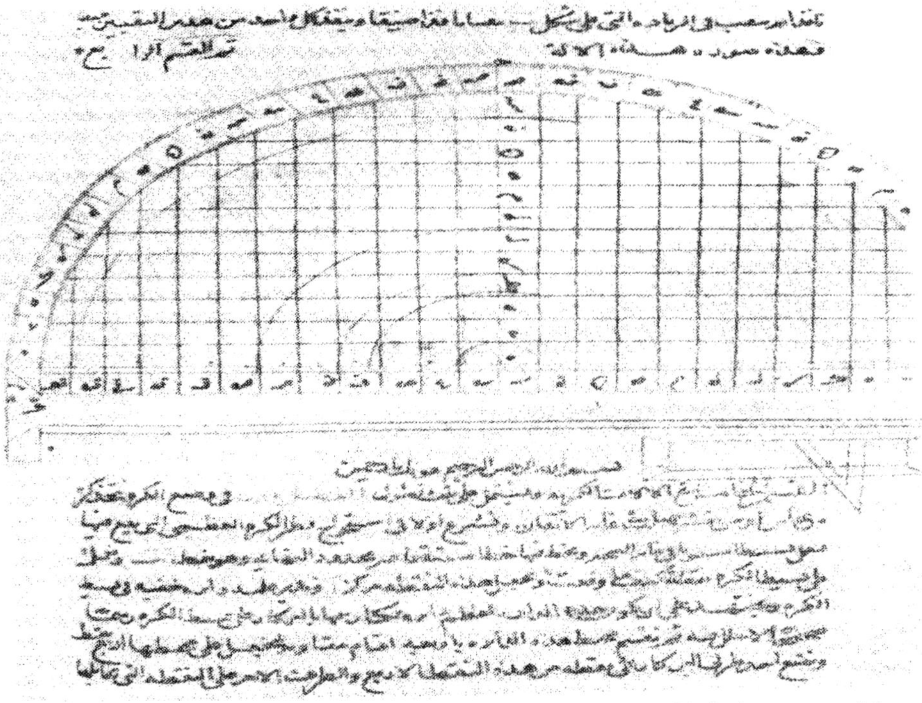

١٤ – صفحة اخري من كتاب جامع المبادي والغايات للمراكشي وتظهر فيها بعض الصور التوضيحيه .

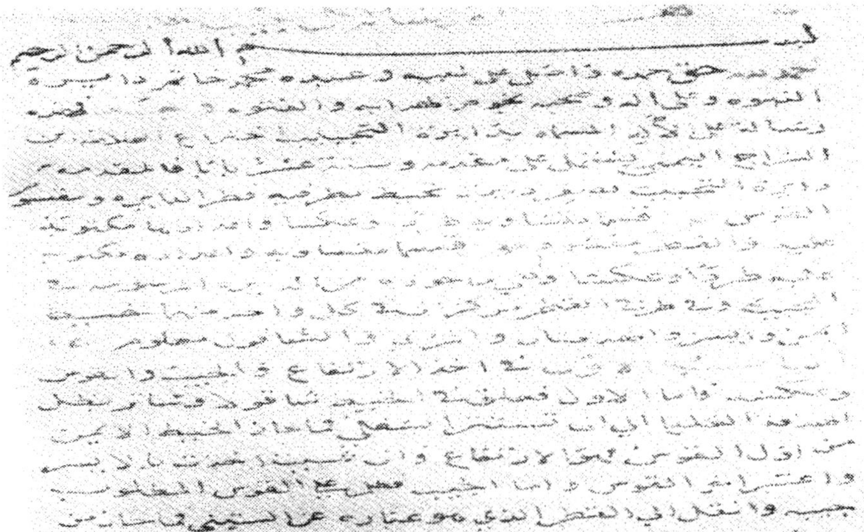

١٥ – الصفحة الاول من مخطوطة دائرة التجيب وهي رسالة عن الآلة التي اخترعها ابن السراج اليمني .

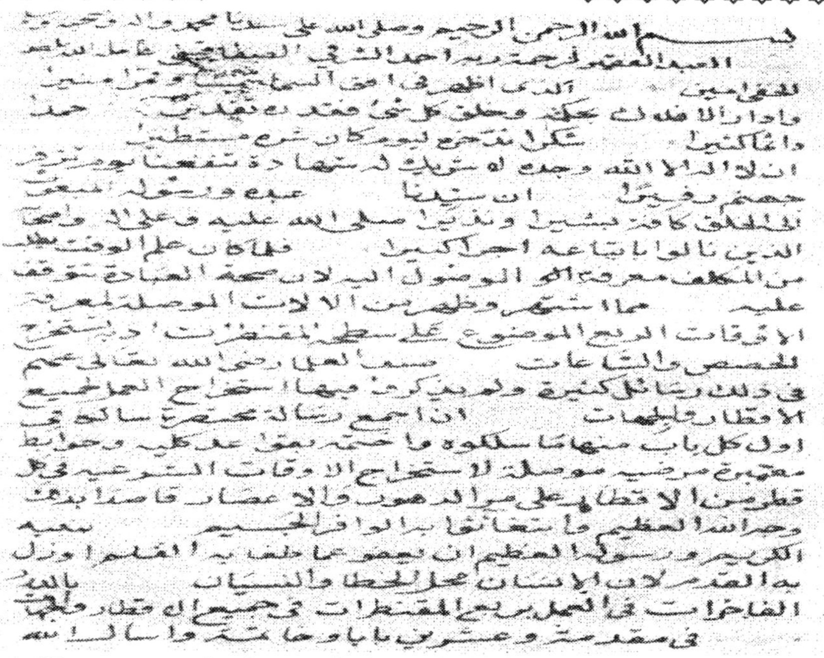

١٦ – الصفحة الاولى من مخطوطة الدرر الفاخرات في العمل بربع المقنطرات
لاحمد السفاقسي التي كتبت سنة ١٠٨٩هـ/١٦٧٨م .

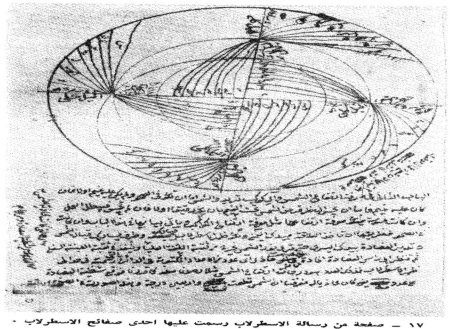

١٧ – صفحة من رسالة الاسطرلاب رسمت عليها احدى صفائح الاسطرلاب .

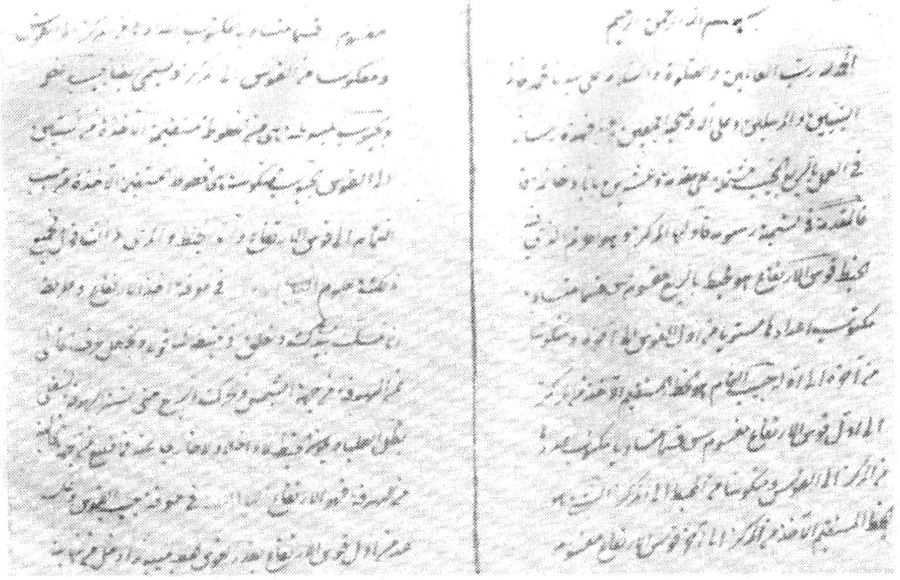

١٨ – الصفحتان الاولى والثانية من رسالة العمل بالربع المجيب لسبط المارديني التي كتبت سنة ١١٧٩هـ ١٧٦٥م .

١٩ – الصفحة الاخيرة من مخطوطة سوانح القريحة في شرح الصفيحة لابي محمد بن فخر الدين الحسيني والتي كتبت بخط المؤلف .

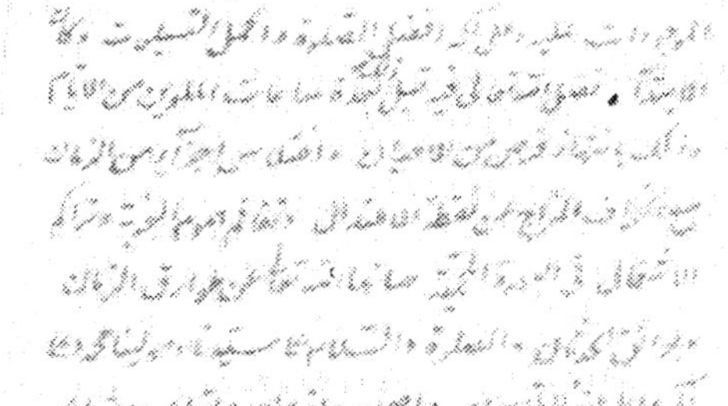

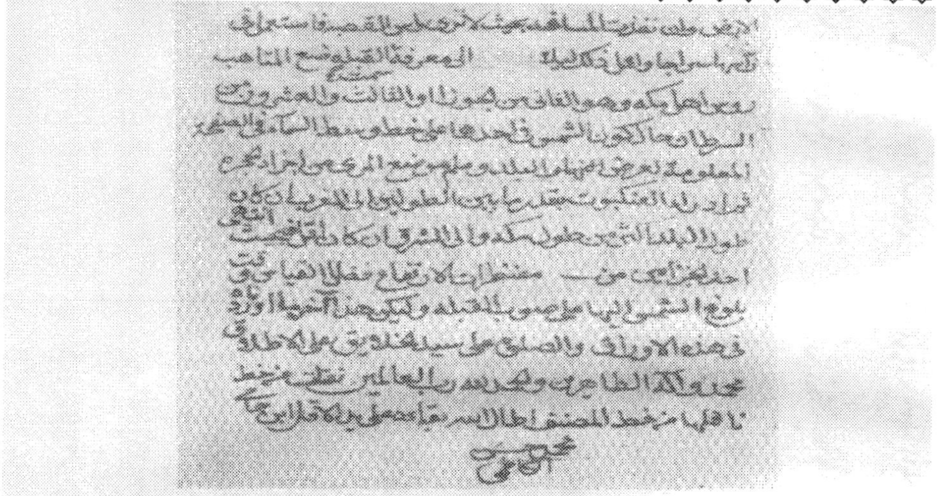

٢٠ ــ الصفحة الاخيرة من كتاب الصفيحة في الاسطرلاب للعامل والتي كتبها محمد حسن الكاظمي سنة ١٠٥٣هـ/١٦٤٣م .

٢١ ــ صفحة من صور الكواكب الثمانية والاربعين للصوفي .

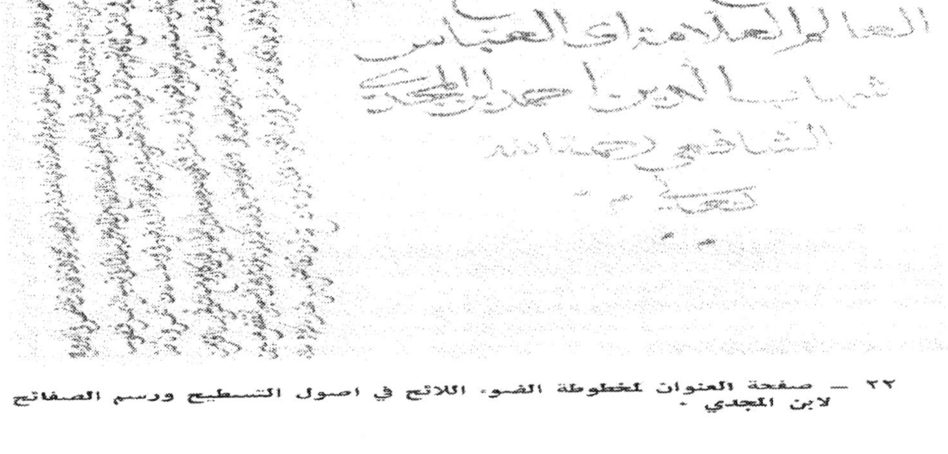

٢٢ ـ صفحة العنوان لمخطوطة الضوء اللائح في اصول التسطيح ورسم الصفائح لابن المجدي .

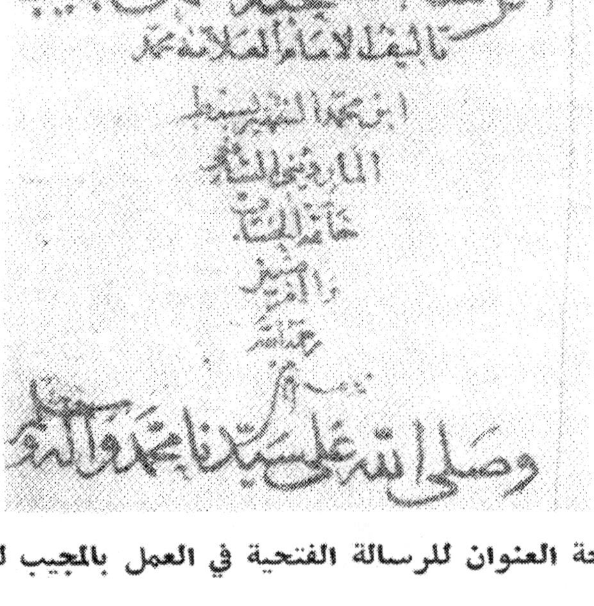

٢٣ ـ صفحة العنوان للرسالة الفتحية في العمل بالمجيب لسبط المادينى

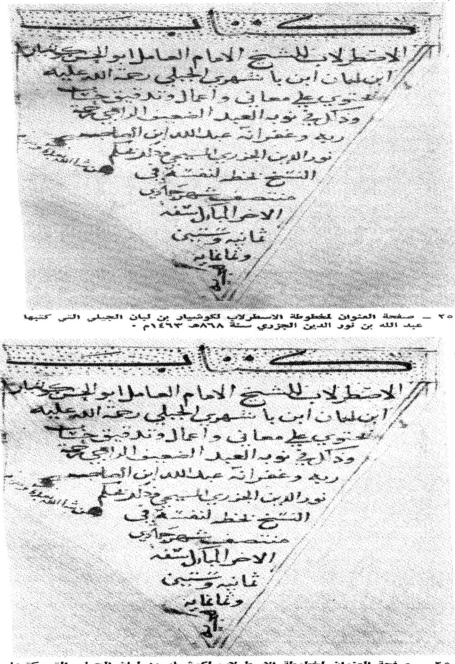

٢٥ ــ صفحة العنوان لمخطوطة الاسطرلاب لكوشيار بن لبان الجيلي التي كتبها
عبد الله بن نور الدين الجزري سنة ٨٦٨هـ ١٤٦٣م .

٢٥ ــ صفحة العنوان لمخطوطة الاسطرلاب لكوشيار بن لبان الجيلي التي كتبها
عبد الله بن نور الدين الجزري سنة ٨٦٨هـ ١٤٦٣م .

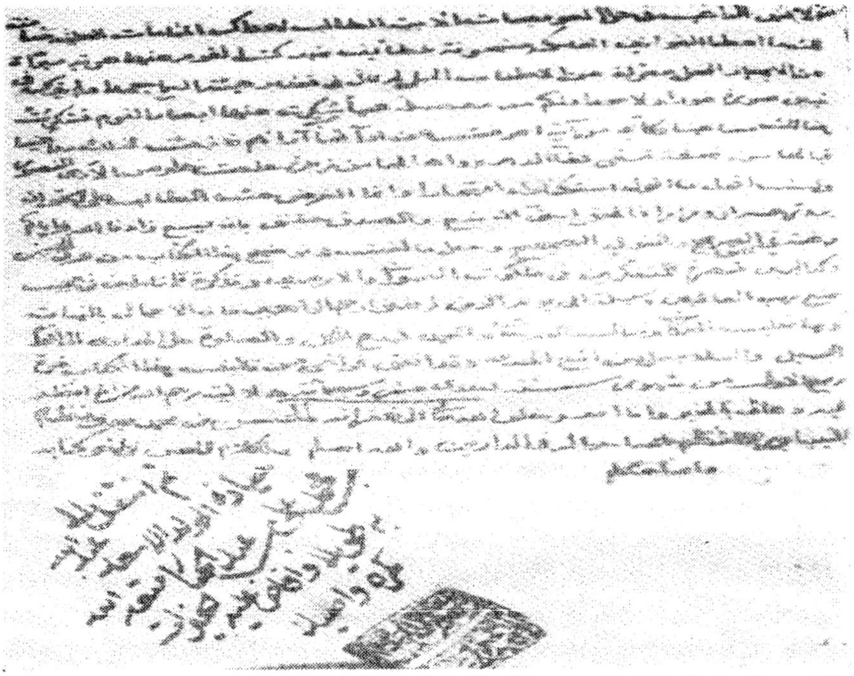

٢٦ — الصفحة الاخيرة من مخطوطة تركيب الافلاك لمحمد بن احمد الخفري .

٢٧ — صفحة من كتاب في علم الفلك وصناعة الاسطرلاب يتضمن مجموعة من الرسومات التوضيحية لاجزاء الاسطرلاب وكيفية صنعها وما يكتب عليها واستعمالها ترقى هذه النسخة للقرن الثامن الهجري القرن الرابع عشر الميلادي.

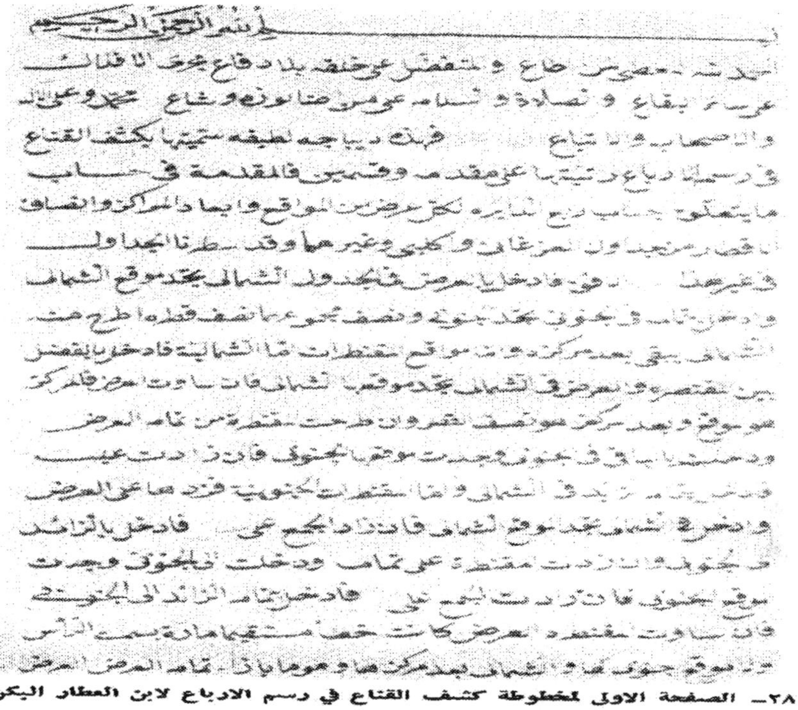

٢٨ـ الصفحة الاولى لمخطوطة كشف القناع في رسم الارباع لابن العطار البكري.

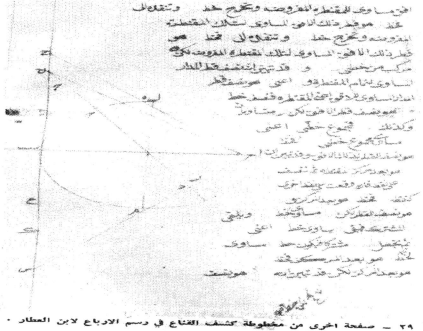

٢٩ـ صفحة اخرى من مخطوطة كشف القناع في رسم الارباع لابن العطار.

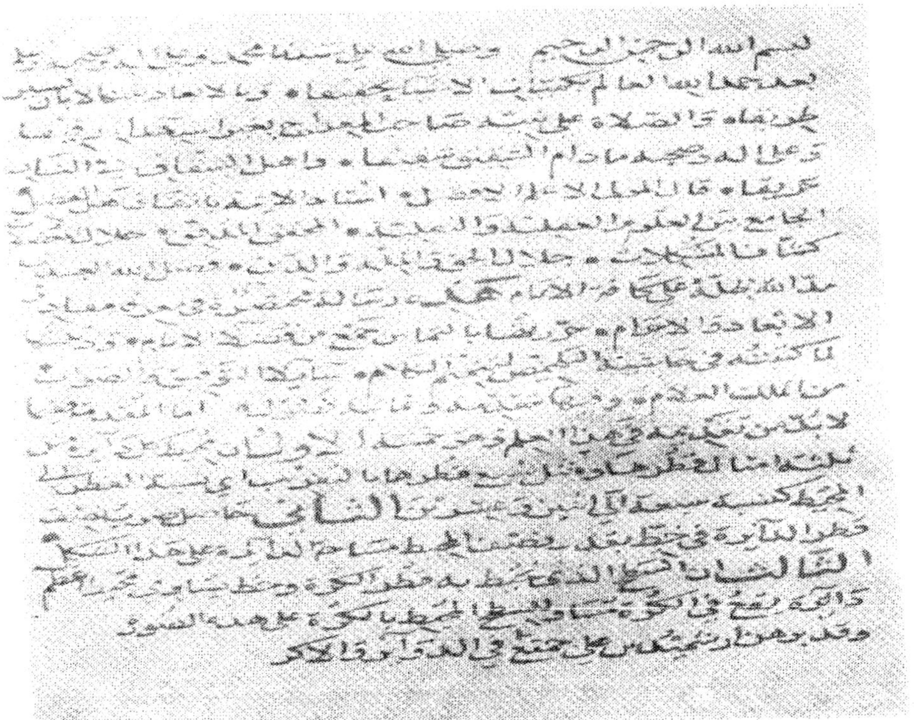

٣٠ ــ الصفحة الاولى من مخطوطة (مختصر مقادير الابعاد والاجرام) للعبيدي .
وعلى هذه النسخة قراءة للعلامة الكافيجي .

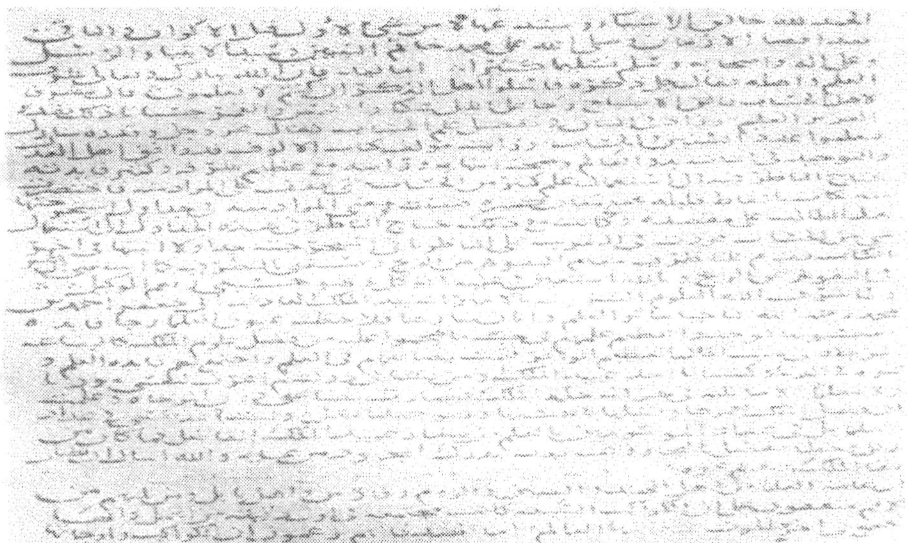

٣١ ــ الصفحة الاولى من مخطوطة المنتخب من كتاب الالوف لابي سعيد السجزي
وترقى هذه النسخة للقرن الثامن الهجري القرن الرابع عشر الميلادي .

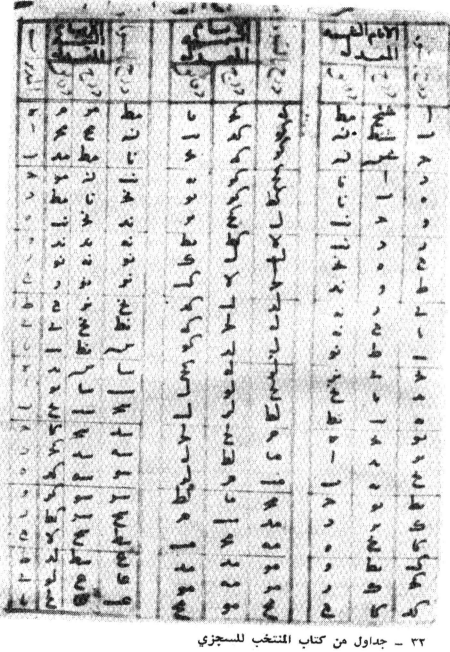

٣٣ ــ جداول من كتاب المنتخب للسجزي

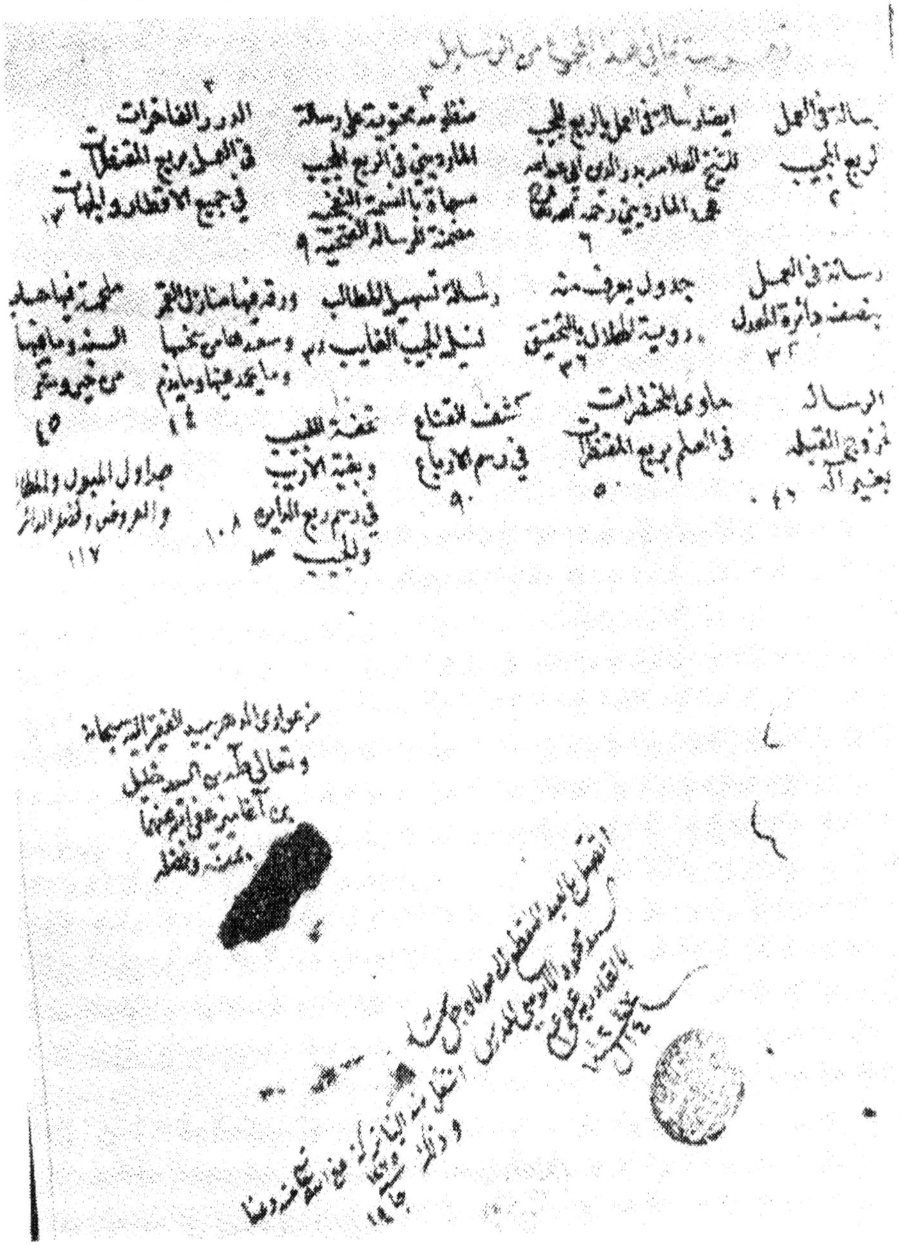

٣٣ ـ الصفحـة الاولى من مجموع خطي يتضمن عدة رسائل في الهيئـة والفلك والآلات الفلكية • وقد تملك هذا المجموع العلامة شهاب الدين محمـود الالوسي سنة ١٢٤٧هـ ١٨٣١م ويظهر تملكه مع طبعة ختمـه عـلى هـذه الصفحة •

التعايش والتسامح بين الديانات السماوية الثلاث في ظل المجتمع الاندلسي للسنوات (92 - 897هـ/711-1492م)

التعايش والتسامح بين الديانات السماوية الثلاث في ظل المجتمع الاندلسي للسنوات (92 -897هـ/711-1492م)

تمهيد:

عاش ابناء الديانات السماوية الثلاث الاسلامية زالنصرانية واليهودية في بلاد الاندلس في ظل عصور التاريخ الاندلسي(الفتح والولاية والخلافة والطوائف, والمرابطون والموحدون, وسلطنة غرناطة) في أجواء يسودها التسامح والمحبة والاحترام وممارسة الشعائر الدينية والطقوس والعادات والتقاليد بكل حرية،وحدثت مصاهرات واندماج الثقافات والتلاقح في اكتساب تقاليد اجتماعية في طقوس الزواج وختان الاولاد واستخدام الحناء في صبغ الشعر والتزين وفن الطبخ والازياء والاحتفال بالاعياد واستعمال الاسماء حتى ان اللغة الاسبانيةاستعارة الكثير من المصطلحات العربية التي تربو على اربعة الالاف كلمة من اصل عربي. وبناء الكنائس والاديرة في الاحياء القريبة من المسلمين واستخدام الاقواس والزخارف العربية فيها،والاثار الاندلسية الباقية في اسبانيا اليوم دليل على التسامح والتعايش. يعود الفضل الى الاسلام وعدالة حكام الاندلس الذين زرعوا روح المحبة والاحترام والالفة بين ابناء البلد في الاهتمام بالثقافة والعمران وتنظيم الجيش والحرية والزراعة والصناعة والتجارة وخدمة الرعية في توفير افضل سبل الحياة لهم،اذ تفتخر مدينة قرطبة والزهراء في انشاء اول شبكة للماء الصافي والانارة بالزيت في عهد الخلافة الاندلسية وبناء الكتاتيب لاولاد الفقراء مجاناً لتعليم القرآن الكريم اذ قام الخليفة الحاكم المستنصر بالله بأنشاء 27 مكتباً فيها ثلاثة مكاتب منها حول المسجد الجامع بقرطبة ودار للصدقة ومراكز لعلاج الفقراء والمساكين مجاناً مع توفير الدواء لهم، كما اسس اكبر مكتبة عامة في القصر الخلافي تحتوي على امهات الكتب،وفي الاندلس تم منح الصلاحيات للقساوسة والرهبان في بناء الكنائس والاديرة ولهم محاكم ومجاس خاصة لادارة الرعايا النصارى واليهود.

عدد من زوجات حكام الاندلس منهن الاسبانيات واستقبال السفارات لعلاج ابناء ملوك الاسبان واستعمال الاطباء والنصارى واليهود دليل على التسامح ونجاح الحكم الاسلامي في اسبانيا الذي دام اكثر من ثماني قرونهو افضل نموذج حضاري للعالم في العصور الوسطى الذي اعجب العلماء والاستشراق، وفي الاندلس تم تأليف موسوعات في العلوم الصرفة والتطبيقية والانسانية ومنه تبعث الموسيقى والالحان والزجل والرقص وفنون الطبخ والعمارة وهندستها واختراع الطيران وصناعة العود وكتب الزراعة والجراحة البشرية والحب العذري والتلاقح في في هندسة المساجد والكنائس والملابس

والاسماء والرحلات والتزاوج بين ابناء البشرة السمراء والشقراء لينتج جمال مثالي تفتخر به اسبانيا وان وارداتها من السياحة بفضل الاثار العربية اكثر من واردات البترول لعربي الذي صار فتنة ونقمة لبعض الشعوب.

يشكل التعايش السلمي والتسامح الانساني المثالي بين الديانات السماوية الثلاثة الاسلامية والنصرانية واليهودية في ظل الحكم الاسلامي في اسبانيا النموذج الامثل لالتحام العناصر البشرية التي كانت قوام هذا المجتمع،ويظهر ان الالمام بالثقافة الاندلسية يجمع مكوناتها العقائدية والفكرية والفنية-من شأنه ان يساعد على توطئة السبل لتأجيل الحوار البناء بين الثقافات،كما نعتقد انه في وسع المجتمع الانساني المعاصران يستفيد كثيرا من تجارب المجتمع الاندلسي بما يساعده على نشر اسباب السلم والامن في عالم يتهدده الارهاب والعنف والعنصرية والتسلط والاستهتار بحقوق الشعوب وممارسة العقيدة والشعائر الدينية الخاصة بكل طائفة،اذ تطغى اليوم في الكثير من المجتمعات مظاهر التمييز الفاضح والفوارق الفاحشة بين ابناء الديانات والطوائف المختلفة.

شكلت ارض اسبانيا خلال الحكم العربي الاسلامي محاطاً ومختبراً لتجارب الديانات الثلاث وافرزت روح التسامح والمحبة والتعاون والتزاوج والاعمار والنتاج العلمي خلال القرون الثمانية من الوجود الاسلامي في اسبانيا في كل مجالات الحياة ففي المجال الثقافي والادبي والفني امتزجت الممارسات والتقاليد الاجتماعية كالغناء والموسيقى والرقص والزواج والحفلات بالاعياد الدينية والدنيوية والختان للاولاد والانتصارات في المعارك وتنصيب الحكام،مما افضى الى افراز انماط فنية مبتكرة عبارة عن خليط للعادات والتقاليد للاقوام التي عاشت على ارض اسبانيا تميزت بطابع الاصالة والتجدد والتدقيق للحياة انخرط في ابداعها وتطويرها ابناء الديانات الثلاث من عرباص وبربرأوزنوجاً وقوطاً وصقالبة.

تميز الحكم العربي الاسلامي في الاندلس بتوخي روح التسامح والتساهل واشاعة الخيروالبر من الحكام،فترك لهم كامل الحرية في ان يبقوا على دينهم طالما آثروه على غيره من الاديان وشملهم برعايته وحمايته،كما سوى بينهم في الحقوق والواجبات والالتزامات على اختلاف طبقاتهم وشتى مذابهم.

وقد كان نصارى الاندلس في ظل الحكم الاسلامي - ينعمون بالحياة الكريمة والسعيدة،فأقدم كثير من نصارى اسبانيا على اعتناق الاسلام طوعاً لاكرهاً،وانخرطوا في المجتمع الاندلسي فتعلموا اللغة العربية والعادات والتقاليد الاجتماعية العربية الاسلامية وحصلوا على حظاً وافراً من الثقافة،فلم يعد من العجب ان يظهر من المستعربين الاسبان عدد منهم من نبغ في الارتقاء الى مراكز متقدمة.

نجد الكثير من المستعربين من حصل على العيش الكريم في قصور الامراء والخلفاء والسلاطين ففي عصر الخليفة عبد الرحمن الناصر نال الصقالبة حظوة كبيرة ورفيعة في قصر الخلافة والادارة والجيش وكذلك في عصر الطوائف اذ حكموا في امارة بلنسية منهم خيران ومجاهد العامربن تألف.

ان عملية انصهار المجتمع من تشكيلاته العرقية بالاندلس قد انصهر عهلى مدى التعايش السلمي ومؤثراته ونتائجه الايجابية،اذتركت بعض الاقوام العربية والبربرية جفوة الطبع،وخشونة البداوة،فرقت اخلاقهم ولانت طباعهم،واصبحوا اكثر نزوعاً الى المرح والترف،واشد ميلاً الى التمتع بلذائذ الحياة،كما اصبحوا على مستوى رفيع من رهافة الحس وسمو الذوق،يحتفون بالعلماء والفقهاء والادباء،ويغدقون عليهم الهبات والهدايا الثمينة.

لابد لنا من ذكر نماذج من الانصهار الحضاري بين الديانات السماوية الثلاث من خلال الاحداث والروايات والحقائق والوقائع التاريخية ويؤكد على سماحة الاسلام في انه دين يكرم الانسان ويحترمه ويكره الاختلاف،ويبيح حرية اختيار الدين،وينهى عن محاربة الابرياء،ويدعوا الى المنافع والمصالح،ويؤكد على حسن معاملة اهل الكتاب يظهرالتسامح والتعايش في الزواج بين المسلمين والنصارى،اذ ان الفاتحين المسلمين الذين دخلوا هذا البلد كانوا رجالاً لم يقدموا بأسرهم،فكان عليهم ان يتزوجوا من اهل البلاد،ومن عملية امتزاج بين عناصر الفاتحين من عرب وبربروسكان اصلين من رومان وقوطيين،ومن هذا الامتزاج نشأ ذلك الشعب المولد،وان اول نموذج للزواج المهم هو زواج الوالي عبد العزيز بن موسى بن نصير من ارملة ملك اسبانيا رودريكو لذريق (Rodriguez) وهي ام غاصم ايليو خيا وزواج الامير محمد عبد الله من الاميرة الاسبانية ونقة التي انجبت عبد الرحمن الثالث وزواج الخليفة الحكم المستنصر بالله من الاميرة الاسبانية صبح البشكنيشة،التي انجبت له الخليفة هشام المؤيد بالله والامثلة عديدة،وزواج زياد بن نابغة التميمي من امرأة اسبانية كان لها دور في الاحداث الاولى التي اعقبت فتح اسبانيا ومع مرور الزمن يزداد التزاوج العربي الاسباني سرعة وشمولاً حتى صار الموثقون والعدول يخصصون فصولاً من كتبهم لكتابة صيغ نموذجية لعقود زواج المسلمين بالكتابيات نوشارك اهل الاندلس في الاعياد والاحتفالات مثل الفطر المبارك والاضحى والمولد النبوي الشريف وليلة القدر والاسراء والمعراج،اما اعياد النصارى مثل اعياد الميلاد وعيد الليلة العظيمة في 25 كانون اول ولادة السيد المسيح ورأس السنة الجديدة وقد شارك الكثير من ابناء الديانة الاسلامية بممارسة ومشاركة اهل هذه الاعياد وصدرت فتاوى من الفقهاء وتحرم وتنكر على المسلم بالمساهمة.

تم عقد اتفاقيات بين نصارى اسبانيا والفاتحين مثل اتفاقية مع اهل ماردة وجليقية والوالي موسى بن نصير البكري بداية الفتح العربي الاسلامي ذكر العذري في ترصيعه وفي

سنة 94هـ/713م ابرم الوالي عبد العزيز بن موسى بن نصير مع تدمير بن غندريش امير تدمر(مرسية) وفيه دونت عبارات التسامح وهو ينص على(ان له (اي لتدمير)عهد الله وميثاقه وما بعث به انبياءه ورسله،وان له ذمة الله عز وجل وذمة محمد صلى الله عليه واله وسلم الايقدم له ولايؤخر لأحد من اصحابه سوء وان لايسبون ولايفرق بينهم وبين نسائهم واولادهم،ولايقتلون، و لاتحرق كنائسهم ولايكرهون على دينهم))

حصل المستعربون في ظل الحكم الاسلامي في الاندلس على مر العصور على الحقوق والامتيازات وكانوا يظطلعون في خدمة المجتمع،وارتقى بعضهم الى اعلى المناصب في ظل حكم الامارة والخلافة،نذكر منهم قومس بن انتنيان الذي ولي ديوان الرسائل في عهد الامير محمد بن عبد الرحمن (238هـ - 0 273هـ) وربيع بن ريدة وهو مؤلف التقويم الزراعي المعروف بالقرطبي،وسفير الخليفة عبد الرحمن الناصر الى بلاط المانيا،واصبغ بن عبد الله بن بنسيل الذي توسط بتفويض من الحاجب المنصور العامري في النزاع بين امير قشتالة شانجة بن غرسيه وفعندة جونثالث الوصي على ملك ليون الطفل الفوتسو الخامس،ومنهم معاوية بن لب كونت قرطبة في ايام الخليفة الحكم المستنصر بالله والوليد بن الخيزران ترجمان الحكم لملك ليون.

اردونيو الرابع حينما زار قرطبة سنة 352هـ /962م) وتتكررالمصاهرات بين الحكام المسلمين وحكام دويلات المسيحية في الشمال مثل نبرة وليون قشتالة،اتسمت روح بالعطف والشفقة نذكر مثل ماقام به الحاجب المنصور العامري عندما وقع له في اسره امير قشتالة غرسيه بن فرننديز وقد اثخنته الجراح في عام 358هـ/995م فقد امر الحاجب اطباءه بذل اقصى جهودهم لأنقاذ حياة الامير النصراني ولكنه توفي بقرطبة وقد اشاد الشاعر ابن دراج القسطلي بذلك الموقف البطولي وهو موقف اكدت عليه الشريعة الاسلامية.

تمتع المستعربون بحقوقهم في نظام قضائي مستقل وله قاضي العجم،وقد استمر جو التسامح مع طائفتي المسيحيين واليهود خلال عصر دويلات الطوائف اذ تولى النصراني ششنند مستشار المعتمد بن عباد ملك اشبيلية واليهودي صمويل بن النغريلة وابنة يوسف وزيري بادس بن حبوس حاكم غرناطة واسره بني حداي اليهودية التي ولى افرادها مناصب الكتابة في بلاط بني هود حكام سرقسطة وكانوا على درجة واسعة من الثقافة الادبية في الشعر والنثر.

صدر كتاب القوانين الكنيسية المؤلف عام 433هـ/1041م بالعربية لخدمة المستعربين المسيحيين،وعند استيلاء الفوتسو السادس على طليطلة عام478هـ/1080م فشرعت في الظهور اولى مظاهر التعصب المسيحي حينما حول مسجد طليطلة الجامع الى كنيسة بعيداً عن رغبة الملك القشتالي الذي يلقب نفسه ملك الملتين،وانما كان وتم تحت

ضغط زوجته الفرنسية ورهبان كلوني الفرنسيين المعروفينبتعصبهم ضد المسلمين.هاجر عدد من المستعربين الاسبان الى مدن المغرب مثل مكناس وسلا بعد غزو الفونسو الاول المحارب ملك ارغون عام 519هـ/1125م وانتزاعه سرقسطة بحملة عسكرية سريعة استفادمن دعم واسناد وتعريف من عدد من هؤلاء المستعربين وان تعيين السلطات من يقومون بخدمتهم من القسيسين.

اصدر قاضي الجماعة بغرناطة احمد بن محمد بن ورد اجابة على سؤال ورد اليه من السلطان المرابطي علي بن يوسف بن تاشفين حول النصارى المعاهدين الذين رحلوا عن اشبيلية،وقد ذكر الونشريسي الفتوى في كتابة المعيار المعرب بقوله(ان للرهبان والقساوسة مالسائر اهل الذمة من انهم اذا افتقر منهم مفتقر وعجز لزمانه(اي مرض) وهرم عن الاكتساب ان ينفق عليه من بيت المال على سبيل الانعاش او على طريق الاحتساب وهو تأكيد على التسامح.

((المرابطين:تجاه الديانات الاخرى))

سقطت عدد من مدن الاندلس بعد معركة العقاب عام 609هـ/1612م وتحول سكانها المسلمون الى مدجنين خاضعين للسلطة المسيحية وكانوا يعدون من الدرجة الثانية،وكانت اسبانيا تعاملهم بقدر من التسامح وان كانت مساجدهم قد حولت الى كنائس وحرموا من كثير من الحقوق وادى ذلك الى فقدهم كثيراً من عناصر ثقافتهم الاسلامية وتراثهم العربي،على ان موجات التعصب الديني الصليبي بلغت مداها في عصر محاكم التفتيش والتحقيق هي التي تصاعدت منذ سقوط غرناطة اخر معاقل لاسلام، وصدرت المعاهدة في نوفمبر 1491م وقد ضمنت لهم حرية العبادة وحماية مساجدهم وقدراً كبيراً من الحكم الذاتي،ولكن ذلك الوضع لم يستمر الابضع سنوات،اذ سرعان ماحرموا تلك الحقوق بمقتضى القوانين المتوالية التي حرمت عليهم استخدام لغتهم والزي واتخاذ الحمامات العامة والاسماء العربية والعادات والتقاليد كالختان لاولادهم واستخدام الحناء لنسائهم والحفلات الدينية والدنيوية والخروج للصلوات في الاعياد والجمع والزغاريد والملابس البيضاء ووضع غطاء على الرأس والسراويل والاغطية كالعباءة وتم احراق التراث الاسلامي في ميدان باب الرملة في غرناطة،وتم اجبار المسلمين على اعتناق النصرانية وبطل وقائد التعصب هو الكاردينال تيبسيروس الذي كان يفخر بأنه كان يقوم بتنصير اربعة الاف مسلم في يوم واحد،انتقد الكتاب الاسبان المعتدلين ومنهم كاروا باروخة سياسة حكام اسبان تجاه المسلمين في غرناطة ونقض العهود والمواثيق والتنصير القسري في غرناطة وقشتالة وليون عام 1502م وهي جريمة نكراء تجاه التسامح والمحبة والمصاهرات وتشهد الحوادث التاريخية ان حالة من الركود والكساد والمرض والامية والاسى والحزن عمت ارجاء اسبانيا بعد خروج العرب

الاسلام وانتهاء حكم الاسلام في اسبانيا وصارت محاكم لتفتيش رمزاً للتعصب والصليبية والظلم والقهر والفساد.

(نماذج وصور من الواقع التاريخي للتسامح بالاندلس)

1- مظاهر من استبداد اليهود في سلطنة غرناطة مستغلين التسامح الاسلامي فأنشد ابو اسحق الالبيري قصيدة نذكر منه ابيات هي:

لقد ضجت الارض من فسقهم وكادت تميد بنا اجمعين

تأمل بعينيك اقطارها تجدهم كلابابها خاسئين

واني حللت بغرناطة فكنت اراهم بها عابثين

وقد قسموها واعمالها فمنهم بكل مكان لعين

وهم يقبضون جبايتها وهم يخصمون وهم يقضمون

وهم يلبسون رفيع الكسا وانتم لأوضعها لابسون

وهم امناكم على سركم وكيف يكون خؤون أمين

2- شهد القرن 6هـ ظهور عدة شعراء يهود نذكر منهم موسى بن عزرا الذي لم تسعفه الظروف للزواج بمحبوبته،فظل يكتب الشعر مدفوعاً بالالم الداخلي،وجمع قصائده في ديوان ذكر فيه الخمر والهوى ولذات العيش على طريقة شعراء العرب،اما يهوذا هاليفي فقد نظم أشعاره في قوالب وموضوعات عربية،وألف رسالته المسماة الحجة والدليل في نصرة الدين الذليل.

3- راقب المحتسب الاندلسي كل مظاهر الغش والخداع والتزويرونقص الكيل وحاسب المقصر حماية لتعاليم الدين ففي بيع جواري من التجار يذكر السقطي ان رجلاً اشترى جارية اوهم انها افرنجية لكي تشتري بمال كبير،واوهمت هي كذلك المشتري بأنها افرنجية باللغة الافرنجية)) (السيوطي/نزهة الجلساء من اشعار النساء)

4- حاول نفر من المتعصبين تعكير صفوة التسامح الاسلامي ففي عهد الامير الحكم بن هشام الربضي ت260هـ/873م فقد سمع الشاعر عباس بن ناصح عندما تكالب النصارى على وادي الحجارة عبث النصارى بنواحي المدينة امرأة تستغيث قائلة((واغوثاه بك ياحكم لقد اهملتنا حتى تكالب العدو علينا فأيمنا وايتمنا)) فبعث الى الحكم الربضي قصيدة حثه فيها على الجهاد والانتقام من العدو قائلاً:

تململـت في وادي الحجـارة مـسهداً	أراعـي نجومـاً مـايردن تغـوراً
اليـك أبـا العـاصي نـضيت مطيتـي	تـسير بهـم سـارياً ومهجـرا
تـدارك نـساء العـالمين بنـصرة	فأنـك أحـرى ان تغيـث وتنـصرا

كان لأستغاثة المرأة وابيات الشعر تأثيرها الفعال على الامير الحكم فكان انتقامـه مـن العـدو
رهيباً وتفقد ضرب رقاب الاسرى أمام المرأة المستغيثة واجاب الشاعر بكل فخر واعتزاز:

الم تــر باعبـاس أني أجبتهـا	عـلى البعـد أقتـاد الخمـيس المظفـرا
فأدركـت اوطـاراً وبـردت غلـة	ونفـست مكروبـاً واغنيـت معـسراً

5- عـبر الـشاعر الاندلسي عـلى عـادات النصارى بمعاقرة الخمر عنـد خـروجهم للمعـارك في حملـة
الحاجب المنصور العامري على مملكة ليون عام385هـ/995م سقط عدد من النصارى بـين
قتيل وجريح سكارى فمنهم كما يصفهم ابن دراج القسطلي بقوله:

غبقوا بخمر الحرب صرفا فأغتدت	تلـك الحفـائظ والحقـوق خمارهـا

6- تـدنيس المقدسات مـن مظاهـر التعصب والحقدوالبغضاء بـين ابنـاء الـديانات مـن تـدمير المـساجد
والكنـائس وممارسـة طقـوس منافيـة للاخلاق العامـة مثـل دق النـاقوس مـن منـارة المـسجد
اوضرب الطبـول والتـزمير بـالقرب مـن صفـوف المـصلين او مـرور الخنـازير امـام المـصلين.وهتـك سـتر
الغـادة الحـسناء مـن المـسلمات يعـد صـون وعفـاف لهـا.او خلـع الحجـاب بـالقوة مـن عـلى رأس
وحـسد النـساء المـسلمات،وقد يـصل الامـر الى قيـام جنـد العـدو الى الاعتـداء عـلى الحرمـات
والمقدسـات والنـساء فيـذكر المقـرئ في ازهـار الريـاض ج25/2 بقولـه((يفتـضون البكـر بحـضرة ابيهـا
والثيب بحضرة زوجها واهلها))

- يؤكـد المستشرق الفرنسي هـنري بـيريس عـلى التـسامح الاسلامي بالاندلس بقولـه(ان اي شـعب
مغلـوب في اي قطـر مـن الارض لم يحـظ بمـا حظـى بـه الـشعب الاسبـاني أبـان حكـم المـسلمينمن
تـسامح تخلـي في تطبيـق العهـود والقـوانين الاسلامية التي اعطـت لاهـل الكتـاب حقوقـاً كاملـة في
العيش الكريم))

- افصح حـب عـدد مـن الـشعراء المـسلمين لكـل مـاهو مـسيحي بالانـدلس مثـل:عيسى عليـه الـسلام
وانجيلهنوالقساوسة وصلبانهم،والرهبان وكنائسهم،والنصارى واعيـادهم اضافة التثلـيث ورمـوزه
والطقوس واناشيدها.

قال ابن حداد:

وكـــــل قـــــس مظهــــر للتقـــــى يــــــأتي انــــــصات وأخبـــــأت

ويقـول الـشاعر القيـسي الغرنـاطي الـذي وقـع بحـب فتـاة نـصرانية تـدعالبيرة التـي بادلتـه الحـب بقول

فأعجـــــب عبـــــاد الـــــصليبية ســـبتني بوجــــه مثـــل بـــدر مـــتمم

فبـــت حليـــف الهـــم مـــن فـــرط حبهـــا وباتـــــت بهجـــــري في فـــــراش تـــــنعم

وكـــم نعمتـــي مـــن لذيـــذ وصـــالها بمـــا لم تـــصل نفـــسي لـــــه بتـــوهم

فقبلـــت منهـــا الخـــد وهـــو مـــورد وتنيـــــت بـــــالثغر الملـــيح التبـــسم

ومالـــت لفـــرط الـــسكر وهـــي مريـــضة كميـــل الـــصبا صـــبحا بغـــض تـــنعم

ولـــولا عفـــافي واتقـــاء عتابهـــا تمتعـــت منهـــا بالمحـــل المحـــرم

((الممالك الاسبانية))

سنة 133هـ - 750م حـل القحـط بالانـدلس واسـتمر لعـة سـنوات وكـان تـأثيره شـديداً عـلى المنـاطق الـشمالية،فجلا كثـيراً مـن المـسلمين عـن هـذه الانحـاء مخلفـين منطقـة واسـعة تفـصل بـين جليقيـة واراضي المسلمين فأجتـاح النـصارى هـذه المنـاطق وقتلوا مـن بهـا مـن المـسلمين وأخرجـوا البقيـة عـن جـل كلهـا،وعن استورقة وغيرهـا مـن المنـاطق حتـى نهـر دويـرة.وهكـذا خـسر المـسلمون مراكزهامـة مثـل ليـون وسـمورة وسـلمنقة وشـقوبية وابلـة وغيرهانوكلهـا امـاكن بـدلت الجيـوش العربيـة الفاتحـة الكثـيرمن الجهـد والعنـاء في فتحها.

تـولى غرسـيه انيجـز ملـك نافـار ا ادنبـارة الـذي يـسميه ابـن حـزم القرطبـي ملـك البـشاكة،والذي كـان عـلى صـلة طيبـة بـين قـسي المولدين،سـادة الثغـر الاعـلى فقـد ارتـبط معهـم بربـاط التحـالف والمـصاهرة،وحارب مـع زعـيمهم مـوسى ابـن نـصير ابـن قرتـون ضـد اردينـو الاول ملـك جليقييـة في معركـة البلدة (Albelda) سنة 248هـ/862م.

((مواثيق الصلح مع الممالك الاسبانية))

اتفـاق عبـد ال بـن مـوسى مـع مـوسى بـن عـدبس حـاكم مرسـيه ففـي عهـد الامـير عبـد الـرحمن الداخل تم عقد امـان وسـلام مـع جيرانـه نـصارى قـشتالة هـو بـسم اللـه الـرحمن الرحيم،كتـاب امـان الملـك العظـيم عبـد الـرحمن للبطارقـة والرهبـان والاعيـان والنـصارى والاندلـسيين اهـل قـشتالة،ومن تـبعهم مـن سـائر البلـدان:كتـاب امـان وسـلام،وشـهد عـلى نفـسه ان عهـده لاينـسخ مااقـاموا عـلى تأديـة عـشرة الاف ادقية من الذهب وعشرة الاف رطل

من الفضة وعشرة الاف من رأس من خيار الخيل ومثلها من البغال مع الف درع والف بيضة ومثلها من الرماح في كل عام الى خمس سنين كتب بمدينة قرطبة ثلاث صفر عام 142 حزيران 759 /هامش انكليزي

الصلح الذي فرضه عبد الكريم بن عبد الواحد بن نغيث على الجلالقة بعد انغزاهم سنة 208هـ/ 823 بغزوة اليه والقلاع،ومن بنود الصلح

1- اطلاق سراح جميع الاسرى.

2- دفع جزية كبيرة.

3- تسليم بعض زعماء المنطقة الى المسلمين ليكونوا رهائن،ضماناً لعدم اعتدائهم في المستقبل.عن المقري/نفح ج/344-345.

زواج عبد العزيز بم موسى بن نصير من ارملة الملك لذريق آخر ملوك القوط،شجع الملك مورتاجوت 173هـ/789م حكم جليقية،وبالغ في التودد الى المسلمين وشجع بحماس زواج الفتيات المسيحيات من المسلمين زواج الامير محمد والامير عبد الله بن محمد من الاميرات النافاريات ونقة بنت فرتون بن غرسيه التي تزوجت وانجبت ابنة هي طوطه (Toda) ملكة نافار وعاصرت عبد الرحمن الثالث وتغد عليه بسفارة عام 347هـ/958م تزوج الحاجب المنصور من احدى بنات شانجة الثاني ملك تيزة سميت عبدة انجبت شنجول.

((اقوال واعترافات علماء اوروبا بحق الحضارة في اسبانيا)

يقول رينان(الفرنسي((انني لم ادخل مسجداً من غير ان اهتز خاشعاً،اي من غير ان اشعر بشئ من الحسرة على انني لتست مسلماً)) صرح لوبون((ومن المسلمين في الاندلس تعلمت اوروبا ايظاً قواعد الفروسية وتقاليدها وخصالها العشرة:الصلاح والكرامة ورقة الشمائل والقريحة والفصاحة والقوة والمهارة في ركوب الخيل والقدرة على استعمال السيف والرمح والنشاب)).

عمل بعض رجال الكنيسة الى اثارة التعصب الذين كانوا يصفون المسلمين بالكفار الملحدين مثل الفيلسوف توما الاكويني الذي اتهم ابن رشد القرطبي بهذه التهمة على الرغم من انه سرق اراءه وعاش عالة عليها.

ولما دخل السيد القمبيطور مدينة بلنسية عام 487 هـ/1094م لم يحجم عن حرق حاكمها القاضي لبن ابي الجحاف بأن وضعه في حفرة الى نصفه في الارض وحرقه ليكرهه على كشف وتسليم ماكان يظن وجوده في حوزته من الكنوز.يوم كانت قرطبة تزهو بشوارعها الممتدة اميالاً عديدة مبلطة ومضاءة بالمصابيح العامة (المقري/نفح الطيب 456/1هـ،216/3 لم يكن في لندن مصباح عمومي واحد.يوم كانت جامعة اكسفورد

في انكلترا تعتبر الاستحمام عادة وثنية لينبول تاريخ العرب في اسبانيا ص119، دوزي/المسلمون في الاندلس ص37.

ان التاريخ يشهد - وهو صادق في شهادته - انهم بناة حضارة اكرمت الانسانية وسمت بالعقل البشري ورفعت مكانة الانسان وادانت شتى نواحي الحياة السياسية والعمرانية والاجتماعية والاقتصادية والثقافية،ولازالت اثارها-او بعضها اثارها-شاهدة على انها كانت قادرة على ان تصنع التاريخ على احسن مايمكن ان يصنع التاريخ،لو لم تعمل العوامل الشخصية على تقويض بنيانها الشامخ،فأتاحت الفرصة هذه العوامل الفرصة للحاقديم وعلى المسلمين عامة ان يجدوا الثغرة التي ينفذون منها الى ضربها واياهم في الصميم واعملوا معاول الهدم في هذه الشامخةالعظيمة يقول الشاعر بن رشيق القيرواني في حكام الطائف واتخاذهم الالقاب السلطانية البراقة وهم لايستحقونها بأبيات:

مما يزهدني في ارض اندلساً   اسماء مقتدراً فيها ومعتضد

القاب مملكة في غير موضعها   كالدهر يحكي انتفاضاً صولة الاسد

ابن التطليطيلي

يأهل اندلساً حثو مطاياكم   فما المقام بها الامن الغلط

الثوب ينسل من اطرافه وارى   ان ثوب الجزيرة ينسل من الوسط

كيف الحياة مع الحيات في سفط

احوال الزواج في عصر القوط:على الرومان وهي ان العائلة المسترقة كانت تؤدي في الغالب لمولاها خدمة معينة يتوارثها الابناء عن الاباء كزراعة الارض حيناً والصيد حيناً ورعى الاغنام تارة...ويستحيل على العبد او القن ان يتزوج دون رضاء مولاه ويبطل زواجه تم بغير الحصول على موافقة سيده،ويحال بينه وبين امرائه بالقوة واذا اقترن احد الارقاء بأمرأة في خدمة سيد آخر تقاسم السيدان بالتساوي الاولاد النتاتجين عن هذا الزواج.

(اليهود في المجتمع الاسباني)

ولقد ظل اليهود اكثر من ثمانين عاماً يتجرعون غضض الالام صابرين،حتى اذا عيل صبرهم ازمعوا على الثأر من مضطهدهم فما وافت سنة 694هـ اعنى الفتح الاسلامي بسبع عشرة سنة،حتى ضرموا ثورة شاملة مع اخوانهم اليهود في العدوة المغربية، بيد ان الحكومة علمت بالمؤامرة قبل موعدها وسرعان ما اتخذ الملك الاسباني في ايجيكا الاحتياطات اللازمة،ثم عقد مجمعاً في طليطلة،وان المؤامرة كانت ترمي الى تهويد اسبانيا

بهم الغضب منه والسخط عليهم. وصادروا جميع املاك اليهود وحرموهم حريتهم،وجعلهم الملك عبيداً للنصارى بل للاولئك الذين حتى هذه اللحظة عبيداً لليهود ثم حررهم الملك وفرض على السادة لايسمحوا لعبيدهم الجدد بممارسة شعائر الدين القديم.

ثم حرم التزاوج بين اليهود فمعضمهم وبعض،فلايستطيع العبد اليهودي ان يتزوج الامن امة نصرانية ولاتتزوج الجارية اليهودية الاعبد مسيحياً.

(تصريحات المستشرق الفرنسي ليفي لروفنسال) ص19

الشعب الاندلسي المسلم بدأعفوياً بحسن اصالته الذاتية والواقعية في مطامحة السياسة واشد من ذلك واقوى في حياته الثقافية، ومع ذلك لم يلبث المتعلقون بالاسلام وشريعته،ومثله الديني الاعلى،تعلقاً ودوداً وشديداً نان يميزوا على نحو واضح، في اهم مظاهر حياتهم اليومية،ونماذج ازيائهم،وطريقة ارتدائها وفي مهاراتهم لحرفية والزراعية. ص

ارتحل عن المشرق كثيرون من العرب الساخطين والمتذمرين، وكبار ذوي المراتب السابقة،وممن فقدوا امتيازاتهم واعطياتهم،وكل هؤلاء جذبهم الغرب اليه مهم ولاة وامراء مثل عبد الرحمن بن معاوي(الداخل) الذي اصبح سيد قرطبة،وبدأت التقاليد السورية تسود في اسبانيا.

يوسف بن تاشفين: جاء من اجل دفع الخطر المسيحي في موقعة الزلاقة 479هـ/1086 م بعد سقوط طليطلة عام 478 على يد الفونسو لسادس حاكم قشتالة سجل الموحدون كالمرابطين من قبل،مآثر انتصاراتهم في اسبانيا الاسلامية او اخضعوها دون عناء كبير،وبسطوا عليها مذهبهم في التشريع،وطريقتهم الخاصة في الحكم ولكن حركة الاسترداد المسيحية كانت تتقدم على نحو محسوس حينئذ في اسبانيا فأنتصر الموحدون في معركة الارك هذا آخر انتصاراتهم للمسلمين.

وفي 609هـ/1212م ثار المسيحيون لهزيمتهم في وقعة العقاب وفي سنة 1236 م سقطت قرطبة على يد فرنارد الثالث ملك قشتالة.

مواطن اجناد الشام في مدن الاندلس

جند الشام البيرة جند الاردن مالقة جند فلسطين شذودة

جند حمص اشبيلية جند قسرين جيان جند مصر باجة ص56-57

جاء عرب المشرق الى اسبانيا ومعهم انماط حياة اسلافهم وحافظوا على اشكالها وبقيت مدة طويلة دون ان تمس، وكان من الضروري ان يتمثلوا ارض شبه الجزيرة الايبرية في بطش وان يكيفوا حياتهم مع واقعها تدريجاً نوان يتصلوا اجتماعياً مع السكان الاصليين،صلات كانت في البدأ منقطعة عمداً ثم اصبحت ضرورية ومستمرة مع

الزمن،لان هؤلاء اخذوا يدخلون في دين الله افواجاً،وادى هذا كله الى ان تفقد التقاليد العربية الاصلية تدريجاً شيئاً من حدتهانوان شئت ارتضت مؤثرات لم تكن بمخبئ من اثارها ولو انها حافظت في الوقت نفسه على مكانتها الرفيعة.في عصر عبد الرحمن الثاني كان قصر قرطبة يزدحم بالجواري وجميعهن اشتهرن في المجتمع لابجمالهن وثقافتهن فحسب،وانما بتقواهن ايضاً كل واحدة منهن اقامت في قرطبة على حسابها الخاص مسجداً وسبيل ماء يحمل اسمها وان احدى هؤلاء المدنيات الثلاث الا فتاة من مقاطعة نبرة في شمال شرقي اسبانيا، وقعت فس السبي صغيرة ثم بيعت،وارسلت الى المدينة المنورة فلم تبرحها الالتعود من جديد الى موطنها ومهبط نشأتها فتغنى بأغانيها،وملامح فكرها،ستبدااسبانيا العربية.

ص102من كتاب ليفي بروفسنال

واديرة ورئيسها المسؤول وعن ضواحيها، وقاضيها الذي يطبق في احكامه القانون القوطي القديم تحت اشراف الدولة الاموية وتخضع لرقابتها

اما الملاحقات النادرة التي عانت منها تلك الجاليات ممردها دائماً مسيحيون متهوسون يرفضون ان يتراجعوا تهجمهم على دين اصحاب الدولة والحق ان ابناء بجدتهم من القسس او العلمانيين فكانوا ينكرون هذه التهجمات على البارو القرطبي. ص

ان كل الموهوبين من شبان النصارى لايعرفون اليوم الا لغة العرب وادابها ويؤمنون بها ويقبلون عليها لافي فهم وهم ينفقون اموالاً طائلة في جميع كتبها،ويصرحون في كل مكان بأن هذه الاداب حقيقة الاعجاب فأذا حدثهم عن كتب المصرانية اجابوك في ازدراء بأنها غير جديرة بأن يصرفوا اليها اشباههم،ياللام لقد انسى النصارى حتى لغتم فلاتكاد تجد واحد منهم بين الالف يستطيع ان يكتب الى صاحب له كتاباً سليماً من الخطأ فأما عن الكتابة في اللغة العربية فأنك واحد منهم عدداً عظيماً يجيدونها في اسلوب منمق،بل هم ينظمون من الشعر العربي مايفوق شعر العرب نفسهم فناً وجملاً.

ص101 من ليفي لروفسنال

ان الاندلس لم يكن يحمل السلاح دوماً في وجه جيرانه،حتى في الحظة التي بلغت فيها من القوة حداً لايقهر،اعطى الاندلس خلالها السخاء اكثر ما تلقى،وبرهن دائماً على روح التسامح فيما يتصل لرعاياه المسيحيين،وهو مالايحلم احد بأفكاره اليوم او الشك منه كانت العلاقات فيه بين الاسلام والمسيحية ضرورة كما كانت في اسبانيا العربية نلقد حافظ الجانب الاكبر من شعبها،في القرن الاول من الفتح على الاقل على الدين الرسمي لدول القوط وفيما يعد حتى بعد ان دخل الاسبان المسيحيون في الاسلام افواجاً نليتمتعوا بنظام مالي افضل ومن الرعايا المسيحيين شكلوا جاليات مزدهرة لها كذلك.

الخاتمة

توصل الكتاب الى نقاط هامة هي:

1- حقق الفتح العربي الاسلامي لشبه الجزيرة الاسبانية اكبرنجاح في التاريخ الحضاري الانساني حتي استمر اكثر من ثماني قرون.

2- يظهر التسامح والتعايش في كـل جوانب الحيـاة العامة واكثرهـا وضوحاً في المجتمـع الاندلسي حيث انصهرت العادات والتقاليد والاسماء والازياء والطقوس الدينية والدنيوية.

3- نـرى ان ثقافة الفاتحين المسلمين لعبت دوراً بـارزاً في التواصل الحضاري بـين ابنـاء الملل الدينية حيث تم نشر الثقافة الاسلامية في العلوم والادب والفنون.

4- ساهم حكام الاندلس في زرع روح المحبـة والاحـترام وكانوا يحملـون افكـار اسلامية ويحترمـون الانسان ويعملون على خدمته من خلال ما اوردته النصوص التاريخية.

5- التصدي للمشاكل والخروقات والنعرات الدينية بحـزم وعقلانيـة خـشية مـن انتشارها مثل فتنـة الـربض ايام الامـير الحكم الاول،وفتنـة طائفة مـن المستعربين المتعصبين الـذين كـانوا يـشتمون الاسلام واهله ايام الامير عبد الـرحمن بـن الحكـم (الاوسـط) وتـم مفاتحـة قومس النصارى بالموضوع وافكاره الى مجموعـة مـن الانتحاريين،ومعالجة فتنـة عمـر بـن حفصون مـن المولدين ومحاصرته ومهادنته وعرض التسلم عليه ثم محاربته في عصر الامارة ايام الامراء المنـذر وعبد اللـه وعبد الـرحمن النـاصر وكان يعد اخطر تمـرد واجه الاندلس،ثم عصر الطوائف الـذي تـم الـتخلص مـن حكـام المـدن بواسطة دعـوة المرابطون مـن عـدوه المغرب بعـد ان استنجد بهـم المعتمد بن عباد الذي قال عبارته ((رعي الجمال خير من رعي الخنازير)).

6- الاعترافات التي صرح بها الاستشراق الاوروبي بحق الحضارة الاندلسية وانجازاتهـا الانسانية خـير دليل ومثال علـى نجـاح الثورة الاسلامية اذ حقق ابنـاء الاندلس مـن مـشاريع خدمية لاهل الـديانات لم تـستطع ان تحقـق منـه جـزء الـدول الكـبرى التي تـستعمر الـشعوب الاسلامية التي فشلت في استخدام القـوة المحرمة واذعنت ابنـاء الـبلاد الاسلامية الى الـذل ونـشر التخلـف والفساد والطائفية والرذيلة والامراض والاوبئة المستعصية على العلاج.

المصادر الاولية والمراجع الحديثة التي اعتمد عليها الكتاب

1-مؤلف مجهول/اخبار مجموعة في فتح الاندلس وذكر امرائها رحمهم الله والحروب الواقعة بهابينهم/تحقيق المستشرق الاسباني اميليو لافونتي القنطرة/مدريد 1867 م

2-ابن القوطية القرطبي/تاريخ افتتاح الاندلس/طبع في مدينة مجريط 1868م.

3-البكري القرطبي/ابو عبيدة ت487هـ/كتاب المسالك والممالك (نشر بعنوان جغرافية الاندلس واوروبا)تحقيق عبد الرحمن علي الحجي/دار الارشاد بيروت 1387هـ/1968م.

4- العذري/احمد بن عمربن انس المعروف بأبن الدلائي ت478هـ/كتاب ترصيع الاخبار،وتنويع الاثار والبستان في غرائب البلدان والمسالك الى جميع الممالك،(نشر بعنوان نصوص عن الاندلس)تحقيق عبد العزيز الاهواني/معهد الدراسات الاسلامية المصري مدريد 1965 م.

5- ابن عذاري المراكشي ت بعد 712 هـ)البيان المغرب في اخبار الاندلس والمغرب،تحقيق كولون وليفي بروفسنال،دار الثقافة،بيروت بلاتاريخ)ج3،2

6- ابن حزم القرطبي،ابو محمد علي ابن محمد(ت 456هـ)

أ جمهرة انساب العرب،تحقيق عبد السلام هارون 1962 ب رسائل ابن حزم،تحقيق احسان عباس،القاهرة 1954 م.

7- ابن حيان القرطبي/ابو مروان حيان بن حلف (ت469هـ).

أ.المقتبس من انباء اهل الاندلس،ج2/تحقيق محمود علي مكي /بيروت1973 م.

ب.المقتبس،تحقيق المستشرقون الاسبان:بدرواجالميتا،د.فدريكوكورينطي،المعهد الاسباني العربي للثقافة-مدريد 1979م.

ج.المقتبس في تاريخ رجال الاندلس،ج3/نشر ملشورانطواية،باريس 1937 م.

د.المقتبس في اخبار بلد الاندلس،تحقيق عبد الرحمن علي الحجي،بيروت 1965 م.

8-ابن الخطيب الغرناطي /لسان الدين ابو عبد الله محمد التلمساني ت 776هـ

اعمال الاعلام في من بويع قبل الاحتلام من ملوك الاسبان،تحقيق ليفي لروفنسال بيروت 1956 م.

9-الونشريسي/ابو العباس اجمد ت914هـ حققه مجموعة من الفقهاء.

10-المفرئ/شهاب الدين اجمد بن محمد التلمساني ت 1041هـ

أ.ازهارا لرياض في اخبار عياض/تحقيق مصطفى السقا وآخرون القاهرة 1939-1940 م في 4 مجلدات

ب.نفح الطيب من غصن الاندلس الرطيب،تحقيق احسان عباس(بيروت 1968)في 8 مجلدات.

11.ديوان ابن دراج القسطلي /تحقيق محمود علي مكي،المكتب الاسلامي دمشق 1964 م.

12.ابن الكتـاني /ابو عبد اللـه محمد بـن الكتـاني لطبيب/كتـاب التشـبيهات مـن اشـعار اهل الاندلس،تحقيق د.احسان عباس،دار الثقافة،بيروت.

13.ابن دحية الكلبـي البلنسـي/ابـو الخطـاب عمـر بـن حسن ت633هـ/المطـرب مـن اشعار اهل المغرب/تحقيق ابـراهيم الابياري،حامـد عبـد المجيد،احمد احمد بدوي المطبعة الاميرية القـاهرة 1954 م.

المراجع الحديثة:

1-ليفـي لروفنـسال/الحـضارة العربيـة في اسبانيا/ترجمـة الطـاهر احمـد مـكي/دار المعـارف 1399هـ/1979م.

2-غوسـتاف لوبـون/حضارة العـرب/تعريـب عـادل زعيـتر،دار احيـاؤ الـتراث العربـي/ط23 بـيروت 1399هـ/1979م.

3-زيجريد هونكة/شمس اللـه على الغرب/او فضل العرب على اوروبـا ترجمة /فؤادحسنين عـلي/دار المعارف/مصر 1969م

مظاهر الـحياة

الاجتماعية الأندلسية والتأثيرات العراقية فيها

مظاهر الحياة الاجتماعية
الأندلسية والتأثيرات العراقية فيها

تقديم:

يعد نجاح فتح اسبانيا في معركة شذونة عام 92 هـ / 711م من القائد المسلم طارق بن زياد والوالي موسى بن نصير البكري من مواليد عين التمر التابعة إلى محافظة كربلاء، مكسباً تاريخياً وحضارياً حيث انتشر الإسلام وثقافة إنقاذ المجتمع من الظلم والجهل والفقر والعبودية وتحويله إلى مجتمع جديد فيه الأعراق والديانات والثقافات المتعددة والمتنوعة.

عبر الجيش الإسلامي من المغرب لفتح اسبانيا بقيادة القائد طارق بن زياد ومعه سبعة ألاف مقاتل لدوافع وأسباب وغايات منها دعوة حاكم مدينة سبته الاسباني الكونت خوليات cond julan لإنقاذ المجتمع الاسباني من المصاعب والمخاطر التي كان يعاني منها الفساد الأخلاقي بعد ملك اسبانيا لذري (فردريك Rodrigo) الذي اعتدى على شرف ابنته الجميلة فلو رندا florindaوكانت تدرس في مدينة طليطلة Toledo تحدث لنا نص أندلسي قديم بقولة: ((وكان جميع ملوك الأندلس يبعثون أولادهم الذكور والإناث إلى بلاط ملكهم بطليطلة وهي يؤمئذ قصبة الأندلس ودار ملكها يكونون في خدمة ملكها لايخدمه غيرهم يتأدبون بذلك اذا بلغوا انكح بعضهم من بعض وتولى تجهيزهم فلما ولى رذريق اعجبتة ابنة ليليان فوثب عليها فكتب إلى أبيها إن الملك وقع بها فأحفظ العلج ذلك، وقال ودين المسيح لازيلن ملكه....)) [1]

توجهت أنظار المجتمع الاسباني نحو المسلمين لإنقاذهم من الأوضاع الصعبة حيث العبودية والظلم والفساد، لذا نرى إن الجيش الإسلامي اندفع برجاله بدافع الجهاد ولم تكن معهم العوائل والنساء، كما جاء بالنص ((فبعث في سبعة ألاف من المسلمين جلهم البربر والموالى ليس فيهم عرب إلا قليل)) [2] فتزوجوا من بنات الأسبان.

عناصر ومكونات المجتمع الأندلسي والعراقي:

يتألف المجتمع الأندلسي من مكونات وعناصر وأعراق متنوعة ساهمت في بناء الحياة العامة في أجواء يسودها التسامح والمحبة والاحترام والتعاون والمصاهرات الاجتماعية مما ساعدت على بقائه وديمومته أكثر من ثماني قرون من الزمان.

تؤكد المصادر الأندلسية إن عرب أهل المغرب ويعرفون بالبربر كان لهم دوراً بارزاً ومميزاً في فتح اسبانيا نظراً لقربهم من شبه الجزيرة الايبرية ومعرفتهم بالمسالك

والممالك وخبرتهم وحبهم وإصرارهم وثباتهم بالقتال والجهاد في سبيل الله وتحملهم وصبرهم على مطاولة الحرب حتى الاستشهاد.

يمكن إيجاز مكونات وعناصر المجتمع الأندلسي بالنقاط هي:

1- العرب
2- البربر
3- الصقالبة
4- السودان
5- المولدون
6- المستعربون
7- النصارى واليهود

عبرت إلى الأندلس أقوام عربية معروفة وساهمت في بناء المجتمع الأندلسي، والعرب الداخلون قسمان،البلديون الذين جاؤوا مع طارق بن زياد وتحملوا أعباء القتال وتحقيق الانتصارات لذا نراهم يعدون أنفسهم من أهل البلد الأوائل.

إما الشاميون الذين جاءوا وعبروا في الحملات التالية عام 93 هـ / 712 م مع الوالي موسى بن نصير وعددهم 18 إلف مقاتل ثم دخلت طلائع أهل الشام بالاسبانية atalaya مع القائد بلج بن بشر القشيري وأبو الخطار حسام بن ضرار وعرفوا بالشاميين وكما جاء بالنص ((ولما كثر الشاميون في قرطبة فرقهم أبو خطار حسام بن ضرار فانزل أهل جند دمشق في البيرة غرناطة وسماها دمشق وانزل أهل حمص في اشبيلية وسماها حمص وأهل الأردن في رية وأهل فنسرين في جيان وأهل جند فلسطين في شذونة وسماها فلسطين وأهل مصر في تدمير وسماها مصر)) [3]

تم إسكان الأجناد الشامية في مدن الأندلس بما يتلاءم مع حياتهم والطبيعة والمناخ في بلدانهم بالمشرق من اجل إن يستقروا وينتجوا من الأرض التي يعيشون عليها وهذا ما حصل بعد ذلك إذا ساهموا في خدمة المجتمع الأندلسي حتى صارت الزراعة متقدمة بفضلهم وتشابهت فعلا مدن الشام والأندلس التي نزلها الأجناد في المظاهر العامة والعادات والتقاليد الاجتماعية التي نقلها الأجناد معهم إلى الأندلس فصارت حمص تعرف بالمصادر اشبيلية ودمشق بغرناطة وغيرها وذلك بفضل التأثير والتأثر.

أشار المؤرخ الغرناطي إلى جماعات البلديون والشاميون بقوله ((فالداخلون على مجتمع يد موسى بن نصير يسمون بالبلديين، والداخلون بعدهم مع بلج بن بشير القشيري، يسمون بالشاميين، وكان دخول بلج بن بشير القشيري بالطالعة البلجية سنة خمس وعشرين ومائة. ولما دخل الشاميون مع أميرهم بلج، حسبما تقرر في موضوعه، وهم اسود الثرى عزة وشهامة، غُصَ بهم السابقون إلى الأندلس، وهم البلديون، وطالبوهم

بالخروج عن بلدهم الذي فتحوه، وزعموا انه لايحملهم وإياهم، واجتمعوا لغزوهم وكانت الحروب تدور بينهم، إلى إن وصول الأندلس، أبو الخطار حسام بن ضرار الكلبي، عابراً إليها البحر من ساحل تونس، واطل على قرطبة على حين غفلة، وقد ستر خبر نفسه، والحرب بينهم فانقاد إليه الجميع بحكم عهد مدينه حنظله بن صفوان والي افريقية، وقبض على وجوه الشاميين عازماً عليهم في الانصراف حسبما هو مشهور ورأى تفريق القبائل في كوز الأندلس ليكون ابعد للفتنة ففرقهم واقطعهم ثلث أموال الذمة الباقين من الروم فخرج القبائل قرطبة)) (4)

توزعت أجناد الشام على كور ومدن الأندلس منها غرناطة وتعرف قديماً السيرة كما ذكرها المؤرخ والجغرافي احمد بن محمد بن موسى الرازي ت 344 هـ / 955م وله ((كتاب الاستيعاب في انساب أهل الأندلس)) بقوله ((وكوره البيرة اشرف الكور نزلها جند دمشق، وقال: لها من المدن الشريفة مدينة قسطلية، وهي حاضرة البيرة وفحصها لايشبه من بقاع الأرض طيباً ولا شرفاً إلا بالغوطة، غوطة دمشق)) (5)

حصل البلديون في الأندلس امتيازات وإكراميات وحقوق أكثر من الشاميين كما قال احمد بن موسى الرازي ((وكان الخليفة يعقد لواءين، لواء غازياً ولواءً مقيماً، وكان رزق الغازي بلوائه مائتي دينار. ويبقى المقيم بلا رزق من الشاميين مثل إخوة المعهود له أو بنيه أو بني عمه، يرزقون عند انقضاء غزواته عشرة دنانير، وكان يعقد المعقود له، مع القائد، يتكشف عمن غزا، ويستحق العطاء، فيعطي على قوله تكرمه،وكانت خدمتهم في العسكر، واعتراضهم إليه ومن كان من الشاميين غازيا من غير بيوتات العقد ارتزق خمسة دنانير عند انقضاء الغزو ولم يكن يعطي احد من البلديين شيئاً غير المعقود له وكان البلديون أيضاً لهم لواءان، لواء غاز، ولواء مقيم، وكان يرتزق الغازي مائة دينار وازنة وكان يعقد لغيره إلى ستة أشهر ثم يدال بنظيره من غيرهم، ولم يكن الديوان والكتبة آلافي الشاميين خاصة، وكانوا أحرار من العشر معدين للغزو ولا يلزمهم العُشر مع سائر أهل البلد وكان أهل بيوتات منهم يغزون كما يغزو الشاميون، بلا عطاء فيسربهم إلى ما تقدم ذكره وإنما كان يكتب أهل البلد في الغزو وكان الخليفة يخرج عسكرين إلى ناحيتين، فيسير بهم وكانت طائفة ثالثة يسمون النظر من الشاميين والبلديين وكانوا يغزون أهل البلد من الفريقين)) (6)

اعد النص أعلاه على امتيازات الجهاد في الأندلس فمنح المقاتلون الأوائل العطاء والرزق للجند من البلديين حقوق أكثر من الشاميين الداخلون إلى الأندلس بعد إكمال الفتح الإسلامي لاسبانيا.

اعتمد الأمير عبد الرحمن الداخل في إكرام الجند الفرسان المتميزين في القتال وتحقيق الانتصارات على العدو في الأندلس والذين ينحدرون من أصول وقبائل عربية

أصيلة ومرموقة ولها مكانه في المجتمع العربي مبلغ إلف دينار ذهبي إما الفرسان من أصول غير معروفة نصف المبلغ تثميناً لدورهم في المجتمع الأندلسي.[7]

لابد من التذكير إن العباسيين في العراق قربوا الموالي ومنحوهم امتيازات كالبرامكة والأتراك إذا أزاد الأمويون في الأندلس إن يتميزوا على غيرهم بتكريم أبناء القبائل العربية في حين قلدوا أو نافسوا بني العباس في امتيازات ووظائف ونظم فنرى الخليفة عبد الرحمن الناصر 300- 350 هـ فتح وزيره احمد بن عبد الملك ابن شهيد رتبة سلطانيه ولقب الشريفي ذا الوزارتين عام 327 هـ تقليد البني عباس، كما جاء بالنص ((وفي سنة سبع وعشرين وثلاث مئة، وثمان خلون من شهر جمادي الأولى،وردت على الناصر لدين الله هدية وزيره احمد بن عبد الملك بن شهيد، العظيمة الشأن التي اشتهر ذكرها إلى ألان، ووقع وأهل مملكته جميعاً واقروا إن نفساً لم تسمح بإخراج مثلها ضربة عن يدها، وكتب مع هديته هذه رسالة حسنة بالاعتراف للناصر لدين الله بالنعمة، والشكر عليها استحسنها الناس وكتبوها. وزاد الناصر وزيره هذا خطوة واختصاصاً واسمي منزلته على سائر الوزراء جميعاً فاضعف له رزق الوزارة وبلغه ثمانين ديناراً في الشهر وبلغ مصروفه إلى إلف دينار في السنة، وثنى له العظمة، لتثنيته له الرزق، فسماه ذا الوزارتين لذلك وكان أول من سمى بذلك بالأندلس، امتثالا لاسم صاعدين مخلد الوزير، وزير بني العباس ببغداد، وأمر بتصدير فراشه في البيت، وتقديم اسمه في زمام الارتزاق في أول التسمية، فمعظم مقداره في الدولة جدا))[8]

خصائص المجتمع الأندلسي:

يتمتع المجتمع الأندلسي بصفات وخصائص متنوعة ومتعددة ومختلفة في الأعراف والأديان والعادات والتقاليد والثقافات والمهارات والإبداعات لكونه جاء من ولايات متعددة من المشرق والمغرب وطبيعات جغرافية ومناخات متنوعة، لذا نرى انه أشبه بالفسيفساء ذات الألوان والكوكتيل في الألوان تربطهم روابط مختلفة وأحياناً يجتمعون تحت لواء دين واحد أو قبيلة أو ثقافة واحدة وطموح واحد هو العيش والاستقرار والعمل والسعي إلى رضي الله تعالى.

نلاحظ في المجتمع الأندلس مزايا و سمات و خصائص نو جزها با لنقاط هي:

1ـ التسامح بين أهل الديانات السماوية الثلاث حيث عاشوا بتآلف ومحبه وقد أسلمت أعداد كثيرة من سكان اسبانيا عن طواعية / وكان لغير المسلمين المسلمين في الأندلس مثل مؤتمر اشبيلية عام 166هـ /782 م ومؤتمر قرطبة 238 هـ / 852 م وظهرت طبقة من الاهالي الاسبان الذين اسلموا عن طواعية بالمسالمة أو المولدين، وقد اتخذ أمراء وخلفاء الأندلس منهم موظفين من قصورهم فهم نصراً الخصي

الذي حاول اغتيال الأمير عبد الرحمن بن الحكم (الأوسط) بعمل سم قدمه لسيد في شراب عصير بالاتفاق مع الجارية بالقصره ولكن الأمير اكتشف المؤامرة فطلب من نصر تناول العصير فمات بهِ

2 ـ الحرية / سعى حكام الأندلس بث الحرية بين الرعية في العمل والعبادة والحياة وحاربت العبودية، كما ورد في النصوص تاريخية أندلسية، إذ نرى الخليفة الحكم المستنصر بالله قد اعتق عدد من العبيد وأكرمهم بالمال كعمل خيري وأنساني وبحضور عدد من وجهاء الخلافة ليكون تقليدا لهم، كما ورد عند المؤرخ الأندلسي ابن حيان القرطبي ((وفى عقب ربيع الأخر أنقذ الخليفة اعتاق جمع كبير من عبيد له وإماء تنيف عدتهم على مائه رقبة انعقد لكثير منهم عتق بتل)) [9] نعى بعتق بتل إي منقطعة عن صاحبها، بتله إي قطعة من ماله،علماً إن التدبير إن يعتق الرجل عبده عن دبر، يعتقه بعد موته، فيقال أنت حر بعد موتي وهو مدبر وفي نص يقول: إن فلانا اعتق غلاما عن دبراى يعد موته ودبرت العبد علقت عتقته بموتك، وهو التدبير إي انه بعتق بعد ما يدبره سيده ويموت. [10]

3- الثقافة: اهتم أهل الأندلس بالثقافة الدينية وتعلم قراءة القران الكريم والحديث الشريف، وسعى حكام الأندلس إلى تثقيف المجتمع والالتفات إلى الفقراء، وأكد لنا ذلك ابن خلدون بقوله ((وإما أهل الأندلس فمذهبهم تعليم القران والكتاب من حيث هو هذا الذي يراعون في التعليم، إلا انه لما كان القران أصل ذلك واسه ومنبع الدين والعلوم جعلوه أصلا في التعليم فلا يقتصرون لذلك عليه فقط بل يخلطون في تعليمهم الولدان رواية الشعر في الغالب والترسل وأخذهم بقوانين العربية وحفظها وتجويد الخط والكتاب ولا تخص عنايتهم فيه بالخط أكثر من جميعها إلى إن يخرج الولد من عمر البلوغ إلى الشبيبة وقد شدا بعض الشئ في العربية والشعر والبصر بيها وبرز في الخط والكتاب وتعلق بأذيال العلم على الحملة)) [11]

أشار علماء الأندلس بازدهار المجتمع الأندلسي ثقافيا لدرجة إن نافس المشرق واستعلى في ارتقاء المجتمعات المشرقية ونال وبجدارة مرتبة الشرف لاينا فسه احد وتفوق على العصر العباسي وثقافته في عصر المنصور والرشيد والمأمون وربما كان محفزا ومؤثرا عليه وبصماته واضحة في نقل مظاهر التأليف والترجمة وشراء الكتب وإنشاء المكتبات.

وصف لنا المقري ثقافة المجتمع الأندلسي بقوله ((وإما حال أهل الأندلس في فنون العلوم فتحقيق الإنصاف في شانهم في هذا الباب، أنهم احرص الناس على التميز فالجاهل الذي لم يوفقه الله للعلم بجهد إن يتميز بصنعة، ويربا بنفسه إن يرى فارغا

عالة على الناس، لان هذا عندهم في نهاية القبح، والعالم عندهم معظم من الخاصة والعامة هذا فليس لأهل الأندلس مدارس تعينهم على طلب العلم، بل يقرءون جميع العلوم في المساجد باحرة، فهم يقرءون لان يعلموا لا لأنه يأخذون جارياً، فالعلم فهم بارع، لان يطلب ذلك العلم بباعث من نفسه يحمله على إن يترك الشغل الذي يستفيد منه وكل العلوم لما عندهم حظ واعتناء، إلا الفلسفة والتنجيم، والشعر عندهم له حظ عظيم، والشعر من ملوكهم وجاهة، ولهم عليهم حظ ووظائف لهم بالصلات على أقدارهم، إلا إن يختل الوقت ويغلب الجهل في حين ما، ولكن هذا الغالب، وإذا كان الشخص بالأندلس نحوياً أو شاعرا فانه يعظم في نفسه المحالة ويسخف ويظهر العجب، عادة قد جلبوا عليها)) [12]

أكدت النصوص التاريخية الأندلسية على سمو الثقافة وارتقائها عند أمراء وحكام الأندلس وحبهم وولعهم بالعلم والعلماء وحضور المجالس الأدبية والعلمية وهو شعار أهل الأندلس وعزهم ومجدهم وقاعدة بقاء الإسلام في الأندلس فنذكر إن الأمير عبد الرحمن بن الحكم (الأوسط) ((كان عالماً بعلوم الشريعة والفلسفة)) [13] ونرى في ثقافة الخليفة الحكم المستنصر بالله خير مثال ((وكان محباً للعلوم،مكرما لأهلها، جماعاً للكتب في أنواعها بما لم يجمعه احد من الملوك قبله، قال أبو محمد بن حزم، اخبرني تليد الخصي - وكان على خزانة العلوم والكتب بدار بني مروان إن عدد الفهارس التي فيها تسمية الكتب أربع وأربعون فهرسة وفي كل فهرسة عشرون ورقة، ليس فيها إلا ذكر أسماء الدواوين لاغير وأقام للعلم والعلماء سوقاً نافقة جلبت إليه بضائعة من كل قطر)) [14]

انشد شعراء الأندلس وافتخروا بثقافة المجتمع، نذكر ما قال ابن عطية [15]:

بأربع فاقت الأمصار قرطبة ... وهن قنطرة الوادي وجامعها

هاتان اثنتان والزهراء ثالثة ... والعلم اكبر شئ وهو رابعها

اشتهرت قرطبة قاعدة الحكم في عصر الإمارة والخلافة باحتضان العلم والعلماء وبها المسجد الذي يعد مركزاً ثقافياً ودينياً تعقد فيه المجالس الأدبية، وتخرج منه مشاهير العلماء والأدباء والفقهاء حتى قيل ((إذا مات عالم في اشبيلية حملت وبيعت كتبه في قرطبة، وإذا مات فنان في قرطبة حملت أدواته وبيعت في اشبيلية)) (16) ساهمت النساء في ازدهار الحركة العلمية في قرطبة وتزويد المجتمع بالمصاحف إذ قامت مجموعة منهن بنسخ المصاحف وتوزيعه على أبناء المجتمع الأندلسي، ويعد عملاً كبيراً في إنقاذ المجتمع من الجهل وخدمته في قراءة القران الكريم،كما ذكر لنا ابن الفياض في تاريخه في إخبار قرطبة قال: ((كان بالربض الشرقي من قرطبة مائة

وسبعون امرأة كلهن يكتبن المصاحف بالخط الكوفي، هذا في ناحية من نواحيه فكيف بجميع جهاتها)) (17) أكدت النصوص التاريخية أندلسية على اهتمام الخليفة الحكم المستنصر بالله الذي اهتم بتثقيف أولاد الفقراء مجاناً ولانشاء مراكز علمية لهم في قرطبة وحول المسجد الجامع (مسجد الجماعة aljama) ((ومن مستحسنات أفعاله وطيبات إعماله اتخاذه المؤدبين يعلمون أولاد الضعفاء والمساكين القران حول المسجد الجامع وبكل ربض من ارباض قرطبة وأجرى عليهم المرتبات... وقد بلغ عدد المكاتب التي أنشاها لهذه الغاية سبعة وعشرين مكتباً منها ثلاثة حول المسجد الجامع وباقيها موزع على ارباض المدينة، واقدح احد الشعراء الحكم الثاني بعمله بقوله:

وساحة المـسجد الجامع مكللـة   مكاتبـاً لليتـامى في نواحيهـا

لومكنت سـور القـران مـن كلـم   نادتـك يـاخير تاليهـا وواعيهـا (18)

ساهم الخليفة الحكم المستنصر بالله باكرام المعلمين والمؤدبين المتميزين في قرطبة وتقديم الامـوال لهـم ودعمهـم لمحاربـة الجهـل، كمـا ورد بالنص: ((انقـذ الخليفة تحبيس حوانيت السـراجين بسوق قرطبة عل المعلمين الذين قد كان اتخذهم لتعليم أود الضعفاء والمساكين بقرطبة)) (19) اهتم الخليفة أندلسي وحرصه ومتابعة الحركة العلمية والتفات المعلمين ساهمت في ازدهار الثقافة في المجتمع اكد المؤرخ الاندلسي ابن بسام الشنتريني صاحب كتاب (الذخيرة في محاسن اهل الجزيرة) وهي الجزيرة الاندلسية والعلامة الفقيه ابن حزم القرطبي كتب رسالته هو ان يفخر بعلماء بلده، وما كتبوه من تصانيف كانت مرجعاً في كل علم وفن لقد شعر اهل اندلس، انهم اذا ما ارادوا ان يلحقوا باهل المشرق في مضمار الرقي فلا بد لهم من ان يكونوا على اتصال باهل هذا المشرق، وقد ذكرنا المقري قوله: ((وما كان على طالب العلم الاندلسي الا ان يرحل الى بغداد او يوصي مسافراً بشراء ذلك الكتاب او لاستطاع راى فلان البغدادي في مسالة من المسائل العلمية)) (20) اوصى العلماء من اهل الاندلس ابنائهم على مواصلة التعلم والدعوة الى طلب العلم والرحلة للحصول على المعلومات مهما كلف الامر من جهاد ومال كما جاء عند الامام القاضي ابو الوليد الباجي ونسبه الى مدينة باجة الاندلسية beja وفي وصيته الى اولاده بقوله: ((والعلم سبيل لايفض بصاحبة الا الى السعادة، ولا يخاف عليه سارق ولا محارب فاجتهدوا في طلبه، استعذبا في حفظه والسهر لدرسه وكل ذي ولايه وان جلت وحرمه وان عظمت اذا خرج عن ولايته وزال عن بلدته اصبح من جاهه عارياً ومن حاله عاطلاً غير صاحب العلم)) (21)

اعتاد كبار علماء الاندلس على توصية ابنائهم على حب العلم والناس والسعي الى عمل الخير كما نرى واوصى المؤرخ الغرناطي ابن الخطيب اولاده بقوله: ((واعلم ان بالعلم تستعمل وظائف هذه الالقاب وتجلى محاسنها من بعد الانتقاب،... والعلم هو السبيل في الاخرة الى السعادة وفي الدنيا الى المحلة عادة والذخر الذي قليله يشفع وكثيره ينفع، لايغلبه الغاصب، ولا يسلبه العدو المناصب ولا يبتزه الدهر اذا نال ولا يستاثربه البحر اذا هاله من لم يناله فهو دليل، وان كثرت اماله وقليل وان جم ماله)) [22] صار المجتمع الاندلسي ينعم بالادب ويفرض الشعر فيذكر ((قل ان ترى من اهل شلب من لايقول شعراً ولا يعاني ادباً ولو مررت بالفلاح خلف فدانه وسالته عن الشعر قرض من ساعته ما اقترضت عليه واي معنى طلبت منه)) [23]

4- محاربة الفقر وتقديم العون والدعم للمحتاجين من ابناء المجتمع الاندلسي وتحدث المقري عن ظاهرة التسول والفقر في اندلس بقوله ((اما طريقة الفقراء على مذهب اهل الشرق في الدروزة (الكدية) التي تكسل عن الكّد وتخرج الوجوه في اسواق متقبحة عندهم النهاية، اذا راوا شخصاً صحيحاً قادراً على الخدمة يطلب سَبُّوه واهابوه فضلاً عن ان يتصدقوا عليه فلا تجد بالاندلس سائلاً الا ان يكون صاحب عذر)) [24] وكانت اسبانيا قبل الفتح تعيش في حالة من الفقر والخمول: لقد رايتنا نطوف مع الامير موسى بن نصير على احياء العرب، فواحد يجيبنا، واخر يحتجب عنا، ولربما دفع الينا على جهة الرحمة الدرهم والدرهمين، فيفرح بذلك الامير ليدفعه الى الموكلين به، فيخففون عنه من العذاب فتفصل منها مايكون من الذهب وغير ذلك ونرمى به، ولاناخذ الا الدرَ الفاخر، فسبحان الذي بيده العزو الذل والغنى والفقر)) [25] اهتم الخليفة الحكم المستنصر بالله في تقديم العون والصدقة الى ابناء الاندلس من المحتاجين كما جاء النص ((وابتنى بغربي الجامع دار الصدقة اتخذها معهداً لتفريق صدقاته، ومن مستحسنات افعاله وطيبات اعماله اتخاذه المؤدبين يعلمون اولاد الضعفاء والمساكين القران) ([26] اشار الشريف الادريسي الى ظاهرة عجيبة في الاندلس عند وصف مدينة ماردة وفيها دار الطبيخ يعمل صحون طعام ربما لمساعدة الفقراء والمحتاجين بقولة: ((وفيها دار الطبيخ وذلك انها في ظهر مجلس القصر وكان الماء ياتي دار الطبيخ في ساقية هي الان بها باقية الاثر لاماء بها فتوضع صحائف الذهب والفضة في تلك الساقية على الماء حتى تخرج بين يدي الملكة فترفع على الموائد ثم اذا فرغ عن اكل مافيها وضعت في الساقية فتستدير الى ان تصل الى يد طباخ بدار الطبخ فيرفعها بعد غسلها ثم يمر بقية ذلك الماء في سروب القصر ومن اغرب الغريب جلب الماء الذي كان ياتي الى القصر على عمد

مبنية تسمى الارجالات وهي اعداد كثيرة باقية الى الان قائمة على قوام لم تخل بها الازمان ولاغيرتها الدهور ومنها قصار ومنها طوال بحسب الاماكن التي وجب فيها البناء)) [27] اهتم حكام الاندلس بالضعفاء والفقراء وتقديم العون لهم في المناسبات فيذكر ان الحاجب المنصور العامري امر بختان اولاد الفقراء عندما قام بختان اولاده، كما جاء بالخبر: ((انه لما ختن اولاده ختن معهم من اولاد اهل دولته 500 صبي، ومن اولاد الضعفاء عدد لايحصر،فبلغت النفقة عليهم في هذا الاعذار 500الف دينار، وهذه مكرمة مخلدة، ومنه فقلده، فالله سبحانه يجازية عن ذلك افضل الجزاء)) [28].

5- مكافحة العادات التي تضر بالمجتمع وتعمل على تخريبه وتمزيقه وفساده واضعافه مثل محاربة الخمور والمخدرات وسعى الخليفة الحكم المستنصر بالله اتلاف محصول العنب الذي يصنع من الخمر ولكنه عدل عن عمله بعد ان علم ان اهل الاندلس لهم خبرة طويلة في صناعة الخمور من اصناف متعددة من الفواكه، كما جاء بالنص: ((وكان قد رام قطع الخمر من الاندلس وامر باراقتها وتشدد في ذلك، وشاور في استئصال شجرة العنب من جميع اعماله، فقيل له انهم يعملونها من التين وغيره، فتوقف عن ذلك وفي امره باراقة الخمور من سائر الجهات)) [29]

6- تقديم الخدمات البلدية للمجتمع الاندلسي من توفير الماء الصافي في مدينة قرطبة والزهراء وفي مساجدها وهذا ما عرفناه في عصر الخلافة الاندلسية كما قام بة الخليفة الحكم المستنصر بالله، كما ورد في النص: ((وفيها اجرى الماء الى سقايات الجامع والميضاتين اللتين مع جانبيه شرقية وغربية، ماء عذباً جلبه من عين بجبل قرطبة، خرق له الارض، واجراه في قناة من حجر متقنة البناء محكمة الهندسة، اودع جوفها انابيب الرصاص لتحفظه من كل دنس، وابتدى جري الماء من يوم الجمعة لعشر خلون لصفر من 356 هـ وفي جرى الماء الى قرطبة يقول محمد بن شخيص في قصيدة مطلعها:

وقد خرقت بطون الارض عن نظف ... من اعذب الماء نحو البيت تجربها [30]

قدم الخليفة الاندلسي بعمله هذا خدمة صحية ساهمت في انقاذ المجتمع الاندلسي من الاصابة بالامراض وسهل عليه الحصول على الماء النظيف بيسر وسهولة.

كما اهتم خلفاء الاندلس بانارة مدينة قرطبة بالمصابيح والفوانيس التي تعمل بالزيت وبذلك سبقت قرطبة العالم حضارياً بهذا العمل، وتفتخر اسبانيا اليوم بما قام به المسلمون اثناء حكمهم لبلادهم، وقد اكد لنا ابن الفياض خبر انارة قرطبة بقوله:

((وسمعت ببلاد الاندلس من غير واحد من مشايخها ان الماشي كان يستضئ بسروج قرطبة ثلاث فراسخ لاينقطع عنه الضوء)) [31]

اما النظافة في الاندلس فهي احدى المظاهر المعروفة في المجتمع وحظيت باهتمام بالغ الاهمية كما ورد ذلك بالنص ((واهل الاندلس اشد خلق الله اعتناء بنظافة ما يلبسون وما يفرشون، وغير ذلك مما يتعلق بهم وفيهم من لايكون عنده الا ما يقوته يومه، فيطويه صائماً ويبتاع صابوناً يغسل به ثيابه، ولا يظهر فيها ساعة على حاله تنبو العين عنها. واهم اهل احتياط وتدبير في المعاش وحفظ لما في ايديهم خوف ذل السؤال. فذلك قد ينسبون للبخل، ولهم مروات على عادة بلادهم ولو فطن لها حاتم لفضل دقائقها على عظائه))[32] هذه الخصال الحميدة تؤكد على مدى التطور الحضاري في الاندلس وعن ازدهار المجتمع في جوانب الحياة العامة، ويعزو ذلك الى حرص واهتمام عدد من الامراء والخلفاء بالرعية على سبيل المثال الخليفة عبد الرحمن الناصر الذي حكم نصف قرن بذل ايام حكمه باسعاد المجتمع وعندما سئل عن ايام سعادته احصاها في 14 يوماً كما ورد بالنص ((وحكى انه وجد بخط الناصر رحمة الله ايام السرور التي صنعت له دون تكدير يوم كذا من شهر كذا من سنة كذا ويوم كذا من كذا وعدت تلك الايام فكانت اربعة عشر يوماً، فاعجب ايها العاقل لهذه الدنيا وعدم صفائها، وينحلها بكمال الاحوال لا ولياتها))[33] حرص الخليفة عبد الرحمن الناصر على تطوير الحياة الاقتصادية في الزراعة والصناعة والتجارة وبذلك توفرت اموال طائلة في عهده من الضرائب وخيرات الاندلس ((وكان الناصر يقسم جباية الاندلس اثلاثاً: فثلث للجند، وثلث مدخر وثلث ينفقه على عمارة الزهزاء))[34]

7- الانفتاح والتطلع على المجتمعات والتاثير بالجيران وهذا ما نلمسه مع الاسبان حيث ترك المجتمع الاندلسي بصماته الواضحة في الكثير من الجوانب في الثقافة الاسلامية فنرى ان عدد من النصارى قلدوا المسلمين في الامتناع عن اكل لحم الخنزير لما عرفوا اضراره الصحية، كما استخدموا الحناء في صبغ الشعر نظراً لتقويته وختان اولادهم لما يؤدي الى فائدة صحية، كما ارتدوا الالبسة والازياء الاسلامية مثل البرنس والعباءة والملابس ذات الاكمام والحشمة لتغطية اجسامهم، كما اتخذوا لهم اسماء عربية، وتعلموا القراءة والكتابة وصاروا يتقنون تدوين الرسائل باسلوب عربي جميل مطرز بالعبارات والورود الملونة تعبيراً على جمالية الرسالة الى الحبيب والحبيبة، حتى ان عدد من الرهبان النصارى المستعربين من عدم الاهتمام بلغتهم اللاتينية وتاثرهم بالثقافة العربية وحذر من مغبة خطورة الموقف من الوجهة الاجتماعية في اسبانيا. احتفل المسلمون في الاندلس في اعيادهم الدينية مثل ليلة الاسراء والمعراج وليلة القدر، وعيد الفطر المبارك وعيد الاضحى المبارك، والمولود النبوي الشريف، فضلاً على ان اهل الاندلس كانوا يشاركون النصارى في اعيادهم في ميلاد السيد

المسيح عليه السلام وليلة العجوزة وهي اخر ليلة من السنة الميلادية واسبوع القديس وغيرها من المناسبات، ولكن فتاوى الفقهاء حرمت عليهم ذلك التقليد والمشاركة والاحتفال في نصب الموائد وعمل الاطعمة الخاصة والزينة واعتبروها بدع وكل بدعة ضلالة وكل ضلالة في النار وكان الاجدر بالمسلمين الاحتفال باعيادهم مثل المولد النبوي الشريف وفي مدينة سبتة الاسلامية وكانت تقام فيها احتفالات المولد النبوي الشريف وكانت عائلة العزفي قد اخذت على عاتقها احياء تلك المناسبة ودونت كتاباً مخطوطاً بعنوان ((الدَر المنظم في مولد النبي المعظم)) ذكرت فيه الفضائل الدينية للمولد وحذرت من تقليد البدع، وحثت اهل الاندلس على الصلوات ومساعدة الفقراء. التاثيرات المتبادلة بين المجتمع الاندلس والاسباني كثيرة وواضحة عبر التاريخ من عادات وتقاليد ولا يزال الشعب الاسباني يحتفظ بالكثير منها في مجال اللغة الاسبانية حيث المفردات العربية التي تربو على اربعة الف كلمة عربية دخيلة على الحضارة الاسبانيةوكذلك العادات والتقاليد مثل تفضل الولد على البنت في الولادة وطرد الحسد من العيون، حيث يوضعون عند مداخل بعض البيوت الاسبانية حذوة الفرس او الحذاء القديم وفخار سبع عيون، وعندما ينظرون الى الشخص ياكل الطعام يقولون بالعافية، ويزيدون كلمة ان شاء الله بالدعوة، وكلمة امين في التراتيل الدينية، وعبارة ان شاء الله والحمد لله وهي تعاليم وقيم اسلامية يعتزبها المجتمع الاسباني وهي تراث اهل الاندلس.

8. الاستغاثة والنجدة والنخوة عند ابناء المجتمع الاندلسي بالحكام كما اوردت لنا النصوص الاندلسية ايام الامير الحكم بن هشام (الربضي) وجاء في النص ((ومن بديع اخبار الحكم ان العباس الشاعر توجه الى الثغر (طليطلة) فلما نزل بوادي الحجارة سمع امراة تقول: واعوناه بك ياحكم، لقد اهملتنا حتى كلب العدو علينا، فأيمنا وايتمنا، فسالها عن شانها، فقالت: كنت مقبلة من البادية في رفقة، فخرجت علينا خيل عدو فقتلت واسرت فصنع قصيدة اولها:

تململت في وادي الحجارة مسئداً	اراعي نجوماً ما يرون تغيرا
اليك ابا العاصي نضيت مطيتي	تسير بهم ساريا ومهجرا
تدارك نساء العالمين بنصره	فانك احرى ان تغيث وتنصرا

فلما دخل عليه انشده القصيدة ووصف له خوف الثغر،واستصراخ المرأة باسمه،فأنف ونادى في الحين بالجهاد والاستعداد.. وقال ((للعباس سلها: هل اغاثها الحكم ؟ فقالت المرأة، وكانت نبيلة: و الله اعز نصره، فارتاح لقولها، وبدأ

السرور في وجهه وانشدها شعراً)) [35] يبدو ان حالات الاستغاثة نساء الاندلس من سطوة العدو عند الحدود كثيرة وخطيرة، اذ نرى حادثة في عصر الحاجب المنصور العامري كما جاء بالنص ((استغاثة امرأة بالحاجب المنصور عندما عاد من بعض غزواته. امرأة تغصت عليه بلوغ مناه وشهواته وقالت له: يامنصور استمع ندائي، وانت في طيب عينيك وانا في بكائي، فسألها عن مصيبتها التي عمتها وغمتها، فذكرت له انما لها ابناً اسيراً في بلاد سمتها وانها لايهنا عيشها لفقده فرحب المنصور وانفذ غزوة خلص فيها جميع من فيها من الاسرى)) [36]

9. الحوادث التي اوردناها تذكرنا بما جرى في عصر الخليفة العباسي المعتصم عندما استغاثت امرأة عربية اعتدى عليها الروم ونادت وامعتصماه !!! وطلبت منه النجدة لانقاذها من سطوة العدو، ويبدو ان المؤرخ الاندلسي حاول التأثر بما يجري من حوادث في المشرق ليسرد لنا امثاله تاريخية محاولاً منافسة المشرق في خدمة ونخوته في انقاذ النسوة من جبروت اعداء الاسلام.

اهتمام حكام الاندلس بتربية الابناء من الاولاد والعناية بهم وتخصيص اموال لهم مثلما كان الخليفة العباسي الرشيد الذي حرص على ابنائه الامين والمامون في تأديبهم وتثقيفهم من المعلمين المعروفين، ويذكر المؤرخ ابن حيان القرطبي قال ((وسلك الخليفة الناصر لدين الله بذكور الاولاد لاول توالي مواليدهم له فسلك الامير محمد ابي حده في ذكور أولاده من تعجيله النظر لكل واحد منهم اول ترعرعه بقصر يسكنه وضياع تغل له وعقار بداخل البلد يجري عليه خرجه، الى رزق هلالي ومعروف بني يجريهما عليه تتاكد بهما ملوكيته وتتاثل نعمته ويختار لكل واحد منهم في وجوه الناس واولى مرواتهم وكيلا يسند بشانه اليه ويقلده النظر في دخله وخرجه وامر قصره وضياعه يرزقه على ذلك ما يقوم به، فلا تزال نعمة الولد منهم تمنى بنمو سنه وينوب بحسن النظر والادخار لما فضل من دخله، فيخرجهم ضرورة من قصره الى قصورهم تلك التي لهم ونعمهم تلك الموفرة عليهم)) [37]

10. سعى الخليفه الاندلسي عبد الرحمن الناصر الى تقليد الخلفاء العباسين بالمشرق في تخويف العصاة والمتمردين من الرعية بالحيوانات الوحشية كالا سود كماذكر لنا ابن حيان القرطبي بقوله ((و مما رعب الناصر لدين الله الناس به من فظيع المخاوف اتخاذه الاسود ارهابا لعذابه، وذلك من افعال الجبابرة الملوك بالمشرق ذهب الى اقتفاء اثرهم فيها،فاستدعاه من قبل ملوك العدوة، اذ لبيت من سباع الاندلس ولا لها فيها اعمار ولا انسال، وذلك من مفاوزها، فأهديت اليه عدة منها، اتخذ لها داراً ظهر قصره بقرطبة فوق القنطرة الماثلة على الخندق و يجوفه المطبق به ينسب ايها

اليوم فتدعى بقنطرة الاسود، لها سباعون يضبطونها في الحديد ويطعمونها وظائفها الكافية لها من لحوم البقر، يفزع بها اصحاب الجرائم فالقلوب من خوفها واجفة)) [38]

11-احترم النساء وقد ولع اهل الاندلس بالجمال البشري والطبيعة وكثرة الانجاب وحب النساء للزينة، فتذكر النصوص الاندلسية ان الامير الحكم بن هشام (الربضي) له من الابناء 20 ولداً ومثله من الاناث [39] اما ولده عبد الرحمن ابن الحكم الاوسط فيذكر ان عدد ولده مائة وخمسون من الذكور وخمسون من الاناث، وكان كثير الميل للنساء وولع بجارية طروب، وكلف بها كلفاً شديداً وهي التي بنى عليها الباب ببدر المال حين تجنت عليه، واعطاها حلياً قيمته مائة الف دينار، فقيل له: ان مثل هذا لاينبغي ان يخرج من خزانة الملك، فقال: ان لابسه انفس منه خطراً، وارفع قدراً، واكرم جوهراً واشرف عنصراً واحب اخرى اسمها مدثرة فاعتقها وتزوجها، واخرى كذلك اسمها الشفاء، واما جاريته قلم فكانت اديبة، حسنة الحظ، راوية للشعر حافظة للاخبار، عالمة بضروب الادب)) [40] حاول بعض الرجال بوسائل متعددة من الحصول على قلوب النساء من خلال الهدايا الثمينة والجواهر الكريمة مثلما قام به محمد بن ابي عامر المربي الخاص الى هشام الثاني ابن الخليفة الحكم المستنصر بالله عندما دخل قصر قرطبة لتربية الصبي هشام بن السيدة صبح البشكنسية زوجة الخليفة الحكم المستنصر بالله، وصار يحمل الهدايا الى بنات القصر مزخرفة برسائل جميلة وعندما علم الخليفة الاندلسي بذلك ((قال الحكم يوماً لبعض ثقاته - ما الذي استلطف به هذا الفتى حرمنا حتى ملك قلوبهن الا ما اتاه ؟ انه لساحر عظيم او خادم لبيب واني لخائف على مابيده - ووقع من قلب المرأة صبح موقعاً لاشئ فوقه تزيدت في بره، وتكلف بشأنه، حتى تحدث الناس بشغفها به)) [41] هيئة وصورة المرأة الاندلسية الغرناطية وصفها المؤرخ ابن الخطيب بقوله: ((وحريمهم حريم جميل موصوف باعتدال السمن وتنعم الجسوم واسترسال الشعور ونقاء الثغور، وطيب الشذا وخفة الحركات ونُبل الكلام، وحسن المحاورة، الا ان الطول يندر فيهن، وقد بلغن من التفنن في الزينة لهذا العهد والمظاهرة بين المصبغات، والتنافس في الذهبيات والديباجات، والتماجن في اشكال الحلي الى غاية بعيدة)) [42] انجبت الاندلس شهيرات بالجمال والاخلاق مثل (ولادة بنت الخليفة المستكفي وتلميذتها مهجة الركونية وحميدة بنت زياد المؤدبة المعروفة بخنساء المغرب وحفصة بنت الحاج الركونية، وعائشة بنت احمد القرطبية، ونزهون القلاعية الغرناطية....وكن جميعاً موصوفات بالجمال

والظرف الا عائشة فقد استغنت بالفهم والادب والفصاحة)) [43] تسابق حكام وولاة الاندلس في شراء الجواري العراقيات لجمالهن وثقافتهن مثل الجارية العراقية قمر البغدادية والتي ((اشتراها ابا اسحاق ابراهيم بن حجاج في اشبيليه، وكانت كالبدر المنير، ذات بيان وفصاحة ومعرقة بالالحان والغناء، فوجدها قمراً عندما اسماها، وكانت لها شعرٌ يستحلى ويستحسن)) [44]

12-اهتمام اهل الاندلس بالملابس والازياء العربية بالشكل اللائق، كما وصفه لنا ابن الخطيب الغرناطي بقوله ((ولباسهم الغالب على طبقاتهم الفاشي بينهم الملف المصبغ شتاءً تتفاضل اجناس البرز منه بتفاضل الجدات والمقادير، والكتان والحرير والقطن والمعزي والاردية الافريقية والمقاطع التونسية والمازر المشفوعة صيفاً فتبصرهم في المساجد ايام الجمع كانهم الازهار المفتحة في البطاح الكريمة تحت الاهوية المعتدلة... وزيهم في القديم شبيه بزي جيرانهم وامثالهم من الروم في اسباغ الدروع وتعليق الترسة وجفاء البيضات... والعمائم تقل في زي اهل هذه الحضرة الاماشذ في شيوخهم وقضاتهم وعلمائهم والجند الغربي منهم)) [45] اوضح المقري لباس المجتمع الاندلسي بقوله ((واما زي اهل الاندلس، فالغالب عليهم قاضياً ولافقيهاً مشاراً اليه الاوهو بعمامة، وقد تسامحوا بشرقها في ذلك وكثيراً مايتزيا سلاطينهم واجنادهم بزي النصارى المجاورين لهم، فسلاحهم كسلاحهم، واقبيتهم من لاتكرلاط (قرمزي) وغيره كاقبيتهم وكذلك اعلامهم وسروجهم... ولا تجد في خواص الاندلس واكثر عوامهم من يمشي دون طيلسان الا انه لايضعه على راسه فهم الا الاشياخ المعظمون وغفائر الصوف كثيرا ما يلبسونها حمراً وخضراً والصفر مخصوصة باليهود ولا سبيل ان يتعمم البتة) [46]

المصاعب والمعوقات التي واجهت المجتمع الاندلسي:

استمرت الصلات الاجتماعية بين اهل الاندلس وازدهرت ثلاثة قرون منذ فتح اسبانيا في اواخر القرن الاول الهجري وحتى اخر القرن الرابع الهجري / العاشر الميلادي وبلغت الوحدة الاجتماعية اوج قوتها وعنفوانها بفضل قوة الحكم وعقليته وفلسفته تجاه ابناء الاندلس وبث روح المحبة والاخوة والعمل والاحترام والتسامح وخدمة المجتمع ولكن ضعف وسقوط الخلافة الاندلسية عام 422 هـ وانهيار وصراع الوحدة الساسية بين زعماء القبائل العربية والبربرية وكبار رجالات الجيش ساهم في خلق الفتنة استمرت ربع قرن من الحرب الاهلية بين طبقات المجتمع الاندلسي في ظل حكم دويلات طوائف المدن الاندلسية تحت زعامات شخصيات هدفها الظهور والسيطرة والحصول على الالقاب السلطانية والتفاخر وشراء ذمم الشعراء حتى انتقدهم الشاعر الاندلسي بقوله:

مما يزهدني في ارض اندلس   اسماء معتضد فيها ومعتمد

القــاب مملكــة في غــير موضــوعها　　　كـــالهر يحـــكي انتفاخـــا صـــولة الاســـد

تفككـت وحـدة المجتمـع الاندلـسي وانقـسمت الى اسر اقطاعيـة هـدفها وغاياتهـا الزعامـة والنفـوذ والسيطرة على ثروات المجتمع نهب خيراته من حكومات دويلات طوائف المدن وهم:

بنو تجيب　　في سرقسطة قاعدة الثغر الاندلسي الاعلى

بنو ذي النون　　في طليطلة قاعدة الثغر الاندلسي الاوسط

بنو الافطس　　في بطليوس قاعدة الثغر الادنى

الـصقالبة　　في مـدن شرق الانـدلس في دانيـة والجـزر البليـار (منورقـة الـصغرى) وميورقـة الكبرى) واليابسة، وفي بلنسيه ومرسيه

بنو صمادح　　في مدينة المريه (قاعدة الاسطول الاندلسي)

بنو زيري　　في مدينة غرناطة

بنو برزال　　في مدينة قرمونة

بنو جهور　　في مدينة قرطبة

بنو عباد　　في مدينة اشبيلية

تنـافس حكـام طوائـف المـدن في تكـوين جـيش خـاص بهـم واتخـذوا الـشعراء والالقـاب التـي لا تناسـب اعمالهـم وافعـالهم مثـل المـامون ذو المجـدين اتخـذه يحيـى بـن ذي النـون ملـك طليطلـة منافـسا بنـي العبـاس في العـراق كـما نـال ملـك اشبيلية محمـد بـن عبـاد لقـب المعتمـد عـلى اللـه تـاثر بالالقـاب العباسـية وسـارع حكـام الطوائـف في توزيـع المناصـب والعقـارات والامـلاك عـلى ابنـائهم وادخلـوا النظـام الوراثي كـما نـرى مـا فعلـه سـليمان بـن هـود في الثغـر الاعـلى عنـدما قـسم مملكتـه بـين اولاده الخمـسة كـما جـرى في عـصر الخليفـة العبـاسي هـارون الرشـيد اذ وزع الـسلطة بـين ابنائـه الثلاثـة الامـين والمـامون والمـؤتمن، وقـام المظفـر بـن الافطـس في تقـسيم مدينـة بطليـوس ويـابرة بـين ولديـه وجـرت العـادة عنـد اغلب حكـام طوائـف الانـدلس في التواريـث وتوزيـع الغنـائم اذ فعـل بـاديس بـن زيـري فخـص حفيـدا لـه في غرناطـة وحفيـدا اخـر بمـا لقـة وتـصرف ابـو الوليـد جهـور بتقـسم نـواحي ادارة قرطبـة بـين ولديـه ويلاحـظ عـلى بنـي عبـاد في اشـبيلية ان التوريـث للـسلطة مـن الاب الى ابـن واحـد فقـط كـما كـان في بدايـة العـصر العبـاسي الاول بـالعراق سـعى حكـام الطوائـف الحـصول عـلى الـشرعية والاسـتعانة بالفقهـاء في ادارة بعـض مدن الانـدلس كـما نـرى عنـد بنـي ذي النـون اذ اسـندوا ادارة طليطلـة بيـد فقهـاء كبـار منهـا كـابن الحديـدي وابن الفرج كما ترك الفتيان الصقالبة ادارة مرسية لفقيها ابن ظاهر (47)

فقـد حكومـات الطوائـف الـصفة الـشرعية والمعنويـة ومحبـة اهـل الانـدلس واغـضبت اهـل المغرب والولايات الاسلامية بالمشرق.

الاثار والجوانب السلبية لسلكان الطوائف دويلات المدن الاندلسية على المجتمع الاندلسي

هي:

1- تفكك وحدة المجتمع الاندلسي وانقسامه الى وحدات طوائف .

2- عامل العزلة والتفرقة بين ابناء الاندلس .

3- الخيانة والغش اذ ارتبط بعض حكام المدن بالمماليك الاسبانية الشمالية في الحصول على التاييد والدعم المادي والعسكري والمعنوية بدون موافقة اهل الاندلس .

4- اغتصب ملوك الطوائف الالقاب والكنى السلطانية التي لاتليق بافعالهم وتصرفاتهم .

5- تدنيس المجتمع الاندلسي بعادات وتقاليد غريبة ودخيلة من خارج حدود الاندلس .

6- راجت اسواق الجواري والغلمان في عصر الطوائف .

7- سرقة اموال عامة المسلمين والتلاعب بها لاغراض عوائل حكام الطوائف .

8- ظهور حالات البدع والترف وتناول الخمور .

9- تباين طبقي في المجتمع الاندلسي بين طبقة حكام مدن الاندلس والعامة .

10- ظهور النظام الاقطاعي في الاندلس .

11- انتشار روح العداوة والحقد والعصيان .

12- تمرد اصحاب الاراضي في دفع ضريبة الخراج وتاخر الحياة الاقتصادية بالاندلس .

13- صراع وتنافس وحياكة دسائس ومؤامرات بين حكام طوائف مدن الاندلس على مناصب ونفوذ وزعامة على حساب المجتمع ومثال ذلك في الموقعة بين الفتى زهير صاحب المريه وبين الزيرين غدر سودان الصقلبي بيدهم كما ذكر النص ((سودان زهير غدوره اول وهله وانقلبوا مع صنهاجة وليست بالبدع من افعالهم وكانوا قطعة خشنة يقاربون خمسمائة)) [48] وعندما هاجم بنو عباد حكام اشبيلية مدينة مالقة انفر السودان بالدفاع عن قضية سيدهم الزيري ولا ذوا بالقبة عند سقوط المدينة حيث استمروا في المقاومة ريثما وصلت امداد سيدهم [49]

14- عانت المؤسسة الحربية في ظل الطوائف الضعف وعدم دفع رواتب الى الجند والطعام ساهمت في تدهور الجيش الاندلسي كما اكد ابن حيان القرطبي في وصفه لبني زيري في غرناطة وبني جهور في قرطبة في دخولهم لمعركة الزلاقة بقوله ((فما ان تتامت عدتهم مائتى فارس اكثرهم سوقون حاقدون معوقون مستقصرون يشتري لهم القوت من السوق مضيقا على رعيته ويزدلف بهم في

غـد ايـامهم)) [50] وكانـت الجيـوش عنـد حكـام الطوائـف اقـرب مـن العـصابات والمليشيات منهـا الى الجيـوش المنظمـة حاشـا جـيش بنـي عبـاد في اشـبيلية لقـوتهم ونفـوذهم واهـتمامهم بالجنـد والاسـطول الحـربي كـما ذكـر ابـن بـسام بقولـه ((انـشا المعتمـد سـفينة ضـاهى بهـا مـصانع الملـوك القـاهرين بعـد العهـد بمثلهـا شـدة اسر وسـعه بطـن وظهـر كانمـا بناهـا صرحـا ممـرداً واخـذ بها على الريح ميثاقا مؤكداً)) [51]

نظرة اهل الاندلس في المجتمع العراقي واعجابهم بثقافتة وتقاليده:

تطلـع اهـل الانـدلس بلهفـة وشـغف وشـوق نحـو العـراق مهـد الحـضارات ومهـبط الـديانات الـسماوية ومـوطن المـذاهب الفقهيـة ومركـز المـدارس العلميـة ومـوطن الخلافـة الراشـدي الرابـع، تلهـف العلـماء والادبـاء والفنـانين لزيـارة العـراق والتـزود مـن منهلـه العلمـي ومـشاريعها الفكريـة في مدينـة الـسم ومعالمهـا ونهـضتها العلميـة، وتـشوق لزيارتهـا الكثـير مـن علـماء الانـدلس مـنهم ابـن حـزم القرطبـي (ت 456 هــ) بقولـة: ((بغـداد حـاضرة الـدنيا ومعـدن كـل فـضيلة والمحلـة التـي سـبق اهلهـا الى حمـل الويـة المعـارف والتدقيق في تصريف العلوم ورقة الاخلاق والنباهة والذكاء وحدة الافكار ونقاء الخواطر)) [52]

تـابع علـماء الانـدلس المـسيرة العلميـة في بغـداد ومـدن العـراق الاخـرى مـن اصـدارات كتـب ومنـاظرات وحلقـات الـدرس، فـضلاً عـن الامـن والاسـتقرار والرخـاء والابـداع، ومـن شـعر ابي محمـد بـن حـزم القرطبـي يخاطـب قـاضي الجماعـة في قرطبـة عبـد الـرحمن بـن بـشر [53] ويؤكـد لـه اعجابـه بثقافـة المجتمع العراقي بقوله: [54]

انـا الـشمسُ في جـو العلـوم منـيرةً	ولكـــن عيبـــي ان مطلعـــي الغـــربُ
ولـو اننـي مـن جانـب الـشرق طـالعٌ	لجـد عـلى مـا ضـاع مـن ذكـري النهـبُ
ولي نحـو افـاقِ العـراقِ صـبابةٌ	ولاغـــرو ان يـــستوحش الكلـــف الـــصب
فـان يُنـزل الـرحمن رحـلي بيـنهم	فحينئـــذ يَبـــدْو التأســـف والكـــرب
فكـم قاتـل اغفلتُـهُ وهـو حـاضرٌ	وطلـــب مـــا عنـــهُ تجـئ بـــه الكتـــبُ
هنالـك يـدري أن للعبـدِ قـصةً	وأن كـــسادَ العلـــم آفتـــه القـــربُ
فيـا عجبـاً مـن غـاب عـنهم تـشوقوا	لـــه، ودُنُـــوُّ المـرء مـــن دارهـــم ذنـــبُ
وان مكانـــاً ضـاق عنـى لـضَيقٌ	عـــلى أنـــه فـــيحٌ مهامهُـــه سُـــهب
وان رجـــالاً ضـيعوني لـضيعٌ	وان زمانـــاً لم انـــل خـــضبه جَـــدْبُ

الحنين الى الارض الام من مظاهر المجتمع الاسلامي وتربية ابنائه الى الاهل والاحبة وماجاء على لسان شعراء العرب في حسن التشبه في بناء الدور وما ورد من ابيات:

صحون تسافر فيها العيون وتخسر عن بعد أقطارها

وقبة ملكٍ كأنّ النجوم تصغى اليها بأسرارها

وفوارة ثأرها في السماء فليست تقصر عليهن ثارها

أنا اوقدت نارُها بالعراق اضاء الحجاز سنا نارها

تُرد على المدن ما انزلت على الآرض من صوب أقطارها

لكثرة اهتمام اهل الاندلس بحضارة بغداد، صار الشعراء ينشدون ويفاخرون بمدينة قرطبة وتوجيه انظار الرعية لها، كما ورد بالابيات الاتية (56)

دع عنك حضرة بغداد وبهجتها ولا تعظم بلاد الفرس والصين

فما على ألآرض قُطرُ مثل قرطبة وما مشى فوقها مثل ابن حمدين

تأثر اهل الاندلس بعادات وتقاليد المجتمع العراقي وانتقلت مظاهر الحياة العامة منها النظافة اذ اشتهر اهل الاندلس بحبهم للنظافة في ملبسهم ومأكلهم وفرشهم وكل ما يتعلق بهم ((وفيهم من لايكون عنده الا ما يقوته يومه، فيطويه صائماً ويبتاع صابوناً يغسل به ثيابه، ولا يظهر فيها ساعة على حالة تنبو العين عنها)) [57]

واعتاد اهل الاندلس ان يسيروا في الشوارع ورؤسهم عاريه، اما الفقهاء والقضاة فالغالب عليهم وضع العمائم في غرب الاندلس كما اعتاد اهل العراق، اما في الشرق فيرى القاضي والفقيه عارى الراس ويندر ان يتعمم ويلبس الخاصة منهم الطيلسات، اما غفائر الصوف فكانوا يلبسون الخضراء والحمراء منها، حيث اختص اليهود بلبس الصفراء، ولاسبيل لليهود ان يتخذوا العمائم ولا يجوز ان يرخى الذوابة الاعالم.

وكانت الاحوال التي تلبس بها العمائم في المشرق غير معروفة عند الاندلسيين فاذا رأوا مشرقياً اظهروا التعجب والاستطراف، وكانت ثيابهم تفصل على طريقتهم الخاصة حيث لم تكن الطريقة في تفصيل الثياب متبعة لديهم. [58]

وكانت مساكن اهل الاندلس لاتختلف كثيراً عن بقية المنازل في الولايات الاسلامية كما في العراق، وكانو يستعملون في بنائها الاجر والحجر، وكان للحجر عندهم

انواع من الالوان، وكانوا يجعلون لبيوتهم جدراناً عالية وسقوفهم من القراميد، اما الابواب والنوافذ فكانت صغيرة، وكانوا يحرصون على ان يكون للبيت ساحة واسعة.

اما هوايات اهل الاندلس فهي متعددة يقضون بها اوقات فراغهم، وكانوا يقيمون سباقات الخيل ومباريات الفرسان والمصارعة بالعصي، واللعب بالشطرنج حتى ان الكلمة دخلت في مفردات اللغة الاسبانية ajedrez ولهم أعيادهم واحتفالاتهم الدينية والدنيوية والمشاركة باعياد النصارى مثل الليلة العظيمة ولادة السيد المسيح عليه السلام والليلة الاخيرة من السنة الميلادية وتعرف الليلتين بالاسبانية la noche vieja او la noche buena عيد الملوك السحرة في 6 كانون الثاني من كل عام los reyes magos وأسبوع الفصح semana santa واصدر الفقهاء فتاوى بتحريم التقليد والمشاركة باعياد النصارى وعدوها لابي العباسي السبتي وكتاب مخطوط ((جنَى الجنتين في خبر الليلتين)) لابن مرزوق التلمساني صاحب ((كتاب المسند الصحيح)) ((وكتاب الاعتصام))

للامام الشاطبي الاندلسي اشتهر الاندلسيون بابداعاتهم وبراعتهم وحذقهم وذكائهم وثباتهم وصمودهم في الحملات الجهاد ضد الممالك الاسبانية الشمالية، ومواظبتهم على التعلم والتحصيل وحيويتهم وخفة مزاجهم والتعصب الشديد لانتسابهم لبلدهم ومدينتهم

احوال المراة الاندلسية وتاثرها بخواتها العراقيات:

عاشت المراة الاندلسية وضعاً حضارياً وهي تحمل الثقافة والاحترام، فقد سيطرت العادات المشرقية عامة والعراقية خاصة، وتمتعت بحرية في الخروج للصلاة يوم الجمعة والحمامات والسوق والعمل والدرس والمشاركة في الحفلات والمناسبات وصرح لنا ابن حزم القرطبي قد تعلم في صباه على ايدي النساء ((وهن علمنني القران وروينني كثيرا من الاشعار ودربنني في الخط)) [59] ظهرت في تاريخ الاندلس نماذج من النساء اللواتي اشتهرت بالعلم والادب منها العبادية التي اهداها الامير مجاهد العامري حاكم مملكة دانية الى امير المعتضد ابن عباد حاكم مملكة اشبيلية, فقد كانت اديبة ظريفة, كاتبة و شاعرة عالمة بكثير من علوم باللغة. كما اشتهرت بثينة بنت المعتمد بن عباد و ابنه الرمكيه بجمالها و حالاوة نادرتها ونظمها للشعر. وكانت مريم بنت يعقوب الانصاري تعلم النساء الادب, اما نزهون الغرناطية فقد اشتهرت بجمالها وخفة دمها,وحفظها للشعر وارمثال. [60] تطرق المؤرخ ابن الابار البلسني (ت 658هـ) في كتابة التكملة لكتاب الصلة الى عدد من نساء الاندلس و دورهن في الحركة العلمية و الادبية, وقدم لنا تراجم عن 68 امرأة, ومن اعلام نساء الاندلس في الغناء بنات المغني والموسيقار والاديب العراقي على بن نافع المعروف بزرياب الذي غنى في بلاد الخليفة هارون الرشيد، ومنهن حمدونة وعليهِ التي طال عمرها على اختها، وحمل الناس عنها, كما كانت متعة جاريه زرياب التي حفظت

احسن اغانيه و تقدم خبرها في ابياتها التي غنت بها الامير الاموي عبد الرحمن بن الحكم (الاوسط), و وصفت بالحدق والطبع في انشاد الاشعار, كما نسب ال الجارية قمر البغدادية, الفصاحة وصياغة الالحان الجميلة وكانت عند ابن حجاج الاشبيلي صاحب اشبيلية.[62]

شمل التأثير العراقي ي الاندلس مفاصل ومرافق الحياة العامة, وصارت قرطبة تنافس بغداد في اسواق الكتب بالنسخ والتجليد حت قيل (اذا مات عالم في اشبيلية حملت وبيعت كتبه في قرطبة)[63].

لازم اهل الاندلس من المثقفين سوق الكتب في قرطبة ام للحصول او الشراء او للاطلاع او الاستمتاع او التثقف بالمؤلفات والمنسوخات, وينقل لنا المقرى صورة رائعة عن عالم اندلسي يبحث عن كتاب احتاج اليه بنصه ((قال الحضرمي: اقمت مرة بقرطبة، ولزمت سوق كتبها مدة اترقب فيه، وقوع كتاب كان لي بطلبه اعتناء، ال ان وقع وهو بخط فصيح وتفسير مليح ففرحت به اشد الفرح فجعلت ازيد في ثمنه، فيرجع ال المنادي بالزيادة على...)) [64] مثل هذه الحالة نراها عند اهل العراق في السعي الى اقتناء امهات المصادر وفرائدها سعى حكام الاندلس الى تقليد العباسيين في البذخ والترف والاسراف في بناء القصور والحدائق اذا كانوا يبنون القصور وينفقون في هندستها اموالا طائلة في سبيل تحقيق متعهم وملذاتهم، فنرى مثلاً ان الخليفة الاندلسي عبدالرحمن الناصر شيد مدينة الزهراء في اطراف قرطبة عند اطلال جبل العروس وذلك اكراماً لجاريته الزهراء، وقدم المؤرخون الاندلسيون وصفاً رائعاً وجميلاً ومدهشاً لعمارة مدينة الزهراء، ننقل منه ((... واما الحوض المذهب الكبير المنصوب في بيت المنام فهو من جلب اليوناني من القسطنطينية مع بيع الاسقف من بيت المقدس، واما الحوض الاخضر المشهور فهو من جلب احمد بن كرم الشامي، قالوا باجمعهم انه لاقيمة له، واما اليتيمة المنصوبة في المجلس البديع فهي من تحف اليون صاحب القسطنطينية)) [65] .

ابدع المعماري الاندلسي في اتقان هندسة بناء الزهراء والعجائب المعمارية كما ورد بالخبر ((وبنى في قصرها المجلس المسمى بمجلس الخلافة كان سمكه من الذهب الرخام الغليظ في جرمه الصافي في لونه الملون في اجناسه وكانت حيطانه هذا المجلس مثل ذلك، وفي وسط المجلس البديع اليتيمة التي اتحفه بها ليون ملك القسطنطينية، وكانت قراميد هذا المجلس من الذهب والفضة، وهذا المجلس في وسطه صهريج عظيم مملوء بالزئبق وكان في كل جانب من هذا المجلس ثمانية ابواب قد انعقدت على اقواس من العاج والابنوس المرصع بالذهب واصناف الجواهر قامت على سوار من الرخام الملون والبلور الصافي وكانت الشمس تدخل على تلك الابواب فيضرب شعاعها في سمك المجلس وحيطانه فيصير من ذلك نور يأخذ بالابصار فكان الملك اذا اراد ان يفزع اهل مجلسه او ما ال احد

صقالبته فيحرك ذلك الزئبق فيظهر في المجلس نور كلمعان البرق ياخذ بجميع القلوب فيخيل لمن كان في المجلس كان يدور ويستقبل الشمس، وقيل: كان ثابتاً على صفة هذا الصهريج وهذا المجلس لم يتقدم لبنائه احد لافي الكفر ولا في الاسلام، وانما تهيا له ذلك بكثرة الزئبق عنده)) (66)

ابتدا بناء الزهراء عام 325 هـ واستمر حتى عصر الخليفة الحكم المستنصر بالله ((وكان يصرف فيها كل يوم من الصخر والمنجور ستة الاف صخرة سوى التبليط في الاسوس وجلب اليها من الرخام من قرطاجنه افريقية ومن تونس، وكان الامناء الذين جلبوه عبد الله بن يونس، وحسن القرطبي، وعلي بن جعفر الاسكندراني، وكان الناصر يصلهم على كل رخامه بثلاثة دنانير وعلى كل ساريه بثمانية دنانير سجلماسية واهد اليه ملك الروم مائة واربعين ساريه، وسائر ذلك من رخام الاندلس اما الحوض الغريب المنقوش المذهب بالتماثيل..)) (67)

كان بناء الزهراء غاية الحصانة واتقان واجر الخليفة الناصر فيها المياه الصافيه الجارية

وانشد الشاعر بابياته:

وقفت بالزهراء مستعبرا معتبراً اندب اشتاتاً

فقلت: ((يازهراء هل لا رجعت ؟))

قالت: ((وهل يرجع من فاتا ؟))

فلم ازل ابكي وابكي بها هيهات يغني الدمع هيهاتا

كانما اثار من قد مضى نوادب يندبن امواتاً

حاول الخليفة الناصر تقليد الخليفة العباسي المنصور في بناء بغداد والاسراف عليها وهو يختلف عن الخليفة المنصور الذي حرص في الانفاق على بغداد في الحجارة والاجور حتى لقب بالدوانيقي وسلك المامون بن ذي النون حاكم مدينة طليطلة في عصر الطوائف في تشيّد قصراً عظيماً انفق عليه الاموال الطائلة ووضع في وسطه بحيرة ((وضع في وسط البحيرة قبة من زجاج ملون منقوش بالذهب وجلب الماء على راس القبة بتدبير احكمه المهندسون فكان الماء ينزل من اعلى القبة على جوانبها محيطا بها ويتصل بعضه ببعض فكانت قبة الزجاج في غلاله مماسكب خلف الزجاج لايفتر من الجري، والمامون قاعد فيها لايمسه من الماء شئ ولا يصله، وتوقد فيها الشموع فيرى لذلك منظر عجيب)) (69) اقتدى اهل الاندلس بما كان يجري في بلاط الخليفة هارون الرشيد من حضور الادباء واهل الغناء والطرب مثل زرياب البغدادي، وقد كان اغلب ملوك الطوائف او دويلات الاندلس يحاول ان يجعل من مملكته ملتقى للشعراء والادباء والمغنيين ونشطت بذلك تجارة الرقيق واجتهد النحاسون في تعليم الجواري الروميات الغناء وضروباً اخرى من

الثقافة لترتفع اجورهن وكثر الطلب عل الجواري المغنيات قد دفع هذيل بن رزين صاحب السهلة في جارية ابن الكتاني ثلاثة الاف دينار [70] وبذلك نقل صورة شهريار وشهرزاد وحكاية الف ليلة وليلة في بلاط الخليفة الرشيد في بغداد صار اقتناء الجواري ظاهرة شائعة في عصر دويلات الطوائف حتى في اوساط عامة الرعية مثل بلنسيه اذ ((تكاد تجد فيها من يستطيع على شئ من دنياه الا وقد اتخذ عند نفسه مغنية واكثر من ذلك وانما يتفاخر اهلها بكثرة الاغاني)) [71] وصلت حالة تاثر امراء الاندلس بثقافة بغداد وتقليد خلفاء بني العباس في شراء الجواهر الذهبية الثمينة العائدة لحياة بلاط هارون الرشيد، كما جاء في النصوص نذكر منها ((ذكر ان الخليفة عبد الرحمن بن الحكم بن هشام بن عبد الرحمن بن معاوية وهب لجاريته من حضاياه المشتهرات باثرته عقد جوهر من اعلاق الخلافة شراؤه عليه عشرة الالاف دينار، كان يسمى الثعبان وكان يسمى الثعبان، وكان من ذخائر الرشيد من خلفاء بنى العباس المشرق، لما وقع بين ابنيه الامين والمامون التنازع واستولى المامون على الملك انهب من خزائنهم، ولاذ العاثرون عليه بالابعاد به الى قاضية ارض جزيرة الاندلس حيث امنوا عليه فبيع بها من الخليفة عبد الرحمن بن الحكم. وان بعض من يخصه من وزرائه عظم ذلك عليه وقال ان هذا من الاعلاق المضنون بها المدخرة للنائبة. فقال الامير ويحك ان لابسه انفس منه قدراً واعم خطراً واكرم جوهراً ولئن راق من هذه الحصباء منظرها،ولطف في العيون فرندها -لقد برا الله من خلقه البشر جوهرا يعتنى ابصار نعيمها وفاتن بهجتها اقرٌ لعين واجمع لزين مزوجهٍ اكمل الله حسنه و القى عليه الجمال مسحته ؟)) [72]

نخبة من ابرز اعلام الاندلس الذين قصدوا العراق لطلب العلم والمعرفة الاجتماعية:

استقبلت بغداد نخبة من العلماء والادباء والفقهاء والرحالة من اهل الاندلس على الرغم من بعد المسافه وصعوبة المواصلات والظروف الطبيعية والمناخية وخطورة الطرق وتوترت العلاقة السياسية بين الخليفة العباسي والامير الاموي، لكن بغداد وقرطبة ظلت على الحب والاحترام لمن زارها من المثقفين الحريصين والطامحين نذكر منهم:

- ابو عبد الله بن محمد بن عبد السلالام القرطبي، من ذرية ابي ثعلبة الحنشني، صاحب رسول الله (ﷺ) (ت 286 هـ/ 899 م) وقد ادخل الى اندلس علماً كثيراً من الحديث واللغة والشعر [73]
- قاسم بن اصبغ بن محمد بن يوسف ابو محمد البياني القرطبي كان بصيراً بالحديث وعلم الرجال، رباعاً في النحو والعربية، سمع ببغداد من قاضي القضاة (ت 340 هـ / 951 م) [74]

- ابـو عبـد اللــه محمـد بـن ابي عيـسى، قـاضي القـضاة في قرطبـة في عـصر الخلافـة، زار العـراق واعجـب بالنهـضة العلميـة فيـه، ولـه اخبـار تـدل عـلى رقـة العـراق والتغـذي بمـاء تلـك الافـاق (ت 399 هـ / 950 م) [75]
- محمـد بـن ابـراهيم بـن حيـون الحجـازي، ابي عبـد اللـه، مـن اهـل وادي الحجـارة كـان امامـاً في الحـديث وسـمع في بغـداد مـن عبـد اللــه بـن حنبـل وابـن قتيبـة وغـيرهم تـوفي في قرطبـة (ت 305 هـ /917 م) [76]
- محمد بن قاسم بـن محمـد بـن سيار القرطبـي، ابي عبـد الهـه كـان عالمـاً بالفقـه، متقـدماً في علـم الوثائق، سمع في بغداد والبصرة والكوفة (ت 328 هـ / 939 م) [77]
- محمد بن عبد الملك بـن أيمـن بـن فـرج القرطبـي، أبي عبـد اللـه، دخـل بغـداد واخـذ مـن علمائهـا التاريخ والحديث والفقه (ت 330هـ /941 م) [78]
- سليمان بن خلـف بـن سـعد بـن أيـوب البـاجي القـاضي، أبـو الوليـد، فقيـه محـدث وإمـام مـشهود توفي بالمرية عام 474 هـ / 1081 م)
- محمـد بــن عبـد اللــه الازدي ألحميـدي، يكنـى أبـا عبـد اللــه عالمـاً بالحـديث والقـراءات والعربية والأدب من جزيرة ميورقة، توفي في بغداد 488 هـ / 1150م) [79]

الخاتمة

توصل الكتاب إلى ملاحظات تاريخية عن المجتمع الأندلسي وتأثره بالمجتمع العراقي هي:

1- أجمعت المصادر الأندلسية وأكدت بالاتفاق على وحدة المجتمع الأندلسي بتعدد الديانات الإسلامية والنصرانية واليهودية وممارسة الطقوس والشعائر بحرية تامة ونشر ثقافة التسامح الديني وحرية العقيدة التي ساهمت على بقائه أكثر من ثماني قرون

2- اهتم المجتمع الأندلسي بالثقافة واعتزازه بعادته وتقاليده العربية الإسلامية

3- لعبت المرأة الأندلسية دوراً ثقافياً مميزاً وشاركت في الحملات الحربية والحركة الثقافية والتأليف كما ورد بالخبر عن قيام 170 امرأة في ربض من ارباض قرطبة بنسخ القران الكريم بالخط الكوفي

4- انفتاح أهل الأندلس على المجتمعات المشرقية على الرغم من الأزمة السياسية العباسية في العراق مع الأمويين في الأندلس، وتم تبادل الرحلات العلمية ودعوة علماء العراق منهم زرياب المغني البغدادي والاديب اللغوي ابو على القالي صاحب كتاب الامالي واستقبال صاعد البغدادي صاحب كتاب النصوص في عصر الخلافة اثناء حكم الحاجب المنصور العامري

5- اهتمام الاندلس بالاعياد والاحتفالات والمناسبات الدينية والدنيوية، ومشاركة النصارى من الاسبان في اعيادهم وافراحهم مثل اعياد الميلاد وراس السنة الميلادية والملوك السحرة والاسبوع المقدس وغيرها وتقاليدهم في عمل الموائد والازياء والالعاب المتنوعة واحتفال جني العنب في غرناطة ومسابقات الصارعات مثل الديكة والثيران وغيرها تعبيراً عن فرخهم وبهجتهم.

6- امتاز المجتمع الاندلسي بحبه للنظافة وبناء الحمامات العامة التي بلغت اعداداً كثيرة في قرطبة حسب ما اوردته المصادر حتى قيل مابين حمام وحمام حمام فضلاً عن وجود حمامات خاصة للرجال واخرى للنساء

7- تاثر المجتمع الاسباني النصراني التقاليد وعادات اسلامية حيث ظهرت طبقة المستعربون النصارى الذين قلدوا المسلمين في الملبس والماكل حيث امتنعوا عن اكل لحم الخنزير واستعمال الحناء لصبغ الشعر والايدي والاقدام وختان الاولاد واستخدام الاسماء العربية وحضور الاحتفالات العربية وتعلم اللغة العربية

8- كان العراق مثال للثقافة الاندلسية في انشاء بيت الحكمة وشراء الكتب والجواهر والجواري وبناء المدن

الهوامش

(1) المؤلف مجهول / اخبار مجموعة في فتح الاندلس وذكر امرائها رحمهم الله والحروب الواقعة بها بينهم / تحقيق لافونتي القنطرة مدريد 1867 م / ص 5

(2) المصدرالسابق، ص 6

(3) المقري التلمساني / شهاب الدين ابو العباس (ت 1041 هـ) / نفح الطيب من غصن الاندلس الرطيب تحقيق د. احسان عباس ببيروت دار الثاقفة 1968 ج1/221،222

(4) ابن الخطيب الغرناطي ت 776هـ / الاحاطة في اخبار غرناطة / تحقيق محمد عبد الله عنان، دار المعارف - مصر 1375 هـ /1955 م، المجلد الاول، ص 108 الحميري / الروض المعطار في خبر الاقطار / تحقيق ليفي لروفسال / الرباط 1937 م، ص 18 - 22 - 29

(5) المصدر السابق، المجلد الاول ص 104

(6) المصدر السابق، المجلد الاول، ص 110 - 111

(7) ابن عذاري / ابو العباس احمد بن محمد (ت 712 هـ) البيان المغرب في اخبار الاندلس والمغرب / تحقيق كولان / وليفي لروفنسال (بيروت 198) ج2

(8) المقري التلمساني / ازهار الرياض في اخبار عياض، نشر القاهرة مطبعة لجنة التاليف والترجمة والنشر(1358 هـ 1939 م) اعيد نشره في الرباط (1398 هـ / 1978 م) ج2 /261 -262

(9) ابن عذاري المراكشي / البيان / ج2 / 370

(10)ابن حزم القرطبي ت 446هـ / المحلى، ج9 / 206

(11)ابن خلدون / عبد الرحمن بن محمد (ت 808 هـ) / المقدمة / تحقيق علي عبد الواحد وافي القاهرة / 1959 م، ص 538

(12)المقري / نفح، ج1 / 211- 212

(13)المصدر السابق / ج1 / 334 - 335

(14)المصدر السابق / ج1 / 369

(15)المصدر السابق / ج2 / 150

(16)المصدر السابق، ج2 / 26

(17)عبد الواحد المراكشي / المعجب في تلخيص اخبار المغرب، تقديم ممدوح حقي، المغرب الدار البيضاء، ص 520

(18)ابن عذاري / البيان / ج2 / 240-241

(19)ابن حيان القرطبي / ابو مروان حيان بن خلف (ت 469 هـ) المقتبس في اخبار بلاد الاندلس / تحقيق عبد الرحمن علي الحجي، بيروت 1965، ص 207

(20)نفح الطيب، ج2 / 172

(21)وصية الباجي، ابو الوليد سليمان بن خلف (ت 474 هـ) تحقيق ونشر د. جودة عبد الرحمن هلال، مقالة نشرت في مجلة المعهد المصري للدراسات الاسلامية، مدريد، مجلد 2، ص 17.

(22)المرجع السابق، على هامش المقالة المنشورة

(23)ياقوت المغربي / معجم البلدان

(24)نفح الطيب، ج1 / 210

(25)المصدر السابق، ج1 / 272

(26)ابن عذاري / البيان ج2 / 240

(27)الشريف الادريسي / ت 650هـ / نزهة المشتاق في اختراق الافاق، نشر عالم الكتب بيروت 1989، ج2 / 545 -546

(28)المقري / نفح، ج2 / 131

(29)الحميدي الميورقي جذوة المقتبس، تحقيق محمد بن تاويت الطبخي، القاهرة 1372هـ / 1952 م، ص 13، الضبي / بغية الملتمس ص 18 – 19

(30)ابن عذاري /البيان، ج2 /240

(31)عبد الواحد المراكشي / المعجب، ص 52

(32)المقري / نفح الطيب / ج1 / 214

(33)المصدر السابق، ج1 / 463 / ابن عذاري / البيان، ج2 / 232

(34)المقري / نفح الطيب، ج2 /64

(35)المصدر السابق، ج1 / 330

(36)المصدر السابق ج2 / 131

(37)المقتبس (الجزء الخامس) تحقيق بدروا جالميتا، وكورينطي، ومحمود مكي، المعهد الاسباني العربي للثقافة مدريد - الرباط 1979، ص 14

(38)المصدر السابق، ص 39

(39)المقَّري / نفح الطيب، ج1 / 329

(40)المصدر السابق، ج1 / 334-335

(41)ابن عذاري / البيان / ج2 / 252

(42)كتاب اللمحة البدرية في الدولة النصرية، تحقيق محب الدين الخطيب، القاهرة 1347 هـ

(43)المقَّري / نفح الطيب، ج2 / 1076-1148

(44)ابن عذاري المراكشي / البيان / ج2 / 128

(45)اللمحة البدرية في الدولة النصرية،

(46)نفح الطيب ج1 / 212-213

(47)للمزيد من المعلومات انظر: ابن بسام الشنتريتي / ابو الحسن علي (ت 542 هـ) كتاب الذخيرة في محاسن اهل الجزيرة تحقيق احسان عباس / تونس 1981 ابن عذاري / البيان / ج30 ابن الخطيب الغرناطي / اعمال الاعلام فيمن بويع قبل الاحتلال من ملوك الاسلام، تحقيق ليفي بروفنسال / الرباط 1934 م

(48)ابن بسام الشنتريني / الذخيرة / ق1 /م2 / 169

(49)ابن عذاري المركشي / البيان / ج3 / 247

(50)ابن الابار / ابو عبد الله محمد بن عبد الله بن ابي بكر القضاعي (ت 658 هـ) الحلة السيراء، تحقيق حسين مؤنس، القاهرة، ج2 / 100

(51)الذخيرة، ق1 / م2 / ص 127

(52)ابن حزم القرطبي / رسائل ابن حزم / نشر د. احسان عباس (بيروت د.ت) ج2/ 176

(53)النباهي المالقي / كتاب المرقبة العليا فيمن يستحق القضاء والفيتار / ص 87-89 (وهو عبد الرحمن بن احمد بن سعيد بن بشر بن غرسيه قاضي الجماعة بقرطبة يكنى ابا المطرق ويعرف بابن الحصار، ولاه علي بن حمود القضاء في صدر سنة 407 فظل في منصبه الى ان عزله المعتد المرواني سنة 419 هـ وتوفي سنة 422 هـ

(54)المقَّري، نفح الطيب / تحقيق احسان عباس، ج2 / 82

(55)ابن قتيبة الدينوري / كتاب عيون الاخبار، نشر دار الكتاب، بيروت طبعة مصورة عن طبعة دار الكتب المصرية 1925، المجلد 1/ ج3 / 299

(56)المقَّري / نفح الطيب ج2/6

(57)المصدر السابق / ج1/ 223

(58)المصدر السابق / ج1 / 223

(59)طوق الحمامة في الفة والالاف / تحقيق احسان عباس (بيروت 198) ص 50

(60)المقري / نفح الطيب / ج4 / 283 -291 -295

(61)بهجت / د. منجد مصطفى / اعلام نساء الاندلس، مستلة من كتاب التكملة لابن الابار / مقالة في مجلة المورد، المجلد 19، العدد 1 (بغداد 1410 هـ / 1990 م) ص 100-124

(62)بهجت / اعلام نساء الاندلس (المرجع السابق) ص 104 -105

(63)المقري / نفح الطيب، ج2 /26

(64)المصدر السابق / ج2 /9

(65)ابن غالب الاندلسي / فرحة الانفس في تاريخ الاندلس (نشر بعنوان نص جديد قطعة من كتاب) تحقيق د. لطفي عبد البديع، مطبعة مصر 1956،ص 32

(66)المؤلف مجهول / ذكر بلاد الاندلس / تحقيق وترجمة للاسبانية لويس مولينا، المجلس الاعلى للابحاث العلمية، المعهد ميغيل اسين، مدريد 1983 ج1 / 164

(67)ابن عذاري المراكشي / البيان المغرب / ج2 / 231

(68)المؤلف مجهول / ذكر بلاد الاندلس / ج1 /165

(69)المقَّري / نفح الطيب، ج1 / ص 528

(70)ابن عذاري المراكشي / البيان المغرب في اخبار الاندلس / تحقيق: كولان وليفي بروفنسال دار الثقافة، بيروت 1983م / ج3/ ص 308

(71)العذري (ابن الدلائي) كتاب ترصيع الاخبار وتنويع الاثار والبستان في غرائب وعجائب الامصار (نشر بعنوان نصوص عن الاندلس) تحقيق: عبد العزيزالاهواني، مدريد 1965، ص 18

(72)ابن سماك العاملي / ابي القاسم محمد ابي العلاء محمد بن سماك المالقي الغرناطي، الزهرات المنشورة في نكت الاخبار الماثورة / دراسة وتحقيق محمود علي مكي الناشر مكتبة الثقافة الدينية القاهرة 1424 هـ / 2004، ص 97 -18 الزهرة 63

(73)المقَّري / نفح الطيب / ج2 / 236، الحميدي / جذوة المقتبس ترجمة 63 الضبي / بغية الملتمس ترجمة 202

(74)المقَّري / نفح الطيب، ج2 / 47 ترجمة رقم 14، الحميدي / جذوة المقتبس، ترجمة 765، الضبي / بغية الملتمس، ص 589

(75)الحنشني / قضاء قرطبة، ص 118 – 120 النباهي المالقي / المرقبة العليا، ص 59 الحميدي، جذوة المقتبس ص 69 الصبي / بغية الملتمس، ص 145 ترجمة 219

(76)الضبي / بغية الملتمس، 79- 80 ترجمة 43 ابن الفرضي / تاريخ علماء الاندلس، ج2 / 28 الحميدي / جذوة المقتبس، ص 39 المقري / نفح الطيب، ج2 / 9520

(77)الحميدي / جذوة المقتبس، ص 80، الضبي، بغية الملتمس، ترجمة 260 ابن الفرضي / تاريخ علماء الاندلس ج2 / 480، المقري / نفح الطيب، ج2 / 62 -63 ترجمة 37

(78)الضبي، بغية الملتمس، ص 135 ترجمة 198 الحميدي، جذوة المقتبس، 63 ابن الفرضي / تاريخ علماء الاندلس، ج2 / 52، المقري، نفح الطيب ج2 / 237 ترجمة 149

(79)الحميدي / جذوة المقتبس / مقدمة المحقق، الضبي / بغية الملتمس، 161 ترجمة 258، المقري / نفح الطيب، ج2 / 112-115 ترجمة 63

دور معارف الشام وأهميتها

في أزدهار الحضارة العربية الأسلامية في الأندلس

دورمعارف الشام وأهميتها
في أزدهار الحضارة العربية الأسلامية في الأندلس

تمهيد:

بلاد الشام مركز الحضارة والمعارف وموطن العلم والعلماء، وأصبحت لها مكانة مميزة وتأثير بالغ في المشرق والمغرب الأسلامي، حيث أصبحت دمشق عاصمة الخلافة الأموية، وصارت قبلة القصاد وموطناً للثقافة والفن والتجارة بفضل خيراتها وموقعها الجغرافي وخبرة أهلها، أذ أصبحت الشام جسرا تعبر منه الحضارة، أذ قصدها عدد كبير من العلماء في مختلف أختصاصات العلوم والآداب والفنون، وزارها كل من قصد الكعبة للآداء فريضة الحج لبيت الله الحرام، وتشوق كل من سمع عنها بلهفة الأطلاع والمعرفة والأفادة والمتعة بجمالها.

أنجبت بلاد الشام ثقافة عربية أسلامية لخدمة ألأنسانية بفضل معارف رجالها وأبداعهم وأفكارهم النيرة في خدمة الأسلام وقد أستفادة بلاد الشام من تجارب الماضي والأنتصارات التي تحققت على الأرض في الحملات الجهادية في عصر الرسالة كما أنتفعت من الرحلات التجارية ما بين مكة من خلال رحلة الصيف كما وردت في القران الكريم أذ تم تبادل المعلومات والخبرات مع سكان شبه جزيرة العرب، فأخذت الكثير من المعارف العربية الأصيلة فضلا عن التقاليد والعادات الأجتماعية التي خدمة الثقافة الشامية ومهدت لها الطريق في أن تصبح قاعدة ومحطة تجارية بفضل الطرق التي تعبر منها القوافل التجارية من أقصى المشرق عبر أرض الشام ويعرف بطريق الحرير. ومع هذه الجمال التي تحمل التجارة أنتقلت المعارف من الهند وبلاد ما وراء النهر وفارس والخليج العربي نمت الثقافة وأزدهرت وتطورت مع الزمن وأصبحت معارف ذات لون وطعم خاص يليق بالمجتمع الشامي، كما أكسبت المعارك والحملات الجهادية والعصر الراشدي أهل الشام الخبرة العسكرية ومعرفة التحصينات الدفاعية والهجومية مثل بناء الحصون والقلاع والأسوار لمواجهة الخطر البيزنطي من الشمال، فضلاً عن حماية السواحل للبحر المتوسط لمنع السفن الغازية، وقد حقق الأسطول العربي الأسلامي أول نصر بحري في معركة ذات السواري عام 34هـ على الأسطول البيزنطي في عهد الخليفة عثمان رضي الله عنه، على الرغم من كثرة سفنه ولكن المسلمين تفوقوا علية بفضل خطتهم وأيمانهم وعزمهم وخبرتهم وشجاعتهم وجودة مراكبهم وتشجيع ودعم الخلافة لهم، مما شجع المسلمون على الأهتمام أكثر ببناء الأسطول وأنشاء مراكز لصناعة السفن من الأخشاب الجيدة في الشام وتطوير الخبرة.

تطورت المعارف الشامية في العصر الأموي بعد أتخاذ دمشق عاصمة للخلافة، أذ ظهرت العلوم والآداب والفنون وذالك بفضل الأمن والأستقرار، والرخاء الأقتصادي وظهور طبقات العلماء والفقهاء والأدباء في مختلف الأختصاصات، وأنبثاق حركة الترجمة واتأليف وتعريب النقود والدواوين في عصر الخليفة عبد الملك بن مروان، فضلاً عن أزدهار صناعة الورق ورواج حرفة الأستنساخ والوراقة.

تحدث لنا أبن النديم عن المعارف والعلوم التطبيقية في بلاد الشام وتأكيده أن العرب أول من أهتموا بالكيمياء في العهد الأموي بقوله (أن خالد بن يزيد هو أول من عنى بأخراج كتب القدماء بالصنعة وأن له في الكيمياء عدة كتب ورسائل، وأنه رأى بنفسه أربعة كتب له هي: كتاب الحرارات، وكتاب الصحيفة الكبير وكتاب الصحيفة الصغير وكتاب وسيطة الى أبنه في الصنعة [2]

أنصب أهتمام بلاد الشام على التزود بالمعارف القديمة من كتب اليونان والرومان والبيزنط وما خلفوه في الكنائس والأديرة من المؤلفات العلمية في مجال الطب والصيدلة والفلك والرياضيات، أذ أخذ علماء الشام يدرسونها ويعلقون عليها ويضعون الرسائل للرد عليها أو تفسيرها، وبذالك حدثت حركة علمية واسعة في دمشق وحلب وحمص وغيرها من مدن الشام التي أنجبت كبار العلماء الذين مجدوا بلادهم بمولفاتهم الفريدة والرائدة في العلوم الانسانية والصرفة، لانهم وجدوا أنفسهم قادرين وراغبين وطموحين في ريادة العلوم وحسن التأليف والترجمة التي ساهمت بشكل واسع في أزدهار الحركة العلمية في العصر الأموي والعباسي.

يمكن القول أن كتب الحضارة العربية الأسلامية في القرون الهجرية الأولى مدينة بفضل معارف بلاد الشام في أنجاب نخبةمن العلماء في كل المجالات العلمية والأنسانية التي تمتاز بجودة منهجية الكتاب العلمي والمعرفة الواسعة التي لايحيط بها الا الله سبحانه تعالى كما ورد في القران الكريم في سورة البقرة (وَلَا يُحِيطُونَ بِشَيْءٍ مِنْ عِلْمِهِ إِلَّا بِمَا شَاءَ)

دور بلاد الشام في فتح أسبانيا:

لعب الخليفة الأموي الوليد بن عبد الملك دورا بارزا ومميزا في أصدار لأوامره بالموافقة على فتح شبه الجزيرة الايبرية (أسبانيا) من دمشق عندما خاطبه الوالي موسى بن نصير من الشمال المغربي بعد أجراء أتصالات سرية مع الكونت خوليان حاكم سبتة الأسباني الذي قدم له التسهيلات والمساعدات فضلا عن سوء الأوضاع والأحوال العامة الداخلية في أسبانيا والتي كانت مشجعت على الفتح، فيذكر المؤرخ الأسباني أبن الكردبوس عن أتصال الوالي موسى بخليفته في دمشق للحصول على موافقته في العبور

وفتح أسبانيا بقوله: (فكتب أذ ذاك موسى بن نصير الى الوليد بن عبد الملك معلما بما جاء به يليان فراجعه ان خذها بالسرايا حتى تختبر ولا تغرر) (2)

أما المؤرخ الأندلسي المجهول فيذكر عن ذالك بنصه: (خضها بالسرايا حتى تختبر ولا تغرر بالمسلمين في بحر شديد الأهوال، فكتب اليه موسى: أنه ليس ببحر أنما هو خليج يصف صفة ما خلفه للناظر، فكتب اليه الخليفة الوليد وأن كان؟ فختبرة بالسرايا) (3)

ألتزم الوالي موسى بن نصير بامر الخليفة الوليد في أرسال حملة أستطلاعية بقيادة طريف بن أبي زرعة المعافري سنة 91هـ وعبرت الى أسبانيا بسفن تعود الى خوليان وأسلامية للتأكد من الأوضاع العامة وصحت الأخبار التي وردت عن الداخل والتعرف على المسالك والممالك الأسبانية، ثم عادت الحملة بأخبار جيدة ومشجعة على الفتح وبعدها تم اختيار القائد طارق بن زياد الذي كلف لمهمة الفتح وعبر البحر المتوسط من سبتة ومعه 7000 مقاتل من المسلمين ثم أرسلت له تعزيزات أخرى في 5000مقاتل حدثت معركة شذونة في عام 92 هـ التي انتصر فيها المسلمين وقتل لذريق الملك الاسباني وفتحت أسبانيا وسميت الأندلس وصارت بعد ذالك تحت الحكم الاسباني وأنتشرت اللغة العربية وساد العدل والمساوات والحرية والاحترام والتسامح وازدهر الاقتصاد وتطور المجتمع والثقافة، بفضل حسن التخطيط والمتابعة والخطه العسكرية الناجحة التي رسمت من دمشق.

عبر الوالي موسى بن نصير الى الاندلس في رمضان سنة 93هـ وكان يرافقه عدد كبير من الرجال يقدر بنحو 18 ألف من رجال القبائل اليمنية ومن أجناد الشام من دمشق وحمص وحلب وحماة وقنسرين وغيرها يحملون معهم معارف الشام في كل جوانب الحياة، وسوف يتم توزيعهم حسب الاجواء المناسبة لهم كما جاء بالنص الاندلسي: (وكثر اهل الشام عنده، ولم تحملهم قرطبة، ففرقهم في البلاد، وأنزل أهل دمشق البيرة لشبهها بها وسماها دمشق، وانزل اهل حمص اشبيلية وسماها حمص، واهل قنسرين، جيان، وسماها فلسطين) (4)

تم تبادل المعارف بين اهل الشام والاندلس في الجانب الثقافي والزراعي والصناعي والعمراني وقد ساعدت في ازدهار الاندلس بفضل تبادل الخبرات التي كان لها دورا مهما، فضلا عن اندماج العادات والتقاليد والازياء وفن الطبخ وغيرها بين اهالي الشام والاندلس.

امتثل الوالي موسى بن نصير والقائد طارق للامر الخليفة الوليد بالعودة الى دمشق سنة 95هـ الذي كان مريضا واراد ان يعرف مجريات احوال الاندلس بعد الفتح كما جاء في النص:(ثم جاز البحر وأجاز معه طارق، وأستخلف على الأندلس ابنه عبد العزيز بن موسى، وقصد دمشق وحيث امير المؤمنين، وحمل جميع ما جلبه من الاندلس... فلما قرب

من دمشق بلغه ان الوليد مريض، فكتب اليه سليمان بن عبد الملك اخوه وولي عهده من بعده، ان يتأخر حتى يموت الوليد، ويقدم بتلك الاموال عليه، فتكون مالا له في اول ولايته، فلم يفعل موسى بل جد في السير حتى وصل والوليد لما به، فلم يعبأ به، ولا عرف مقدارا كما جاء به) [5]

يمكن القول ان بلاد الشام لعبت دورا مهما وبارزا في انجاح فتح اسبانيا ومتابعة احداث ومجريات الأمور واصدار التعليمات الى الوالي موسى بن نصير في ارساله او استدعائه من الخليفة الوليد وادخال الاجناد الشامية وعبورها الى الاندلس للاستفادة من خبراتها العسكرية في تثبيت الأمن والأستقرار.

أعجب الجغرافيون والرحالة المشارقة والمغاربة والأندلسين بمعالم بلاد الشام وطيب هوائها وخصوبة ارضها فوصفوها وقارنوها مع الاندلس اذ اورد الجغرافي البكري القرطبي صورة تشبيهية عن مناخ الاندلس وخيراتها مع اجواء الولايات الاسلامية بقوله: (الاندلس شامية في طيبها وهوائها، يمانية في اعتدالها واستوائها، هندية في عطرها وذكائها، اهوازية في عظم جبايتها، صينية في جواهر معادنها، عدنية في منافع سواحلها، فيها اثار عظيمة لليونانيين اهل الحكمة وحاملي الفلسفة) [6]

تحدث الرحالة الحوقل البغدادي عن دمشق وجندها واهميتها بقوله:(واما جند دمشق فقبضتها دمشق وهي اجل مدينة بالشام في ارض مستوية قد دحيت بين جبال تحتف بها الى مياه كثيرة واشجار وزروع قد احاطت بها متصلة وتعرف تلك البقعة بالغوطة عرضها مرحلة في مرحلتين، وليس بالشام مكان انزه منها، ومخرج مائها من تحت بقعة تعرف بالفيجة، ومع ما يأتي اليه من عين بردى من جبل سير، وهو اول ما يخرج مقدار ارتفاع ذراع في عرض باع ثم يجري في شعب تنفجر فيه العيون، فيأخذ منه نهر عظيم اجراه يزيد بن معاوية يغوص الرجل فيه عمقا ثم يبسط منه نهر المزة ونهر القناة، ويظهر عند الخروج من الشعب بموضع يقال له النيرب) [7]

دور بلاد الشام في عصر الولاية الأندلسية:

ساهمت بلاد الشام في تعين الولاة وأختيارهم لحكم الأندلس ومتابعة الأمور العامة بشكل مباشرفي مواجهة الخطر الأفرنجي في الشمال الأسباني والدفاع عن الحدود الأسلامية وبناء الثغور الأسلامية مع الممالك الأسبانية وهي:

1-الثغر الأندلسي الأعلى أو الأقصى وقاعدته عدته سرقسطه.

2- الثغر الأندلسي الأوسط وقاعدته طليطله ومدينة سالم.

3-الثغر الأندلسي الأسفل أو الأولي وقاعدته قورية.

كما أتخذو مدينة أربونة في الشمال الأسباني للأستفادة منها في أغراض التموين والحماية للجند وذلك لأنها تتوسط الشمال الأسباني ولوقوعها على نهر الرون وخصوبة اراضيها ومحصنة بالجبال وولاء لسكانها للمسلمين [8]

تولى عصر الولاية عشرون والياً أثنان منهم تولى مرتين وهم عبد الملك بن قطن وعبد الرحمن الغافقي نظرالخبرتهم العسكرية وبطولاتهم واستشهاد الولاة قبلهم وثقة الخلافة الأموية بدمشق بولاتهم.

يعد الوالي السمح بن مالك الخولاني الذي تولى خلال الأعوام (100-102هـ) والذي عينه الخليفة عمر بن عبد العزيز بدلا من الحر بنعبد الرحمن الثقفي، لنزاهته وشدة ايمانه، ونجح في القضاء على الأضطرابات الداخلية، والقيام باصلاحات حضارية مهمة في الجانب العمراني في مثل بناء مقبرة عامة للمسلمين، وتجديد قنطرة قوطية على نهر الوادي الكبير [10]

صار يطلق مفهوم الشاميون على القبائل العربية لتي كانت ساكنة في بلاد الشام ونزحت وعبرت الى الأندلس مع الطوالع التي أرسلها الخليفة هشام بن عبد الملك، الى شمال أفريقيا للقضاء على تمرد البربر هناك، وكان هؤلاء الشاميون بقيادة كلثوم بن عياض القشيري ويبلغ عددهم نحو 30 الف رجل، وقد أستطاع البربر أن يهزموهم، ويقتلوا قائدهم كلثوم مع العديد من القواد الاخرين في معركة بقدورة بالقرب من نهر سبو سنة 124هـ اما الناخبون من الشاميين، فقد توجهوا بقيادة بلبح بن بشر القشيري، ابن أخي كلثوم، الى جهة المغرب، حتى دخلوا مدينة سبتة وتحضوا فيها، وقد حاصرهم البربر لمدة بصفة أشهر، حتى كاد بلج واتباعه الذين يبغلون نحو10ألف رجل، أن يهلكوا من قلة موارد العيش، واصبحت حالتهم في سبتة صعبة، حتى أجبروا الى أكل دوابهم من كثرة الجوع. [11]

كان الوالي عبد الملك بن قطن وكبار رجال البلديين، يخشون من دخول الشاميين وأحتمال قيام بلج بن بشر بأبعاد عبد الملك عن ولاية الأندلس، ولا يسمحون بأستقرار 10 ألف رجل آخر في اراضيهم التي أفتتحوها بأنفسهم، وهكذا رفض عبد الملك بن قطن كل التماسات أهل الشام، كما منع أرسال التموينات اليهم، وعاقب بقسوة الذين تجرأوا على شحن الأطعمة للشامي [12].

أثرت أحداث شمال أفريقيا على الأندلس، مما أضطر عبد الملك بن قطن على تغيير موقفه بعد أن فشلت قواته في الانلدلس في القضاء على التمرد في الولاية مما أضطره أن يسمح بدخول الشامين الى الأندلس لصد هجمات هجمات البربر، بعد أن عقد معهم أتفاقاً، كان على الشامين بموجبه ان يسلموا اليه 10 رهائن من كل جند لضمان مغادرتهم الأندلس خلال سنة واحدة، بعد أن يكونوا قد هزموا البربر، وبالمقابل فقد تعهد عبد الملك

بـنقلهم أثنـاء عـودتهم الى شـمال أفريقيـا في مجموعـة واحـدة، دون أن يفـصلهم، أو يعرضـهم لخطـر البربـر في شـمال أفريقيـا، فعـبر بلـج ورجالـه الـشاميين، وأسـتطاعوا أن ينتـصروا بـسرعة عـلى البربـر في الأنـدلس، ثـم رفـضوا أن يغـار والـبلاد، ومـن هنـا فقـد قـام نـزاع بـين المـستقرين مـن الفـاتحين الأوائـل أو البلـديين، وبـين الـشاميين، اسـتمر حتـى وصـول والى جديـد للانـدلس، هـو أبـو الخطـار الحـسام بـن ضرار الكلبـي سـنة 125هــ لقـد كـان عـلى بـن أبي الخطـار أن يعمـل عـلى ايجـاد جـو مـن مناسـب لأسـتقرار الـشاميين في الـبلاد، ولم تكـن هــذه المهمــة سـهلة، لأن قرطبــة كانــت قــد أزدحمــت كثــيرا، والبلــديون يطــالبون الــشامين واخــراجهم مــن الانــدلس و لحــل هــذه المــشكلة قرارابــو الخطــار ان يمنــع الــشامين اقطاعــات مــن الارض في منــاطق لم يــستقر فيهــا البلــديون بعــد تقــع في كــور معينــة مــن الانــدلس وبهــذا يــتمكن الــشاميون مــن الاســتقرار تحــت امــرة زعمائهــم وان يكونــوا جــاهزين للجهــاد و الخدمــة في الجــيش الاســلامي وقــت الحاجــه و قــد جــرى توزيــع الــشامين و اســتقرارهم في الانــدلس عــلى غــرار تجمعــاتهم الــسابقة في بــلاد الـشام. أي نظـام الجنـد, وقـد تحـرى ابـو الخطـار ان يكـون اسـتقرارهم كـل مجموعـة في مكـان يحمـل بعـض التشابه للجند الاصلى _كمابينـا سـابقآ: _ الـذي كـان تنتمـي اليـه في بـلاد الـشام،و مـن هنـا، فقـد تـم التوزيـع حسب الجدول ادناه [13]

دول توزيعات الجند الشامي على مدن الاندلس

1-الجند الشامي	الكور الاندلسية
2- دمشق	البيرة
3- حمص	اشبيلية ونبلة
4- قنسرين	جيان
5- فلسطين	بشذونة و الجزيرة الخضراء
	منهم على اكشونبة وباجة،

امـا اولئـك الـشاميون الـذي سـكنوا في منـاطق مختلفـة مـع البلـديين،قبل ترتيبـات الاسـتقرار التـي و ضـعها ابـو الخطـار، فقـد بقـوا في امـاكنهم الاولى. و لهـذا سـموا بالـشاذة، لانهـم شـذوا في امـاكن استقرارهم عن بقية اخوانهم الشامين [14].

لابـدمن القـول ان و صـول الـشامين الى الانـدلس قـد غيرميـزان القـوى في الـبلاد لـصالح المـسلمين في زيـادة معـارفهم و حرصـهم و احـترامهم لاخـوانهم في الانـدلس ولم تحـدث مـشاكل مـع غـيرهم، اذ تـم توزيـع اجـزاء مـن الاراضي في كـورة تـدمير عـاى الجنـود الـشاميين، اذ كانـت تنظيمـات الـوالي ابـو الخطـار تنص ان يكون للشاميين ثلثا الاراضي و

المزارع التي يستقرون فيها و يبقى الثلث الاخر للسكان المحليين الذين استمروا في الزراعة والعمل على ازدهار قراهم و اراضيهم [15]

لم يكن اهل الشام في الاندلس مطالبين بالقيام بأية التزامات اخرى ماعدى الخدمة في الجيش و الاستعداد للجهاد عند الحاجة، وكانوا معفوين من اداء العشور على الاراضي التي يقيمون عليها، بينما كان يتوجب على البلديين، وبقية المسلمين الاخرين دفع هذه الضريبة، ولكن في عصر الامارة سيحصل الشاميون على امتيازات اخرى على حساب البلديين لجهودهم المتميزة، و اخذ البلديون يفقدون بعض الامتيازات بعد الشاميين [17]

يتألف الشاميون في الاندلس من8 الف عربي،و 2الف من الموالي، وينتمي العرب الى مختلف عشائر اليمن و قيس ومضرو ربيعة، اما الموالي فكانوا ينتمون اما الى بيزنطية،او بربرية و شمال افريقية،و قد اصبح هؤلاء الموالي الذين دخلوا مع الشاميين يسمون بالموالي الشاميين، بينما اطلق على الاخرين الذين دخلوا مع البلديين اسم الموالي البلديين، وكان بعض منهم له اتصال وثيق مع الامويين، و قد تركز استقرارهم في كورتى البيرة و جيان [17]، و في مايخص العشائر العربية الشامية، فقد استقر العديد منها في كورة البيرة و بشكل خاص القيسيين، ومن هؤلاء عشائرمحارب وهوزان، و غطفان، كعب بن عامر ونمير، مرة،فزارة،سليم [18]

كما استقر ايضاً في منطقة البيرة بعض الافراد الذين ينتمون الى قبائل مضرية وربيعة، ولكن عددهم لم يكن كثيراً، اما اهم القبائل اليمنية التي استقرة في البيرة وما يجاورها، فهي قبيلة همدان، التي كانت اقليم كامل عرف بأقليم همدان الذي يقع بالقرب من غرناطة [19].

وقد استقر بعض الجماعات التي تنتمي الى غسان ايضاً.في منطقة البيرة حيث كانت لهم قرية تدعى بقرية غسان [20] كما استقر قسم من هؤلاء ايضا في منطقة اخرى تدعى بوادي اش [21] .

لقد كانت القبائل اليمنية تشكل اغلبية جند حمص و فلسطين و الاردن ومن هنا فقد كان تركزها كبيرا في كل من مدبنة اشبيلية، و نبلة،شذونة،ورية [22] و كانت كلب العشيرة القضاعية الرئيسية في جند حمص،واستقرة افرادها في اشبيلية ونبلة و موررو بالقرب من المدور، حيث كان لهم منطقة تدعى بوادي الكلبيين [23] و قاد ثعلبة بن سلامة العاملى قيادة الجند الشامي في الاندلس بعد وفاة بلج سنة 124هـ [24] .

أسهامات بلاد الشام في انشاء الامارة الاموية في الاندلس

ساعدت بلاد الشام في تاسيس الامارة الاموية في الاندلس بعد سقوط الخلافة الاموية سنة 132 هـ في دمشق بفضل جهود ومعارف عبد الرحمن بن معاوية بن هشام بن عبد الملك الذي هرب من دمشق بعد ملاحقة الخليفة أبو العباس السفاح الامراء بن امية

في الشام واضطهادهم ومطاردتهم وخداعهم بواسطة عمه عبد الله بن علي الذي أذاع خبر الامان عليهم ودعوتهم الى ماردة عشاء في قلعة عند نهر ابي فطرس قرب الرملة في فلسطين وبعد أنتهاء تناول الطعام أنتعم من جميع الامويين الحاضرين، وكان عبد الرحمن بن معاوية ويحيى من المخطوفيين الذين نجوا من المذبحة لانهم لم يحضر وا الدعوة، وعندما علم عبد الرحمن بن معاوية ويحيى من المخطوطين الذين نجوا من المذبحة لانهم لم يحضروا الدعوة، وعندما علم عبد الرحمن بالحادثة هرب بعد ان اوصى أخشية، ام الاصبغ، وامه الرحمن، أن يتبعانه مع ولده سليمان الى قرية، وغير نهر الفرات سباحة للطرف الاخر بعيداً عن بطش العباسيين وخوفاً منهم.

ولد عبد الرحمن سنة 113 هـ في بلاد الشام في قرية تعرف بدير حنين، وقيلة بالعليا من أعمال تدمر، وكانت امه سبية بربرية من قبيلة نفزة الذي ينتمي لها القائد طارق ابن زياد فاتح اسبانيا، من شمال افريقيا وتدعى، (راح) أما ابوه معاوية فقد توفى شاباً فيس ايام ابيه هشام بن عبد الملك سنة 118 هـ فكفله واخوته جده هشام بن عبد الملك وكان جده يؤثره على بقية اخوته ويتعهده بالصلات والعطايه في كل شهر حتى وفاته عاش عبد الرحمن مع اهله واخوته في قرية حنين من اعمال قنسرين بالشام، الى ان حلت به كارثة نكبة بني امية من قبل العباسيين، فهرب مع مولاه بدر ومولاه اخته سالم ابو شجاع الذي يحتمل ان يكون من اصل بيزنطي حسن المعرفة والاطلاع على مناطق شمال افريقية والاندلس لانه كان قد دخلها مع موسى بن نصير أو بعده، وشارك في بعض حملات الصوائف في الاندلس [25].

خادر عبد الرحمن وخادمه بدر الى مصر ومنها الى افريقية (تونس بعيداً) عن بطش العباسيين مفكراً باللجوء الى المغرب حيث اخواله ومؤيديه بني امية وخيرات المغرب وحسن هوائها وجودة خيراتها [26]

فكرة عبد الرحمن بن معاوية بالعبور الى الاندلس بسبب سوء الاوضاع السياسية والعسكرية في اخر عهد الوالي يوسف الفهري، لبناء الدولة الاموية الجديدة بعد الدعم والتاييد والتشجيع ومساعدة البربر ومحبي الامويين في المغرب والاندلس من الموالي والانصار في كورتي البيرة والجيان، وهؤلاء يشكلون مجموعة الموالي الذين رافقوا الشاميين ضمن جندي دمشق وقنسرين من موالي بني امية، وكانوا يتالفون من نحوا 500 رجل في الكورتي ومن زعمائهم ابو الحجاج يوسف بن بخت الذي كان رئيساً في الموالي في جيان، وكذلك ابوعثمان عبيد الله بن عثمان، وعبيد الله بن خالد اللذان كانا من رؤوساء الموالي في جند دمشق في البيرة [27]

وكان هؤلاء الموالي اقوياء، ويمتلكون ثروة لاباس بها لاسيما زعمائهم، حيث كانت لهم اراضي وممتلكات، ونفوذ كبير، وهيبة قوية بين بقية المستقرين في الاندلس.

نماذج من الوصايا الشامية للخلفاء الامويين الى ابنائهم:

يعود الفضل الى المعارف و الثقافة الشامية التي تحلى بها بعض خلفاء بني امية في المشرق و المغرب الاسلامي, وهو نتاج احوال البلاد و العباد و الظروف التي كان يعاني العصر في الزمان و المكان وهي تحمل معاناة ووحاجات البشر لها كما انها تعبر عن ضمير الانسان و الاعتراف في الاخطاء و السلبيات و السعي الى اصلاحها.مما يجاب الاشارة و الاهتمام ان تر بط المعارف الشامي مع الثقافة الدينية و الدنيوية للحاكم وتأخذ منها العبر و الدروس فيما جاءت و ذكرت في تلك الخطب و الوصايا و النصائح في تاريخنا العربي و الاسلامي نذكر منها ما ورد في نص اندلسي حضاري مهم و مفيد وهو مختص و فريد بتلك الوصايا و الخطب في الاداب السلطانية لتهذيب الاجيال.

(وصية الخليفة عبد الملك بن مروان الى ابنائه):

(اوصى عبد الملك بن مروان بنيه), فقال (يا بني ان شرف الدنيا في ثلاث: الشجاعة, المال, العلم,فلا يخلون احدكم من احدها و من استطاعة كمالها فقد انقادت له الدنيا بزمامها,و اعطته قيادتها, ومن خلا منهن فهو فغي عداد البهائم التي لا تذكر بخصلة و لاتنسب الى مزية, اوصيكم بتقوى الله فأنها غنيمة باقية, و جنة واقية, فالتقوى خير زاد, و افضل ما قدم في المعاد, و هو احصن كهف, واليعطف الكبير منكم على الصغير, و ليعرف الصغير حق الكبير, مع سلامة الصدور, و الاخذ بجميل الامور,. و أياكم و البغي و التحاسد ففيما هلك الملوك الماضون,وذوو العز المكون. يا بني, اخوكم مسلمة نابكم الذي عنه تفترون,و مجنكم الذي به تستجنون,. اصدروا عن رايه, و اكرموا الحجاج فأنه الذي و طأ لكم هذا الامر. كونوا اولدآ ابرارآ, في الحرب احرارآ, وللمعروف منارآ. و السلام) (45).

تضمنت الوصية توجيهات دينية و دنيوية و تحذيرات لابنائه و حثهم على الخصال الحميدة في حياتهم والالتزام بالامن و احترام الوالي الحجاج بن يوسف الثقفي في الحرب.

(الوصية 2) الخليفة عمر بن عبد العزيز الى ابنائه الاثنى عشر

(لمى حضرت الوفاة عمر بن عبد العزيز (رضى الله عنه) قال: ادع لى بنى. فدعاهم و كانوا اثنى عشر. فلما نظر اليهم دمعت عيناه و قال: يا بني. بأبي من اتركهم فقراء!فقال له مسلمة بن عبد الملك: وما يمنعك ان تغنيهم ؟ فو الله لا يرد ذلك. بعدك احد! فقال له: يا مسلمة, ما كنت تحريت فيه في الدنيا, أفأ صلى به في الاخرة ؟ بنى رجلان: أما طائع و اما عاص, فأن يكن طائلآ فالله يرزقه من حيث لا يحتسب, و انة يكن عاصيآ فلست اعين على عصيانه. ثم قال لهم: يا بني, اترضون ان تكونوا اغنياء في الدنيا و يدخل ابوكم النار على ذلك فالأخرة غدا؟ قالوا: لا ! قال لهم: ان لا تلقو امرءآ ألا وهو محب فيكم لانه ما ناله

ابوكم بشر, اذهبوا عصمكم الله, رزقكم الله, لا افقركم الله. فلم يرا احد من ذريته و هو فقير قط) [46].

اكدت الوصية على الزهد و مخافة الله و طاعته و امنيات الخليفة لاولاده بالغنى من الحلال وان يكونوا له صدقة جارية بعد موته وقد شهد له اثناء الوصية مسلمة بن عبد الملك وفيها من المعرفة و الثقافة و التقوى عند الخليفة في اخر حياته

(الوصية 3) الامير الحكم بن هشام الاول (الربضي) يوصي ولده:

(اوصى الحكم بن هشام بن عبد الرحمن بن معاوية ابنه لما فوض الامر اليه و ولاه عهده فقال: يا بنى طب نفساً بما يصير اليك من سلطاني, و نبسط منه كيف شأت, فقد مهت الك الملك و وطأت لك الدنيا و و ذللت لك الاعداء و أمنت عليك الاختلاف و المنازعة. فأولي الامور بك و أزينها لك حفظ اهلك, و مراعاة عشيرتك. ثم الذين يولونهم من مواليك, فهم اولياك حقآ, و انصارك صدقآ, و مشاركوك في حلوك و مرك, فبهم انزل ثقتك, و اتياهم واسي من نعمتك. و أن رايت فيمن يرتقي من صنائعك رجلآ لم تنهض به سابقة و يشف بخصله وتطمح به نفس و همه فأعنه و اختبره و قدمه و استطنعه, و الايرينك خمول اوليته, فأن اول كل شرف خارجية, ولا تدعن مجازات المحسن بأحسانه, و معاقبة المسئ بأساته, فأنك عند التزامك لهذين و وضعك لهما مواضعهما يرغب فيك و ايرهب منك, و ملاك ذلك كله ان تتقي الله ما أستطعت و تعدل احكامك و ان تتخير من حكامك و الى الله أكلك و اياه أستحفظك, فقد هان الموت عليه اذ خلفني مثلك) [47].

اكدت و صية الامير الاندلسي لولده عبد الرحمن سيرة الحكم و اختيار من يثق بهم من بني امية اذ اكد على ذوي القربا و الانصار و حذره من الاعداء و معاقبة المسي و اكرام المخلص و قد نهج سيرة بني امية اجداده و معارفهم في بلاد الشام و استلهم الدروس و العبر من تجارب الخلافة الاموية في الشام. وامتاز في قسوته و محاسبة المقصرين مثلما حدث مع اهالي حي الربض (شقندة-Segunda) اذ احرق الحي عندما تمردوا و حاصروا قصر الامارة و قتلة اعداد كبيرة منهم و فر الكثير من العلماء و الادباء الى فاس في المغرب و جزيرة اكريت و الاسكندرية و لقب الامير بالربضي و لايزال يعرف الحي باسمه في الاسبانية (الربال).

اصداء معارف الشام و خيراتها على اقلام علماء الشام:

اعجب علماء الاندلس الذين قصدوا بلاد الشام او سمعوا عنها او قرأوا مؤلفات الشامين, فأخذوا يكتبون باقلامهم صور الاعجاب او ينشدون الشعر عن الشام, فكتب احدهم ينشدها بأبيات نذكر منها:

قلت لما اتت من الشام كتب   من اجلاء نورهم يتألق

مرحبـــآ مرحبـــآ و أهـــلآ و ســـهلآ بعيـــــون و أت محاســـــن جلـــــق

و قال ايضآ:

قفلـت لمـا وافـت مـن الـشام كتـب و الليـــالي تتـــيح قربـــآ و بعـــدآ

مرحبـــآ مرحبـــآ و أهـــلآ و ســـهلآ بعيـــون و أت محاســـــن ســـــعدى[48]

ذكـر المؤرخ الـوزير الغرنـاطي لـسان الـدين ابـن الخطيـب التلمـساني عـن فـضائل الـشام و معارفهـا و قارنها مع بلدتة غرناطة و انشدهم شعرآ نقتبس منه:

غرناطـــــة مالهـــــا نظـــــير مـــــا مـــــصر؟ مالـــــشام ؟ مـــــاالعراق ؟

مـــــاهي الا العـــــروس تجـــــلى و تلـــــك مـــــن جملـــــة الـــــصداق[49]

تطـرق الجغـرافي الاندلـسي ابـن سـعيد المغـربي عـن زيارتـه الى الـشام و مـا شـاهدة مـن معالمهـا و خـدماتها البلديـة اذ اعجـب بالمبـاني و بـشوارعها نـذكر مـا اورده عـن ذلـك بقولـه (ثـم دخلـت الـشام فرأيـت دمـشق و حلـب و مـا بيـنهما لم ارمـا يـشبه رونـق الانـدلس في مياههـا و اشـجارها الامـد فـاس بـالمغرب الاقـصى و مدينـة دمـشق بالـشام,و في حـماة مـسحة اندلـسية, و لم ار مـا يـشبهها في حـسن المبـاني و التـشيد و التـصنيع, الاماشـيد بمـراكش في دولـة عبـد المـؤمن, و بعـض امـاكن في تـونس, و ان كـان الغالـب عـلى تـونس البنـاء بالحجـارة كالاسـكندرية, و لكـن الاسـكندرية افـسح شـوارع و ابـسط و ابـدع, و مبـاني حلـب داخلة في ميستحسن, الانها من حجارة صلبة و في و ضعها و ترتيبها. انتهى.[50]

تغنى شعراء الاندلس بالشام و بمعارفها و محاسنها فو صفها احدهم بابياته:

محاســـــن الـــــشام اجـــــلى مـــــن ان تحـــــاط بحـــــدّ

لـــــولى جمـــــى الـــــشرع قلنـــــا و لم نقـــــف عنـــــد حـــــدّ

كأنهـــــا معجـــــزات مقرونـــــة بالتحـــــدي[51]

أنشده المقري علي الشام وأمنياته ولهفته على معالمه عنده زيارته لها اذ قال:-

لمـــا وردتـــوا الـــصالحـ يـــة حيـــث مجتمـــع الرفـــاق

وشـــممت مـــن أرض الـــشا م نـــسيم أنفـــاس العـــراق

أيقنـــت لي ولمـــن أحـــب بـــت بجمـــع شـــمل واتعـــاق

وضحكتوا من فرح اللقاء كما بكيتوا من الفراق

لم يبقى لي الا تجشم أزمن السفر البواقي

حيث يطول حديثنا بصفاتي ماكنا نلاقي (51 – أ)

,استرسل المقري يشكوا من فراق الشام ويتلهف لزيارتها وذكريات مجالس علمائها ويعشق الدروس التي أعطاها الى طلاب اهل الشام أثناء رحلته العلمية لها وأنشدنا يقول:

الى الله أشكوا بالمدينة حاجة وبالشام اخرى كيف يلتقيان [52]

ظل المقري يتلوع عشقاً على الشام وحنيناً للايام التي قضاها في مدنها ومساجدها ودروسها ومعارفها أذ أنشد:

لم أنس بالشام أذ شمت بارقه جادة معاهدة أنواء نيسان [53]

ومن حسن قول الاخر (الطويل):-

سرت من نواحي الشام لي نسمة الصبا وقد أصبحت حصرى من السيرظالعه

ومن عرق مبلولة الجيب بالندى ومن تعب أنفاسها متتابعه

وقال المقري أيضاً (الطويل):

حمدت وحق الله للشام رحلتاً أتحت لعيني أجتلاء محياه

وبعد التنائي صرت أرتاح للصبا لان الصبا تسري بعاطر ريان

فلله عهدُ قد اتاح بجلقٍ سروراً فحياه الاله وحياه [54]

أبدع المقري ألتلمساني وأمتعنا في رحلته وشوقنا لمعارف الشام ومعالمها من خلال مكتبه لنا من ابيات أذ تطرق الى علماء الشام ذاكر صفاتهم بقوله (وأنوار أهلها ذو الفضائل الشهيرة أظهر من شمس الظهيرة في السماء الصاحيته – الخفيف -):-

قلت لما اتت من الشام كتب من أجلاء نورهم يتالق

مرحباً مرحباً وأهلاً وسهلاً بعيون رأت محاسن جلق

وقال أيضاً (الخفيف):-

قلت لما وافت من الشام كتبٍ والليالي تتيح قرباً وبعداً

مرحبــــاً مرحبــــاً وأهـــــلاً وســـــهلاً   بعيــــــون وات محاســــــن ســــــعدى [55]

أعجـب أدبـاء الانـدلس بمـدن الـشام ومعارفهـا أثنـاء زيـارتهم ودراسـتهم فيهـا فيـذكر الاديـب ابـو جعفر الالبيري من غرناطه اثناء زيارته مدينة حمص بقوله:

حمــــص لمـــــن اضــحى بهــــا جنــــة   يــــــدنو لـــــديها الأمـــــل القــــاصي

حـــــل بهــــا العـــــاصي الا فــــاعجبوا   مـــــن جنــــة حــــل بهـــــا العــــاصي [53]

الرحلات العلمية من الاندلس الى بلاد الشام:

قصد عدد كبير من اهل الاندلس بلاد الشام لاهداف وغايات هي:

1-لغرض اداء فريضة الحج الى الديار المقدسة وبعدها زيارة الشام.

2-للحصول على المعارف والدراسة في مجالس الشام والتتلمذ على يد علمائها وادبائها.

3-بهـدف الحـصول عـلى الـرزق مـن التجـارة وخـصوصا الحريـر والمنسوجات القطنيـة التـي اشـتهرت بها مدن الشام .

4-للتمتع بمناخ الشام ومعالمها الجميلة .

5-هربـا مـن الاوضـاع التـي مـرت بهـا الانـدلس في عـصر الطوائـف وقـد اشـتهرت الـشام بـالامن والاستقرار .

6-لزيـارة عـوائلهم اذ كـثر الـزواج بـين اهـل الـشام والانـدلس فقـصد بعـض مـن الاندلـسين الـشام للاطلاع على اسرهم او للزواج وبناء الاسرة.

تحـدثت المـصادر الاندلـسية مـن ان عـدد كبـير مـن اهـل الانـدلس قـصدوا الـشام وكـذالك عـدد مـن الـشاميين زاروا الانـدلس لـنفس الاهـداف اعـلاه، وكـان مـن زوار الـشام عـدد كبـير مـن المـشاهير نـذكر مـنهم .

1- ابــو الوليــد الطرطــوشي صــاحب كتــاب (سراج الملــوك) و (كتــاب الحــوادث والبــدع) مــن مدينــة طرطوشـة الاندلـسية، دخـل بغـداد والبـصرة وسـكن الـشام مـدة ودرسـة بهـا، وكـان راضياً باليـسير وسافر الى الاسكندرية وماته بها 520 هـ [54].

2- القاضي ابـو عـلي الـصدفي الـذي الفـه لـه ابـن الابـار البلنـسي كتـاب سـماه المعجـم في اصحاب القـاضي ابي علي الصدفي، وقد ذكره القاسم ابن عساكر في تاريخه ودخوله الشام [55].

3- ابن دحية الكلبي البلنسي الذي ولده سنة 547هـ ت 683 هـ

زار الشام والمغرب ومصر وله كتاب (التنوير في مولد السراج المنير) .

و (النبراس في اخبار بن العباس وغيرها من الكتب).

4- خلف ابن القاسم ابن سهل الدباغ، الحافظ الاندلسي كان حافظاً فهماً عارفاً بالرجال، سمع بدمشق على بن ابي العقب، وأبي الميمون بن رائد [56].

5- ابو الاصبغ عبد العزيز بن علي، المعروف بأبن الطحان الاشبيلي المقري، ولد باشبيلية 498 هـ رحلة فدخله مصر والشام وحلب وتوفي بحلب بعد سنة 559 هـ [57]

6- ابو عبد الله محمد ابن ابراهيم بن احمد العبدلي دخل الشام واخذ من علمائها منهم شمش الدين ابن القيم الجوزية [58].

7- ابو عبد الله ابن سراقة الشاطبي ولد بشاطبة سنة 592 هـ وسمع بحلب من ابن شداد وغيره وتولى مشيخة دار الحديث البهائية بحلب [59].

8- أبو عبد الله محمد بن علي بن ياسر الانصاري الجياني، نزل حلب ورحل الى المشرق وأدى الفريضة، وقدم دمشق سنة 520 هـ وسكن قنطرة سنان فيها وكان علم القران فيها ذكره أبن عساكر في تاريخه وقال:-

سمعت منه، ومات بحلب سنة 563 هـ [60]

9- جمال الدين ابو بكر الوائلي المالكي من مدينة شريش الاندلسية ولد بها سنة 601 هـ وزارة دمشق وتتلمذ على مكراً بن ابي الصغر، وبحلب من ابي البقاء يعيش ابن علي النحوي، واقامة بدمشق يفتي ويدرس وكان من العلماء الزهاد كثر العبادة والورع و الزهد، والتفسير والاصول، وصنف كتاباً في الاشتقاق، وشرح الفية ابن معطي، وأخذ عنه الناس، وطلب للقضاء بدمشق، فامتنع منه زهداً وورعاً وبقى المنصب لاجلة شاغراً الى ان مات سنة 685 هـ ودفنه بقاسيون [61].

10- محمد أبن يحيى الاندلسي قاضي القضاة، أخذ عن الحافظ ابي الحجر حتى ولاه قضاء المالكية بحماة، وسافر الى حلب مظهر ارادة السمع على حافظها البرهان [62]

11- شهاب الدين احمد بن عبد الله بن مهاجر الوادي آشي من غرناطه مدينة(Guadix)، الحنفي سكنه طرابلس الشام ثم انتقل الى حلب وأقامه بها وصار من العدول المبرزين في العدالة بحلب ويعرف بالنحو والعروض، وله انتماء بقاضي القضاة الناصر ابن العديم قال الصفدي رئيته بحلب أيام مقامي فوجدته حسن التودد. [63]

الخاتمة

يمكن ايجازها بالنقاط هي:

1. بلاد الشام مهدالحضارة و منبع المعارف و العلوم و التراث عبر التاريخ وذلك بفضل موقعها وخيراتها وخبرة اهلها وخصوبة ارضها ووفرة مياهها.
2. و قوع بلاد الشام على طريق التجارة العالمية (تجارة الحرير)ساهمت في ازدهار الاقتصاد و المعارف من الاختلاط ونقل المعلومات بواسطة الرحالة التجار.
3. النصر العسكري البحري في معركة ذات السواري سنة34هـ)بواسطة الاسطول الشامي قد زاد من المعارف الحربية و ساهم في بناء الاسطول العربي المتطور في العدد والعدة.
4. لعبت الشام دوراً مهماً في فتح اسبانيا بعد اتخاذ الخليفة الاموي وليد بن عبد الملك قراراً عسكرياً حازماً في الفتح و ارسال الحملة الاستطلاعية للتأكد من حقيقة الموقف لعبور الجيش الاسلامي الى اسبانيا بقيادة طارق بن زياد و معه 7000 مقاتل و تم اسناده بجيش اخر قدر في 5000 مقاتل ثم بعد سنة عبر موسى بن نصير و معه 18000 مقاتل وكان قسم كبير منهم من اجناد كور الشام من دمشق وحمص وحلب و قنسرين وغيرهم من الاجناد,ساهموا في انجاح مهمة الفتح لشبه الجزيرة الاسبانية.
5. اهتمام الخلافة الاموية في مراقبة الاوضاع العامة في الاندلس بعد نجاح الفتح و متابعة مجريات الاحداث اذ اصدر الخليفة وليد امرآ بعودة الوالي موسى و القائد طارق الى دمشق للتعرف على امور واوضاع و احداث الاندلس و الاستماع بشكل مباشرة على الوضع العسكري و هو دليل على حرص و اهتمام الخلافة الاموية ببلد الاندلس
6. استمرت الشام في متابعة الشوؤن العامة لبلد الاندلس في عصر الولاية, اذ صار الخليفة الاموي يعين و يختار الولاة من قبل حاكم شمال افريقيا و احياناً من اهل الاندلس في الاحوال الحرجة مثل استشهاد الوالي, ويتم الاختيار من اهل الخبرة بالحكم و المخلصين و ذوي الكفاءة العسكرية لمواجهة الخطر الفرنجي لحماية ارواح المسلمين و الدفاع عن الحدود والثغور الاندلسية, و تقديم المعارف و الخدمات لأهل الاندلس مثل بناء مقبرة عامة للمسلمين في قرطبة و تجديد قنطرتها على نهر الوادي الكبير و تقسيم الاراضي و تعين الموظفين الاكفاء من قبل الوالي السمح بن مالك الخولاني اذ أمره عمر بن عبد العزيز
7. نشوء الامارة الاموية في الاندلس جاء بفضل معارف و جهود عبد الرحمن بن معاوية بن هشام بن عبد الملك الملقب بالداخل و صقر قريش, اذ كان له الفضل

بنقل الكثير من المعارف الشامية و خيراتها في الجانب الزراعي مثل انواع الفواكه و الاثمار و الاشجار على سبيل المثال الرمان السفري الذي حمله القاضي السفر القلاعي من اهل حمص الى الاندلس وامتاز بحلاوة مذاقه وطعمه ولايزال في اسبانيا حتى يومنا و البرقوق الزيتون و النخلة التي عرفت بالعيدانة, وقد دخلت اسمائها في اللغة الاسبانية فضلآ عن النظم و الفكر العربي اذ تم تبادل الخبرات و الثقافات و السفارات و الرحلات العلمية, فنجد علماء الشام في الاندلس, و احيانآ علماء و أدباء الاندلس في مدن الشام,و تم انشاء المسجد الجامع في قرطبة على غرار الجامع الاموي في دمشق و حلب و انشاء الرصافة في قرطبة على غرار ما قام به الخليفة هشام عندما شيد رصافة الشام, كما تم بناء القصور و الحدائق الشامية في الاندلس, و الاستعانة بالخبراء و البنائين الفنانين الشاميين للستفادة منهم في الاندلس. و اصبحت الشام و الاندلس توائم حضارية في جوانب كثيرة من المعارف وضرب النقود و العمارة و الصناعة و التجارة.

فهرست الكتاب

1. كتاب الفهرست تحقيق رضا تجدد, طهران 1971,ص 419.
2. تاريخ الاندلس لابن الكردبوس ووصفه لابن الشباط _نصان جديدان, تحقيق د.احمد مختار العبادي. معهد الدراسات الاسلامي, مدريد1976.ص45.
3. كتاب اخبار مجموعة في فتح الاندلس و ذكر امرائهاو الحروب الواقعة بينهم)) تحقيق لافونتي القنطرة, مدريد 1867,ص 5_6.
4. المقري, احمد بن محمدالتلمساني, نفح الطيب من غصن الاندلس الرطيب وذكر وزيرها لسان الدين بن الخطيب, تحقيق د. مريم قاسم طويل ود. يوسف علي طويل. دار الكتب العلمية, بيروت 1415هـ 1995,ط اولى,ج 1/ 277.
5. ابن الكردبوس/ المصدر نفسه, ص50 المقري / نفح / ج 1/ 261((و سارعنها سنة 95 الى الشام يؤم الوليد ابن عبد الملك يجر الدنيا بما احتماه من غنائم الاندلس من اموال و الامتعة يحماها على العجل و الظهر...)).
6. ابو عبيد البكري ت487 / كتاب الممالك و المسالك (نشر بعنوان جغرافية الاندلس و اوربا)تحقيق عبد الرحمن الحجي, بيروت 1968.
7. المقري /نفح الطيب /ج1 /126، ابن حوقل النصيبي, كتاب صورة الارض / منشورات دار الحياة (بيروت 1979)ص 160_162.
8. مجهول, فتح الاندلس /ص 25, ابن عذاري, البيان المغرب في اخبار الاندلس و المغرب, تحقيق كولان و بروفنسال, بريل 1951, ج2 / 26.
9. مجهول /اخبار مجموعة, ص 24 / مجهول,فتح الاندلس 25 / ابن عذاري / البيان المغرب, ج2 / 26.
10. مجهول,اخبار مجموعة /ص ص 35 /37, ابن عذاري / البيان المغرب / ج1 /55_56 / المقري, نفح,ج3/ 20.
11. مجهول / اخبار مجموعة,ص 38. المقري,نفح.ج3 /20.
12. ابن الخطيب الغرناطي.الاحاطة في اخبار غرناطة, تحقيق محمد عبد الله عنان, مكتبة الخانجي, القاهرة, ج1 /102_103(برواية ابن حيان القرطبي).

13. ابـن القوطيـة القرطبـي. افتتـاح الانـدلس, تحقيـق و ترجمـة الى الاسـبانية, خوليـان ريبـيرا, مجـريط, ص20, مجهـول, اخبـار مجموعـة,ص 46, ابـن عـذاري, البيـان, ج5/ 32, ابـن الخطيـب الغرنـاطي, الاحاطة,ج1/ 102_104.

14. ابن الخطيب الغرناطي / الاحاطة / ج1/ 104.

15. الحمـيري / الـروض المعطـار في خـبر الاقطـار / تحقيـق ليفـي برونفـسال, الربـاط 1937, ص 36, ابـن الخطيب الغرناطي / الاحاطة. ج1 /102 /.

16. ابن الخطيب الغرناطي, الاحاطة, ج105/104/1,.

17. العـذري (احمـد ابـن عمـر ابـن انـس ابـن الـدلائي), كتـاب ترصيـع الاخبـار و تنويـع الاثـار, و البـستان في غرئـب البلـدان, و المـسالك الى جميـع الممالـك (نـشر بعنـوان نـصوص عـن الانـدلس) تحقيـق عبـد العزيز الاهواني, مدريد 92/1965.

18. ابـن حـزم القرطبـي /جمهـرة انـساب العـرب,تحقيـق ليفـي بروفنـسال /ص 265,,280,290/ مجهـول,اخبـار مجموعـة /ص65.ابـن الابـار /الحلـة الـسيراء,ج155/154/1,التكملـة,طبعـة القـاهرة,ج337/253/1,ج2 572/ ابن الخطيب الغرناطي,الاحاطة, ج1 /137,162 _163, المقري, نفح,ج292/1.

19. العذري, كتاب ترصيع الاخبار/ص 90.

20. ابن الخطيب الغرناطي, الاحاطة, ج128/1.

21. ابن القوطية القرطبي. افتتاح الاندلس,ص22.

22. مجهول,اخبار مجموعة,ص83.

23. العذري, كتاب ترصيع الاخبار/ص101.

24. ابـن القوطيـة القرطبـي. افتتـاح/ص14,17 /جمهـرة انـساب العـرب,ص419 مجهـول,اخبـار مجموعـة,ص 46_20,44.

25. مجهول,اخبار مجموعة,ص55_56.

26. المصدر السابق,54_55.

27. نفس المصدر السابق, ص96_97 ابن عذاري / البيان المغرب(برواية الرازي),ج2 / 42.

28. ابن القوطية القرطبي. افتتاح الاندلس ص21,24 38,40. مجهول,اخبار مجموعة,ص 67.76.80.

29. مجهول,اخبار مجموعة,ص67_ ابن عذاري / البيان المغرب,ج2,41. المقري, نفح, ج3 /29.

30. ابن عذاري / البيان المغرب,ج2 41.

31. ابن القوطية القرطبي. افتتاح/ص25.

32. ابن القوطية القرطبي. افتتاح/ص 21,22 و25, مجهول,اخبار مجموعة,ص83ـ84, مجهول,فتح الاندلس ص 53.

33. مجهول,اخبار مجموعة,ص86.

34. ابن القوطية القرطبي. افتتاح الاندلس,ص 29, مجهول,اخبار مجموعة,ص91, ابن عذاري,البيان المغرب,ج2 /47.

35. مجهول,اخبار مجموعة,ص93_94.

36. المصدر السابق/100_101, مجهول,فتح الاندلس ابن عذاري / البيان المغرب,ج3 /ص 49 المقري, نفح, ج3 م35_36.

37. المقري, نفح, ج3 /59.

38. ابن خلدون /المقدمة, نشر دار احياء التراث العربي, بيروت, ص 238,

39. مجهول,اخبار مجموعة,ص109,.

40. الاحاطة,ج1/104 _105.

41. مجهول,اخبار مجموعة,ص109,.

42. المقري, نفح, ج1/340 _342,.

43. مجهول,اخبار مجموعة,ص129_130.

44. العبادي,احمد مختار, في تاريخ المغرب و الاندلس / بيروت,1978, ص 114.

45. ابن سماك العاملى المالقاالغرناطي, الزهرات المنثورة في نكت الاخبار المأثورة, تحقيق محمود علي مكي, نشر مكتبة الثقافة الدينية,ط 1 / القاهرة, 1424هـ2004 م/ص 137 _138, الزهرة 92.

46. المصدر السابق. ص140. الزهرة 94. و أنظر: ابو حاتم السجيستاني. سهل بن محمد بن عثمان, كتاب المعمرين و الوصايا, نشر عبد المنعم مامر, القاهرة 1961, ص164_165.

47. المصدر السابق نفسه /ص 183 _139, لم تلد الوصية في المصادر الاندلسية سوى اشارة عنها ابن عذاري / البيان المغرب,ج1 /77, ذكر تاريخ الوصية حين اشتد المرض الامير الاندلسي الحكم الاول سنة 206 هـ/822 م.

48. المقري, نفح, ج106/1.

49. ابن الخطيب, الاحاطة,ج118/1,المقري, نفح ج147/1.

50. نقلآ عن, المقري, نفح, ج201/1.

51. المصدر السابق,ج64/1.

51. المصدر السابق أ.

52. المصدر السابق ج /1 106.

53. المصدر السابق ج3 - 414.

54. المصدر السابق ج2 – 303.

55. المصدر السابق ج2 –306

56. المصدر السابق ج2 – 318.

57. المصدر السابق ج2 – 376.

دور الرحالة المشارقة والمغاربة وأهل الاندلس

في نقل مظاهر التواصل الحضاري الى الولايات الاسلامية عبر التاريخ

دور الرحالة المشارقة والمغاربة وأهل الاندلس في نقل مظاهر التواصل الحضاري الى الولايات الاسلامية عبر التاريخ

- تمهيد:

ان التجارة والرحلات ربطت مدنيات حضارة مابين النهرين ووادي النيل مع مدنيات المشرق والمغرب، ونقلت معالم التواصل الحضاري في المدن والنواحي والتعصبات من العادات الاجتماعية والدينية والاقتصادية بتفاصيل دقيقة في الاسماء والتواريخ، وبذلك سهلت على الباحثين التعرف والمقارنة بين الولايات الاسلامية في درجة التحضر والانتاج والابداع.

سهلت كتب الرحلات علينا صورة التطور الحضاري الذي حدث في عدد كبير من الولايات الاسلامية في جوانب الحياة، وحسب اسلوب ومنهج تدوين الرحالة واهتمامه وولعه وخبرته واتصاله وظروفه وشجاعته وبراعته في نقل ادق التفاصيل وابرزها عن المنطقة التي زارها، وبذلك نرى اختلاف واضح في كتب الرحالة في التاكيد على جوانب معينة من التطور والتأخر الحضاري والعادات والتقاليد الراسخة في المجتمعات، والصدق والصراحة والامانة التي دونها في رحلته، مثلا نرى ان ابن حوقل النصيبي ذكر معلومات غير صحيحة عن الاندلس في جانب الخيل والفروسية عندمازار الاندلس بأمر من الخليفة الفاطمي المعز لدين الله، وقد دخل ابن حوقل بصيغة تاجر ولكنه كان جاسوسا لجمع المعلومات ولكسب رضى سيده الفاطمي في عصر الخليفة الاموي عبد الرحمن الناصر،

اختص عدد من الرحالة في زيارة الاماكن الدينية المقدسة في مكة والمدينة والقدس الشريف، وقدموا لنا وصفا علمياً مهما عن فريضة الحج والمعالم الحضارية فيها والمراسيم والعادات والتقاليد نذكر منهم: مثل الرحالة الاندلسيين: ابن جبير البلنسي وابن بطوطة الطنجي، باسلوب ومنهج سهل ومشوق ومفصل عن كل بقعة وأثر مما ساهموا في تزويد الناس الراغبين في زيارة تلك الاماكن وتعريفهم بالتفاصيل الحضارية.

اهتم اغلب الرحالة في الحديث عن مدن الولايات الاسلامية التي قصدوها والعجائب والغرائب والاساطير مايعرف بعلم الكوزموغرافي في الجغرافية الوصفية بدافع الخيال والتشويق والمبالغة في الروايات، امثال المسعودي، واليعقوبي، والزهري الاندلسي، وغيرهم

كرس اغلب الرحالة الاهتمام بالمسالك والمسافات بين المدن والطرق المؤدية الى طريق الحج او تجارة الحرير، وذكر الاقاليم ووصف المدن امثال ابن خرداذبة وابن رسته

والـشريف الادريسي، وغـيرهم وبـذالك سـاهموا في تقديم تعاريف عـن الطرق ومقدار المـسافات والمـخاطر والعقبـات التي تواجـه المـسافرين الـراغبين في الوصـول الى المعـالم الحضارية في الولايـات الاسلامية

لابـد مـن ذكـر ثقافـة الرحالـة المـسلمين وحبهم للعلـوم وشغفهم بتاليف الكتـب في العلوم الطبيعيَة المهمة في زراعة والاعشاب والنباتات البرية.

فقد صنف الجغرافي الاندلسي ابـو عبيـد البكـري القرطبي (ت.487هـ) كتابـاً عـن الاعشاب والنباتات الطبية في المناطق التي زارهـا، كـما صنـف الـشريف الادريسي الرحالـة الاندلسي كتابـاً مهمـاً بعنوان ((الجامع لـصفات اشتات النبـات وضروب انـواع المفـردات مـن الاشجار والثمار والحشائش والازهار والحيوانات والمعادن)) وهـو باكورة معرفته العلمية في المناطق التي سـاح فيهـا او سمـع عنهـا وبـذالك قـدم الرحالـة والجغرافيون المـسلمون خدمات حضارية الى علـم الزراعـة في النبـات والحيـوان، عندما تحدثوا عن انواع الاراضي والمحاصيل والحيوانات ومنافعها وخصائصها.

كما الف الجغـرافي الاندلسي ضياء الـدين بـن البيطار الاشبيلي (ت. 636 هـ) كتابـاً بالنبـات مـن خـلال تجوالـه في ارض الاندلس اسمـاه (المغنـي في الادويـة المفـردة) و(الجامـع في الادويـة) اورد فيـه وصفا لاكثر من 1400 عقار نباتي وحيواني ومعدني ساهمة فيه تطور علم الصيدلة والطب في الاندلس والعالم

دوافع وغايات الرحلات الجغرافية:

1. حب المعرفة والاطلاع ونقل المظاهر الحضارية في الاقاليم التي قصدها الرحالة.

2. اداء فريضة الحج والعمرة في الاماكن المقدسة عند بيت اللـه الحرام وقد زودتنا كتب الرحلات الاندلسية منهـا رحلة ابـن جبـير البلنسي الاندلسي وابـن بطوطـة الطنجي والـشريف الادريسي بمعلومات مفصلة عن مكة والمدينة المنورة.

3. لغـرض كسـب الـرزق الحـلال وخدمـة الحكـام واهـدافهم السـياسية مثـل رحلة ابـن حوقـل النصيبي الـذي عمـل جاسوسـاً في البـلاط الفاطمي مقابـل حصولـه على امـوال وهدايا مـن الخليفـة الفاطمي.

4. تكليـف الرحالـة برسـم خـرائط للمـدن وتحديـد المسـالك التـي تـؤدي الى الولايـات لاغـراض التجـارة او عسـكرية لـشن حمـلات وغارات وغـزوات، اذ يتطلب تـامين افضل الطرق ومعرفـة المسـالك والانهار والجبـال والعـوارض الطبيعية وطبيعة المنـاخ، وهذا ماكان يحدث عنـدما تـشن الحروب او حملات الجهاد لنشر الاسلام او تـأديب المتمردين والعصاة او ردعهم. كما ورد عند الجغرافي العـذري الاندلـسي في كتابـه ((ترصيـع الاخبـار وتنويـع الاثـار، والبـستان في غرائـب وعجائب البلدان)).

5. تقديم وصف رائع ومقارنةً جميلة بين بلد وآخر في معالمه الجغرافية والمناخية والحضارية من بعض الرحالة مثل ما قام به البكري القرطبي وابن غالب الاندلسي في كتابه ((فرحة الانفس في تاريخ الاندلس)) ذكرعن الاندلس بقوله: ((والأندلس شامية في طيب ارضها ومياهها، يمانية في اعتدالها واستوائها، اهوازية في عظيم جبايتها، عدنية في منافع سواحلها، صينية في جواهر معادنها، هندية في عطرها وطيبها. وأهلها عرب في العزة والأنفة وعلوالهمة وفصاحة الألسن وطيب النفوس وابابة الضيم وقلة احتمال الذل هنديون في فرط عنايتهم بالعلوم وحبهم فيها، هم اشد الناس بحثاً عليها، واصحهم ضبطاً وتقييداً ورواية لها وخاصة بكتاب الله وسنة نبيهم محمد (صلى الله عليه وسلم) بغداديون في نباهتم وذكائهم وحُسن نظرهم وجودة قرائحهم ولطافة اذهانهم وحدة افكارهم ونُفوذ خواطرهم ورقة اخلاقهم وظرفهم ونظافتهم، يونانيون في استنباطهم للمياه ومعاناتهم لضروب الغراسات واختيارهم الأجناس الفواكه وتدبيرهم لتركيب الشجر و.... لإقامة البساتين بصنوف الخُضر وانواع الزهر، فهم أحكم الناس لأسباب الفلاحة ومنهم ابن بصال صاحب كتاب الفلاحة الأندلسية التي شهدت التجربة بفضلها وعول على صحتها. صينيون في اتقان الضائع العلمية واحكام المهن التصورية فهم اصبر الناس على مطاولة التعب في تجويد الأعمال ومقاساة النصب في تحسين الضائع، تركيون في معاناة الحروب ومعالجة الآتها،فهم احذق الناس بالفروسية وأبصرهم بالطعن والضرب، وبذلك بحسب ماتقتضيه اقليمهم،واعطته لهم نسبتهم من ذلك على ماذكرة بطليموس وغيره [1]

تضمن النص جوانب حضارية عن تشابه جوانب حياة الاندلس مع مجتمعات عديدة هي: الشام، والاهواز، واليمن، وعدن، والصين، والهند، وبغداد، واليونان، وتركيا وذلك ضمن التواصل الحضاري لهذه الأمم والتطور الحاصل في حياة شعوبهم، وكان الرحالة ابن غالب يريد ان يقول عن التطور الحضاري في الاندلس في القرن الثاني والثالث والرابع الهجري.

6. اوضح عدد من الرحالة الاندلسيين عن حالة التاخر والتردي للاوضاع في بلاد جليقية بالشمال الشرقي للاندلس،وماكانت تعانيه حياة الناس في الاقليم مقارنة الى التواصل الحضاري في الاندلس، ونقل البكري معلومات مفيدة عن اهل جليقية والافرنج بقوله: ((... وأهل غدرٍ ودناءة اخلاقٍ، لايتنظفون ولا يغتسلون في العام مرة او مرتين بالماء البارد. ولايغسلون ثيابهم منذ يلبسونها الى ان تنقطع عليهم، ويزعمون ان الوسخ الذي يعلوها من عرقهم تنعم به اجسامهم وتصح أبدانهم.

وثيابهم أضيق الثياب وهي مفرجة يبدون من تفريجها اكثر ابدانهم، ولهم بأس شديد، لايرون الفرارعند اللقاء ويرون الموت دونه)) [2]

نقل البكري القرطبي صورة التخلف والبؤس والشقاء لسكان اوروبا في عصر الذي كان ازدهار الاندلس ايام الامارة والخلافة الاموية في قرطبة وهيمنة وسيطرة الكنيسة الكاثولكية ودجل بعض المشعوذين فيها.

تطرق البكري القرطبي عن عادات وتقاليد الصقالبة منها ((والنحلة عند الصقالبة عظيمة، ومذهبهم فيها كمذهب البربر واذا وُلد للمرء ابنتان او ثلاث فيهن سبب غنائه وان وُلد له ولدان فهو سبب فقره)) [3]

ذكرالبكري القرطبي نقلا عن المسعودي عن اجناس الصقالبة منهم سرنَيُن بقوله: ((والجنس الذي ذكرنا انه سرنَيُن، يحرقون أنفسهم بالنار اذا مات رئيسهم، ويحرقون دوابهم، ولهم افعال مثل افعال الهند، وهم يتصلون بالشرق ويعبدون من الغرب، وهم يطربون ويفرحون عند حرق الميت، ويزعمون ان سرورهم واطرابهم لرحمة ربه اياه ونساء الميت يقطعن ايديهن ووجوههن بالسكاكين واذا زعمت واحدة منهن انها محبة له علقت حبلا وارتقت اليه على كرسي فتشتَد به في عنقها ثم يجذب الكرسي من تحتها فتبقى معلقة تضطرب حتى تموت ثم تحرق وتلحق بزوجها.

ونساؤهم اذا نكحن لم يفجرن،الا ان البكر اذا احبت رجلاً صارت اليه واقامت عنده شهوتها، فاذا تزوجها الزوج فوجدها عذراء قال لها:((لو كان فيك خيراً لرغب فيك الرجال ولا خترتِ لنفسك من يأخذ عذرتك، فيرسلها ويبرأ منها)) [4]

يؤكد النص ويوضح حالات التأخر والجهل والظلام والعبودية في المجتمع الصقلبي وسيطرة اوهام رجال الدين والمشعوذين على الناس في عادات توارثها المجتمع

7. الكشف عن ظواهر الطبيعة والمخلوقات واحوال المجتمعات والتطورالحاصل فيها كما ورد عند الجغرافي في الاندلس الزهري الذي كتب عن ارمينية الكبرى، وفلنده، والممالك الاسبانية الشمالية النصرانية بالتَفصيل فضلاً عن مدن الاندلس عجائبها، والقزويني في كتابه ((آثار البلاد واخبار العباد)) وكتاب ((نخبة الدهر في عجائب البر والبحر)) للرحالة المجهول المؤلف وكتاب ((خريدة العجائب وفريدة الغرائب)) لابن الوردي سراج الدين ابي حفص عمر وكتاب ((عجائب المخلوقات)) وكتاب ((المعرب في عجائب المغرب)) لابي حامد الغرناطي وغيرها التي تتحدث عن فرائد الحيوان والنبات ونرى بعضهم اهتم بدراسة المغرب والاندلس من خلال المصادر مثلاً ابن الوردي نقل لنا معلومات عن المدن منها

قرطبة ((وهي قاعدة الاندلس، ودار الخلافة الاسلامية وهي مدينة عظيمة وأهلها اعيان البلاد وسراة الناس في حسن المآكل والملابس والمركب وعلوا الهمة وبها اعلام العلماء وسادات الفضلاء واجلاء القراء وامجاد الحروب....))واعتمد في معلوماته على المصادرالاندلسية

مقومات واسس كتب الرحالة المسلمين:

عرضت كتب الرحلات الجغرافية مادة علمية مهمة ومفيدة وواضحة عن معالم حضارية مجهولة للانظار والمسامع و بفضل وصولهم الى اماكن بعيدة ومجهولة وصعبة وخطيرة علينا تعرفنا على معالم حضارية.

لابد من الاشارة الى صفات الدقة والامانة والموهبة في التدوين الجغرافي عند الرحالة والبلدنيين او الفلكيين والعجائبيين، وامتاز بعضهم على غيرهم بالدقة والفهم لمطالب الوصف الجغرافي الحضاري، وآخرون تغلب الخيال والاسطورة على عقولهم فبالغوا في الوصف الى حد غير مقبول منه من الضخامة والرعب، وقلة منهم اتخذ العفة والنزاهة والقناعة والصبر والتأني في رسم صورة الحدث وتلوينه، فجاءت مؤلفاتهم بالحيادية والعقلانية.

نتوقف عند الرحالة التاجر الجاسوس الفاطمي ابن حوقل النصيبي البغدادي لنلقي نظرات عن كتابه صورة الأرض ومقومات واسس منهجه في حديثه عن الاندلس اثناء زيارته لها في عصر الخليفة عبد الرحمن الناصر فذكر جوانب مهمة ومفيدة واخرى ملفقة وغريبة وكاذبة لارضاء اسياده الفاطميين والحصول على عطفهم وكرمهم بالمال والجاه ونقتبس نصوص حقيقية وصحيحة وعادلة وحضارية هي:

1. ((فاما الاندلس فهي من نفائس جزائر البحر، ومن الجلالقة في القدر بما حوته واشتملت عليه)) (5)
2. عن مملكة جليقية في الشمال الغربي من اسبانيا ((والجلالقة أحسن وأصدق و أشد بأساً وقوة وبسالة، ومنهم غدر)) (6)
3. عن مدينة قرطبة ومعالمها الحضارية: ((وأعظم مدينة بالاندلس قرطبة وليس بجميع المغرب لها شبيه، ولا بالجزيرة والشام ومصر وما يدانيها في كثرة أهل وسعة رقعة وفسحة اسواق ونظافة محال، وعمارة مساجد وكثرة حمامات وفنادق، ويزعم قوم من سافرتها الواصلين الى مدينة السلام أنها كأحد جانبي بغداد، وذلك ان عبد الرحمن بن محمد صاحبها ابتنى في غربها مدينة وسماها بالزاهرء في سفح جبل حجر أملس يعرف بجبل بطلش، وخط فيها الأسواق وابتنى الحمَامات والخانات والقصور والمتنزهات، واجتلب اليها العامة بالرغبة وأمر مناديه بالنداء في جميع اقطار الاندلس: ألا من أراد أن يبتني داراً أو ان يتخذ مسكناً بجوار السلطان فله من المعونة اربع مائة درهم،

فتسارع الناس الى العمارة وتكاثفت الابنية وتزايدت فيها الرغبة، وكادت الابنية ان تتصل بين قرطبة والزهراء،ونقل اليها بيت ماله وديوانه ومحبسه وخزائنه وذخائره.وقد نقل جميع ذلك واعيد الى قرطبة تطيراً منهم بها،وتشاؤماً بموت رجالهم فيها ونهب سائر ذخائرهم)) [7]

4. احصائية مالية مهمة ونادرة عن واردات الاموال في عصر الخليفة عبد الرحمن الناصر في بيت مال المسلمين في قرطبة.

((وحاصل عبد الرحمن بن محمد ان لديه مما اتجه له جمعه من الاموال الى سنة 340 هـ مالم ينقص من عشرين الف الف دينار الا اليسير القليل، دون مافي خزائنه من المتاع والحلي المصوغ وآله المراكب، وما يتحمل به الملوك من القنية المصوغة)) [8]

5. مقارنة التطور الحضاري لمدينة قرطبة بمدينة السلام بغداد ((وقرطبة وان لم تكُ كأحد جانبي بغداد فهي قريبة من ذلك ولاحقة به، وهي مدينة ذات سور من حجارة ومحال حسنة ورحاب فسيحة، وفيها لم يزل ملك سلطانهم قديماً ومساكنه وقصره من داخل سورها المحيط بها، واكثر ابواب قصره في داخل البلد من غير جهة، ولها بابان يشرعان في نفس سور المدينة الى الطريق الاخذ على الوادي من الرصافة، والرصافة مساكن اعالي ربضها متصلة مبانيها بربضها الأسفل، وابنيتها مستديرة على البلد من الشرقية وشماله وغربه، فاما الجنوب منه فهو الى واديه وعليه الطريق المعروف بالرصيف والاسواق والبيوع والخانات والحمّامات ومساكن العامة بربضها، ومسجد جامعها جليل عظيم في نفس المدينة والحبس من قريب)) [9]

6. تحدث عن تطور الصناعات النسيجية والصوفية والجلدية والاصباغ وتجارة الاندلس ((ولهم من الصوف والاصباغ فيه وفيما يعانون صبغة بدائع بحشائش تختص بالأندلس، تضع بها اللبود المغربية المرتفعة الثمينة والحرير وما يؤثرونه من الوان الخز والقزّ، ويجلب منها الديباج، ولم يساومهم في اعمالهم لبودهم اهل بلد على وجه الارض، وربما عمل لسلطانهم لبود ثلاثينية يقوم اللبد منهن بالخمسين والستين ديناراً.... ويعمل عندهم الخز السكب والسفيق مايزيد ما استعمل منه للسلطان على ما بالعراق، ويكون منه المشمع فيمنع المطر ان يصل الى لالبسة. وأما اسعارهم فتضاهي النواحي الموصوفة بالرخص وكثرة الخير والسعة، وفواكههم مع طيبة فيها وسطة فكالمباحة التي لاثمن لها. ويعمل في اقطار بلدهم هم من الكتان الدني للكسوة ويجلب الى غير مكان، حتى ربما وصل الى مصر منها الكثير، فاما ارديتهم المعمولة ببجانة فتحمل الى مصر ومكة واليمن وغيرها، ويستعمل عندهم للعامة وللسلطان من الكتان ثياب لايقصر عن الديبقي ماكان منها صفيقاً، ومن السلس الدقيق ما يستحسنه من لبس الشرب ويضاهي رفيع الشطوي الجيد....)) [10]

ان مايؤخذ على ابن حوقل الكذب وتلفيق الحقيقة في ذكر بعض المظاهر الحضارية هي:

1. عن فرسان الاندلس وخيولهم بشكل مغاير للحقيقة مثل ((وليس لجيوشهم حلاوة في العين لسقوطهم عن اسباب الفروسية وقوانينها،وان شجعت انفسهم ومرنوا بالقتال فان أكثر حروبهم تتصرف على الكيدوالحيلة، وما رأيت ولا رأى غيري بها انساناً قط جرى على فرسٍ فارهٍ او برذون هجينٍ ورجلاه في الركابين ولا يستطيعون ذلك، ولا بلغني عن احد منهم لخوفهم السقوط وبقاء الرجل في الركاب على قولهم. وهم يفرسون على الأعراء من الخيل وما اطبقت قط جريدةٌ عبد الرحمن بن محمد ولا من سبقة من آله و آبائه على خمسة آلاف فارس ممن يقبض رزقه ويختم عليه ديوانه، لآنه مكفى المؤونة باهل الثغور من اهل جزيرته وما ينوبه من كيد العدو ومن يجاوره من الروم)) [11]
2. تحدث عن أهل الاندلس وحرفهم ومراكبهم باسلوب كاذب ومخادع وملفق لاجل ترضية الفاطميين ((وقل سوق بها يصير اليه أهله الا على الفار ه من المركوب. ولايعرف فيهم المهنة والمشي الا اهل الصائع والأرذال، وتختص بالبغال الفره وبها يتفاخرون ويتكاثرون. ولهم منها نتاج ليس كمثله في معادن البغال المذكورة)) [12]
3. حالة الحقد والغضب تظهر على ابن حوقل في حديثه عن اقتصاد الاندلس مابعد الخليفة عبد الرحمن الناصر وفي حكم ابنه الخليفة الحكم الثاني ((وادال الله منه فأخرجه عن يده ومحقه وبدّده، وكذلك عادة الله تعالى في كل ما كسب من حرام واجتمع بالبغي والظلم والآثام. وصورة مابالانلس من المال الذي قدمت ذكره صورة ما للشقي بن الشقي، وقد استحوذ عليه ابو عامر بن ابي عامر صاحب السكة بالاندلس وقتنا هذا، فهو يلذ تفريقه وشقى به من جمعه وباء بإثمه من لم يحظ به)) [13]

النصوص التي اوردناها عن ابن حوقل توضح صورة الروابط وشكل التواصل الحضاري في الاندلس في القرن الثاني والثالث الهجريين، وتبين حالة الثقافة التي وصل اليها فن الرحلات في تقديم صورة واضحة عن حال الولايات الاسلامية والتطور الحاصل فيها، وهناك معلومات اوردها ابن حوقل عن ولايات المشرق مثل العراق والشام والجزيرة وخوزستاه وفارس وكرمان والسند وارمينية واذربيجان الديلم وخراسان وفارس وسجستان وبلاد ما وراء النهر نقل لنا عنها صور حضارية عن والمسالك والممالك في المناطق الذي شاهدها او نقل عنها.

مقومات كتاب الاستبصار في عجائب الامصار / لمؤلف مجهول (14)

أهمية الكتاب:

يعد الكتاب نموذجاً حضارياً لمعلومات متنوعة الالوان من جغرافية وتاريخية وأثرية، تحدث عن رخاء مصر الزراعي بفضل نهر النيل، وذكر منطقة القرما وأن تمور نخيلها من عجائب الدنيا، وعن معادن الزمرد الواقعة بين مدينة قُوص ومدينة أسوان، وصناعة النسيج في دمياط وتنيس، حيث كانت تصنع أردية لاتدخل في نسيجها خيوط الذهب، ويساوي الرداء منها مائه دينار، وكانت حروفة صيد السمان مربحة لآهالي المدينتين.

وصف ميناء عيذاب ومنه تتجه المراكب نحو الحجاز واليمن والهند وغيرها من البلاد وتحدث عن بلاد المغرب والثروة الزراعية والمعدنية ومنتجاتها لكل مدينة مثل: حرير قابس، وزيت سفاقص الذي يصدر الى صقلية وايطاليا وفرنسا وهي الارض الكبيرة.

ومنسوجات لسوسة، واسماك بنزرت، ومرجان طبرقة، وتمر الواحات و بلاد الجريد، وذهب البلاد الواقعة بين الواحات و مصر، و فستق قفصة، وقمح باجة، وصوف وَجَه،ونحاس فاس، وزيت مكناسه وضواحيها، وجلد اللمط الذي تصنع منه الطبول ذات الاصوات العالية التي تستخدم في الحرب عند المرابطين في المغرب والاندلس، وكذلك الملح والسكر الذي يصدر الى الاندلس وافريقية وكذلك النحاس المصنوع والعسل والنبيذ والدقيق والعنبر الممتاز، وتحدث عن السودان ومنتجاته من الشب الأبيض وحجر المغناطيس.

تضمن الكتاب معلومات تاريخية و روايات واساطير قديمة ذات قيمة ادبية، كما تم تصنيف الاستبصار الى القسم الاول: الذي يصف الاماكن المقدسة بالتفصيل مع ذكر جوانب فنية، اما القسم الخاص بمصر و تاريخ الفراعنة والاهرام وتم استخدام الرصاص بدلا من الملاط في بناء الاهرامات، كما تضمن فصل عن مدينة الاسكندرية وهو مهم وصف فيه المؤلف المنار و فائده العسكرية لان الاسكندرية كانت هدفاً لهجمات الصليبين والصقالبة من الصقالبة، وتطرق الى جهاد صلاح الدين الايوبي وانتصاره على الصليبين، وعن سفر ابن منقذ الى الخليفة المنصور الموحدي، وموجز عن تاريخ الموحدين بالمغرب والاندلس وانجازاتهم المعمارية والحضارية مثل عمليات المياه، وبناء المساجد والقصور والحصون في مراكش وفاس ومكناسه.

وبذلك قدم لنا كتاب الاستبصار اخبار ومعلومات وخدمات حضارية في التواصل المعرفي عن الولايات الاسلامية ومدنها ومعالمها الجميلة وخدماتها البلدية في اكثر من 250صفحة.

ابو حامد الغرناطي الاندلسي، رحلاته، ومؤلفاته: [15]

- كتاب المعرب في بعض عجائب المغرب
- كتاب تحفة الألباب ونخبة الاعجاب

ابو حامد الغرناطي/ محمد بن عبد الرحيم بن سليمان بن ربيع القيسي الغرناطي ولد في غرناطة سنة 473هـ / 1080ـ 1081

وكان هو من مشاهير معاصري الجغرافية الشريف الا دريسي، اهتم بوصف أخبار المستبعدات والغرائب والعجائب، امثال المسعودي والمقدسي، وفي مؤلفاتهم احاديث الخرافة والمستحيلات

ونجدهم يؤكدون انهم رأوا ذلك بالعين وذلك لشدة ولعهم بالعجيب الخارق وفرط ايمانهم بقدرة الله تعالى على كل شئ، علماً ان احاديث ابي حامد الغرناطي حافلة بالغريب وما يخرج عن حد التصديق، ثم نجد الرحالة يؤكد أ نة رأى ذلك بنفسه او أختبره بيده، والحقيقة ان ابي حامد كان رجلاً فاضلاً عاقلاً بعيداً عن الكذب والشعبذة وتفسير الاعاجيب وتهويلا ت كانت بتأ ثير روح العصر ومنهج التاليف من اجل كسب القراء.

يذكر ابو حامد الغرناطي عند ما غادر تونس الى الا سكندرية بطريق البحر سنة 511هـ/1117م ويحتمل انه نزل في جزيرة سردانيه فيقول ((وفي بحر الروم من الجزائر كثيرجداً، منها جزيرة تسمى بسردانية، وهي عظيمة جداً، فيها من الكفار خلق كثير شجعان، والبحر الذي هم فيه يقال له بحر اللاذقية خلف قسطنطينية، متصل بالبحر الرومي الذي قبلى بلد قسطنطينية)) [16]

تحدث ابو حامد الغرناطي عن اهل الاسكندرية وحياتهم بقوله ((يأتى الى الاسكندرية خليج من ماء النيل، ومن ذلك الخليج يشربون ويملأون منه صهاريج في بيوتهم، ويشربون ايضاً من ماء المطر، يجمعون ماء المطر وماء العين في صهاريج في بيوتهم، وليس في الاسكندرية ماء الا من النيل او من المطر، وماء العين الصدفية ماء يسير ليس بطيب)) [17] وصف ابو حامد الغرناطي جامع عمروبن العاص الكثير من آثار مصر وعجائبها كمقياس الروضة وهو يقول: ((انه مسجد بناه امير المؤمنين المأمون وسط النيل، ولكنه يصف المقياس وصفاً دقيقاً ثم يصف الفيضان، من مظاهر الفيضان ان الفئران والحيات والثعابين تخرج من تلك الأرض وتدخل على الناس في القرى، والناس يقتلونهم ليلاً ونهاراً اياما كثيرة لان ارض مصر من اكثر البلاد حيات وثعابين)) [18]

يذكر ابو حامد الغرناطي عن اولاد الخوارزميين ((يخدمون الملوك ويتظاهرون بالنصرانية ويكتمون الإسلام، واولاد المغاربة لايخدمون النصارى الا في الحروب، وهم يعلنون بالاسلام، ولما دخلت بين اولاد المغاربة اكرموني، وعلمتهم شيئاً من العلم،

واطلقت السنة بعضهم بالعربية، وكنت اجتهد معهم في الاعادة والتكرار في فرائض الصلاة وسائر العبادات، واختصرت لهم الحج معلم الموارث حتى صاروا يقتسمون المواريث....)) [19]

وانشد ابو حامد الغرناطي عن نفسه يقول:

العلم في القلب ليس العلم في الكتب ولاتكن مغرماً بااللهو واللهب

مفردات كتاب تحفة الالباب ونخبة الاعجاب:

- الباب الاول: في صفة الدنيا وسكانها، من إنسها وجانبها
- الباب الثاني: في صفة عجائب البلدان وغرائب البنيان
- الباب الثالث: في صفة البحار وعجائب البحار وعجائب حيواناتها، ومايخرج منها من العنبر والقار، وما في جزائرها من انواع النفط والنار
- الباب الرابع: في صفة الحفائر والقبور، وماتضمنت من القفار الى يوم النشور

انعكست حياة ابو حامد الغرناطي الحافلة بالحوادث والحركة والنشاط والتنقل والتهجم على كتاباته التي كانت اغرب بكثير من الاعاجيب التي اوردها في مؤلفاته.

ترك ابو حامد بلده غرناطة في الاندلس عام 500 هـ / 1107م وهوفي سن 27 عاماً للدراسة نحو المغرب الاقصى، ووصل الى سجلماسة، وكانت مركزاً تجارياً وذكر لنا معلومات عن اصناف المتاجر وطرق صنع السهام التي تستعملها قبيلة الكوكو، ثم اتجه نحو افريقية (تونس) ثم غادر الى الاسكندرية بطريق البحر سنة 511 هـ / 1118 م وقد يكون نزل جزيرة سردانيه وقدم لنا وصفاً عن البركان ا وسمع العلم من العلماء الاندلسيين منهم: ابي عبد الله الرازي وابي بكر الطرطوشي صاحب كتاب ((سراج الملوك)) ثم انتقل الى القاهرة سنة 512 هـ / 1119م وقدم لنا وصفاً جميلاً عن جامع عمرو بن العاص وآثار مصر ومسجد بناه الخليفه المامون وسط النيل ووصف الاهرام والتمساح، ثم وصل الى دمشق ودرس فيها الحديث ثم انتقل الى بعلبك وتدمر، ثم وصل الى بغداد مدينة السلام عام 516هـ / 1124م واقام بها 4 سنوات وتولى الوزاره للخليفة العباسي المقتفي بالله في عام 544 هـ / 1149م وبقى بالوزارة ايام المستنجد بالله عام 560هـ / 1165م حتى لقبه الخليفة بسلطان العراق، وانتقل الى اربيل والموصل وزار ابهر في ايران قدم ابو حامد الغرناطي وصفاً حضارياً عن الاماكن التي زارها والعجائب والغرائب باسلوب ممتع وجميل ومفيد.

دور الشريف الادريسي في التواصل الحضاري في مؤلفاته:

((نزهة المشتاق في اختراق الافاق))

بينما كان الجغرافي الشريف الادريسي يعمل في صقلية، كان جغرافيون آخرون يعملون في نواح شتى في الولايات الاسلامية، وعمل في ظروف خاصة جعلت وصول كتبه الى معاصرية من المسلمين صعبة، بل ان عدد منهم من لم يسمع به، وظلوا يعملون سائرين على القديم الكثير من الرحالة في جميع صفات الدقة والأمانة ورُزق موهبة طيبة في جميع المعلومات الجغرافية وكتابتها على طريقة البلدانيين او الفلكيين والعجائبيين، وظهر علماء الجغرافية في الاندلس مثل ابو حامد الغرناطي وأبي بكر الزهري وامثالهم،وقد امتاز بعضهم بخصائص الدقة والفهم لمطالب الوصف الجغرافي.

وانفرد بعضهم الآخر بالإبتعاد في الرحلة والسياحة في البلدان، وقد احتفظ محمد بن ابو بكر الزهري بنص احد الكتب الجغرافية التي كان يتداولها الملاحون والتجار وأهل المواني، وهي كتب عملية كانت تكتب شرحاً للخرائط التي كانوا يستعملونها ويعولون عليها،[20]

اهتم بعض اهل التاريخ في دراسة الجغرافية ومظاهرها في الاندلس، وزودنا بمعلومات حضارية مهمة نذكرمنهم ابن بشكوال / ابي القاسم خلف عبد الملك بن مسعود بن موسى توفي سنة 578 هـ / 1183م وقد ذكر لنا نصوص مفيدة عن ابواب قرطبة السبعة وهي: باب القنطرة الى جهة القبلة ويعرف بباب الوادي وباب الجزيرة الخضراء وهو على النهر، وباب الحديد ويعرف بباب سرقسطة، وباب ابن عبد الجبار، وهو باب طليطلة، وباب رومية، وفيه تجتمع الارباض التى تشق دائرة الأرض الكبيرة، ثم باب طلبيرة، وهو باب ليون، ثم باب عامر القرشي، وقُدامه المقبرة المنسوبة اليه ثم باب الجوز لايعرف بباب بطليوس، ثم باب العطارين، وهو باب اشبيلية. [21]

وبذلك يكون المؤرخ ابن بشكول هو الوحيد من مؤلفينا الذي ذكر ابواب قرطبة السبعة وحدد لنا اسماءها ومواقعها.

اوضح لنا الشريف الادريسي ونقل منه الحميري معلومات حضارية مهمة ومفيدة عن قرطبة بقوله: ((في ذاتها خمس مدن يتلو بعضها بعضاً، وبين المدينة والمدينة سور حاجز، وفي كل مدينة ما يكفيها من الأسواق والفنادق والحمامات وسائر الصناعات،... [22]

اهتم الشريف الادريسي بدقة الوصف عن بلد ه الا ندلس بقوله ((ولنرجع الآن الى ذكر الاندلس ووصف بلا دها ونذكر طرقاتها وموضوع جهاتها ومقتضى حالا تها ومبادئ أوديتها ومواقعها من البحر ومشهور جبالها وعجائب بقعها ونأ تي من ذلك بما يجب بعون الله تعالى)) [24]

الوصف الذي جاء به الادريسي عن الاندلس ممتع ونافع وشامل ودقيق وكأنه نقل لنا المناظر بالصورة والصوت مع نكهة وجمالية الاماكن التي ذكرها مشوقاً من طالع ذلك لزيارة الاندلس والتمتع بسحرالطبيعه وخيراتها.

اشار الادريسي في وصفِهِ لمدينة قرطبه بـا لحركـة العلميه وازدهارها بقوله: ((ومدينه قرطبه قاعدة بلاد الاندلس وام مدنها ودار الخلافة الاسلامية وفضائل أهل قرطبه اشهر من ان تذكر ومناقبها أظهر من ان تستر واليهم الانتهاء في السناء والبهاء بل هم اعلام البلاد وأعيان العباد ذكروا بصحة المذهب وطيب المكسب وحسن الزي في الملابس والمراكب وعلوا لهمة في المجلس والمراتب وجميل التخصيص في المطاعم والمشارب مع جميل الخلائق وحميد الطرائق، ولم تخل قرطبة قط من اعلام العلماء وسادات الفضلاء وتجارها مياسر لهم أموال كثيرة واحوال واسعة ولهم مراكب سنية وهمم عليه وهي في ذاتها مدن خمسة يتلو بعضها بعضاً بين المدينة والمدينة سور حاجز وفي كل مدينة ما يكفيها من الاسواق والفنادق والحمامات وسائر الصناعات... وفيها المسجد الجامع الذي ليس بمساجد المسلمين مثله بنية وتنميقاً وطولاً وعرضاً)) [25]

اجاد الادريسي في وصفه واجمع واختصر ما اورده باسلوب بلاغي رفيع حضاري واسع المعاني والمفاهيم وقد انفرد في دقة وصفه للمسجد الجامع بمعلومات وارقام منها عن صومعة الجامع ((وللجامع في الجهة الشمالية الصومعة الغريبة الصنعة الجليلة الأعمال الرائعة الاشكال التي ارتفاعها في الهواء مائة ذراع بالذراع الرشاشي منها ثمانون ذراعاً الى الموضع الذي يقف عليه المؤذن بقدميه ومن هناك الى اعلاها عشرون ذراعاً ويصعد الى اعلى هذه المنارة بدرجين احدهما من الجانب الغربي والثاني من الجانب الشرقي...

والذي في الصومعة من العمد بين داخلها وخارجها مائة عمود بين صغير وكبير وفي اعلى الصومعة بيت له اربعة ابواب مغلقة يبيت فيه كل ليلة مؤذنان وللصومعة ستة عشر مؤذناً يؤذنون فيها بالدولة لكل يوم مؤذنان على توال وفي اعلى الصومعة على القبة التي على البيت ثلاث تفاحات ذهب واثنتان من الفضة واوراق سوسنية تسع الكبيرة من هذه التفاحات ستون رطلا زيتاً ويخدم الجامع كله ستون رجلاً وعليهم قائم ينظر في امورهم)) [26]

كتاب نزهة المشتاق موسوعة حضارية تضمن مظاهر حضاريةفي الجانب الديني والثقافي والاجتماعي والسياسي والعسكري، وعادات وتقاليد واعياد ومناسبات وحوار حضارات للتواصل بين افكار الأمم والشعوب في القرون قبل وفاة الادريسي عام 560هـ

محمد بن ابي بكر الزهري الاندلسي من اهل القرن السادس الهجري / وكتابه الجغرافية [27] وهو من الجغرافيين الاندلسيين صنف كتاباً مهماً اورد فيه معلومات عن تجواله نذكر نصوصاً منه:- (وما ذكرته الحكماء فيها من العمارة وما في كل جزء من

الغرائب والعجائب) من خلال رحلته وجولته في الولايات ونقل لنا معلومات وصور وحقائق وعجائب وغرائب في جوانب الحياة، نقتبس نماذج مفيدة عن مشاهداته:

اقليم جليقية في الشمال الغربي من اسبانيا:

1. ((وفي بلاد جليقية البحيرة العجيبة المعروفة بالبحيرة الميتة، وانما سميت بهذا الاسم لانه لايوجد فيها شيء حي ولايقع فيها حيوان آدمي او غيره إلامات من ساعته. ومتى انغمس فيها حيوان مات، الا الطاووس فأنه يدخل فيها ويعيش ويفرخ ولا تعدو عليه، وهذه البحيرة في وسط جليقية. وأهل هذه البلاد يزعمون انهم من الروم وليسوا منهم،وانما هم متشرعون بدين النصرانية)) [28]

2. جبل اطريجرش: جبل يفصل بلاد الاندلس عن بلاد الافرنج (فرنسا)

((وفيه مَعدِن الكحل الإثمد القرطجني، ومنه يجلب الى بلاد المشرق، ويجمع فيه عسل كثير مالا يجمع في الارض اكثر منه. وفيه نحل كثير جداً وفيه الحصن الذي لايوجد في الارض معقل مثله ولا اكثر منه منعة)) [29]

3. سرقسطة Zaragoza: مدينة في الشمال الشرقي الاسباني قاعدة الثغر الاعلى الاندلسي

((وتسمى بالمدينة البيضاء.... وتزعم الروم ان ذلك النور عليها فند بيت، ويقول المسلمون: انما هو عليها منذ دفن فيها الرجلان الصالحان حنش الصنعاني وفرقد السنجاري، رضي الله عنهما،.... ومن عجائبها انها لايدخلها حنش ولا حية إلا ماتت وكذلك لايسوس فيها شئ ولا يعفن من جميع الفواكه والطعام والحبوب. ولقد رايت فيها الطعام من مائة سنة والعنب المعلق من ستة اعوام واقل واكثر. والتين اليابس والحبة والاجاص والخوخ الساتبيني من أربعة اعوام، ويوجد فيها الفول والحمص من عشرين سنة وأكثر ولا يتسوس فيها شئ من خشب ولاثوب من صوف ولا حرير ولا قطن، وهي كثيرة الزرع والضرع والفواكه حتى لايكاد يأكل اهلها فاكهة يابسة لكثرة الفواكه عندهم)) [30]

4. مدينة وشقة في الشمال الاسباني Huesca: ((وفيها تعمل الدروع والبيضات الرشيقة والآت النحاس والحديد وهي دار صنعة)) [31]

5. فلنده Filanda: ((وانما عُرفوا.بهذا الاسم لانهم نسبوا الى مدينة عندهم سمها فلندة، وهي من اعظم بلاد الفرنج، على مقربة من البحر الرومي بعشرين فرسخاً وعندهم تعمل ثياب الملف، وهي ثياب حسنة العمل من الصوف، غيرانهم يتقنون صنعها حتى تباهي ثياب الخز. ومن عندهم تجلب هذه السلع الى بلاد الأفرنج ولكن ليست مثل هذه)) [32]

6. طليطلة Toledo: عاصمة اسبانيا وقاعدة الثغر الاوسط الاندلسي وتقع في وسط اسبانيا

((وفيها العجب العجاب الذي ما صنع في الدنيا مثله. وهما البيلتان اللتان

صنعهما ابو القاسم بن عبد الرحمن الشهير بالزرقال. قال: وذلك انه - عفا الله عنه - لما سمع بذكر الطلسم الذي عند قُبة ارين في بلاد الهند والذي ذكر المسعودي انه يدور اصبعه من مطلع الشمس الى مغربها....، صنع هوهابن البيلتين، وهما خارج طليطلة في بيت مجوف في جوف النهر الاعظم في موضع باب الدباغين. ومن عجائب هاتين البيلتين أنهما تُملان وتحسران مع زيادة القمر ونقصانه، وذلك انه اذا كان في الوقت الذي يرى فيه الهلال يخرج فيهما شئ من الماء، فاذا كان في آخر النهار اكتمل فيه نصف سبع، فلا يزال كذلك يزيد بين اليوم والليلة نصف سبع حتى تتكمل سبعة ايام وسبع ليال. فيكون فيها نصفها، ثم يزيد كذلك نصف سبع في كل ليلة ويوم حتى اذا كان في الشهر اربعة عشر يوماً واربع عشرة ليلة فيكمل امتلاؤهما بكمال القمر...))[33]

7. مدينة اشبونة في الاندلس على نهر تاجة: ((ولايوجد الذهب في الاندلس الافي تلك الاماكن.... وما بين هذه المدينة ومدينة طلبيرة تكون القنطرة العظيمة المعروفة بقنطرة السيف. وهي من عجائب الارض قيل انها من بنيان الخزر الأول. وهي عالية البناء يدخل النهر كله تحت قوس من اقواسها. ارتفاع القوس سبعون ذراعاً ونحو ماعرضه سبعة وثلاثون ذراعاً أو نحوها))[34]

8. قرطبة Cordoba: قاعدة الامارة والخلافة الاندلسية وتقع على نهر الوادي الكبير ((ومن عجائب قرطبة الجامع الذي ليس في الاسلام مثله. وذلك انه بناه اثناعشر ملكاً من ملوك بني امية. ومن عجائبه الزيادة التي زادها الحكم المستنصر بالله بن عبد الرحمن الناصر لدين الله. وذلك انها متى التقت اربع سوار كانت رؤوسها واحدة من حجر واحد في اعلاها واسفلها. ومابنى في الاسلام مثله))[35]

9. الزهراء Alzahra: المدينة الخلافية شيدها الخليفة عبد الرحمن الثالث على جبل العروس في اطراف قرطبة ((واعجب ما فيها بيت بُني في خمس وعشرين سنة. وكان يقال له مجلس القلبق. وكان سمكه من الذهب والفضة. وفي وسطه صهريج مملوء بالزئبق. وفي كل جانب من المجلس ثمانية ابواب قد انعقدت على أقواس من العاج والابنوس على سوارٍ من الزجاج الملون وكانت الشمس تدخل على تلك الابواب فيضرب شعاعها في سمك المجلس وحيطانه. فيصير من ذلك نور يتلألأ يأخذ الأبصار. فاذا اراد الناصر ان يفزع أهل المجلس ا ورد عليه رسول عمد الى صقالبته فيحركون ذلك الزئبق فيظهر في المجلس نور كلمعان البرق يأخذ بمجاميع القُلوب. فيخيل لمن كان في المجلس انه طار بهم في الهواء ما دام الزئبق يتحرك. وقد قيل ان المجلس يدور فيستقبل الشمس كأنه على ضفة الصهريج. وهذا المجلس لم يتقدم بناؤه لأحد من الملوك لا في الكفرولا في الاسلام))[36]

10. اشبيلية Sevilla: وصفها ((على الوادي الكبير عروس مدائن الاندلس وهي مدينة اشبيلية. وانما قيل لها عروس مدن الاندلس لان عليها تاج الشرف وفي وسطها وعنقها سمط النهر الاعظم، وليس في معمور الارض اتم حسا منها وذلك انه يضاهي الدجلة والفرات والنيل ووادي الاردن بالشام في الحسن والجمال. واهل اشبيلية فنعم حلاوة وظرف ورفاعة ووقاحة وبراعة. ولذلك سميت حمص باضافة الى التي بالشام على نهر الاردن، ولهذه المدينة كثير من الجنات والبساتين والرياضات على ضفة هذا النهر ولقد تمشى القوارب فيه تحت ظلال الثمار ثمانية فراسخ. فيتعاطى الناس فيها السَراج على عشرة فراسخ متصلة من الضفتين وذلك من حصن قبطانة الى حصن قورة)) (37)

11. قادس Cadiz: وبها المنارة على المحيط الاطلسي ووصفها المسعودي بضم قادس وبنيت لتكون دليلا على الطريق في البحر،وقال عنها الزهري ((وكان كثير من الناس يزعمون ان هذا التمثال من الذهب الأحمر. وذلك لانه كان عليه نور شعشائي يتلون عند طلوع الشمس وعند غروبها. حمرة يخضر ومرة يحمر كعنق الحمام، وكان الغالب على لونه الخضرة اللازوردية. وكان للمسلمين في هذه المنارة دليل يدخلون به في البحر الاعظم ويخرجون به وذلك انه من كان يريد السفر في البحر الاعظم من هذا البحر الصغير الى بلاد المغرب والى بلاد اشبونة وغيرها كانوا يدخلون في البحر حتى تغيب المنارة فيقيمون قلوعهم ويأخذون الى حيث شاؤوا من المراسي المغربية مثل سَلا وأنفا وبلاد السوس وأزمور)) (38)

12. غرناطة Granada: في الجنوب الاندلسي اخر حصن اسلامي دام حوالي قرنين ونصف وفيه الزيتونة العجيبة بالقرب من حصن شكُر، وصفها الزهري ((رايتها في يوم العنصرة وقد اجتمع الناس حولها. فرأيت فيها حبات من الزيتون كالذي يكون في جميع الارض يوم العنصرة، غير انها كلما ارتفع النهار أخضرت فاذا كان نصف النهار لاح عليها بياض. واذا كان العصر لاحت عليها حمرة قليلة، فعند ذلك يتخاطفها الناس، ولو انهم تركوها الى اخر النهار ربما كانت تسود، يقول أهل هذه البلاد انه فيما مضى من أيام بنى أمية وأيام الثوار بالاندلس كان الناس يمنعون من جمعها. فلا يأتي الليل الا وقد تناهت في السواد هذا الذي شاهدناه منها)) (39)

13. مرسية Murcia: من مدن شرق الاندلس ((من ابرك بلاد الاندلس أرضاَ فمن بركتها ان جميع الاندلس يبلغ زرعها اذا انتهى خمسة وعشرين قفيزاً وزرعها يبلغ اذا طاب الخمسين والستين وينتهي الى المائه. وفيها موضع يعرف بشنقير تنبت فيه الحبة الواحدة من القمح ثمانين ومائة سنبلة وفي السنبلة ثمانون حبة ومائة حبة طيبة... وقال ابو بكر الملقب بالرازي صاحب كتاب الفلاحة: ان بركة هذه الأرض من

وجه تذكره ان شاء الله وذلك انه لما فتح المسلمون بلاد الاندلس اخذ القوي فيها بقوته والضعيف بضعفه ولم تنقسم على الحقيقة فكان جميع ما ملك فيها على غير قوام الا مدينة مرسية وتعرف بتدمر، فان أهلها تصالحوا عليها مع موسى بن نصير في مكانه بما له في يده إثار عن آبائه واجداده فلذلك بقيت البركة في هذه الأرض و الله تعالى اعلم بحقيقة ذلك)) [40]

14. المرية Almeria: قاعدة للاسطول الاندلسي في الجنوب شيدها عبد الرحمن الناصر وذكرها الزهري بان ((وهذه المدينة لم يكن في بلاد الاندلس أعظم منها أجفاناً وحركة في البحر، وقد انتهت اجفانها وبلغت المائة. ولم تبلغ مدينة مابلغتها بالعداديات وثياب السندس الأبيض، وهو ديباج ابيض كله، لايخفى على احد من صناعة شئ، وفيها استنبطت ثياب العَمة المعروفة بالخلدي، ليس في ثياب الحرير كلها اتم منها مجالا ولا جمالاً، لذلك سميت بهذا الاسم وهو مشتق من الخُلد، وفيها يصنع كل شئ حسن من الاثاث ومن جميع الاشياء المحكمة. واهلها كلهم رجالا ونساء صناع بايديهم واكثر صناعة نسائهم الغزل الذي يقارب الحرير في سَومِهِ و أكثر صناعة رجالهم الحياكة)) [41]

15. بلنسية Valencia: مدينة اندلسية تقع في الشرق على البحر المتوسط، واشتهرت بثمارها وصناعتها وصفها الزهري بقوله ((وفيها من انواع التين ماليس له نظير في بلاد الاندلس كلها. وهي من اطيب الحياة بالاندلس حتى ان الرجل يشتري من التين الخضر بربع درهم فيحمل ستين نوعاً من التين لايشبه واحد للثاني لافي الطعم ولا في اللون...... وفيها تقصر الثياب الغالية من الكتان وتنسج، وهي على النهر الهابط من جبال ارطونة على مقربة من البحر بميل ونحوه)) [42].

16. طرطوشة tortosa: مدينة اندلسية تقع في الشمال الشرقي، وفيها الرابطة وبئر كما وصفه الزهري ((وفيها عجب من اعاجيب الأرض وذلك بئر يزعم الناس انها متى نزلت عليها القوافل والعساكر زاد ماؤها بزيادة الناس ونقص بنقصهم. قال المؤلف: ((لقد رايت هذه الرابطة وسألت عن هذه البئر وعن الحركة فيها. فوقفت عليها وسالت اهل هذه الرابطة هل يزيد الماء بزيادة الناس وينقص بنقصانهم ؟ فقالوا: نعم ولكن الذي فيه اعجب من ذلك فقلت:... واخبروني - ايضاً انه نزل عليه ابراهيم بن تاشفين في خمسين الفا من الناس وغيره من الملوك المتقدمين باكثر من ذلك فشربوا هم وخيلهم ودوابهم فرواهم اجمعين وما نقص ولا زاد.

فهذا من عجيب ما رايت من أمر هذه البئر)) [43].

وقد ذكر ابن حبيب في كتابه بركة هذه الرابطة / وقد ذكرنا من أخبار الاندلس ومحاسنها واعاجيبها مافيه كفاية، وان من محاسن الاندلس انه ليس منها مدينة الاعلى نهر او بمقربة من نهر.

الرحلات الى المشرق الاسلامي، اغراضها، اهدافها:

تعددت الرحلات الى اقاليم المشرق الاسلامي في الصين والهند وبلاد فارس وانصب اهتمام الرحالة في ذكر الطرق والمظاهر الجغرافية، من الجبال والهضاب والسهول والمناخ ومصادر المياه من محيطات وبحار وانهار وعيون.

تناقل الرحالة المشارقة والمغاربة عادات وتقاليد المجتمعات وطقوسهم بالتفصيل، وقد حضر بعضهم وشارك في مخالطة المجتمعات واحتفالتهم وكتبوا كل ما شاهدوه من ممارسات تلك الاقوام، واشاروا الى ثقافة المدن ومن هؤلاء الرحالة والبلدانيين المميزين الذين اهتموا بالكتابة عن التواصل الحضاري في المشرق الاسلامي منهم:

1. ابن خرداذبة
2. ابن رسته
3. سليمان التاجر السرافي
4. ابن بطوطة الطنجي الاندلسي

انصب اهتمام هؤلاء الرحالة المسلمين في الرحلة والزيارة الى الهند والصين لما تتمتع بهما من كثرة النفوس وكبر مساحة الأرض وتنوع الثقافات واختلاف العادات والتقاليد والطقوس الدينية، والبدع والخرافات التي تشكل موروث حضاري تعتز به شعوب الهند والصين من الشعوذة والسحر وفي الاكداس الضخمة من المؤلفات الخاصة بالرحلات والجغرافية، نجد وصفاً مهماً للطريق الذي يسلكه مؤلفو هذه التصانيف براً وبحراً، وللمدن والأقاليم والجزر التي يمرون بها وللأجناس البشرية التي يتعرفون عليها، وللعادات الاجتماعية والعقائد، والاطعمة والأشربة والألبسة، وأطر البناء والعمارة، والنظم الاقتصادية وطرق التعامل والتبادل التجاري، وباختصار لكل صغيرة وكبيرة في تلك البلدان التي يلمون بها، وقد ساعد على ذلك كله تلك الإقامات الطويلة غير المحدودة وغير المقيدة التي قد تمتد سنوات عديدة، بل واستقرار هؤلاء وتزوجهم من نساء محليات من أهل تلك البلاد ثم جاء وقت نشأت فيه مستوطنات وجاليات عربية - اسلامية في تلك البلاد، لذلك لم يدعم الرحالة التاجر والداعية الديني العربي الذي يؤم تلك البلاد أناساً من بني قومه يرحبون به ويسهلون له سبل الاقامة [45]

ومن اعظم الرحالة العرب الذين زاروا الهند في العصور الوسطى ابو الحسن المسعودي ت 346 هـ 956 م وهو رجل عرف بحبه للاستطلاع وتعطشه للمعرفة وقد

قضى 25 عاماً من حياته ليسيح في مختلف الاقطار الأسيوية بما فيها الهند لقد كان المسعودي جغرافياً ومؤرخاً فذاً، وقد امتلك نظرة علمية موضوعيه للأمور،

ويعتبر مؤلفه ((مروج الذهب ومعادن الجوهر)) مصدراً ثراً عن الهند وطبيعتها وتاريخها وحضارتها وشعوبها وقد الف هذا الكتب في 330هـ / 947م

جاء ابو الريحان البيروني بعد المسعودي، الذي ظلت مؤلفاته ردحاً من الزمن حلقةالاتصال الرئيسية بين العلماء الهنود والعرب، كذلك تدين اهل الهند كما ذكر ابن بطوطة توفى حوالى 770هـ الجغرافي والرحالة العربي الشهير الذي زار الهند في نهاية ق 14م وساحها برمتها، وقد اشتغل ابن بطوطة في بلاط السلطان محمود بن ثغلق كقاضي قضاة في مدينة دلهي ولولا مؤلفة ((عجائب الاسفار)) لكان من العسير على المؤرخين ان يكتبوا تاريخ تلك الفترة [46]

اهتم ابن خرداذبة في رحلته الحديث عن ولايات الشرق، موضحاً المعالم والروابط الحضارية وعادات وتقاليد اهل المشرق ننقل ما ورده من نصوص مهمة عن الصين: ((..... والذي يجى في هذا البحر الشرقي من الصين الحرير والفرند والكيمنحاو (نوع من القماش المقصب) والمسك والعود والسروج والسمور والغضار والصيدلبنج والدار صني والخولنجان، ومن الواقواق الذهب والابنوس ومن الهند الاعواد والصندلان والكافور والما كافور والجوبوا والقرنفل والقاقلة والكبابة والنارحيل والثياب المتخذة من الحشيش والثياب القطنية المخملة والفيلة ومن سرنديت الياقوت الوانه كلها واشباهه والماس والدُر والبلور والسنباذج الذي يعالج به الجوهر ومن ملى وسندان الفلفل.... والذي يجئ من اليمن الوشي وسائر ثيابهم والعنبر والورس والبغال والحمير)) [47]

تحدث ابن خرداذبة عن اجناس الهند وعجائب وغرائب المجتمع الهندي

بقوله: ((والهند سبعة اجناس)):

1.الشاكرتية: وهم اشرافهم فيهم الملك تسجد الاجناس كلها لهم ولايسجدون لأحد.

2.البراهمة: وهم لايشربون الخمر والانبذة

3.الكستّرية: يشربون ثلثه اقداح فقط لاتزوجهم البراهة ويتزوجون منهم

4.الشوردية: اصحاب زراعة

5.البيشية: هم اصحاب صناعات ومهن

6.السندالية: وهم اصحاب الهو واللحون وفي نسائهم جمال

7.الذنبية: وهم سمر اصحاب لهو ومعازف ولعب

وملل ونحل اهل الهند وعددها 42 منهم من يثبت الخالق عز وجل والرسل ومنهم من يتقى الرسل ومنهم النافي لكل ذلك.

والهند تزعم انها تدرك بالرّقى ما ارادوا يسقون به السم ويتحرجونه ممن سقى ولهم الوهم والفكر ويحلون به ويعقدون ويضربون وينفعون [48]

ذكر ابن خرداذبة الصقالبة ومظاهرالحياة بقوله:

((والذي يجئ من البحر الغربي الخدم الصقالب والروم والافرنجيون واللعبرديون والجواري الروميات والاندلسيات وجلود الخز والوبر ومن الطيب الميعة ومن الصيدنة المصطكي)) [49]

ذكر ابن خرداذبة وصف عجائب الاندلس منها:

((ومن العجائب بيتان وجدا بالأندلس عند فتحها في مدينة الملوك، ففتح احد البيتين وهو بيت الملوك، فوجد فيه 24 تاجاً عدّة ملوكه، لا يُدرى ما قيمة التاج منها، وعلى كل تاج اسم صاحبه ومبلغ سنّه وكم ملك من السنين، ووجد في هذا البيت مائدة سليمان بن داوود عليهما السلام ووُجد على البيت الاخر 24 قفلا كان كما ملك واحد منهم زادعليه قفلاً، ولا يدرون مافي البيت حتى ملك لدزيق وهو آخر ملوكهم، فقال لابد لي من أن اعرف ما في البيت وتوهّم ان فيه مالاً وجوهراً، فاجتمعت اليه الاساقفة والشمامسة فاعظموا ذلك عليه وسألوه ان يأخذ بما فعلت الملوك قبله فأبى الا ان يفتحه، فقالوا انظرما يخطر على بالك من مال تراه فيه فنحن نجمعه لك وندفعه اليك ولا تفتحه، فعصاهم وفتح الباب فإذا في البيت تصاوير العرب على خيولهم بعمائمهم ونعالهم وقسيسهم ونبلهم، فدخلت العرب بلدهم في السنة التي فتح فيها ذلك الباب)) [50]

ورد النص اعلاه عند المؤرخين الاندلسين في روايات فتح اسبانيا عام 92 هـ / 711م اعجب ابن خرداذبة بمعالم حضارية في رحلته بقوله: ((والروم تقول مامن بناء بالحجارة ابهى من كنيسة الرها، ولابناء بالخشب أبهى من قُسيان أنطاكية، ولا بناء بطاقات الحجارة أبهى من كنيسة حصن.وأنا أقول ما بناء بالجص وآجر ابهى من ايوان كسرى بالمدائن)) [51]

اما رحلة سليمان التاجر السيرافي الى الصين ويرجع زمنها الى سنة 237هـ / 851 م وقد ترك لنا وصفاً حياً للسواحل والجزر والمدن وسكانها والمحاصيل والمنتجات وسلع التجارة.

وصف سليمان مدينة خانقو (كانتون)، وقال: ان متوليها كان رجلاً مسلماً، يسند اليه صاحب الصين (الامبراطور) مهمه الحكم بين المسلمين الذين يقصدون تلك الجهات، وهو الذي يصلي فيهم ويخطب. ووصف لنا الجاليات العربية والمساجد التي سمح لهم ببنائها لاقامة شعائرهم الدينية.

تحدث سليمان عن اهل الصين وجوانب مهمه هي:

1. نساء الصين يكشفن رؤوسهن، ويجعلن فيها الاقساط
2. كان اهل الصين يتعلمون القراءة والكتابة، لايستثنى في ذلك غنى او فقير كبير او صغير، وهم يهتمون اهتماماً كبيراً بجودة الخط.
3. كان الملك يستقبل ذوي الظلامات، وينظر في ظلاماتهم ويعيد اليهم حقوقهم.
4. لأهل الصين طب وعلم بالنجوم، والفن والتصوير عندهم ينطوي على براعة وحذق.
5. اهتمام الصين بالشاي، وهو نوع من العشب يشربه الصينيون في الماء الساخن ويباع منه الشئ الكثير في جميع مدنهم يسمونه، ساخ. [52]

تعتبر رحلة ابن بطوطة الى الهند وجزر الهند الشرقية والصين في النصف الاول من ق 8 هـ من اعظم الرحلات التي قام بها الرحاله عرباً واعاجم، وكانت معرفة ابن بطوطة شخصية ومباشرة لتلك البلاد، يمكن ايجازها فيما يلي:

1. اشار الى استخدام الصينيين للاوراق النقدية في معاملاتهم التجارية. وهي مختومة بختم الامبراطور، وتستبدل الرثة والمتهرئة منها باوراق جديدة.
2. كان اهل الصين يرسمون صورة كل غريب يمر ببلادهم، فإذا ارتكب مخالفة ما فأنهم يكتشفونة ويقدمونه للسلطة، ومؤسسات الرعاية الاجتماعية، فوصف البيوت التي ياوي اليها فاقدواالبصر وذوو العاهات والشيوخ والايتام والارامل حيث يجدون الطعام واللباس والماوى. [53]

زار ابن بطوطة الهند وسجل لنا ملاحظاته هي:

1. قدم معلومات طريفة عن اشجار وجزر الهند الشرقية وخصائصها، فوصف اللبان والكافور والعود الهندي والقرنفل
2. وصف نساء جزر الملدين (جنوب غربي الساحل الهندي) ذكر الملابس والزينة وعادات الزواج وصف طعام الناس وذكر تحريم ذبح الابقار، واذا ماتت البقرة دفنت، واذا ضعفت يجب رعايتها
3. ذكر طقوس حرق الموتى، والاحتفالات والمراسيم عنها
4. وصف الطبقات الاجتماعية وذكر طبقة البراهمة والاشراف واجناس الهند والمهن والصناعات والفعاليات الاقتصادية.

اشار الرحالة والبلدنيون المسلمون على ان الزواج افضل وسيلة ناجحة لنشر الاسلام في المناطق التي قصدها وان جماعات كبيرة من العرب في الدكن في القرن 4هـ/10م وقد استقروا بعد ان تزوجوا من اهالي المناطق.

وان اغلب النساء المتزوجات من المسلمين كن يعتنقن دين ازواجهن لقد استقر اغلب التجار المسلمون القادمون من الهند وملقا في جاوة، وبدأ التزاوج بين هؤلاء القادمين الجدد وبين الفتيات الجاويات، وكان الزوج يطلب من زوجته ان تعتنق الاسلام.

زار الرحالة ابن رسته بلاد الهند واطلع مباشرة على عادات وتقاليد واخلاق المجتمع الهندي، وكتب لنا عن ذلك بقوله ((ذكر ابو عبد الله محمد بن اسحاق ان عامة ملوك الهند يرون الزنا مباحاً ماخلا ملك قُمار يعاقب على الزنا والشرب بالقتل. وليس احد من ملوك الهند ممن خالطته وبايعته، يسرف في الشراب ما خلا ملك البهل، فانه بلغني انه يشرب. وهو ملك سرنديب ينقل الخمر اليه من بلاد العرب فيشربها))[54]

امتدح ابن رسته سيرة ملك الهند قُمار وكرمه ولطفه مع الضيوف، وقد استضافه قرابة سنتين وخالطه واستمع اليه واعجب بسيرته اشد العجاب بقوله: ((ورأيت تجار الهند وسائرهم لايشربون الشراب قليله ولا كثيره، ويعافُون الخل من الاشربة، فخلهم من ماء الرز المطبوخ، يحمضونه حتى يصير بمنزلة الخل ومن رأوا من اهل الإسلام يشرب الشراب فهو عندهم خسيس، لايعبأون به، ويزدرونه ويقولون: هذا رجل ليس له قدر في بلاده، وليس ذلك منهم ديانة. وذكر بعضهم قال: كنت ببلاد قمار فأخبروني ان الملك بها جبّار شديد العقوبة لايكلم العرب، ومن دخل بلاده فأهدى له شيئاً مكافأة من ملك قمار، والهند يقولون: إن اصل كتب الهند من قمار ومن عقوبة هذا الملك على الشرب: ان من شرب من قواده وجيشه يحمي مائة حلقة من حديد بالنار ثم يوضع ذلك كله على يد لك الرجل الشارب، فربما اتلفت نفسه، وهو ملك شديد الغيرة، ليس في ملوك الهند شد غيرة وعقوبة منه، ومن عقوبته قطع اليدين والرجلين والشفتين والاذنين، ولايلتفت الى الغرامة كسائر ملوك الهند. واصل العباد من بلاد قمار يقال: ((ان فيها مائة الف عابد، وللملك قمار ثمانون قاضياً لو رد عليهم ولد الملك لأنتصفوا منه واقعدوه مقعد الخصم، وله ثمانون ذكراً لهم جمال وهيئة يصلحون للملك)) [55]

يذكر ان ابن بطوطة في رحلته وزيارته الى الاندلس معلومات مفيدة وحضارية وانسانية تحمل قيم الاسلام والتواصل الحضاري مع الحكام والرعية بقولة: ((وكان ملك غرناطة في عهد دخولي اليها السلطان ابو الحجاج يوسف بن السلطان أبي الوليد اسماعيل بن يوسف بن نصر، وان لم آلفه بسبب مرض كان به. وبعثت الى والدته الحرة الصالحة الفاضلة بدنانير ذهب ارتفعت بها. ولقيت بغرناطة جملة من فضلائها....)) [56]

ذكر ابن بطوطة قائمة اسماء الفقهاء والقضاة وعلاقته بهم وضيافته عندهم واشاد بالكرم بقوله: ((واكرمني اشد الاكرام)) وذكر شيخ المنتسبين من الفقراء. وبغرناطة جملة من فقراء العجم استوطنو غرناطةلشبهها ببلادهم.

في الحقيقة ما اورده ابن بطوطة من حديث واخبار ممتعة وصريحة ومفيدة تعبر عن ثقافة وحسن اسلوبه البلاغي. مثل قوله: ((توجهت الى مدينة سبتة، فاقمت بها اشهراً واصابني المرض ثلاثة اشهر، ثم عافاني الله، فأردت ان يكون لي حظ من الجهاد والرباط)) [57]

اشار ابن بطوطة الى ملاحظات وحوادث تاريخية وعسكرية مهمة عن مدينة مربلة في الجنوب الاندلسي، وعن البحرية فيها بقوله ((وكنت قد تقدمت أصحابي فعدت اليهم. فوجدت معهم قائد حصن سهيل، فاعلمني أن اربعة أجفان للعدو ظهرت هنالك، ونزل بعض عمارتها الى البر ولم يكن الناطور بالبرج. فمر بهم الفرسان الخارجون من مربلة وكانوا اثنى عشر، فقتل لنصارى أحدهم وفر واحد، وأسر العشرة، وقتل معهم رجل حوادث، وهو الذي وجد قفته مطروحة بالأرض. وأشار على ذلك بالمبيت في موضعه، ليوصلني منه الى مالقة فبت بحصن الرابطة المنسوبة الى سهيل، والاجفان المذكورة مرساة عليه، وركب معي بالغد)) [58]

يعد القزويني من اعلام الجغرافية المميزين. كتب عن الولايات والتواصل الحضاري مع غيرها منها الاندلس ونقل معلوماته من الجغرافيين الاندلسيين منهم العذري الاندلسي وابو حامد الغرناطي والطرطوشي ونقل عن عجائبها: وذكر نصوص مفيدة وممتعة منها ((واهل الاندلس زهاد وعبّاد والغالب عليهم الحديث، ويقع في بلاد الاندلس من الخدم والجواري المثمنات على غير صناعة بل على حسنهم بألف دينار. ولأهلها اتقان في جميع مايصنعونه الا ان الغالب عليهم سوء الخلق)) [59]

اهتم الجغرفي المقدسي في عرض مادة عن الاندلس من الآخرين بقوله ((... غير انا لانقف على نواحيها فنكورها ولم ندخلها فنقسمها ويقال انها الف ميل وقال ابن خرداذبة الاندلس 40 مدينة)) [60]

يعد الرحالة الاصطخري من ابرز الجغرافيين، وقد كتب لنا عن المغرب والاندلس نقلا عن المصادر واشار الى معالم حضارية مهمة في مدن البلدين بقوله: ((وهي كلها مدن عظام وليس فيها ما يقارب قرطبة في العظم والكبر واكثر ابنيتها من حجارة وهي ابنية جاهلية لاتعرف فيها مدينة محدثة الا بجانة)) [61]

الخاتمة

1. اختص عدد من الرحالة بزيارات الى الاقاليم في الولايات الاسلامية والنصرانية، وسجلوا لنا معلومات مفصلة عن المناطق
2. اهتم الجغرافيون والبلدنيون في اداء فريضة الحج وكتبوا لنا عن المسالك والممالك والمظاهر الحضارية بالتفصيل عن الاماكن وتسجيل ملاحظات مفيدة مثل ابن جبير البلنسي وابن بطوطة الطنجي الاندلسي وكتاب الاستبصار لجغرافي مجهول، والشريف الادريسي وغيرهم، ساهموا في التعريف وتشجيع الزيارة وتحبيب المناظر والطقوس الدينية والدنيوية للراغبين في اداء الفريضة.
3. انفرد بعض الجغرافيين والبلدانيون في الوصف العجائبي (الكوزموغرافي) في التعريف بالاماكن والاثار والنباتات والحيوانات المنقرضة والباقية، باسلوب منهجي مشوق وعلمي واسطوري مثل القزويني والمسعودي واليعقوبي وابن فضلان.
4. ظهرت لنا افكار وحقائق عن التواصل الحضاري من خلال عزم وتصميم الرحالة في طلب العلم وكشف الحقائق عن الروايات والاساطير التي ظهرت في عصرهم، والوصول الى اماكن بعيدة ووعرة وشاقة وخطيرة ومكلفة بالوقت والمال، من اجل اعطاء وايصال الحقائق الى الناس.
5. خدمت الرحلات في التعرف عن الطرق والاماكن والموارد المائية والاراضي والشعوب وعاداتها وتقاليد والاديان، والحرية والعبودية، والاهلية والجهل والثقافة والعدل والمساوات، والابداع والاختراع، وانظمة الحكم وكلها مظاهر من التواصل الحضاري وروح التسامح والعدل والمساوات عند الأمم.
6. تشكل مادة الرحالة والجغرافيين جوانب حضارية متنوعة في كل مراحل الحياة السياسية والعسكرية والاقتصادية والاجتماعية والثقافية والدينية، وهي نوع من الاعلام للولايات ولتعرف بحياتهم عبر التاريخ ولمختلف العصور والثقافات المتنوعة داخل المجتمع الواحد، كما في الهند والصين وجنوب افريقية.
7. اوضحت المادة الجغرافية مدى التطور الفكري الذي ظهر في الولايات مثل اسبانيا الاسلامية (الاندلس) في الثقافة من تاليف ونسخ وترجمة واختراعات وابداعات وانشاء مدن اندلسية جديدة في ظل حكم امراء وخلفاء بني امية، وكانت الاندلس احد معابر الحضارة الى العالم.
8. زودتنا مصادر الرحالة والجغرافيين بمعلومات عن نظام البريد في الدولة الاسلامية والتعريف بالولايات والمدن والمساحات والمسافات والمعالم الحضارية

هوامش

(1) ابن غالب الاندلسي، نص اندلسي جديد، قطعة من كتاب فرحة الانفس في تاريخ الاندلس / تحقيق لطفي عبد البديع، مطبعة مصر1956/ ص12- 13 اورد النص ايضاً ابو عبيد البكري القرطبي ت 487 هـ / كتاب المسالك والممالك، نشر بعنوان جغرافية الاندلس واوربا، تحقيق:عبد الرحمن علي الحجي، دار الارشاد بيروت 1968، ص 70- 71 ابو حامدالغرناطي / تحفة الالباب، ص 200، 207الحميري السبتي / الروض المعطار في خبر الاقطار، نشر بعنوان تحقيق ليفي بروفنسال / الرباط 1937.

(2) البكري / المسالك والممالك / ص 81 نقلا عن الطرطوشي، ابراهيم بن يعقوب الاسرائيلي.

(3) المصدر السابق، ص 167.

(4) المصدر السابق، ص 186- 178، وفريدة الغرائب، نشر احمد البابي الحلبي (القاهرة 1303 هـ) ص 15.

(5) أ) ابن الوردي / سراج الدين ابي حفص عمر / فريدة العجائب، طبعة القاهرة 1387هـ ص16.

(6) كتاب صورة الارض / نشر دار مكتبة الحياة، بيروت 1979، ص 104

(7) المصدر السابق، ص 106- 107.

(8) المصدر نفسه، ص 107.

(9) المصدر نفسه.

(10) المصدر نفسه، ص 108.

(11) المصدر نفسه، ص 109.

(12) المصدر نفسه، ص 108 – 109.

(13) المصدر نفسه، ص 109.

(14) المصدر نفسه، ص 107- 108.

(15) لمؤلف مراكشي من كتاب القرن 6 هـ / 12 م / تحقيق: سعد زغلول عبد الحميد / بغداد 1986 دار الشؤون الثقافية العامة (افاق عربية) ص37.

(16) مؤنس، حسين / الجغرافية والجغرافيون في الاندلس / مقالة في صحيفة معهد الدراسات الاسلامية في مدريد، المجلدات 11 و 12 (مدريد 1963 – 1964) ص 31- 83 عن ابي حامد الغرناطي

(17) تحفة الالباب ونخبة الاعجاب، ص 104.

(18) المصدر السابق.

(19) المصدر السابق نفسه.

(20) كتاب المعرب في بعض عجائب المغرب، تحقيق ونشر دوبلر، ص 38 – 39.

(21) الشريف الادريسي / ابي عبد الله محمد بن محمد بن عبد الله بن ادريس الحمودي الحسني / ت 560هـ كتاب نزهة المشتاق في اختراق الافاق /نشر عالم الكتب / ط 1 بيروت 1409 هـ / 1989م في مجلدين (1 في 1132 صفحة).

(22) مؤنس / الجغرافية والجغرافيين / ص 7- 8.

(23) ابن بشكوال، ابو القاسم خلف ين عبد الملك بشكوال، 494 -578 هـ كتاب الصلة في تاريخ علماء الاندلس قدم له د.صلاح الدين الهواري، المكتبة العصرية، بيروت (1423 هـ - 2003)ص23.

(24) الشريف الادريسي / نزهة المشتاق، ج2 / 574.

(25) المصدر السابق، ج2 / 535.

(26) المصدر السابق نفسه ج2 / 574- 575.

(27) المصدر السابق نفسه ج2 / 578- 579.

(28) ابو عبد الله محمد بن ابي بكر الزهري / المتوفي في اواسط ق 6 هـ / كتاب الجغرافية تحقيق: محمد حاج صادق / المعهد الفرنسي في دمشق / مجلة الدراسات الشرقية المجلد 21 (دمشق 1968) ص 76 – 111.

(29) المصدر السابق، ص 79.

(30) المصدر السابق نفسه، ص 80.

(31) المصدر السابق نفسه، ص 82.

(32) المصدر السابق نفسه، ص 82.

(33) المصدر السابق نفسه، ص 76.

(34) المصدر السابق نفسه، ص 84.

(35) المصدر السابق نفسه، ص 85.

(36) المصدر السابق نفسه، ص 86- 87.

(37) المصدر السابق نفسه، ص 88.

(38) المصدر السابق نفسه، ص 88.

(39) المصدر السابق نفسه، ص 91.

(40) المصدر السابق نفسه، ص 97.

(41) المصدر السابق نفسه، ص 101.

(42) المصدر السابق نفسه، ص 101- 102.

(43) المصدر السابق نفسه، ص 102.

(44) المصدر السابق نفسه، ص 103.

(45) ابن خرداذبة / ابو قاسم عبيد الله بن عبد الله البلخي ت 322 هـ / 924م كتاب المسالك والممالك / وضع هوامشه وفهارسه محمد مخزوم، دار احياء التراث العربي (بيروت 1408 هـ / 1988).

(46) السامر/ فيصل / الاصول التاريخية للحضارة العربية الاسلامية في الشرق الاقصى / دار الشؤون الثقافية العامة بغداد 1986، ص 28.

(47) المرجع السابق، ص 80- 81.

(48) ابن خرداذبة / المسالك والممالك / ص 68 – 69.

(49) المصدر السابق / ص 67.

(50) المصدر نفسه / ص 84.

(51) المصدر نفسه، ص 134.

(52) المصدر نفسه، ص 139.

(53) السامر / المرجع السابق، ص 30- 31.

(54) رحلة ابن بطوطة المسماة (تحفة النظار في غرائب الامصار وعجائب الاسفار) / تحقيق د. علي المنتصر الكتاني، مؤسسة الرسالة، ط2 بيروت 1979، ص30.

(55) ابن رسته / ابي علي احمد بن عمر بن رسته / الاعلاق النفسية / نشر دار احياء التراث العربي، ط1 (بيروت 1408هـ / 1988 م) ص 124.

(56) المصدر السابق، ص 124 – 125.

(57) رحلة ابن بطوطة، ص 64- 765.

(58) المصدر السابق نفسه / ص 766.

(59) المصدر السابق نفسه / ص 767.

(60) القزويني / زكريا بن محمد بن محمود / آثار البلاد واخبار العباد / نشر دار صادر ودار البيروني، بيروت د. ت، ص 503.

(61) المقدسي / شمس الدين ابو عبد الله محمد بن احمد ابي بكر البناء الشاري / احسن التقاسيم في معرفة الاقاليم، تحقيق دي غويه / ليدن بريل 1906 / ص 222.

(62) الاصطخري ابي اسحاق ابراهيم بن محمد الفارسي المعروف بالكرخي / كتاب مسالك الممالك / نشر دي غويه، بريل 1927 / ص 42.

الأحصاء الرياضي
في التراث العربي الأسلامي وأبرز علمائه ومؤلفاتهم ونظرياتهم

الأحصاء الرياضي في التراث العربي الأسلامي
وأبرز علمائه ومؤلفاتهم ونظرياتهم

علم الأحصاء له مكانه ودور مهم في شؤن الدوله في تحليل وأستخراج النتائج لمختلف الأغـراض في شتى المجـالات الحياتيه وتعني كلمـة الأحصاء في التـراث مجموعـة الطرق والوسائل والقواعد والقوانين المبنيـة علـى التحليـل العقلي وهي خـير وسيلة لقياس وتحليـل الظواهر والحقائق لأستخلاص النتائج ووضعها بصوره مناسبه لتوضيح العلاقة القائمة بينهما.

أستخدم الأحصاء لجمع المعلومـات المتعلقه بالولايات اللأسلامية عبر العصور الأسلامية وكان يعرف بالحساب السياسي والأقتصادي والعسكري والأجتماعي وكـان يسمى (بعلم العد) وذالك لكـثرة مـا يتـداول أو يستخدم الأرقـام والأعـداد، كـما سمي(بعلم الأوساط) نظراً لأهتمامه بالأوساط والمعدلات للمعلومات التي يبحثها، وما أشتهر به علم الأحصاء أنه علم الأعداد الكبيرة.

يعـد علم الأحصاء وسيلة وليس غرض، فهـو في هـذا المجـال كالرياضيات يستخدم كوسيلة تـساعد البـاحثين والمختصين في كافة العلوم الطبيعيـة والأنسانية علـى تفهم وأنجـاز ودراسـة الكتـاب بأيسر طريقة وأقل كلفة وجهد وأقصر مدة. أن هذة الصفات الجيـدة لعلم الأحصاء جعلت الأقبال عليه وأستخدامه في تزايد مـستمر في كـل مجـالات الحياة حيث أستخدمت الطرق الأحصائية لزيادة الأنتاج الزراعي والصناعي وأحصاء بيت المال للمسلمين والضرائب والأراضي واعداد الجند المقاتله في الحملات العسكرية والرواتب والعطاء.

أهـتم العرب بأحصاء الكوكب والنجـوم لأنها تـؤثر في حيـاتهم ومـستقبلهم كـما سـاعدهم الأحصاء علـى تطوير حياتهم الأجتماعية في زيادة السكان وما تتطلبه الحياة العامة لذا نرى عدد كبير مـن المؤلفات الرياضية التي صنفت في العصر الأموي والعباسي في المشرق والمغرب و الأندلس دليل على أبداعهم وبراعتهم وحرصهم علـى خدمة الأنسانية، كما ظهر عـدد من العلماء في الأحصاء الرياضي ساهموا في تطوير الحضارة العربية الأسلامية وذالك بتصنيف أبـرز المؤلفات في الحسـاب والجـبر والمثلثات والهندسة.

جماعة أخوان الصفا:

تألفت هذة الجماعة في القرن الرابع الهجري/العاشر الميلادي، وكان موطنها البصرة ولها فرع في بغداد، ولم يعرف من أشخاصها سوى خمسة اعضاء يشوبهم الغموض والشك وقيل أن احدهم يعرف بالمقدسي، أبو سليمان محمد أبن معشر البستي، والزنجاني ابو الحسن علي ابن هارون، والمهرجاني، والعوفي أبو الحسن، وزيد أبن رفاعة.

أما مصادر علومهم فتعود الى اربع كتب:

1-المصنفة على السنة الحكماء من الرياضيات والطبيعيات

2-الكتب المنزلة كالتورات والأنجيل والقرآن من صحف الأنبياء

3-الكتب الطبيعية وهي صور اشكال الموجودات من تركيب الأفلاك وأقسام البروج وحركات الكواكب ومقادير اجرامها

4-الكتب الالهية التي لا يمسها الأ المطهرون والملائكة، وهي جواهر النفوس وأجناسها وأنواعها وجزئياتها وتصاريفها للأجسام

الأحصاء الرياضي في نظر أخوان الصفا:

الجماعة يجعلون القسم الرياضي أول أقسام رسائلهم، لما للعدد من مقام خطير في فلسفتهم، لأنهم تأثروا طريقة الفيثاغوريين ولاسيما المحدثين منهم، فأعتبروا العدد اصل الموجودات، ورتبوة على الأمور الطبيعية والروحانية، واعتمدوا فيها المربعات لأنهم وجدوا عدد الأربعة في أكثرها فصار له شرف الصداره عندهم، مع ما لسائر الأعداد من الفضل في نسبة بعضها الى بعض كما توجد النسبة في الأمور الطبيعية والأمور الروحانية.

كان لجماعة أخوان الصفا من العدد والهندسة والنجوم منافع في الطلسمات والعزائم لأن رسائلهم تشتمل على ضروب من السحر والشعبذات والخرافات.

تدخل الموسيقى في القسم الرياضي، فقد بحثوا في صناعتها واصلها وفي أمتزاج الأصوات وتنافرها وفي اصول الألحان وقوانينها، ولم يغفلوا عن ربطها بالأجسام الطبيعية، وأن يجعلوا لها صله بنغمات الأفلاك متأثرين أقوال الفلاسفة اليونانيين والأسكندريين.

أهتمت الجماعة بالرسائل التعليمية وصنفتها الى أربع عشرة رسالة:

- الرسالة الأولى: في العدد وماهيته وكميتهُ وكيفية خواصه. والغرض المراد من هذة الرسالة هو رياضة انفس المتعلمين للفلسفة، المؤثرين للحكمة، الناظرين في حقيقة الأشياء، الباحثين عن علل الموجودات بأسرها. وفيها بيان أن صورة العدد في النفوس مطابق لصور الموجودات في الهيولي، وهي أنموذج من العالم الأعلى، وبمعرفته يتدرج المرتاض الى سائر الرياضيات والطبيعيات. وأن علم العدد جذر العلوم، وعنصر الحكمة، ومبدأ المعارف.

- الرسالة الثانية في الهندسة وبيان ماهيتها، وكمية أنواعها وكيفية موضوعاتها
- الرسالة الثالثة في النجوم شبه المدخل، في معرفة تركيب الأفلاك، وصفة البروج، وسير الكواكب، ومعرفة تأثيراتها في هذا العالم.
- الرسالة الرابعة في الموسيقى وهو المدخل الى علم صناعة التأليف والبيان بأن النغم والألحان الموزونة لها تأثيرات في نفوس المستمعين لها.
- الرسالة الخامسة في الجغرافيا تعني صورة الأرض والأقاليم، والبيان بأن الأرض كروية الشكل بجميع ما عليها من الجبال والبحار والبراري والأنهار والمدن والقرى.
- الرسالة السادسة في النسب العددية والهندسية، والتأليفية وكمية أنواعها، وكيفية ترتيبها، والغرض منها التهدي لنفوس العقلاء الى أسرار العلوم وخفياتها وحقائقها وبواطن الحكم ومعانيها.

الأحصاء الرياضي في العدد:-

يرى الجماعة أن الفلسفة أولها محبة العلوم، وأوسطها معرفة حقائق الموجودات بحسب الطاقة الأنسانية وآخرها القول والعمل بما يوافق العلم. والعلوم الفلسفية أربعة انواع:

أولها الرياضيات، والثاني المنطقيات والثالث العلوم الطبيعيات والرابع العلوم الآلهيات.

الرياضيات أربعة أنواع: أولها الأرثماطيقي، والثاني الجومطريا، والثالث الأسطرنوميا، والربع الموسيقى.

الأسطرونوميا هو علم النجوم بالبراهين التي ذكرت في كتاب المجسطي.

والجومطريا هو علم الهندسة بالبراهين التي ذكرت في كتاب اقليدس.

الأرثماطيقي هو معلرفة خواص العدد وما يطابقها من معاني الموجودات التي ذكرها فيثاغورس ونيقوماخس. فأول ما يبتدأ بالنظر به في هذه العلوم الفلسفية الرياضيات، واول الرياضيات معرفة خواص العدد لأنه أقرب العلوم تناولاً ثم الهندسة، ثم التأليف، ثم التنجيم، ثم المنطقيات، ثم الطبيعيات،

يرى الجماعة بأن كون العدد على أربعة مراتب التي هي الأحاد والعشرات والمئات والألوف ليس هو أمراً ضروري لازماً لطبيعة العدد مثل كونه أزواجاً وافراداً صحيحاً وكسوراً.

أن العدد كلهُ أحادهُ وعشراته ومأته وألوفه، أما ما زاد بالغاً مابلغ، فأصلهُ كلهُ من الواحد الى الأربعة، وهي هذه (1 2 3 4). وذالك أن سائر الأعداد كلها من هذة يتركب، ومنها ينشأ، وهي اصل فيها كلها: بيان ذالك انهُ اذا أضيف واحد الى اربعة، كانت خمسة،

وان أضيف أثنان الى أربعة، كانت ستة، وأن أضيف ثلاثة الى أربعة، كانت سبعة، وأن أضيف واحد وثلاثة الى أربعة، كانت ثمانية، وأن أضيف أثنان وثلاثة الى أربعة، كانت تسعة وأن أضيف واحد وأثنان وثلاثة الى أربعة، كانت عشرة، وعلى هذا المثال حكم سائر الأعداد من العشرات والمئات والألوف، وما زاد بالغاً ما بلغ.

يؤكد الاخوان بان العدد الكسور مراتبه كثيرة لانه مامن عدد صحيح الا وله جزء او جزئان او عدة اجزاء، كالاثني عشر فان له نصف وثالثاً وربعاً وسدساً ونصف سدس، وكذلك وثمانية وعشريون وغيرهما من الاعداد.

ألا ان عدد تالكسور وأن كثرة مراتبه واجزاوءه مرتبه بعضها تحت بعض، ويشملها كلها عشرة الفاظ:- لفظة منها عامة مبهمة، وتسعة مخصوصة مفهومة ومن التسعة الفاظ لفظة موضوعة، وهي النصف، وثمانية مشتقة وهي: الثلث من الثلاثة، والربع من الاربعة والخمس من الخمسة، والسدس من الستتة والسبع من السبعة، والثمن من الثمانية، والتسع من التسعة ن والعشر من العشرة.

يقول الجماعة بان نوعي العدد يذهبان في الكثرة بلا نهاية، غير ان العدد الصحيح يبتدى من اقل من الكمية، وهو الاثنان، ويذهب في التزايد بلا نهاية. واما الكسور فيبتدأ من اكثر الكمية، وهو النصف ويمر في التجزؤ بلا نهاية فكلاهما من حيث الابتدأ ذو نهاية ومن حيث الانتهاء غير ذي نهاية.

خواص العدد في نظر اخوان الصفا:-

ما من عدد الا وله خاصية او عدة خواص، ومعنا الخاصية انها الصفة المخصوصة للموصوف الذي لا يشركه فيها غيره. فخاصية الواحد انه اصل العدد ومنشأه، وهو يعدد العدد كله - الازواج والافراد جميعاً ومن خاصية الاثنين انه اول العدد مطلقاً وهو يعد نصف العدد - الازواج دون الافراد ومن خاصية الثلاثة انها اول عدد الافراد وهي تعد ثلث الاعداد تارة الافراد وتارة الازواج. ومن خاصية الاربعة انها اول عدد مجذور. ومن خاصية الخمسة اول عدد دائر ويقال كروي. ومن خاصيسة الستة انها اول عدد تام. ومن خاصية السبعة انها اول عدد كامل. ومن خاصية الثمانية انها هي اول عدد مكعب. ومن خاصية التسعة انها اول عدد فرد مجذور، وأنها أخر مرتبة الاحاد. ومن خاصية العشرة أنها اول مرتبة العشرات. ومن خاصية الاحد عشر أنها اول عدد اصم. ومن خاصية الاثنى عشر انها اول عدد زائد. وبالجملة ان من خاصية كل عدد انه نصف حاشيتيه مجموعتين، واذا جمعت حاشيتاه تكونان مثله مرتين، ومثال ذلك خمسة فان احدى حاشتيها اربعة والاخرى ستة، ومجموعهما عشرة، وخمسة نصفها وعلى هذا القياس يوجد سائر الاعداد، اذا اعتبرة وهذه صورتها:-

واما الواحد فليس له الا حاشيته واحدة وهي الاثنان، والواحد نصفها، وهي مثله مرتين. واما قولنا: - ان الواحد اصل العدد ومنشاه فهو ان الواحد اذا رفعته من الوجود ارتفع البعدد بارتفاعه, واذا رفعت العدد من الوجود، لم يرتفع الواحد.

واما قولنا:- ان الاثنين اول العدد مطلقاً فهو العدد كثرة الاحد واول الكثرة اثنان.

واما قولنا:- ان الثلاثة اول الافراد فهي كذلك، لان الاثنين اول العدد وهو الزوج، ويله ثلاثة وهي فرد.

واما قولنا:- انها تعد ثلث العدد تارة الافراد وتارة الازواج، فلانها تتخطى العددين، وتعد الثالث منهما، وذلك الثالث يكون تارة زوجاً وتارة فرداً. واما قولنا:- ان الاربعة اول عدد مجذور، فلانها من ضرب الاثنين في نفسه وكل عدد اذا ضرب في نفسه يصير جذراً، والمجتمع من ذلك مجذوراً واما ماقيلة من ان الخمسة اول عدد دائر فمعناه انها أذا ضربت في نفسها رجعت الى ذاتها، وان ضرب ذلك العدد المجتمع من ضربها في نفسها، رجع الى ذاته ايضاً، وهكذا دائماً: مثال ذلك خمسة في خمسة - خمسة وعشرين، وأذا ضرب خمسة وعشرين في مثله، صارة ستمائة وخمسة وعشرون وأذا ضرب هذا العدد في

نفسة خرج ثلثمائة الف وتسعون الف وستمائة وخمسة وعشرون، وأن ضرب هذا العدد في نفسه خرج عدد اخر وخمسة وعشرون.

الا ترى ان الخمسة كيف تحفظ نفسها وما يتولد منها دائماً، بالغاً مابلغ، وهذه صورتها:-

واما ماقيلة ان اول عدد مجسم فلان الجسم لا يكون الا من سطوح متراكمة، والسطح لايكون الا من خطوط متجاورة والخط لايكون الا من نقطة منتظمة كما بينا في رسالة الهندسة.

اهتم اخوان الصفاء بالنظريات الرياضية وشروحها وتوضيح عدد كبير من الفصول المهمة نذكر منها:-

1-   فصل في التام والناقص والزائد.

2-   فصل في الاعداد المتحابة.

3-   فصل تضعيف العدد.

4-   فصل في خواص الانواع

5-   فصل في العدد الصحيح.

6-   فصل في الضرب والجذر والمكعبات وما يستعمله لجبريون والمهندسون من الفاظ ومعانيها.

7-   فصل في العدد المربع.

8-   فصل في خواص العدد المجذور.

9-   فصل في مسائل من المقالة الثانية من كتاب اقليدس.

10-علم العدد والنفس.

شرح الجماعة في الرسالة الثانية من القسم الرياضي الموسومة بجومطريا في الهندسة وبياتن ماهيتها بانه علم الهندسة ومعرفة المقادير الابعاد وكمية انواعها وخواص تلك الانواع.

ومبدء هذا العلم التي هية طرف الخط أي نهايته واوضح الجماعه في فصل انواع الخط واحصو القاب الخطوط المستقيمة واسماء الخط المستقيم وانواع الزواية، وانواع الزواية المسطحة وانواع الخطوط القوسية،

الرسالة الثالثة من القسم الرياضي الموسومة بالاسطرنميا في علم النجوم وتركيب الافلاك:-

اهتم الجماعة باحصاء علم النجوم وقسموه الى ثلاثة:-

قسم منها هو معرفة ترتيب الافلاك وكمية الكواكب، واقسام البروج وابعادها وعظمها وحركتها، وما يتبعها من هذا الفن ويعرف بعلم الهيئة.

ومنها قسم ومعرفة حل الزيجات أي حركة الكواكب وعمل التقاويم واستراج التواريخ ومنها قسم هو معرفة كيفيت الاستدلال بدوران الفلك وطوالع البروج وحركات الكواكب على الكائنات قبل كونها تحت فلك القمر، ويسمى هذا النوع علم الأحكام.

أحصى الجماعة وأهتموا بعلم النجوم أن أصله هو معرفة ثلاثة أشياء: الكواكب والأفلاك والبروج. الكواكب أجسام كرويات مستديرات مضيأت، وهي 1029 كوكباً كباراً، التي أدركت بالأحصاء والرصد منها سبعة يقال لها السيارة، وهي زحل والمشتري والمريخ والشمس والزهرة وعطارد والقمر، والباقية يقال لها ثابتة ولكل كوكب من السبعة السيارة فلك يخصه. والأفلاك هي أجسام كرويات مشفات مجوفات، وهي تسعة أفلاك مركبة بعضها في جوف بعض كحلقة البصلة، فأدناها الينا فلك القمر وهو محيط بالهواء من جميع الجهات، كأحاطة قشرة البيضة ببياضها، والأرض بجوف الهواء كلمح في بياضها، ومن وراء فلك القمر فلك عطارد، ومن وراء فلك عطارد فلك الزهرة ومن وراء فلك الزهرة فلك الشمس، ومن وراء فلك الشمس فلك المريخ، ومن وراء فلك المريخ فلك المشتري، ومن وراء فلك المستري فلك زحل ومن وراء زحل فلك الكوكب الثابتة فلك المحيط.

يقول الجماعة أن الفلك المحيط الدائم الدوران يدور من المشرق الى المغرب ومن المغرب الى المشرق تحت الأرض، في كل يوم وليلة دورة واحدة ويدير سائر الأفلاك والكواكب معهُ.

علماء الأحصاء الرياضي في العصر العباسي

ظهر علماء في الرياضيات في بيت الحكمة العباسي في بغداد الذي أرسى دعائمه الخلفاء العباسيين في العصر المنصور والرشيد وذالك بفضل التشجيع والتكريم الذي قدموه لعلماء الرياضيات.

ظهرت حركة الترجمة في بيت الحكمة لترجمة الكثير من المؤلفات والنظريات والرسائل الرياضية مثل كتاب الأصول بلأقليدس حين ترجمه حنين بن أسحاق وثابت بن قره.

يعد محمد بن موسى الخوارزمي المتوفي بعد 232هـ من أبرز علماء الرياضيات الذي أشرف على بيت الحكمة أيام الخليفة المأمون بن هاروناالرشيد وقدنجح هذا العالم الرياضي ان يصوغ علم الجبر علماً مستقلاً وقد صنف كتابهُ الجبر والمقابلة الذي يشكل مصدراً مهماً للرياضيات وقد أستعمل الجبر لحل المسائل الهندسية وقد اعتبره مؤرخو العلوم أبرز شخصية في تاريخ الرياضيات عند العرب.

ساهم علماء الرياضيات وقد أبدعوا وقدموا الكثير من الأفكار والنظريات الجديدة امثال البتاني الذي عمل الجداول الرياضية لنظرية التماس وأول من أستعمل الجيوب بدلاً من أوتار مضاعف الأقواس وأوجد أصطلاح الجيب تمام، ثم الكندي والبوزجاني.

أنجب بيت الحكمة أوائل المترجمين لعلم الرياضيات منهم: قسطا بن لوقا، وثابت أبن قرة والفزاري وغيرهم ممن كان لهم فضل كبير في ترجمة الكتب اليونانية والهندية في الرياضيات. كما كان للعلماء العرب في بيت الحكمة دوراً في وضع الأسس ألأولى في علم المثلثات وحل بعض المعادلات التكعيبية في حل طرق هندسية ودراسة العلاقة بين الجبر والهندسة كما فعل ثابت أبن قرة. ومن أبرز الكتب الرياضية التي تم تعريبها نذكر:

الأصول في الهندسة والحساب للأقليدس بن نوقطرس، نقله الى العربية بنقلين الحجاج بن يوسف بن مطر الكوفي، أحدهما يعرف بالهاروني، حيث تمت الترجمة بأمر من الخليفة العباسي هارون الرشيد، والثاني يسمى المأموني أقصر من الأول وعليه المعول. وكان بأمر الخليفة العباسي المأمون،وقام بشرح المأموني الفضل بن حاتم النيريزي. كما أن لحنين بن أسحاق، وثابت بن قرة ترجمتين ويقال أن ثابت بن قرة نقحهُ وهذبه، وهناك ترجمة لقسطا بن لوقا، وترجمة ليوحنا القس أهتم علماء الرياضيات بالكتاب وأستخرجوا منهُ المسائل المهمة منهم الحسن بن موسى بن شاكر، أبو القاسم الأنطاكي وممن شرحهُ الكرابيسي، وجعفر الخازن، وعباس بن سعيد الجوهري. كما ان للماهاني شرح للمقالة الخامسة للكتاب. والكندي يدعي ان كتاب الأصول أبلونيوس النجار وهو أقدم من أقليدس.

تم تصحيح مسائل الجبر بالبراهين الهندسية لثابت أبن قرة كما تم تفسير لثلاثة مقالات ونصف لكتاب ديوقنطس في المسائل العددية لقسطى بن لوقا البعلبكي ت 300هـ /912م.

أما أبرز الكتب العربية التي ترجمة الى اللاتينية كتاب الجبر والمقابلة للخوارزمي على يد روبرت تشتسر في القرن 12م وكتاب الحساب للخوارزمي ترجمهُ أديلاردباث، كما دخل كتاب السندهند في الفلك والرياضيات تأليف العالم الهندي كانكا الذي قدم الى بغداد في خلافة ابي جعفر المنصور فعهد الخليفة المنصور الى محمد بن أبراهيم الفزاري بترجمة الكتاب الى العربية.

غيض من فيض النشاط الترجمي لبيت الحكمة البغدادي في تعريب الموسوعات الرياضية التي ساهمت في أزدهار الحضارة العربية الأسلامية وعمل على جذب الكثير من العلماء لزيارة بغداد والحصول من منهلها العلمي الرياضي.

ترجمة للعالم الرياضي المغربي أبن البناء المغربي أبو العباس أحمد بن عثمان الأزدي المعروف بأبن البناء المراكشي، ولد سنة 654هـ /1256م بمراكش، وكان أبوهم بناءً، تعلم بمراكش ثم بفاس وبلغ في العلوم الدرجة العليا فيقول عنه الأمام أبن رشيد (لن أجد بالمغرب من العلماء الا أبن البناء الرياضي بمراكش وأبن الشاط بسبتة)

تعلم أبن البناء القرآن بمراكش واللغة وتعلم شرح كتاب الأصول لأوقليدس منقطعاً للتدريس.

المؤلفات الرياضية لأبن البناء:

1- تلخيص أعمال الحساب، مخطوط له نسخ في مكتبة المتحف البريطاني والأسكوريال والبودلية وباريس وتطوان وتونس الخلدونية والقاهرة.

2- رفع الحجاب على علم أعمال الحساب، مخطوط نسخة منه في مكتبة تونس.

3- منهاج الطالب لتعديل الكواكب،نسخة منه في مكتبة الجزائر والسكوريال.

4- رسالة في علم المساحة مخطوط في مكتبة برلين.

5- المقالات في الحساب، مخطوط في مكتبة تونس.

6- رسالة في علم الحساب، مخطوط في مكتبة تونس.

7- مسائل في العدد التام والناقص، مخطوط في مكتبة تونس.

8- التمهيد والتسيير في قواعد التكسير.

9- رسالة الأشكال المساحية.

العالم الرياضي الأبهري، أثير الدين المفضل بن عمر بن المفضل ت663هـ/1264م رياضي فلكي من مؤلفاته:

1- هداية الحكمة
2- تنزيل الأفكار في تعديل الأسرار شرح ايساغوجي
3- داريات الأفلاك
4- الزيج الشامل
5- زبدة الكشف
6- كشف الحقائق في تحرير الدقائق
7- الأحتساب في علم الحساب
8- رتبه المؤلف على عدة اقسام:

- القسم الأول: في الأمور الكلية وفيه ستة فنون:
- الفن الأول:- في المقدمات التي تتعلق في الأعمال الحسابية وفيهِ 11فصل.
- الفن الثاني:- في كيفية الحساب الهوائي وفيه 11فصل
- الفن الثالث:- في كيفية الحساب في الكتاب وفيه 3أبواب:-
- الباب الأول: في الصحاح وفيهِ ثمانية فصول.
- الباب الثاني: في الكسور وفيهِ ثمانية فصول.
- الباب الثالث: في حساب الأعداد مع الدقائق والثواني وفيهِ خمس فصول.
- الفن الرابع: في حساب الجذور والأضلاع وفيهِ عشر فصول
- الفن الخامس: في حساب المقادير المجهولة وفيهِ أربعة فصول.
- الفن السادس: في تمهيد المقدمات وأستخراج المجهولات بطريق الجبر والمقابلة وفيهِ أربعة فصول

نسخة خطية في مكتبة المتحف العراقي الرقم10248

يحتوي على 133 ورقة قياس 24 *12 25س

العالم الرياضي سبط المارديني، بدر الدين محمد بن أحمد بن محمد الغزالي الدمشقي القاهري، ولد بدمشق سنة 826هـ/1423م وتوفى بالقاهرة عام 1501/907م، عالم بالفلك والرياضيات لهُ مؤلفات عديدة بالرياضيات هي:

شرح القطر لأبن هشام

القول المبدع في شرح المقنع في الجبر والمقابلة لأبن الهائم

كفاية القنوع في العمل بالربع المقطوع

اللمعة الماردينية في شرح الياسمينية

موجز عن أهم المؤلفات المخطوطة الرياضي للعالم الشامي الدمشقي سبط المارديني:

1. إرشاد الطلاب الى وسيلة الحساب/ بدر الدين محمد بن احمد بن محمد الدمشقي القاهري الغزالي المشهور بسيط المارديني ت907هـ/1501م

مكتبة المتحف العراقي بغداد 10518، دار الكتب المصرية 2 رياضة - ف 1034. رقم 63ل، ت ف، 586

2. تحفة الأحباب في علم الحساب لمحمد بن محمد بن أحمد بن محمد الدمشقي القاهري المعروف بسبط المارديني المتوفي سنة 907هـ/501م

الأول (الحمد لله الميسر الحساب ومهون الصعاب وميسر السحاب.. هذا مختصر في علم الحساب سهل لمن يريد..).

رتبه المؤلف على مقدمة وثلاثة ابواب وخاتمة.

المقدمة: في بيان موضوع علم الحساب وبيان العدد.

الباب الأول: في ضرب الصحيح.

الباب الثاني- في قسمة الصحيح.

نسخة جيدة كتبت بمدادين أسود وأحمر سنة 997ه/1588م على يد محمد بن موفق عليها قراءة مؤرخة سنة 998هـ/589م.

الرقم: 2/23144

35ص 20*5،14سم 15س

معجم المؤلفين 188/11 كشف 361/1

3. التحفة الماردينية في شرح الياسمينية:

لبدر الدين محمد بن محمد بن أحمد الدمشقي القاهري المعروف بسبط المارديني المتوفي سنة 907هـ /1501م

الأول (الحمد لله رب العالمين.. وبعد فهذا تعليق وجيز على الرجوزة الياسمينية في علم الجبر والمقابلة..) وهي شرح على ارجوزة عبد الله بن حجاج المعروف بأبن الياسميني المتوفي سنة 600ه/1203م. وقد سمي هذا الشرح باللمعة الماردينية في شرح الياسمينية (كشف 62/1).

نسخة جيدة كتبت بخط النسخ سنة 1218هـ/1803م عليها مقابلة.

في آخرها صفحة تتضمن مسائل حسابية.

الرقم: 3/23045 مكتبة المتحف العراقي

10ص 21*5،15 سم 28س

معجم المؤلفين 188/11 كشف 1/ 62-63

4.تعليقات على اللمع في الحساب:

لمحمد بن محمد بن أحمد بن محمد الدمشقي القاهري سبط المارديني المتوفي سنة 907هـ/ 1501م

الأول: الحمد لله حمداً يليق بجلاله والصلاة والسلام على سيدنا محمد وآله وصحبه...).

أنتهى المؤلف من تاليفه سنة 893هـ //1487م ا يذكر الناسخ في الصفحة الخيرة من الكتاب وهي تعليقات على كتاب اللمع في الحساب لأبي العباس أحمد بن محمد بن علي بن عماد المعروف بأبن الهائم المتوفي سنة 815هـ //1412م تبت النسخة بالمداد الأسود على يد محمد بن الحسين الكوراني سنة 1129هـ /1716

الرقم: 7/27433 مكتبة المتحف العراقي

32ص 21،5*16سم 31س

معجم المؤلفين 137/2، 188/11.

5. تكملة شرح الياسمينية:

لمحمد بن محمد بن أحمد بن محمد الدمشقي القاهري سبط المارديني المتوفي سنة 907هـ/1501م

أوله: (وقد فرغنا من شرح كلام الناظم على وجه الأيضاح والأختصار من غير أجحاف ولا أخلال ولكنه محتاج الى تكملتين وخاتمة ينبغي أن لايخلو من ذالك لتكمل الفائدة ويحصل للمبتدىء التمرين والأتفاق...)

أضاف المؤلف هذة التكملة في نهاية شرحهِ للتحفة المارديني وتقع في تكملتين والخاتمة:-

التكملة الأولى- في جميع الأنواع وطرحها وفيها عدة مسائل.

التكملة الثانية- في معرفة استخراج ضلع نوع مفروض من الأموال والكعوب فما فوقها وفيها عدة مسائل.

الخاتمة:- في معرفة أخذ المسألة من السؤال وسوقها الى ضرب من الضروب الستة وفيها ثلاثة امور.

فرغ المؤلف من تأليفه سنة 870 هـ/ 1465م

نسخة جيدة كتبت في حياة المؤلف سنة 895ه/1489م مكتبة المتحف العراقي رقم 2/13716

11ص 17*13 سم 24ص

6. كتاب دقائق الحقائق في حساب الدرج والدقائق

لمحمد بن محمد بن أحمد بن محمد الدمشقي القاهري سبط المارديني المتوفي سنة 907هـ /1501م

أوله: (الحمد لله حمد الشاكرين وأشهد أن لااله إلا الله وحده لاشريكَ لهُ شهادة المخلصين)

وهو مختصر في حساب الأعمال الفلكية عن طريق حساب النسبة الستينية. قال المؤلف أنه لن يقف على مقدمة شافية في هذا الفن غير مقدمة شيخه شهاب الدين أحمد بن المجدي سنة 850هـ /1446م لمسماة (بكشف الحقائق في حساب الدرج والدقائق)

رتبه المؤلف على مقدمة في معرفة حروف الجمل وفيه عشرة ابواب:-

ب1: في معرفة الجمع.

ب2: في معرفة الطرح.

ب3: في معرفة جدول النسبة الستينية.

ب4: في معرفة جنس حاصل الضرب

ب5: في معرفة ضرب المركب في مرتبتن فأكثر.

ب6: في معرفة جنس القسمة.

ب7: في معرفة قسمة المفرد والمركب وقسمة المفرد على المركب وقسمة المركب على المركب.

ب8: في معرفة أمور تتعلق بالقسمة من تتمات وتحسينات وأختصارات.

ب9: في معرفة التجذير

ب10: في معرفة الميزان.

نسخة خطية جيدة كتبها علي بن مسمار علي سنة 1126ه/1748م مكتبة المتحف العراقي الرقم: 6270

88ص 5 '16 * 11'5سم 15سم

توجد له نسخ خطية أخرى في مكتبة المتحف العراقي تحمل الأرقام: 1/10038 و28/11220

7. كتاب شرح اللمع في الحساب

محمد بن محمد بن أحمد بن محمد الدمشقي القاهري سبط الماردينى المتوفي سنة 907ه/1501م

أوله (الحمد لله يليق بجلاله والصلاة والسلام على محمد وصحبه وآله...)

وهو شرح على كتاب اللمع في الحساب لاحمد بن الهائم.

نسخة خطية جيدة كتبة بالمدادين الأحمر والأسود، الصفحات مؤطرة بمداد أحمر، بلغ فيها الناسخ مقابلة وتصحيح كتبة سنة 944ه/ 1537م، ورد في آخر هذة النسخة ألمصنف فرغ منها سنة 893ه/1487م

مكتبة المتحف العراقي الرقم 8343

45ص 20*14'5 سم 21ص

له نسخ عديدة في مكتبة المتحف العراقي تحمل الأرقام: 7/5902 و1/20077 و29373 و4732 و1/3530 و3/23039 و7/27433

8. كتاب شرح الياسمينة

لبدر الدين محمد بن محمد بن أحمد بن محمد الدمشقي القاهري سبط الماrديني المتوفي سنة 907ه/1501م

أوله (الحمد لله الذي جبرَ قلوب اوليائه بحسن المقابلة يوم الحساب وحط عنهم الأوزار ورفع قدرهم واجزل... أما بعد فهذا تعليق مختصر سهل نافع انشاء الله تعالى وضعته شرحاً على الأرجوزة الياسمينية من علم الجبر)

ويختلف هذا الشرح عن شرح الياسمينية للمؤلف نفسه الموسوم: (التحفة الماردينية) وفي آخره تتمة تقع في تكملتين وخاتمة أضافها الشارح في نهاية شروح الأرجوزة.

نسخة خطية جيدة كتبة بالمدادين الأسود والأحمر، جاء في نخرها ان الشارح فرغ من شرحه سنة 870هـ/ 1465م

كتبة هذة النسخة في 3شعبان 895ه/1489 في حياة المؤلف في أولها تملك المؤرخ في 1025ه/ 1616م

مكتبة المتحف العراقي الرقم 13716

31ص 17*13س 24س

فهارس المكتبات العراقية التي تتواجد بها المخطوطات والكتب الواردة بالكتاب:-

1. فهرس بمخطوطات الحساب والهندسة والجبر في مكتبة المتحف العراقي، أسامة ناصر النقشبندي وظمياء محمد عباس، وزارة الثقافة والاعلام المؤسسة العامة للاثار والتراث دار الحرية للطباعة.
2. فهرس مخطوطات مكتبة الاوقاف العامة بالموصل، سالم عبد الرزاق أحمد، وزارة الاوقاف 1397هـ 1977م.
3. الاثار الخطية في المكتبة القادرية في جامع الشيخ عبد القادر الكيلاني، عماد عبد السلام رؤف، مطبعة المعارف، بغداد 1980 الجزء الرابع.

4. مخطوطات المكتبة العباسية في البصرة، علي الخاقاني، مطبعة المجمع العلمي العراقي 1382هـ بغداد، 1962م.

5. فهارس الرقيقات لمكتبة مخطوطات المجمع العلمي العراقي، أبراهيم خورشيد ارسلان مطبعة المجمع العلمي العراقي 1401هـ بغداد 1981م

6. مخطوطات الطب والصيدله والبيطرة في مكتبة المتحف العراقي / أسامة ناصر النقشبندي، دار الحرية للطباعة، بغداد 1981.

7. مخطوطات الفلك والتنجيم في مكتبة المتحف العراقي

8. أسامة ناصر النقشبندي وظمياء محمد عباس، دار الرشيد للنشر بغداد 1982

9. رسائل اخوان الصفا وخلان الوفا، المجلد الاول القسم ارياضي، دار صادر، دار بيروت للطباعة والنشر بيروت 1376 هـ / 1957 م.

10. مجلة معهد المخطوطات العربية، م 28، جـ 2، الكويت 1984 م، مقالة الاشكال المساحية لابي العباس احمد بن البناء المراكشي، تحقي أد محمد سويسي، (الصفحات 192 / 516).

11. مجلة دراسات تاريخية العدد 2(نيسان / حزيران 1424 هـ/ 2001) بيت الحكم - بغداد دكتور حميد مجيد هدو (جهود علماء بيت الحكمة في حقل الرياضيات، الصفحات 65 – 74.

اساليب وطرائق الزراعة والتسميد المتطورة
في كتب الفلاحة الاندلسية
(مقارنة علمية بين كتب التراث والحديثة)

اساليب وطرائق الزراعة والتسميد المتطورة في كتب الفلاحة الاندلسية(مقارنة علمية بين كتب التراث والحديثة) "

نبذة تاريخيه عن الفلاحة

الفلاحة هي العمران ومنها العيش كله والصلاح جله وفي الحنطة تذهب النفوس و الأموال و بها تملك المدائن والرجال وبطالتها تفسد الاحوال وينحل كل نظام

ان من ابرز المصنفات النبطيه التي دخلت الاندلس منذ وقت مبكر كتاب الفلاحة النبطية الذي باشر ابن وحشية ترجمتهُ من السريانية الى العربية سنة 291 هـ وقد بلغ اعجاب ابي مسلمة المجريطي بمضامين هذا التراث ان اقر بان (النبط من الكلدانيين هم اكثر الامم عناية بعلوم الطلسمات واصابة)[1] والجدير بالذكر عن الإشارات العديدة عن مكانة الفلاحة النبطية التي احتفظت بجزء هام من تراث وادي الرافدين القديم باعتبارها من الاصول.كما تحيل كتب الفلاحة الاندلسية على الفلاحة الرومية وتزخر مصنفات الفلاحة الاندلسية منها التي تعود الى علماء الزراعة الاندلسيين منهم ابن حجاج الاشبيلي وابن بصال الطليطلي, والطغنري الغرناطي,وابن العوام الاشبيلي وغيرهم بالا حالة لمعلوماتهم عن الفلاحة الى اسماء عديدة من علماء الفلاحة والحكماء الاوائل نخص منهم بالذكر قسطوس صاحب كتاب الخزانة و ارسطو و ديسقوريدوس و ابقراط وجالينوس وبندقليس وهمبدقليس وافلاطون وغيرهم,كما شملت اقتباساتها بعض كتابات المتاخرين من مثل انطونيوس صاحب كتاب سبينا غوجي (ق 4م). ومن ابرز الكتب الاندلسية في مجال الفلاحة هي كتاب القصد والبيان لابن بصال الطليطلي في الفلاحة,نشر خوسه ماريا ميلاس فارسكروسا,وكتاب المقنع في الفلاحة,ابن حجاج الاشبيلي.صنف سنة 466هـ تحقيق صلاح حرار مع جابر ابي صوفية و ابي الخير الشجار الاشبيلي المتوفى ق 5هـ (كتاب الفلاحة),نشر وترجمه خوليا ماريا كارايا‌ضا برانو, معهد التعاون مع العالم العربي مدريد 1991م وابن العوام الاشبيلي /كتاب الفلاحة /نشر وترجمة خوسي انطونيا الكيري,المطبعة الملكية جزاين مدريد 1802م.وكتاب محمد مالك الطغري /زهرة البستان ونزهة الأذهان.

وصف المؤرخ والجغرافي الاندلسي الرازي احوال الزراعة في الاندلس بقوله ((...كريمة البقعة,يطبع الخلقة, طيبة التربة, مخصبة القاعة, منجسة العيون الثرار, منفجرة

(*) بحث شارك في المؤتمر العلمي الحادي عشر كلية المأمون بغداد - 22/21- نيسان -2010.

(1) أبو مسلمة المجريطي, غاية الحكيم في الأرصاد الفلكية والطلاسم الروحية نشر محمود لصات لبنان د.ت,ص44.

الانهار الغزار, قليلة الهوام ذوات السموم,معتدلة الهواء اكثر الزمان لا يزيد قيضها زيادة منكرة تضر بالأبدان وكذا سائر فصولها في أعم سنيها تأتي على قدر من الاعتدال,متوسطِ من الحال,وفواكهها تتصل طول الزمان,فلاتكاد تعدم,لان الساحل ونواحيه يبادر بباكوره,كما ان الثغر وجهاته والجبال التي يخصها برد الهواء وكثافة الجو تستأخر بما فيها من ذلك.حتى لا يكاد طرفا فاكهتها يلتقيان,فمادة الخيرات فيها متصلة كل اوان,ومن بحرها بجهة الغرب يخرج العنبر الجيد المقدم على أجناسه في الطيب والصبر على النار, وبها شجر المحلب المعدود في الأفاوية المقدم في انواع الاشنان كثير واسع, وقد زعموا انه لا يكون إلا بالهند وبها فقط ولها خواص نباتية يكثر تعدادها)) (1).

ونظرا لتطور الزراعة ازدهرت جباية الخراج في الاندلس في عصر الامير عبد الرحمن الثاني الى مبالغ طائلة بلغت ((الف الف دينار في السنه,وكانت قبل ذلك لاتزيد على الستمائة الف حكاه ابن سعيد)) (2)

امتازت غرناطة على غيرها من مدن الاندلس بخيراتها الزراعية,وكانت تعرف بكورة البيرة من ضواحي غرناطة بدمشق,لان جند دمشق نزلوها عند الفتح وقيل,انما سميت بذلك لشبهها بمدينة دمشق في غزارة الانهار,وكثرة الاشجار,ويفخر مؤرخ غرناطة ابن الخطيب بمدينته وخيراتها الزراعية ويفضلها على الولايات الإسلامية مثل مصر والشام والعراق بقوله:

غرناطة مالها نظير ما مصر؟ ما الشام ؟ ما العراق

ما هي إلا العروس تجلى وتلك من جُملةِ الصَدَاق

ومن المعلوم ان ابن حجاج الاشبيلي قد استهل كتاب المقنع في الفلاحة بسرد اسماء ثلاثين من مشاهير علماء الفلاحة والحكماء القدامى والمسلمين المعتمدين لديه. اغلب المحاصيل الزراعية تم جلبها من الشرق وادخالها الى الاندلس في عصر الإمارة في قرطبة إذ تم نقل الأنواع العديدة والمتميزة من الحبوب والمحاصيل والخضروات والفواكه من العراق والشام ومصر والولايات الإسلامية بالشرق,فقد ادخل عبد الرحمن الداخل أصنافاً من المزروعات كالنخل والرمان السفري,وقد سمي بالسفري نسبة الى القاضي سفر القلاعي الذي ارسلهُ عبد الرحمن الداخل الى الشام للاطمنان على أخته أم الاصبغ فأرسلت له بذور الرمان الشامي الذي يمتاز بجودته وحلاوة مذاقه حتى يومنا هذا في

---

(1) ابن وحشية ,الفاحة النبطية ص1202.

(2) ابن وحشية ,الفاحة النبطية ص1202.

اسبانية كما أوردت المصادر الأندلسية نصوصاً عن الزراعة وكيفية انتقال اصول الزراعة المشرقية الى الاندلس كما اوردها المقري بقوله:-

وقد تشوق الامير الداخل الى النخلة (عروس الشرق, كما جاء في المصادر الاندلسية منها ابن عذاري المراكشي) عند اول نزوله في مدينة منية الرصافة في قرطبه فهاجت شجونه وانشد:

تبدت لنا وسط الرصافة نخلة ... تناءت بأرض الغرب عن بلد النخل

فقلت شبيهي في التغرب والنوى ... وطول التنائي عن بني وعن أهلي

نشأت بأرض أنتِ فيها غريبة ... فمثلك في الإقصاء والمنتاى مثلي

سَقاك غوادي من صوبها الذي ... يسع و يستمرى السماكين بالوبل[1]

أكدت لنا النصوص التاريخية والجغرافية الأندلسية على ازدهار الزراعة في مدينة قرطبة كما ورد في النص((وهي مدينه عظيمة أزلية من بنيان الاوائل طيبة الماء والهواء احدقت بها البساتين والزيتون والحصون والمياه والعيون من كل جانب وعليها المحراث العظيم الذي ليس في بلاد الاندلس مثله ولاأعظم منه بركه))[2].

كما اشتهرت مدينة اشبيلية بموقعها في الحوض الاسفل لنهر الوادي الكبير بتفوق واتساع السقى,كما جاء بنص الحجاري بقوله:

((هذه بستان شرق الاندلس وهذه بستان غربها قد قسم الله بينهما النهر الاعظم فاعطى هذه الذراع الشرقي واعطى هذه الذراع الغربي))[3] وقد تفنن اهل الاندلس الغاية في جلب المياه من مناطق بعيده والاستفاده منها.

الهدف من الدراسة

هدف الدراسة ابراز دور علماء العرب في الاندلس وفضلهم على الحضارة الانسانية في العمل على الارتقاء بطرائق الزراعة والسقي والتسميد واثار التجارب العلمية العربية على اوربا والعالم ليؤكد ان العرب اهل لحضارة عريقة تحمل افكاراً ومشاريع علمية.

---

(1) ابن وحشية ,الفاحة النبطية ص1202.

(2) ابن وحشية ,الفاحة النبطية ص1202.

(3) ابن وحشية ,الفاحة النبطية ص1202.

حيثُ شملت الدراسة بعض الجوانب الزراعية الموجوده في كتب التراث الزراعي في الاندلس ومنه كتاب الفلاحة النبطية (انموذجا) كطرق اكثار بعض محاصيل الخضر(الكرنب، القرنابيط، الباذنجان، القرع، البطيخ) والفواكه (المشمش، التين،الخوخ) ومواعيد زراعة بعض المحاصيل الحقلية (الحنطه والشعير والذرة و القطن) ونماذج من مخاليط الاسمدة العضوية، والمسماة وقتها (التزبيل) مع مقارنة هذه المخاليط مع التحليل الكيميائي للمكونات الرئيسة للخليط من الكتب الزراعية الحديثة ومدى صلاحية استخدامها كأواسط للزراعة البديلة (الزراعة بدون تربة).

وكذلك اشتملت الدراسة التراثية العلمية على معرفة التصنيفات للتربة التي كانت معتمدة في ذلك الوقت ومقارنتها بلتصنيفات الحالية ومعرفة اثر هذه التصنيفات على الزراعة في ذلك الوقت والحاضر واي الترب انجح للمحاصيل وأيها لا. وكذلك شملت المقارنة بين علامات الموضوعة للتربة المالحة وطرق الكشف عنها واصلاحها.وعن طرق الاستدلال عن المياه الكامنة في التربة.

1- طرق الزراعة

3-1 طريقة زراعة الكرنب (اللهانه)

(قد يزرع نثرا على الماء الواقف,لكن ذلك قليل.واكثر ذلك يزرع في حفاير صغار تحفرله،ويوخذ من بذره ماحمله <اصبعان فيزرع > في تلك الحفاير. فيخرج اقوى واثبت,والمنثور على الماء يحتاج التحويل ايضا, فان ترك بلا تحويل خرج ضعيفا جداً) (1)

3-2 طريقة زراعة القنبيط (القرنبيط)

(تحفرله في الأرض حفاير لطافاً ويوخذ من بزره عدة اربع أوخمس، اقل أواكثر, واقل اجود، فتوضع في تلك الحفاير وتغطى بالتراب وتسقى الماء) (2)

3-3 طريقه زراعه الباذنجان

(ان الباذنجان ينبغي ان يزرع بزره على ضربين, نثرا أوفي حفاير وافضل مازرع مايعمله اهل <ساورويا وخسروايا > القديمه,فانهم يحفرون حفيره وياخذون باذنجانه تسع ذلك البزر فيقعرون شحمها كلها من داخلها ويجعلون البزر فيها ويضعونها في تلك الحفيره فيخرج الباذنجان نبلا كبيرا) (3)

---

(1) ابن وحشية ,الفاحة النبطية ص1202.

(2) ابن وحشية ,الفاحة النبطية ص1202.

(3) ابن وحشية ,الفاحة النبطية ص1202.

3-4 طريقه زراعه القرع

(وزرعه يكون في حفاير صغار يجعل في كل واحده منهن حبات عده من حبه,اربع حبات فقط,وان جاز الاربعه إلى الخمسه فجايز, وان نقص إلى الثلثة فجايز)[1]

3-5 طريقه زراعة البطيخ

(ان يزرع في حفاير لطاف تحفر له وياخذ من بزره ما حملته اصبعان, راس الابهام والسبابه,أوحمله فضلا اللابهام والسبابه.ولتكن الأرض التي يزرع فيها قد سقيت الماء وتركت عشره ايام,أواعلى مقدار ما قام فيها الماء فليكن <الترك بها > قبل زرعه فيها,فاذا بقي فيها من الندى بقيه متوسطه,وهو بمقدار ما إذا حفرت الأرض قليلا لم يكن طيناً يلتصق بالأصابع,فلتقطع له هذه دكاكين, دقيق وعريض، لينبسط على العريض وينبت ويطلع من الدقيق. يعمل هكذا ان كان ندى الأرض قليلا وهذا التقطيع يمكن فيها, وان كان نداها اكثر ومن كثرة الندى في ترابها استرخاء كثير وتلزلف فلايعمل هكذا,بل تحفر له الحفاير ويزرع البزر فيها. وفي ايها زرع فينبغي ان يسقى بعد اربعه وعشرين ساعه من زرعه سقيه متوسطه,ثم يترك إلى ان ينبت ويطلع وينمى وينبسط ويجعل له القصب الذي طوله ذراعين ونحو ذلك. ويغوص في الأرض منه اربع اصابع,اعني من القصب, ليثبت به البطيخ في نشوه وذهابه على الأرض. ومتى أريد زراعه في ارض يابسة فان هذا لايكون الا في ارض رمليه,الغلب عليها الرمل فقد يجوز ان يزرع في هذه وقد اقيم فيها الماء اياما, وقد يجوز ان يزرع فيها وهي يابسه.)[2] نفسها تقريبا اذا لم تكن باقيه على حالها في احيان كثير ففي زراعة اللهانة فان استخدام طريقة الداية هي نفسها المستخدمة حاليا برغم من اختلاف مواد العمل ونفس القول في القرنابيط وان هذه الطرق مسجلة في دوائر الأبحاث الزراعية التابعة لوزارة الزراعة. وان الطريقة المستخدمة في زراعة الباذنجان هي الدايات حيث تزرع في مشاتل ثم تنقل إلى الحقل لتشتل في مصاطب أومروز المسافة بينها 80ـ70[3] سم وهذه الطريقه نفسها التي كانت تستخدم من قبل العرب في الاندلس,لكن هنا يشير ابن وحشية إلى طريقة,هذه الطريقة اذا تم اختبارها واثبت نجاحها فانه يعد ذلك تفوقا علميا لانه يغني الفلاح عن استخدام منظمات النمو التي يستخدمها لتحسين انبات البذور وذلك من خلال استخدام قشرة الباذنجان كحافظه للبذور عند الزراع. اما القرع البطيخ

---

(1) ابن وحشية ,الفاحة النبطية ص1202.

(2) ابن وحشية ,الفاحة النبطية ص1202.

(3) ابن وحشية ,الفاحة النبطية ص1202.

هـي نفـس الطريقـة المعتمـدة اليـوم في زراعتهـا (المـساطب[1],ويـسميها الاتكـاكين) مـع اخـتلاف بـسيط في احـدى الطـرق التـي اشـار الى اسـتخدمها ابـن وحـشية وهـي طريقـه تربيـة نباتـات البطـيخ عـلى مـساند وهـذة الطريقـة معتمـده في زراعـة الخيـار والطماطـة اليـوم ولـيس في البطـيخ لثقـل ثمـره,وبهـذا ايـضا تعتـبر طريقـه مبتكـره وبحاجـة إلى اعـادة دراسـتها عـلى وجـه علمـي حـديث لان طريقـة تربيـة عـلى المـساند مـن انجح الطرق في حماية الاثمار من الامراض التي تصيبها والمنتقله لها نتيجه التماسها بالتربة التربة.

3-6 طريقة زراعه المشمش

(فمـن اريـد زرعـه فـاليحفر لـه في الأرض حفـاير لطلـف ويجعـل في كـل حفـيره مـن اربـع نويـات إلى سـبعه لا زيـادة ولا نقـصان.ويـسقيه ويتركـه فـاذا طـال في الأرض في المواضـع التـي زرع فيهـا فليحـول إلى موضـع اخـر ويفـرق بـين اصـوله,ان كانـت مجتمعـه,تفريقـا لا ينقطـع مـن عروقـه,ولا يزيـل زرع واذا كان النـامي في موضـع زرعـه فلينـبش اصوله بعـد شـهر مـن تحويلـه ويزبـل باحـد الازبـال الموصـوفه للـشجر تزبيلا دايمـا في كـل اسـبوع,فامـا المحـول اصولا مـن شـجره عتيقـه أوقـضبان فانـه لايغنـي ان يزبـل كـما يزبـل هذا المنقول من المزروع بل يكون تزبيله اقل) [2]

3-7 طريقه زراعه الخوخ

(واجـود مـايزرع ان يـزرع في وقـت الـذي يـزرع فيـه المـشمش ويغـرس وقـت غـرس المـشمش ويفلح كما يلفح المشمش) [3]

3-8 طريقه زراعه التين

(التـين يقبـل التركيـب مـع تـين مثلـه لاغـير فـيما نعلـم ولـه في التركيـب بعـضه عـلى بعـض عمـل يخـالف فيـه سـاير الاشـجار, والتـين قـد يتخـذ زرعـا وغرسـا, الغـرس هـو الاصـل لجميـع الـشجر.فمـن اراد زرعـه فليتقـدم فينظـر اصـلا مـن التـين,امـا فتـى أومتوسـط فيـترك عـده مـن التـين الـسمين الكبـار في شـجرته لايلقطها حتى يتم نـضجها وتبلـغ في شـجرتها, ثـم يمهـل ايضا حتـى تيـبس في شـجرتها. فـاذا كـان ذلـك فياخـذ بمقدار مايريد زرعه من تلـك التينـات التـي قـد يبـست عـلى شـجرتها,فلينقعهـا في لـبن حليـب مـن شـاة فتيـه أوفي لـبن امـراه,فهـو اجـود,إلى ان يحمـض اللـبن اويتغـير ويتلبـد بـذلك مـن اول شـباط ويـزرع التـين في كـل حفـيره تينـه مـن المنقـوع في اللـبن في العـشره الاواسـط مـن شـباط وإلى عـشره تخلـو مـن نيـسان,ويغطـى بلتراب تغطيه بتراب قليل,ولا يكثر عليه, و يسقى من الماء القليلاً بعد قليل إلى ان

(1) ابن وحشية ,الفاحة النبطية ص1202.

(2) ابن وحشية ,الفاحة النبطية ص1202.

(3) ابن وحشية ,الفاحة النبطية ص1202.

ينبت.وما غرسه فانه يحول ويغرس قضبانا و اصولا فالاصول تكون اجود والقضبان تتلوه, الاان القضبان ابطا انباتا من الاصول.)[1] يلاحظ من النصوص لابن وحشية انه اذا اريد زراعه الفاكهة فهناك طرق مختلفة منها الزراعة باستخدام البذور او الاقلام او التركيب وهو يستخدم البذور بصوره رئسيه لاكثار اشجار الفاكهة بالرغم من ان البذور طريقه يوخذ عليها انها تنتج اصناف غير مرغوب فيها الانها طريقه جيده في انتاج اصناف جديده وكذلك قويه ومن النص الذي يتحدث عن التين نستطيع معرفة التقدم الحاصل في الزراعة من خلال استخدام مواد محفزه ومنضمة لنمو البذور, أي استخدامه حليب الماعز في نقع بذور التين, (الهرمونات النباتية) كما تسمى اليوم وهذه المواد ذات أهمية في الزراعة,ان حليب الماعز يحتوي على مواد كيميائية عديده من ضمنها البوتاسيوم الفسفور.. الخ من المواد المعدنية والعضوية وهذه المواد تؤثر على نمو ونجاح البذور عند الزراعة ومن هذا يمكن ان نستنتج ان الاصناف المحلية التي لايعرف مصدرها قد تكون نتاج تجارب باحثين العرب المسلمين وليس كما يقال انها مجرد طفر وراثية قد تكون نتجت بسبب العوامل الوراثية لان المواد الموجودة في حليب الماعز المعدنيه منها والعضوية تؤثر على مورثات في البذور مما يجعلها تنتج نباتات مغايره لصولها.

2- مواعيد الزراعة

4-1 الحنطة والشعير

(فوقت زراعه الحنطه المبكره هو نصف ايلول الاخير إلى اخر كانون الثاني.فما زرع للتبكير قبل ذلك لم يفلح البته في هذا الاقليم,وما زرع في اشباط فانه ربما افلح,لكن فلاحا لاينتفع به. وذلك ان الرياح الجنوبيه المهلكه للحبوب المقتاتة,إذا اتفق هبوبها على ما زرع في اشباط <أهلكها وابادها,لانه يصادفها رطبه >كالماء في <سنابلها,فيحرقها >فتهلك.واما المتوسط في الحنطه والشعير وغيرهما من الحبوب المقتاتة فهي التي يكون زرعها وحصادها مايه يوم ونحو ذلك أوذلك أواكثر قليلا,وقد ينال الاولين اللذين ذكرناهما الطرفين الاول و الاخير,وهذا هو المتوسط بين الطرفين, وخير الامور أوسطها,فافهموا ذلك) [2].

4-2 الذرة

(وهو من غلات الصيف, ونحن نزرعه في اقليمنا هذا في أربعة وعشرين تخلو من اذار,<هذا الهدف منه ><ولأوله يزرع > وإلى مثله من نيسان,الا أن زرعه في اذار واول

(1) ابن وحشية ,الفاحة النبطية ص1202.

(2) ابن وحشية ,الفلاحة النبطية ص408.

نيسان اجود,وإن تقدم في زرعه قبل الوقت الذي ذكرنا,لكن بزمان يسير,أوتاخر عن الوقت الذي قلنا جاز ذلك ونبت.) [1]

4-3 القطن

(ووقت زراعه من اول نيسان وادراكه في اخر حزيران,وان تاخر في زرعه إلى نصف ايار فجايز.واهل الاسافل يتقدمون في زراعة من اول نيسان ويلقطونه في تموز واول اب, وهو الهرف. وحمله المدور ليس يحصدعند بلوغه حصدا بل يلقط بالايدي لقطا,فهو اجود وربما اراد اصاحبه ان يرجوه فقطعوه بالمناجل ثم لقطوا لجوز الذي فيه القطن منه.)[2]

اشارة المصادر العلمية الحديثة الى مواعيد الزراعة ومن هذه المصادر كتاب ابحاث المحاصيل الحقلية في العراق للدكتور وفقي الشماع[3] وكذالك مديرية الابحاث التابعة لوزارة الزراعة العراقية[4] ان موعد المناسب لزراعة الحنطة والشعير هو النصف الثاني من تشرين الثاني للمناطق الاروائية والنصف الثاني من تشرين الاول في المناطق الديمية,ومحصول الذرة البيضاء هو العروة الربيعة اواسط اذار الى نيسان والعروة الخريفية من اواسط تموز الى اب,والقطن من منتصف اذار الى نهاية نيسان للشمال ومن اول اذار المنتصف نيسان للمنطقتين الوسطى والجنوبية ونلاحظ عدم وجود فروق بين ما توصل اليه ابن وحشية والباحثين المعاصرين في زراعة المحاصيل الحقلية وقد يرى القارئ فروقاً في بداية الموعد او اخر فرصه للزراعة لإانها فروق ليست مهمه من الناحية العملية حيث انه يمكن زراعة الحنطة اوالشعير في النصف الثاني من ايلول اذا اراد استخدامها كعلف اخضر للمواشي في بداية الامر اما العروة الخريفية للذرة البيضاء فانها ذات محاذير من استخدامها ويتجنبها الكثير من المزارعين,اما في قوله (المقتاتة فهي التي يكون زرعها وحصادها مايه يوم ونحو ذلك) فهو صحيح فقد أشارت بعض المصادر الى ان الوقت الذي تمكث به الحنطة والشعير في الحقل من يوم الزراعة حتى الحصاد هو (90_100) يوم تقريبا[5].

---

(1) ابن وحشية ,الفلاحة النبطية ص487.

(2) ابن وحشية , الفلاحة النبطية,ص520.

(3) د.الشماع ,وفقي,كتاب ابحاث المحاصيل الحقلية في العراق ,كلية الزراعة ,جامعة بغداد ,مطبعه العارف ـبغداد ,1966,ص11ـ18.

(4) وزارة الزراعة والهية العامة للارشاد والتعليم الزراعي ,نشره ارشادية ,العدد 43 ,بغداد, 1971 ص1.

5 هيل ,البرت ,ترجمت الدكتور عبد المجيد واخرون ,النبات الاقتصادي , كامبرج , ماساشوتس,1962, ص391

3- صناعه التسميد

5-1 أسمده القرنبيط

(واذا حول فاليتعاهد بالتزبيل[1] باخثاء البقر و خرو[2] الناس المعفنين مع ورق القنبيط وغير ذلك من مثل ورق القرع والهند باء وما نثر من البقل.)[3]

5-2 أسمده القرع

(وانا ارى ان يطرح له الزبل <والسرقين /في اصوله >،فاما التغبير خاصه فلا يستعمل فيه.ويكون تزبيله بنبش اصوله ويدفن فيها الزبل.وليكن زبله من ورقه وقضبانه معفناً مع خرو الناس وزبل البقر وبعر الغنم,واجودها خرو الحمام[4] مخلوطا بخرو الناس معفن مع ورق القرع عتيقين.)[5]

5-3 أسمده اشجار اللوز

(وهو يحتاج إلى التزبيل بزبل البقر مخلوط بورق اللوز وشيء من اغصانه معفنين مع تراب سحيق وشي من ازبال بعض الطيور غير الحمام)[6]

5-4 اسمدة اشجار التين

(وقد يحتاج إلى التزبيل باخثاء البقر مخلوطا برماد خشب التوت وخشب الورد ويطم عليه التراب,اعني من ترابه, البقعة التي هو فيها)[7]

ان السبب الرئيسي في عمليه التعفين المواد أوالمخلفات العضويه قبل الاستعمال هو ان النباتات لاتستطيع الاستفاده من النتروجين وهو على صوره بروتينات الابعد تحلله بواسطه الاحياء المجهريه للتربه إلى امونيوم -نتروجين اونترات, بعض الا سمده العضويه تجهز الفسفور والبوتاسيوم اضافه إلى بالنتروجين، ويضيف بعض المغذيات الصغرى

(1) التزبيل: هو عمليه اضافه الاسمد العضويه إلى تربه النبات
(2) ابن وحشية ,الفاحة النبطية ص1202.
(3) ابن وحشية ,الفاحة النبطية ص1202.
(4) ابن وحشية ,الفاحة النبطية ص1202.
(5) ابن وحشية ,الفاحة النبطية ص1202.
(6) ابن وحشية ,الفاحة النبطية ص1202.
(7) ابن وحشية ,الفاحة النبطية ص1202.

ايضا[1]. فا لو دققنا النظر في ما جاء في النوع المختلفه للمصادر المخلفات العضويه المذكوره في الكتاب وقورنت مع المصادر العلميه الحديثه كانت المواد تختلف في محتواها من العناصر الغذائيه للنبات وكل الاتي زبل البقر يحتوي على N0.6 ,P0.3, K0 ورغوة المجاري N5 ,P2.2, K0.5 ودمنه الغنم K0.9,P0.3,N0.9 براز الطيور الداجنه { الدجاج أوالحمام N4,0.8ـ1.6 P,0.5ـK1.5}[2]. ليتضح من ما سبق ان العرب كانوا على درايه بختلاف تاثير هذه المواد على نمو واثمار النباتات فقاموا بخلطها للوصول إلى احسن واجود نوعيه من الثمار النباتات (الخضر والفواكه). ولو اعدنا النظر ثانيتا إلى الخليط العضو الموجود في الكتاب التاريخي ومع مقارنته بلتحليل الكيميائي الموجود في المصادر الحديثه لو وجدنا انه قد تجاوزه مرحله استخدامه كسماد لتحسين الانتاج ووصله إلى مرحله تكوين بيئات صناعيه وصناعة المخاليط التي تستخدم اليوم للابحاث الزراعيه وزياده الانتاج مثل مخاليط جامعه كليفونيا ومخاليط جامعه كورنيل واخرى غيرها[3]. الزراعة العضوية هي النظام الزراعي الحديث الذي يؤدي إلى تجنب أواستبعاد استخدام الأسمدة الكيميائية المصنعة والمبيدات ويقلل من الأمراض بسبب الحصول على تربة خصبة ذات إنتاجية عالي وبذلك فهي النظام الذي يعطي إنتاجاً يدعى الإنتاج العضوي الذي لا يحوي على أي أثر ملوث من المتبقيات المعدنية للأسمدة أوالمبيدات أواللقاحات أومنظمات النمو ويعيد للتربة خصوبتها.وقد يرى الباحثين صعوبه تحديد الفتره التي بدات بها الزراعه العضويه فيرجعونها إلى اربعينيات القرن الماضي في أوربا وتطورت هذه التقنية لاسيما عندما لوحظ التأثير السلبي للاستخدام المفرط للمواد الكيميائية والسموم الناتجة منها, فضلا عن استخدام المبيدات. وأصبحت حقيقة ملموسة في سبعينات وثمانينات القرن الماضي, في حين بدأ الدعم اللامحدود لهذه الأنظمة المنتجة للنباتات عضوياً في أوربا والعالم في التسعينيات. ونظراً لاحتياجات الدول للمنتجات العضوية ازدادت المساحة المزروعة عضوياً في أوربا وبدأت دول عديدة تتجه نحو الزراعة العضوية وبينما ذكر Pritts أن المستهلكين الأمريكان يدفعون أسعاراً أعلى لشراء الإنتاج العضوي مقارنة بالإنتاج

---

(1) د.كو.كوان .ام.كو , المدخل الى ترب الحدائق الاسمدة والماء,ترجمه نور الدين شوقي علي جامعة بغداد ملكية الزراعة وزارة التعليم العالي والكتاب العلمي , ص76 .

(2) نفس المصدر ,ص76.

(3) البهيدي، محمد عبد الحميد وحسن أحمد حسن) (1985م). علم البساتين. كتاب مترجم. الدار العربية للنشر والتوزيع -القاهرة. 660

التقليدي إذ بلغت نسبة الإنتاج العضوي في كاليفورنيا 30%وفي اوريغان 16% وتكساس 11%وميشغان 8%.[1]

وهـذا مـا يعتبر اجحافا حيث بلغ اهـتمام علـما الفلاحـه بـالزبول ان اعتبرت معرفـه اصـنافها وخصائـصها"وما يـصلح منها لكـل نـوع مـن انـواع الاشـجار والخـضر والـزرع والارض "مـن بـديهيات الملزمـه لكـل مـن يـروم الاشـتغال بالفلاحـه.ومـما يـدل عـلى اعـتماد خـرائط توزيـع التربـه في تحديـد نوعيـه المحاصـيل والاسـتناد عـلى الزبـول والمخـصبات في ضـمان افـضل مـستويات الرفـع تعليـق ابـن حجـاج عـلى اراء القـدامى.كالتـالي: (قـال لي بعـض النـاس كيـف ذم الحكـيم ديمـوقراطيس وغـيره الارض المتـشققة ونحـن نـرى فحـص قرمونـة كثـيرة التـشقق وهـو يـصدر الارفـاع العظيمـه مـن القمـح مـما لايوجـد في غـيره فقلـت "لم يذمـه إلا بالاضـافة إلى غـيره مـما هـو افـضل منـه حـسب الـشرط المقـدم وايـضا وايـضا فـان هـذه الارض المتـشققة ليـست لنجابـة القمـح فيهـا خاصـه تـستحق التفـضيل جملـه لان كثـيرا مـن المزروعـات والمغروسات المعتاده لاتنجب فيها)[2]

تـصنيف الـترب ومـن الـشاع لـدى الجميـع اعـتماد تـصنيف معيـاري عـام يميـزبين عـشرة انـواع مـن الـترب (اللينـة والغليظـة والجبليـة والرملـة والـسوداء المدمنـة المخترقـة الوجـة الارض المدكنـه المائلـة للحمرة)وهذا ما جاء به ابن البصال .

4- علامة الارض الفاسده

(والطعـم في الأرض الـذي يفـسد النبـات كلـه, صـغيره وكبـيره,هـو الطعـم المركـب مـن مـرارة وحرفـه وفـرط يـبس وحـر,بـل اعلـم انَ المـراره والحرفـه المفـرطين لايحـدثان في الأرض الا مـن فـرط اسـتيلاء اليـبس عليهـا,وذلـك إن الأرض في طبعهـا بـارده يابـسه,ويبـسها اكـثر مـن بردهـا,فـصارت لـذلك اشـد قبـولا لليـبس منهـا للـبرد,لان الطبيعـه اليابـسه فيهـا اكـثر ومنهـا امكـن,فهـي اليهـا اسرع والأرض لهـا اقبـل.ربمـا شـاب هـذه الأرض مـع المـراره والحرفـه المفـرطين نـتن يـشبه نـتن بـدن الكلـب الميـت. فهـذه الأرض فـسادها ينبغـي ان نـسميه فـساد الفـساد وهـذا النـتن خـاص هانمـا يحـدث مـن غلبـه الحـر مـع اليـبس عـلى الأرض.فـاذا صـار مكـان الـبرد فيهـا حـراره حالـت ففـسدت,فربمـا كـان ذلـك في هـذه وورمبـا يكـون فيهـا مـن جهـل مـن يـروم اصلاحها وفلاحها,وهـو لا يـدري كيـف ذلـك <فـيغلط بـان > يظـن انـه ينبغـي ان يرويهـا مـن المـاء وان يقـيم المـاء فيغـسلها بـه,فيفعـل ذلـك عـلى هـذا الظـن.فـاذا نـصب ذلـك المـاء عنهـا عمـل ذلـك اليـبس المفـرط مـع الحراره التـي في الأرض في تلـك النـدواة التـي اكتـسبتها الأرض مـن المـاء عفنـا مـا,ثـم ان ذلـك اليـبس الـذي في تلك الأرض له ماده تمده دايما, وهي ماده طبع

(1) ابن وحشية ,الفاحة النبطية ص1202.

(2) ابن وحشية ,الفاحة النبطية ص1202.

اليبس الاصلي فيها,وتلك النداوة قد انقطعت مادتها, لانه كانت بوقف الماء وغمره لها,فلما انحسر عنها انقطعت عن الندوه الماده ولم تزل ماده اليبس تقوى ومادة الندوة تضعف حتى حدث لتلك النداوة ضرب من الحرق <العفني لا الاحراق > الناري فتعفن الأرض مع ذيك الطعمين عفنا ما يتركب من ذلك العفن وتلك المراره والحرفه تلك الريحه المنتنه.)[1]

(ان الأرض التي غلب عليها مراره يشوبها حرفه ونتن,هي شر الأرضين وابعدها من الصلاح.وهي مهلكه لبذر كل زرع قبل ان ينبت لا بعد انباته. ولها دواء في ردها إلى الاصلح التام أودون التام,وذلك على حسب تطاول زمان الفساد بها.فان كان طويلا جدا عسر اصلاحها وان كان متوسطا توسطت في قبول الصلاح,وان كان قريبا صلحت صلاحا تاما) .

ونرى هنا صحة قوله(هنا ما يحدث من غلبه الحر مع اليبس على الأرض) قاصدا ظروف المناخ والتي تواثر على ملوحة التربة حيث ان الظروف المناخية الجافة والقاحلة وحدها قد لا تؤدي التملح الاراضي وتكوين الترب المتاثرة بالملوحة وخاصة عندما يكون الماءالجوفي عميقا من سطح التربة (5ـ10م)حيث ان كميه المياه المتبخرة من سطح التربة نادرا ماتزيد على كمية المياة الساقطه.[2]

5- طرق استصلاح الأرض

7-1 طريقة استصلاح الاراضي بالبزل

(انه ينبغي ان.<يجر إلى > هذه الأرض الفاسده,الماء العذب,اويساق اليها ماء عذب كيف استوى,وليكن اول ذلك في النصف الثاني من نيسان لاقبله,وان كان بعده حتى يكون في اول ايار,فهو صالح. ويقام الماء فيها ما امكن ان يقام من الكثره,اعني ويترك هكذا ما امكن.فان بقي الماء فيها شهور الصيف كلها إلى ان ينتصف ايلول فهو الجيد الذي لابعد ه,وان لم يكن ذلك فليقم الماء العذب فيها ما امكن من المده حتى يلحقها وقت الامطار وهي نديه من ذلك الماء الذي قام فيها.وليصنع بها هكذا صيفيتين ثلثا أواربع صيفيات.فهو اجود ولا يساق اليها ماء قليل يقيمه فليغسلها به,,فيجف ذلك الماء فيها عنها بسرعة ويحرقها بعده حر الشمس فانه متى اشتد يبسها بعقب قيام الماء فيها زاد فسادها وعظم ونتن ريحها خاصه.)[3]

---

(1) ابن وحشية ,الفاحة النبطية ص1202.

(2) ابن وحشية ,الفاحة النبطية ص1202.

(3) ابن وحشية ,الفاحة النبطية ص1202.

7-2 استصلاح الارض باستخدام مستحلب القرع

(فليبادر الفلاحون,متى جرى ذلك,اما على اول مره من فاعله واما من عدم الماء الكثير المقام فيها, فياخذا شياء من قرع مجفف ومن البقله ومن ورق الكرم,يجفف القرع كما هو بلحمه وشحمه وحبه قطعا قطعاً, ثم يسحق الجميع ويخلط بلماء,وذلك انه ينبغي ان يسقى سقيات,في قرب مصنوعة من الجلود,من الماء العذب,ويأخذوا ذلك المسحوق فيخلطوه.<بالماء العذب >,ثم يصفوه في تلك القرب اويطرحوا المسحوق في القرب ويصبوا الماء عليه, ثم تملئ القربه,<ثم يرشوه >على تلك الأرض,بعد ان يكربوها كربا غير عميق بل خفيفا. وقد تكتفي العشره الاجربه من هذا الارض الفاسده أن يرش عليها عشرين قربه من هذا الماء المخلوط فيه تلك الاشياء وأن لم تستحق تلك المجففة سحقا شديدا فلا باس ان تكون متفرقة. ويعمل بهذه الارض هكذا في في اخر الليل واول النهار إلى ثلث ساعات تمضي منه أواقل,فانه اجود.)[1]

7-3 طريقة الاستصلاح بستخدام المواد العضوية

(فعلاج هذه الارض العام لها هو ان تكرب بعد مجيء المطر الاول,فان تقدم مجيء المطر قبل دخول تشرين الاول فليوخر كرابها إلى ان يمضي منه ايامـا,وان تاخر المطر إلى اخر تشرين الاول,فينبغي في اخر يومه ان تكون الارض المالحه الملوحه المفرده وايضا المشوبه بغير الملوحه,وفي اول تشرين الثاني بعد مضي يومين ثلثه منه ولا يوخر بعد هذا.ولتقلب بسكك صغار وليوخذ من عيدان الباقلي العتيقه التي قد كانت زرعت في العام الماضي,وهي يابسه,فتدق بلعصي حتى تصير تبنا دقاقاً. وينشر في هذه الارض بعد كرابها منه شيء كثير ويرش عليه الماء, اما عليه كله أوبعضه, إن كانت الارض واسعه كثيرا,فهو اجود لهذه الارض.والذي يتلو هذا العلاج تبن الباقلى في الجوده وتبن الشعيرثم تبن الحنطه ثم الخشب العليق مدقوقاوخشب الخطمي يابسا مدقوقا عتيقا.فاي هذه يسهل فليستعمل,وان جمعت لها,ان امكن ذلك,فهواجود.)[2]

7-4 طريقة استصلاح بزراعة الاشجار

(فالذي يوافق هذه الارض المالحه اي ملوحه كانت هو النخل, فانها لا تضر بهام لوحتها البته وينشوا حسنا,وربما زادت قوتها وسمتها وسلامتها فيها على ساير الارض, وإن كانت الارض الصالحة السليمه اصلح لجميع المنابت على العموم)[3]

7-5 طريقة استصلاح بزراعة محاصيل الحقلية

---

(1) ابن وحشية ,الفاحة النبطية ص1202.

(2) ابن وحشية ,الفاحة النبطية ص1202.

(3) ابن وحشية ,الفاحة النبطية ص1202.

(واذا زرع [الشعير]في الارض المالحة دايما,اي سنه بعد سنه,لقط ملوحتها واخرجها عنها, وكذلك يفعل بلنزه والعرقه وقد تعلج الكروم بالشعير وغير الكروم من الشجر, اذا علا الارض فيما حولها البياض الحادثه من ابتداء الملوحه,وخاصه الكروم,فان هذا داء يعتري الارض من الكروم وفينبغي أن يزرع الشعير حولها وبقربها,فانه يلقط تلك الملوحة.) [1]

ان ما توصل اليه مختبر الملوحة في الولايات المتحدة الامريكيه سنة 1945م [2], حيث وجد الباحثون في المختبر ان النخيل هو اكثر اشجار الفاكهة تحملا للملوحة ومن محاصيل الحقلية الشعير وهذا ما توصل اليه ابن وحشية في كتابه الفلاحة النبطية سابقا خير دليل على التقدم العلمي الزراعي في الاندلس من ناحية الحفاظ على التربة وهذا الطريقة التي تستخدم الشعير في استصلاح الاراضي المالحة ماتزال تستخدم في العراق ولاحد يعرف مصدرها والبعض يرجعها الى استخدام فطري اوشخصي للفلاحين وهذا دليل قاطع على انه موروث من علماء الفلاحة العرب في وقتها.

اما طريقة البزل فمازالت مستخدمة في الوقت الحاضر والمعروفة من قبل الزراعين والعاملين في مجال الزراعة بطريقة الغسل اي غسل التربه من الاملاح الزائدة الموجودة في التربة عن طريق استخدام المياه النظيفة وذلك من خلال ارواء الاراضي المالحة بكميات من المياه تكفي لتغطية سطح التربة بالكامل ثم يصرف الماء عن طريق المبازل بعد ان يمكث في الارض لفتره معينه لاتمام عمليه ذوبان الاملاح الزائدة.

6- طريقة فحص التربة بعدا عملية الاستصلاح

(فان تخيلتم انها قد اصلحت واردتم تجربتها هل صلحت ام لا, فخذو من الترابها جزؤا ومن الطين حر جزؤا فاعجنوهما بماء البير واصنعوا منهما كهيئه التيغار الكبير وحرقوه بالنار.فاذا صار صلبا فالقوا فيه من تراب الارض الفاسدة وازرعوا فيه تركه في تلك الارض شيئا من البقالي أوالدخن أوالترمس أوحب الزبيب أوالماش أوجميع هذه قليلا قليلا من كل واحد,واسقوها الماء العذب ونبتت كلها نبات جيدا فقد اصلحت الارض صلاحا تاما,وان نبت بعضها وثوى بعض فانها تحتاج إلى علاج وما صلحت بعد,إلا إنها قد ابتدات في الصلاح, وان لم ينبت فيها شيء البته فالارض فاسدة بعد.) [3]

(1) ابن وحشية ,الفاحة النبطية ص1202.

(2) ابن وحشية ,الفاحة النبطية ص1202.

(3) ابن وحشية ,الفاحة النبطية ص1202.

هـذه الطريقـة تكـاد ان تكـون مختبريـه وهـي طريقـه حقليـه في نفـس الوقـت والعجيـب ان النباتـات التـي اختيـرت للفحـص هـي نباتـات شـديدة التـاثر بالملوحـة وهـذا دليـل اخـر عـلى ان العلـماء العرب كانت لديهم معرفه بانواع النباتات التي تتاثربالملوحة.

7- طرق استنباط المياه الكامنة في التربة

9-1 طريقه الاستدلال بالعين

(فاقول ان الجبـال التـي فيهـا ميـاه باطنـه يظهـر عـلى سـفوحها نـدى بـين, يوجـد بـالمس باليـد ويـرى بالعين,وخاصة اول ساعه من النهار واخر ساعة منه زفان ظواهر تلك الجبال ترى كان على وجهها عرقا وندى.فمتـى اردت اليقـين بـذلك,فخـذ شـيا مـن تـراب سـحيق فغـبر بـه وجـوه تلـك الحجـارة,حجـارة الجبـال, وانظر إلى العشاء,فان رايت ذلك الغبار قد تندى ففي ذلك الجبال ماء كامن قريب.) [1]

9-2 طريقه الاستدلال بالملمس

(وقـد يـستدل عـلى المـاء في غـور الارض,مـن قلتـه وكثرتـه أوعدمـه مـن طعـم التربـه,تربـه الارض <فـان كـان>طعمهـا عـديم المرارهوالملوحـه <وطعمـه تفـه >,<فاقـضوا عليهـا> انهـا ريانـه ذات مـاء.فـان كانـت الارض لزجـه رخـوه الدسـمه,وكانـت اذا عجنـت شـيئا مـن ترابهـا يكـون فيـه صـمغيه,فهـي ايـضا ارض ريانه فيها ماء كثير.) [2]

9-3 طريقة الاستدلال بالتذوق

(فاما معرفـه قـرب المـاء مـن الطعـم <فـاني اقـول >انـه ينبغـي ان يحفـر مـن يريـد علـم ذلـك بقـدار عمـق ذراع ذلـك واحـد في الارض ثـم ياخـذ مـن التربـة التـي في عمـق ذلـك الحفـر,فيذوقـه ويتطعمـه,فـان يـضرب إلى المـراره فـالارض عديمـه الماييـه وان كـان يـضرب إلى عفونـه في,كـما قـدمنا,في عـدم المـاء<وان كـان يـضرب إلى الملوحـه حـادة, فهـي عديمـة المـاء ايـضا > وان كـان يـضرب إلى الملوحـه خفيفـه عذبـة,فهـي اقـرب إلى الماء قليلا,وان كان يضرب إلى طعم لا طعم له,فالماء منها قريب.وان كان يضرب إلى التفاهة) [3]

9-4 طريقه الاستدلال بالشم

(وايـضا فـان روايـح الـتراب عـلى قـرب الميـاه وبعـدها مـن سـطوح الاراضـين,وذلـك ان الـتراب اذا كان بينه وبين الماء,في غور الارض,اذرعا يسيره كان ريحه مثل ريح الطين

---

(1) ابن وحشية ,الفاحة النبطية ص1202.

(2) ابن وحشية ,الفاحة النبطية ص1202.

(3) ابن وحشية ,الفاحة النبطية ص1202.

المستخرج من السواقي والانهار الدايمه المياه التي تجف على حافتها,فان له رايحة هي غير رايحة التراب البريه الديمه الجفاف والقشب) (1)

9-5 طريقه الاستدلال بالسمع

(وقد يستدلون على كون هذه المياه في اغوار الجبال بالسمع بالاذن,فان الماء اذا كان متوسط أوكثير.وكذلك يستدلون على الماء في الارض التي يشكون فيكون الماء تحتها,فيسمعون.فان سمعتم دويا اوحفيفا فاقضوا بان في غورها ماء.الان الريح قد تكون في باطن الجبال وتحت الارضين,ويكون لها دوي وحفيف,فينبغي ان تفرقوا بين الدويين والحفيفين.) (2)

9-6 طريقه الاستدلال من النباتات

(وقد يدل على وجود الارض الكثيرة الماء <اوعدمه >البته النباتات الذي ينبت فيها وعلى وجوهها اوفي الحفاير الصغار القربة من وجوها,وهذا في الاراضين التي لا يظهر فيها دليل على الماء من الادله التي قدمنا ذكرها.ومثل هذا يكون <ان يكون >الماء في الغورها.فاحد هذه المنابت النبات المسمى خربقا والنبات المشبه للخربق الذي يسمى حب الزلم,وهو ذو خمسه اوراق مدوره,ورؤس ورقها فيه تحديد وطول ومقدار ارتفاعه عن الارض نحو شبر.والنبات المسمى بالنبطيه لسان الكلب,وبالعربيه الحماض والنبات المسمى العوسج,<وهو العوسج >الصغير وهما صنفان كبير وصغير,فلكبير ينبت في الارض القشفه البعيده الماء,والصغيره اللطاف ينبت في الارض النديه القريبه الماء من سطحها.ومن ادلة المنابت على قرب الماء النبات المسمى بالنبطيه لحكا وبالعربيه لسان الثور. فاما البردي فانه لاينبت الافي ماء ظاهر دايم.وربما ينبت منه شيء في الارض عديمه الماء الظاهر وكثرته مع القرب.) (3)

9-7 طريقه الاستدلال بواسطة الألة

(ينبغي ان اردنا الاستدال على كثرة الماء وقلته أووجوده وعدمه, ان نعلم ذلك بالأله بالتي تسمى بها ممراثا ـ قال ابو بكر <احمد بن وحشية > يعني بهذه الاله انها اله على هيئه المحجمة.قال صاحب الكتاب <واجود عملها > من الاسرب أومن النحاس,فانه يتلوة,أومن الخزف فيصنع من ذلك اناء كهيئة نصف دائره.قال ابو بكر <بن الوحشيه > يعني كنص كره تسع واحد وعشرين رطلاً <من ماء> إلى سبعه ارطال,فتوخذ هذه الاله فيجعل في قعرها قطع شمع مذاب ويلصق بذلك الشمع صوفه الصاقا جيدا,وان احببت

(1) ابن وحشية ,الفاحة النبطية ص1202.

(2) ابن وحشية ,الفاحة النبطية ص1202.

(3) ابن وحشية ,الفاحة النبطية ص1202.

احكامها فالصق الصوفه بشيء من الزفت <جيدا جيدا >,ولتكن الصوفه بيضاء منفوشه.وامسح حيطان الاله من داخلها بالزيت الشامي الجيد,ثم اكب هذه الاله على حروفها في جوف الحفيرة التي حفرت,ثم الق التراب على هذه <الاله وطمها في >الحفرة جيدا جيدا جيدا,ثم اتركها كذلك يوما وليله ثم انبش التراب عن هذه الاله اخر الليل,وقبل طلوع الشمس,واخرجه وانظر إلى الصوفه,فان وجدتها مبتله قد قد عرقت وترطبت وابتلت,اما بللا يسير اوترطيبا كثيرا وحتى يقطر الماء,ووجدت داخل الاله ايضا قد ترطب وتندى وابتل,فاستدل بذلك على ان المكان وتلك الارض ذات ماء <غزير أوقليل>بحسب ما تجده من البلل وقلته.) (1)

ان الطرق المذكوره من قبل ابن وحشية لاتختلف كثيرا عن الطرق المجوده حاليا بل قد تكون اجود منها اذا تم التدرب عليها بصورة صحيحة لانها تقيس اكثر من حاله في نفس الوقت وتعطي صور واضحة عن المحتوى الرطوبي للتربه ومن الطرق الحديثة

1- الطريقة الحقلية والحسية وهي طريقه تقديريه تتم من خلال ملاحظة شكل ومظهر النبات.

2- طريقة التجفيف بالفرن وهذه الطريقة مختبريه بحته يصعب استخدامها ميدانيا

3- الطرائق التي يستخدم بها الاجهزه وهذه الطريقة لها محاذير بسبب عدم دقت الاجهره[2] في حالات كثيرة يجب ان تاخذ بنضر الاعتبار عند استخدامها ناهيك عن سعر هذه الاجهزة وكذلك الجوده التي صنعت بها.

---

(1) ابن وحشية ,الفاحة النبطية ص1202.

2 د.كو,كوان.ام.كو مصدر سابق ص118

الخاتمة

رصد الباحث والتوصل الى ابرز الاحداث العلمية للزراعة هي:

1- اهتم العلماء العرب المسلمون منذ القدم بوضع مؤلفات في علم الزراعة بالتراث العلمي العربي في الاندلس منهم ابن وحشية وابن ليون التجيبي (680ـ750 هـ/1282ـ1349م)

وابن العوام الاشبيلي المتوفى(540هـ/1145م),وكتابه الفلاحة وابن الحجاج الاشبيلي صاحب كتاب المقنع في علم الفلاحة,وابو الخير الاشبيلي صاحب كتاب الفلاحة,وابن بصال الطليطلي وكتابه الفلاحة, وصنف محمد بن مالك الطغنري كتاب زهر البستان ونزهة الأذهان

2- حرص علماء الزراعة العرب في ذكر انواع النباتات والحشائش والاشجار بكل انواعها ومنها ما يدخل في صناعة الادوية وماتعرف بالطبية,وكان لها اهمية علمية في علاج الكثير من الامراض,وقد ابدعوا في معرفة تلك النباتات واماكن تواجدها واستعمالها.

3- ابن وحشية هوابو بكر احمد بن علي بن قيس الكسداي من اهل القرن الرابع الهجري العاشر الميلادي,ويعد من علماء الزراعة وكتابه الفلاحة النبطية,يعد من روائع التراث العلمي العربي لما فيه من محتويات وابواب ومباحث متعدده ومتنوعة وافكاره علمية حديثة الخبرة كان لها اصداء في الولايات الاسلامية, وقد انتفعت منه كتب الفلاحة في التراث.

4- لاحظنا ان ما وردمن معلومات في فصول عند ابن وحشية في في طرق الزراعة للمحاصيل والخضر والفواكه,ومواعيد الزراعة,وصناعة التسميد,ومعرفة الاراضي الصالحة للزراعة وطرق استصلاحها,واستخراج المياه وطرق الري واساليبها تحمل بصمات علميه متطورة وجدناه عند الزراعة علماء اليوم,مما يوكد على تاثير التراث العربي الزراعي على العالم الحديث,

المصادر الاولية والمراجع

1. ابن وحشية, الفلاحة النبطية, ابو بكر بن علي المختار الكلداني النبطي (قرن 3 هـ/9م) الفلاحة النبطية,طبعة فسميلية,نشر فؤاد سيزيكين,معهد تاريخ العلوم العربية الاسلامية,ستوتغارت,الفلاحة النبطية,تحقيق توفيق فهد,ج1 دمشق, 1995

2. أبو مسلمة المجريطي, غاية الحكيم في الأرصاد الفلكية والطلاسم الروحية نشر محمود لصات, لبنان

3. عند المقري,احمد بن محمد المقري التلمساني (المتوفى 1041هـ) نفح الطيب من غصن الاندلس الرطيب,تحقيق دز مريم قلم طويل و د.يوسف علي طويل,دار الكتب العلمية,ط1,بيروت 1415هـ/1995م

4. مجهول المؤلف /ذكر بلاد الاندلس /تحقيق وترجمة للاسبانية.لويس مولينا /مدريد 1983

5. ابن عذاري /البيان /ج2

6. ابن سعيد المغربي (المتوفى 673هـ)/المغرب في حلى المغرب / تحقيق شوقي ضيف,ج2 (القاهره 1978)ص245

7. وزارة الزراعة,الهيأة العامة للإرشاد والتعليم الزراعي,نشره ارشاديه, عن محاصيل الخضر,1966

8. وفقي الشماع / ابحاث المحاصيل الحقلية في العراق,كلية الزراعة,جامعة بغداد,1966

9. وزارة الزراعة والهيأة العامة للارشاد والتعليم الزراعي,نشره ارشادية عن محاصيل الحقلية,1971

10. البرت هيل,ترجمة الدكتور عبد المجيد واخرون,النبات الاقتصادي

11. كوان.ام.كو, المدخل الى ترب الحدائق الاسمدة والماء,ترجمة نور الدين شوقي علي, وزارةالتعليم العالي والكتاب العلمي

12. البهيدي، محمد عبد الحميد وحسن أحمد حسن علم البساتين كتاب مترجم. الدار العربية للنشر والتوزيع-القاهرة. 1985

13. عمرهاشم مصلح الحمودي / استخدام الاسمده الحيوانيه والشرش كاسلوب للزراعه العظويه وتاثيرها في نمو وانتاج البطاطا,اطروحه دكتوراه,كليه الزراعه,جامعه بغداد,2009

14. ســد الطـاهري احمـد /2004 الفلاحــه والعمـران القـروي بالانـدلس خـلال عـصر بنـي العبـاس,مركـز اسكندريه للكتاب الازريطه _الاسكندريه,2004

15. د. احمد حيدر الزبيدي,ملوحة التربة الاسس النظرية والتطبيقيه, وزارة التعليم,1989

الجوانب العلمية
في كتاب منافع الحيوان لابن دريهم الموصلي

الجوانب العلمية
في كتاب منافع الحيوان لابن دريهم الموصلي

لاشك إن المخطوطات العربية هي أثمن مصادر الثقافة العربية الإسلامية التي نود من خلالها أن نثبت وجودها الثقافي كعرب ومسلمين في القرن الواحد والعشرين. ومن هنا كانت أهمية حصرها وجمعها وفهرستها وتحقيقها.كانت المخطوطات العربية العلمية بحكم موضوعها تحتوي على رسوم علمية بحتة لاتدع للفنان مجالا ليطلق العنان لخياله الفني، فقد كان القصد من هذه الرسوم بوجه عام هو التفسير والتوضيح والشرح للنصوص التي كانت تصاحبها دون تدخل من الرسام، بمعنى إنها كانت جزء لايتجزأ من النصوص نفسها. وكثيرا ما كانت تخلو من الكائنات الحية إذا كانت تعني بعلوم الهندسة أو النبات أو التاريخ أو الجغرافيا.ومن أشهر المخطوطات العربية العلمية هو كتاب منافع الحيوان لابن دريهم الموصلي لما له من أهمية بالغة في وصف الحيوان وذكر الفوائد الطبية والعلاجية فيه،فقد احتوى المخطوط على رسوم إيضاحية تعتبر على مستوى عال من الناحية الفنية إلى جانب أهميتها العلمية، فضلا عما تضمنه المخطوط من معلومات أدبية وتاريخية وأمثلة عامة من التراث العلمي العربي. كما ورد في المخطوط أصناف من الحيوانات النادرة والمنقرضة التي كانت معروفة في عصره أو قبله. ويمكن اعتبار الكتاب موسوعة في عالم الحيوان ضمت معلومات وأبواب متعددة استفاد منها عدد من الباحثين في مقالاتهم. لذلك هدف الكتاب على تسليط الضوء على الجوانب العلمية التي تضمنها الكتاب.

1.المقدمة:

يعد هذا المخطوط من روائع المخطوطات المشرقية في مكتبة دير الاسكوريال بمدريد، لما له من أهمية كبيرة في التاريخ الطبيعي والتراث التاريخي.تم تأليف المخطوط عام 755ه /1354م، ومؤلفه هو تاج الدين علي بن محمد بن عبد العزيز علي فتح الثعالبي الشافعي والمعروف بابن دريهم الموصلي (712-762هـ/ 1312-1361م)،الذي عاش في حلب ودمشق وعمل مدرسا في المسجد الأموي بدمشق.أمتاز هذا المخطوط بقيمة فنية وعلمية كبيرة، لما يحتويه من لوحات مصورة بالألوان الطبيعية عن أصناف الحيوانات من جهة ولمادته العلمية من جهة أخرى. أهتم عدد كبير من الباحثين الأوربيين بدراسة المخطوط وتحليل فصوله ولوحاته المصورة التي تعد روائع جمالية في الفن الإسلامي بالعصور الوسطى،كما اهتم العديد من العلماء الأسبان بهذا المخطوط ويرى بعض العلماء

إن المصورات عن الحيوانات في الكتاب أشبه واقرب ماتكون للفن الذي شاع في الفترة المنغولية آنذاك.

من خلال دراسة هذا المخطوط يلاحظ انه يحتوي على معلومات متنوعة عن الحيوانات وطرق تكاثرها ووصفها والفوائد الطبية والعامة لكل حيوان عن طريق إنتاجه أو جلده أو شعره أو فضلاته،وقيمتها للإنسان بشكل علمي وتراثي أحيانا، فضلا عن ذلك فان المخطوط تتطرق إلى العادات والتقاليد الغريبة للحيوانات [1].

تتجلى أهمية هذا المخطوط من خلال وصفه الدقيق لبعض الحيوانات وتركيزه على الفوائد الطبية لكل نوع،والتي لايزال البعض منها يستخدم في الوقت الحاضر كنوع من أنواع الطب الشعبي والطب البديل.لذلك هدف الكتاب إلى تسليط الضوء على بعض الجوانب العلمية والفوائد الطبية لبعض الحيوانات،وفائدة كل نوع من أنواع اللحوم مع الأخذ بنظر الاعتبار إن جميع أنواع اللحوم مفيدة لصحة الإنسان من خلال محاربتها لفقر الدم بسبب احتوائها على بعض أنواع الفيتامينات والأملاح والمعادن والبروتينات، ومساهمتها في بناء الجسم وحمايته من الأمراض المعدية من خلال تعزيز مناعته في حال تناولها الإنسان وفق المعايير الصحية.

اهتم العلماء العرب المسلمين بتصنيف المؤلفات عن الحيوان وطبائعه وفوائده نذكر منها [4]:

1- كتاب الحيوان / لأبي عبيدة معمر بن المثنى(110-190هـ/ 728-824م).

2- كتاب الحيوان / للجاحظ (162-255هـ/780-969م) يتألف الكتاب من سبعة مجلدا تتناول أنواع الحيوانات وأصنافها.

3- كتاب الحيوان/ لمحمد بن أبي الأشعث (ت360هـ/971م).

4- كتاب طبائع الحيوان وخواصها ومنافع أعضائها/ لعبيد الله بن بختيشوع (ت 453 هـ/1061م).

5- كتاب حياة الحيوان الكبرى / للشيخ كمال الدين الدميري (745-808هـ/1344-1405م).

6- كتاب بلوغ المراد من الحيوان والنبات والجماد/ لأبي بكر بن علي بن عبد الله المعروف بابن حجة الحموي (767-827هـ).

7- كتاب كشف البيان عن صفات الحيوان/ لأبي الفتح محمد بن صالح بن عثمان الاسكندراني العوفي (808-906هـ/1415-1500م) يقع في ثلاث عشر مجلدا منه نسخة مخطوطة في اسطنبول.

8- كتاب الإلمام فيما يتعلق بالحيوان من الأحكام/ لمحمد عيسى بن محمود بن محمد بن كنان (ت 1153هـ/1740م). منه نسخة مخطوطة في برلين.

9- رسالة في أعضاء الحيوان وأفعالها وقوتها/ للفارابي (260-339ه/874-950م).

10- كتاب الفرق بين الحيوان الناطق وغير الناطق/ لقسطا بن لوقا (ت 300ه/912م).

2-الرسوم والأشكال التوضيحية في المخطوطات العربية الإسلامية (العلمية والأدبية)

لم تعرف البشرية عبر تاريخها القديم امة غنية بإنتاجها المخطوطات وشغوفة بالعلم والمعرفة وحريصة على اقتناء الكتب مثلما عرفت بها امة العرب. فقد قدمت هذه الأمة من المعارف العلوم والفنون من خلال وصفاتها الغزيرة، مما يدعو فعلا للإعجاب والتقدير.لقد عني العرب المسلمون في العصور الوسطى برسم المخطوطات العلمية التي تتعلق بالحيوان وتتكلم عن عاداته وسلوكه وتشريحه مثل كتاب منافع الحيوان لابن بختيشوع. وقد احتوت هذه المخطوطات العلمية على رسوم توضيحية مثل كتاب الترياق لجالينوس وعجائب المخلوقات وغرائب الموجودات للقزويني الذي كتب في مصر أواخر القرن (8ه/14م) وهو موسوعة تشتمل على معارف متنوعة تحللها رسوم كثيرة تصور ماجاء بالكتاب من العجائب والغرائب للحيوانات والطيور وغيرها.

تنقسم الرسوم التوضيحية التي زينت المخطوطات العربية الإسلامية إلى قسمين أساسيين:

1-هي الرسوم التي كانت توضح نصوص المخطوطات العلمية مثل الطب والهندسة والحيوان والتقنية.

2-هي الرسوم التي تصاحب نصوصا أدبية كالقصص والمقامات والأشعار.

وتؤكد النصوص القديمة عناية العرب المسلمين بتزويق المخطوطات العربية منذ القرون الأولى، ومن أوضح هذه النصوص ماورد في كتاب كليلة ودمنة في إظهار خيالات [5].

3-الفوائد الطبية لبعض الحيوانات

اعتاد الناس دوما الحديث عن التداوي بالأعشاب مع إنهم يستخدمون في علاج أمراضهم كثيرا من المشتقات الحيوانية إلا انه أصبح عرفا لدى عامة الناس إن التداوي بالمشتقات الحيوانية والمعدنية يدخل ضمن الأعشاب وهذا بالطبع خطأ كبير فلكل من الأعشاب والمشتقات الحيوانية والمعدنية سماتها الذاتية البعيدة كل البعد سواء من حيث الأصل والجوهر أو التأثير، فالتداوي بالمشتقات الحيوانية علم ذاتي له مواصفاته وتأثيراته الدوائية وأعراضه الجانبية الخاصة به.وهذا يتطلب معرفة بعض الفوائد الطبية للحيوانات والتي تستخدم كبديل للعقاقير الطبية في الوقت الحاضر،ومنها:

البقر: ذكر المخطوط إن للبقر فوائد كثيرة، فأن لحمه يساعد على تحليل الأورام وتقوية الأبدان.وفي هذا الصدد أكد [2] بأن اللحم أجناس يختلف باختلاف أصوله فمثلا لحم الضأن يقوي الذهن ويقوي قابلية الحفظ، ولحم البقر بارد ويابس،عسير الهضم،

بطيء الانحدار لايصلح إلا لأهل الكد والتعب الشديد ليساعد على تقوية أبدانهم، وبين بان التناول المفرط له يولد الأمراض مثل البهق والجرب والقوباء والجذام، داء الفيل، السرطان وحمى الربع.أما لحم العجل فيمتاز بالمرونة، طري، ويعد غذاءا قويا. أما لسمن البقر فوائد في الشفاء من لدغ الحيات والعقارب وشرب السم القاتل لهما إذا شرب السمن مع العسل.وذكر المخطوط بان البقر والثور من طبيعة واحدة، وان دماغ الثور له فائدة طبية في تخفيف الآم المفاصل.وان لبن البقر الجاموس لهما فوائد كثيرة لاحتوائهما على نسبة كبيرة من المعادن والفيتامينات. وهذا ما أكده [2] بان لبن البقر يغذي البدن ويخصبه وهو من أفضل الألبان.

الجمل: يمتاز الجمل بقوة بصره الحادة، وان دماغه يستعمل كمرهم في دهن الأعضاء إذا خلط مع ماء الكراث النبطي، ويساعد في تخفيف الآم المغص أو القولنج. وهذا ما أكده [2] بأن لحم الجمل من ألذ اللحوم وأقواها غذاء.وذلك يعود للمحتوى البروتيني العالي الذي يكون غني بالأحماض الامينية التي يحتاجها جسم الإنسان ولا يستطيع تركيبها. وذكر [3] إن أجدادنا القدماء يستخدمون لحوم الإبل في معالجة بعض الأمراض كالحمى الربيعية وعرق النساء والآم الأكتاف، وكانوا يستعملونها في إزالة النمش عن طريق وضع اللحم الساخن على منطقة النمش. أما شوربة لحم الجمل فيستخدم لعلاج عتمة العين ولتقوية البصر. أما دهن شحم الجمل فانه يعمل على تخفيف آلام البواسير، كما كان القدماء يستخدمون شحم السنام لإزالة الدودة الوحيدة من الأمعاء وكانوا يصفون للمريض تناول رئة الجمل بعد تجفيفها لعلاج الربو خصوصا إذا تناولها الشخص مع العسل. وفسر ذلك إلى إن الرئة غنية بفيتامين c المنشط والخافض للحرارة والمعزز للمناعة وبالتالي فان كمية الالتهابات المصاحبة للربو سوف تنخفض بتناول رئة الجمل مع العسل. أما لبنه فهو من أسهل الألبان ويحتوي على نسبة قليلة من الدهن، ويغلب عليه عنصر مائي،ويعتبر دواء سهل ويستعمل للاستسقاء وتخفيف الآم الكبد والطحال والرحم. أما ألبان الجمال التي تتغذى على السوغ والخرنق والسقمونيا فأنها تساعد على تسهيل عمل الأمعاء الغليظة (Diarrhea) بصورة كبيرة.وذكر [3] إن حليب الناقة في الهند يستخدم لعلاج الاستسقاء واليرقان ومتاعب الطحال والسل والربو وفقر الدم والبواسير، وذكر بان حليب الناقة يعد مصدرا غنيا بفيتامين ج أو مايسمى بحامض الاسكوربيك ولذلك يعطى للنساء الحوامل والمرضعات وللمصابين بالزكام وبعض الأمراض التنفسية الأخرى.

الخيل:من طبيعة الخيل الزهو في المشي. وإن حليب الخيل ينفع في تخفيف أوجاع البطن والأمعاء.

الفيل: بين المخطوط إن لحم الفيل يعد علاجا للسعال المزمن وداء الربو وذلك بطبخ اللحم مع الماء والملح (على شكل مرق) ويشرب بشكل جرعات. أما عند طبخه مع الخل وسحقه حتى الذوبان فانه يؤدي إلى الإجهاض.

الخنازير: إن للخنزير فوائد كثيرة على الجهاز التنفسي والتناسلي والجلد، فعند اخذ مخ الخنزير المشوي وسحقه مع العسل يساعد في علاج التقرحات التناسلية.وان الطحال يعد علاجا للسعال والربو.أما شحم وحويصلة الخنزير فإنها تساعد في شفاء الأمراض الجلدية والقروح الجلدية وفي علاج الجرب والقرح التي تصيب رأس الأطفال عندما تخلط مع العسل والعرق المزرنخ. وذكر المخطوط بأن عظام الخنازير المحروقة بشكل رماد يساعد في شفاء الناسور العصبي أو الوتر العصبي في الإنسان، أما عند حرقه وسحقه على شكل شراب فانه يساعد على علاج المغص والقرحة. كذلك إن لحليبه فائدة ضد الطفيليات المسببة لداء الفيل، فضلا عن كونه عامل يساعد على تسهيل عملية الولادة لدى الإنسان إذا خلط مع العسل والعرق.

الأيل: يعد لحم الأيل من المواد الغذائية المهمة للجسم لما يحتويه من فيتامينات ومعادن ولأنه يعد علاجا للآلآم المفصلية إذا خلط مع الصبر والملح والزيت وتم وضعه على مناطق الألم في الجسم.وهذا ما أكده [2] بان لحم الغزال والضبي مهما جدا للأبدان القوية. كما ذكر المخطوط أيضا بان شحم الأيل يعد مسكنا للآم الظهر والركبة وذلك بخلطها مع الماء ووضعها على الظهر والركبة.وان لمخ الأيل القابلية على تسكين المغص المعوي والأورام الحادة إذا غلي مع زيت الغار خلط مع البرسيم والعسل.أما روبة الأيل الصغير إذا خلطت مع القصعة متوسط الخل فإنها تعالج لدغة الأفعى والجروح الناتجة عن السهام عند خلطه مع دم الثور، وعلاجا للعقارات المميتة إذا تم خلطه مع النبيذ الأحمر.

الأرنب: وصف المخطوط الأرانب بأنها حيوانات ليلية من طبيعتها الخوف من الحيوانات الأخرى.وان وبرها يستخدم للأغراض الاقتصادية وذلك في صنع الملابس وتدفئة الجسم في فصل الشتاء، وعلاجا للزكام فضلا عن كونه علاجا للحروق المتسببة عن النار والجروح العميقة في المرفق العلوي للقدم إذا حرق وسحق ونثر على هذه الجروح. وفي هذا الصدد ذكر [2] بان لحم الأرانب يكون طريا ويعد علاجا للآم البطن، مدر للتبول ومفتت للحصى وإذا أكلت رؤوس الأرانب فإنها تقلل من الرعشة.أما الأرانب البرية فيستعمل لحمها لعلاج الصرع والشلل النصفي وشلل النصف الأسفل ومرض الرقاص. كما يقلل من خفقان القلب ويفيد في التهاب المفاصل والربو والتبول الليلي لدى الأطفال، ويستعمل دمه المجفف المذاب في لبن الأم لعلاج تشنج الطفل الرضيع ويستعمل مقدار غرامين من مخه مع اللبن الطازج دهانا لمدة أسبوعين لمنع ظهور الشيب.

الماعز الجبلي: من طبيعة هذا الحيوان أن يأوي في المواضع الوعرة الخشنة وعند إصابته بجرح فانه يلجأ إلى الخضرة ليعالج نفسه.إن لدماغ الماعز فائدة في تخفيف أوجاع الجنبين والخاصرة إذا ذوب بماء الحرير وسخن مع النار، وان لحمه اغلض من الاروي وهذا ماذكره [2] بان لحم الماعز قليل الحرارة ويسبب سوء الهضم، أما سمن الماعز إذا شرب مع العسل فانه يساعد في علاج لدغة الأفعى والعقارب وسمهما القاتل. وان شحمه قوي ويحتقن به للسحج والزحيرز وذكر أيضا بان لبن الماعز لطيف معتدل، مرطب للبدن اليابس، وعلاجا لقروح الحلق والسعال اليابس ونفث الدم.

الحمار الوحشي: وصف المخطوط الحمار الوحشي بأنه حسن الخلق، محب للسفاد ومقاتل شديد الغيرة، وان لحمه ألطف من لحم الحمار الأهلي واقل رداءة منه، وهو نافع لوجع الظهر والورك،وذكر [2] بان لحمه حار يابس إلا إن شحمه نافع لوجع الظهر والريح الغليظة المرضية للكلى إذا خلط مع دهن القسط، ويعد علاجا للكلف.

الطاووس: يمتاز الطاووس بجمال ريشه ونضارته ومن صفاته العفة وليس بذي عداوة، محب للزينة، حسن الصورة حريص على زينة مظهره وجماله إذ يلجا إلى نشر ذيله الذي يمتاز بألوانه الجميلة ليلفت انتباه أنثاه فضلا عن تناسق جسمه وأرجله.لحمه غليظ لكنه ينفع في علاج ذات الجنب إذا طبخ مع شحمه. أما مخه إذا مزج بماء السداب والعسل فانه يقلل من أوجاع المعدة والقولنج.وهذا ماذكره [3] إن لحم الطاووس وشحمه يستعمل لتقوية الباءة ويستعمل حساؤه المطبوخ لتسكين الآم المعدة والمغص المعوي ولطرد الغازات وتخفيف الآم المفاصل، وتستخدم مرارته المخلوطة بالخل لعلاج نهش الهوام. وتستخدم عظامه بعد حرقها وسحقها طلاءا لإزالة الكلف من الوجه.

النسر:وصف المخطوط النسر على انه من أقوى أنواع الطيور الأكلة للحوم،ومن اشد الطيور حزنا على زوجه فإذا فقدت الأنثى الذكر امتنعت عن الطعام أياما ولزمت الوكر وامتنعت من النوم والحركة. وتمتاز هذه الطيور بأنها تبني أوكارها في أعالي الجبال ومحب للجيف ومن الطيور المعمرة.أما منافعها فذكر المخطوط بان مخ النسر يساعد في علاج رمد العين إذا خلط مع العسل، وإذا خلط مع الحضحض ومزج بماء القرط وضمد به العين التي بها وجع عمل على تسكين الأوجاع والضربات. كما إن لحمه إذا طبخ وخلط مع الملح وكمون كرماني وعسل وسقي منه الملسوع من الذئب والهوام بماء حار سهل من شفاءه، وإذا خلط دم النسر مع زنبق وشرب نفع من نفث الدم ومن أوجاع الحلق والفم.وذكر [3] إن بيض النسر يؤكل كعلاج للجذام ويستعمل شحمه بعد إذابته لعلاج الصم، وتستعمل كرشته لعلاج الجروح المتعفنة

السمك: من طبيعته انه لايربي ولدا ولا يحضنه وإنما يلقيه في قرار البحار والأنهار فيستقر هناك ويخرج في أوانه في أكمل صورة، ومنه مايلد. السمك أصناف كثيرة ومتنوعة

وأجوده مالذ طعمه وطاب ريحه وتوسط مقداره وكان رقيق القشر وليس صلب اللحم مثل السمك البحري الذي يمتاز بلحمه الطري الذي يخصب البدن. أما السمك المالح إذا أكل طريا فانه يعمل على تليين البطن وإذا ملح وعتق واكل فانه يعمل على تصفية القصبة الهوائية وجوَّد الصوت.

الدجاج: من طبيعة الديك الشجاعة والغيرة والجود، ولا يقتنع بأنثى واحدة، بل يجمع إليه عدة دجاجات ويعاملهن بالمساواة ولا يؤثر إحداهن على الأخرى،ويمتاز بمعرفته بأوقات الليل والنهار.يمتاز لحم الدجاج بأنه طري، خفيف على المعدة، سريع الهضم، يزيد من قوة الدماغ ويصفي الصوت ويحسن اللون ويقوي العقل ويولد دما جيدا وهو مائل إلى الرطوبة. أما لحم الديك فانه اسخن مزاجا واقل رطوبة وهو علاج للقولنج والربو والرياح الغليظة إذا طبخ بماء القرطم والشبث [2].أما [3] فذكر بان لحم الدجاج يعد غذاءا صحيا جيدا وحساؤه مفيد لكثير من الأمراض، حيث إن الأحشاء الداخلية للديك الصغير مفيدة لعضة الثعبان أو عضة أي حيوان سام، حيث توضع على الجرح مباشرة ويمتص السم وتكرر العملية باستبدال ديك صغير آخر حتى يمتص السم بأكمله ويستعيد المريض حواسه وحيويته. ويستعمل شحمه بعد تسخينه قليلا دهانا لثلاث مرات على الرأس لعلاج الماليخوليا السوداوية (لاكتئاب النفسي)، وتستعمل مرقة الديك الصغير لعلاج ضيق التنفس.

وذكر [2] بان لبيض الدجاج منافع كثيرة فان محه حار رطب، يعد غذاءا جيدا، سريع الانحدار من المعدة إذا كان رخوا. ومن منافعه مسكن للألم، مملس للحلق والبلعوم والقصبة الهوائية، نافع للحروق والسعال وقروح الرئة والكلى والمثانة، مذهب للخشونة وخاصة إذا اخذ مع دهن اللوز الحلو، ومنضج للصدر وملينا له. أما بياضه فإذا قطر في العين الوارمة ورما حادا برده واسكن وجعه، وكذلك فانه مقوي للقلب.وأوضح [3] إن بيض الدجاج يعد غذاءا مقويا للمخ والقلب ونفث الدم من الرئة كما يحسن خشونة الصوت، كما يستخدم البيض بعد خلطه بدهن الورد لعلاج ورم الثديين والأجفان.

الإوز والبط: الإوز والبط أصناف كثيرة ذوات طبائع وأخلاق مختلفة،لحمه يعمل على تخفيف عسر البول، أما بياضه إذا سحق بزيت وقطر في الرحم ادرَّ الطمث.أما [2] فانه أوضح بان لحم الإوز حار يابس، رديء الغذاء إذا أعتيد على تناوله. أما لحم البط فانه حار رطب، عسر الهضم، غير موافق للمعدة.أما [3] فذكر إن لحم البط مقوي للباءة ويستعمل شحمه لتسكين الآم المفاصل والظهر، ويستعمل في علاج السعال الجاف والآم الصدر.

الدراج: من خاصية هذا الطائر انه جبان لايعتلى في طيرانه، يخفي نفسه بين الأشجار والشوك، يحضن بيضا كثيرا، وطبائعه قريبة الشبه بالدجاج، كما إن لحمه وبيضه

تشبه الدجاج. وذكر [2] بان لحم الدراج حار يابس، خفيف ولطيف، سريع الانهضام،والإكثار منه يحد البصر.

الكركي: من طبيعة الكركي الحذر والاحتراس، حيث يتناوب على الحراسة مع بقية أفراد سربه والذي يقوم بالحراسة يهتف بصوت عالي، كما انه مختلف الأحجام فمنه الصغير ومنه الكبير ومنه مايلزم موضعه ومنه ما يسافر بعيدا.وذكر [2] بان لحم الكركي يابس خفيف، يصلح لأصحاب الكد والتعب، وينبغي أن يترك بعد ذبحه يوما أو يومين ثم يؤكل.

النعام:من طبيعة النعام أن لايطير ولا يعلو فوق الأرض، وله قدرة كبيرة على تحمل العطش، متنوع في طعامه يأكل ما يلقاه من نبات أو ثمر. وذكر [3] بان لحم النعام يعد غذاءا لطرد الغازات وفاتحا للشهية وقاطعا للبلغم، كما يفيد في علاج المغص وشلل الوجه والتهاب المفاصل والآم الظهر والنقرس وعرق النساء ويستعمل شحمه بمفرده أو مع زيت الخردل دهانا للروماتزم.

الضفادع: وهي على أصناف، فالبرية منها رديئة ومؤذية عند لمسها والنهرية لها عدة منافع، إذ إن لحم الضفدع يستعمل في علاج لسع الحيات ولدغ العقارب والهوام وعضة العقرب والزواحف. وهذا ما أكده [3] إن الضفادع تستعمل مغلية بالماء والخل للمضمضة ولتسكين الآم الأسنان، ويستعمل ذرور رماده على الجروح لإيقاف النزيف والرعاف كذلك يستعمل لامتصاص سم الثعبان ولعلاج الثعلبة.

الخاتمة

لقد تـرك العـرب الكثـير مـن المؤلفـات والتصانيف في شـتى فـروع العلـوم والآداب والفـن والفلسفة والمنطق والدين والتاريخ والجغرافيـة والسـير وغيرهـا حتى بلغت مـن العـدد بـالألوف وضـاقت بهـا دور الكتـب وخزائنهـا، ومـن ثـم جـاء الاستعمار فنهـب بعضها فانتقلـت إلى أوروبا، كـما إن الغـزو البربـري مـن قبل المغـول والتتار وغـيرهم قـد أدى إلى تـدمير وحـرق وإتـلاف الألـوف أيضا مـن هـذه المؤلفـات العظيمـة التي حفظت لحضارات العلم،مـا خفـي مـن العلـم والمعرفة الإنسانية.إن مؤلفـات العـرب لم تـدرس لحد ألان بصـورة علميـة للكشـف عـن أصالتها وعمقهـا وكنوزهـا الدفينـة، كـما إن معظـم مـاحقق لم يـصل أبـدا إلى المـستوى العلمـي المطلـوب، وهنـاك كـذلك العديد مـن هـذه الكتـب والرسائـل لازالت تنتظر من يزيل عنها الغبار والأتربة لترى النور.

الأشكال والرسوم التوضيحية

المصادر

1-Die Nature and Geheimwissenschaften in Islam, Leaden 1972. p:38   La real biblioteca de El escarole

Su Manuscripts Arabs, Madrid 1978

2- أبي عبد، شمس الـدين.1988. معجـم التـداوي بالأعـشاب والنباتـات الطبيـة. مطبعـة الرايـة. بغـداد. ص:
156

3-البشعان،منير.2006. كتاب العربي- ثورات في الطب والعلوم.

http// www.6abib.com

4-حسين،عادل محمد علي. 1976. كتب العرب في علوم الحياة. مجلة أفاق عربية. العدد 10

5-النعـسان، محمـد هـشام وجنـان مرشـحة.2008.الرسـوم والأشـكال التوضيحية في المخطوطـات العربيـة
الإسلامية (العلمية- الأدبية)

http//www.landcivi..com.

نصوص عن الخيل العربية

في الاندلس من كتاب الفلاحة / للشبخ أبن زكريا يحيى بن محمد بن احمد
بن العوام الاشبيلي

نصوص عن الخيل العربية

في الاندلس من كتاب الفلاحة

للشيخ أبن زكريا يحيى بن محمد بن احمد بن العوام الاشبيلي

المقدمة عن الخيل العربية في الاندلس:

اهتم اهل الاندلس بتصنيف الكتاب عن الخيول العربية، ومن ابرزهم كان من علماء غرناطة ومنهم ابن هذيل الغرناطي (ابو الحسن علي بن عبد الرحمن ت 763 هـ / 1361 م) تلميذ ابن جزى ومؤلفاته في الخيل هي:

1- حلية الفرسان وشعار الشجعان تحقيق محمد عبد الغني حسن / دار المعارف القاهرة 1951

2- تحفة الانفس وشعار سكان الاندلس: مخطوط مصور من المستشرق الاسباني لويس مرسي، المطبعة اليسوعية 1937م

3- عين الادب والسياسة وزين الحسب والرياسة

كما صنف ابو عبد الله محمد بن رضوان بن ارقم الوادي اشى ت 657 هـ / 1258 من مواليد غرناطة

" كان صدرا شهيرا عالما علميا حسيبا اصيلا جم التحصيل والادراك، مطلعا بالعربية واللغة اماما في ذلك مشاركا في علوم من حساب وهيأة وهندسة...

الف ابن ارقم الوادي أشى (Guadix) كتابا عن الخيل سماه " كتاب الاحتفال في استيفاء ما للخيل من الاحوال " وهو مخطوط في مكتبة دير الاسكوريال في اسبانيا يحمل الرقم اللاتيني 952 مكتوبا بخط المؤلف لدينا منه نسخة مصورة بخط مغربي جميل وواضح ومتقن ومفصل عن الخيل.

تم تاليف كتاب الاحتفال وتم جمعه للسلطان الغرناطي ابو عبد الله محمد الغالب بالله بن يوسف (حكم للسنوات 635 – 671 هـ / 1237 – 1272م) مؤسس سلطنة بنى الاحمر النصرية، ولكن السلطان الغرناطي لم يقدر على قراءة كتاب الاحتفال لضخامته وكثرة صفحاته ومادته الغزيزة والمتنوعة والعلمية والادبية واسعة الابواب والنصوص والنقول من مختلف مصادر اللغة والتراث العربي.

امر السلطان الغرناطي ابو عبد محمد الغني بالله بن يوسف بن اسماعيل بن فرج النصري الفقيه ابو محمد عبد الله بن محمد بن جزى الكلبي الغرناطي في اختصار كتاب الاحتفال لابن ارقم الوادي أشى، وكان ابن جزى الكلبي تلميذا له وهو من بيت حسب ورياسة وعلم مشهور في غرناطة وصفته المصادر الاندلسية وقيل عنه: " اديب حافظ قام على فن العربية مشارك في فنون لسانية "

تضمن (كتاب مطلع اليمن والاقبال في انتقاء كتاب الاحتفال) لابن جزى الكلبي الغرناطي فصول ومباحث عن الخيل: صفاتها واحوالها واعتناء العرب بها) ذكر فيه بدء الخيل وفضلها والحض على ارتباطها والرفق بها والنهي عن تعطيلها وازالتها، وفصل فيه الوان الخيل وبين الشيات والاوضاح والغرر والتحجيل والدوائر وما يستحب من ذلك وما يكره واسماء الخيل العربية، ومراتب الخيل في حلبة السباق والمسابقة والرهان وموقف الشريعة منها،وذكر الصفات التي يستدل بها على عتق الفرس وذراعته وشدته وصبره على الجري

الفصل الاول: الخيل و أما الخيل وقد وردت احاديث واخبار في فضلها، قال اهل اللغة " خير الخيول الحور " وقال واحدة احوى وهو اهون سواداً من الجرب، والحوة لون يضرب الى السواد، وقيل ان اصبر الخيل الكميت، والدهم وان اسرعها وانميها الاشقر، وان ملوكها الشهب.

قال ابن قتيبة: فرق ما بين الاشقر والكميت بالعرف والذنب فأن كانا احمرين فهو اشقر وان كانا اسودين فهو كميت.

وفي كتاب البيطرة للفرس الدابة الشهباء ستة الخصال حتى انها تقطع الما سبحا وتنجو بما عليها، وقيل ان البلق في الخيل ضعف.

وقال محمد بن سلام لم يشبق الخيلة الفرس ابلق ولا يلقى قط، وزعموا ان الشياة كلها ضعف ونقص والشبه كل لون دخل على لون اخر.

قال موسى بن نصير: كل بياض يحدث باديم الدابة اذا لم خلقت فهو عتب كثير. وكان بعض السلف الصالح يستحبون في الغزو الخيل على انثى لانها تسمج بالبول وهي تجري، والفحل يحصر البول في جوفه حتى يتقيو ولان الانثى اقل هبلاً.

وعن سلم بن جندب: ان اول من ركب الخيل اسماعيل بن ابراهيم الخليل عليهما السلام، وانها كانت وحشا لا تنطاع حتى سخرها الله تعالى له وقيل ايضاً ان اول من ركب الخيلمتوشاً ابن خيلوج، وخنوخ هو ادريس عليه السلام وهذا الذي ذكرناه في فضلهما هو قليل من كثير والخيل تتخذ للغزو واناثها للنسل مهملة من المروج وعبوسة في المنازل والتي تهمل منها تراض بعضهما وتدلك للركوب وبعضها تترك على سجيتها، وقد تستعمل ايضاً الخيل في الاشغال.

وتستحمل من صفات الحجور وهي الرمك المتحدة للنسل ما وافق هذه الصفة الاتي ذكرها اول اكثرها.

قال قسطس وكسينوس افضل ما يتخذ من اناث الخيل للقنية للنتاج اعظمهن احساماً واظهرهن قوة وصحة وحسناً واعظمهن اجوافاً الغرة منهن ذوات المنظر الحسن

المفاضة البطون مما قد اتى عليها من ثلاث سنين الى عشر سنين ولا يكون سنها فوق ما سميناه.

ومما يستحسن من صفات فحول الخيل للنزو، قال اهل الخبرة بذلك افضل فحول الخيل للنزو ما كان منها قوياً شديداً مرتفع الرأس والعنق معتدل الخلق والطول صلب الضرب صحيحاً نشيطاً ويكون سنه من ستة سنين الى خمسة عشر سنة، وقيل ان افضل ما استفحل من الخيل ما تكاملت فضايله وعرفت عواقبه وخبرت قوته ولم تكن عيوبه من العيوب التي تكون في نتاجه ونسله كالجور والحدام والكلب والقصاص، ولا يستفحل في كل فن الا اقرة الدواب فأكثر الدواب ينحرج الى الفحول فليكن في سنه ليس بالكثير الهرم ولا بالصغير الضعيف ويكون سنه فوق الرباع الى عشر سنين وليكن سليماً من العيوب التي تعدي فأن الجماح والحران والطماح نقصان في الخلقة وكذلك يبجى نتاجه.

ومما يستدل به على هرمه ان تأخذ باصبعيك الابهام والسبابة جلدة جبهته فتجذبها اليك ثم ترسلها بسرعة فأن رجعت سريعاً وصارت مستوية في موضعها كما كانت فهو نعم الفحل ان كان عربياً، وان ارسلت جلدة جبهته فلم ترجع سريعاً ولم تستوى كما كانت فقد ضعفت فلا تنزه.

قال ارسطاطا ليس وغيره: الفرس تبدى بالنزو اذا كانت ابن سنتين ويولد منه ويعظم عند ذلك صوته ويكون عظيماً جهيراً، والانثى كمثل ذلك غير ان صوتها اصفى من صوت الذكر وقد يكون ما يولد منه في ذلك السن اصغر حبة واضعف وربما كان اول نزوة لثلاثة اعوام وهو اجود النزو وكلما يولد له بعد ذلك الزمان يكون اجود واقوى الا ان يتم له عشرون سنة، وكذلك الاناث، والفرس الذكر ينزو الى تمام ثلاث وثلاثين سنة. واما الفرس الانثى فهي تنزا الى تمام اربعين سنة فنزوها اكثر ذلك في جميع عمرها، لان الفرس الذكر يحيا خمسا وثلاثين سنة، واما الانثى فاكثر من اربعين سنة، وقد زعموا ان فرسا ذكرا قد بقى خمسة وسبعين سنة فيما سلف من الدهر، وقيل انه ليس ينقطع النزو من فحول الخيل ولا الوداق والعقاق من اناثها ما عشن الا في الصغر وسنتين في الكبر والفرس لا ينزو على امه ولا على اخته ولا على ابنته، وقيل ان احد الملوك كانت له فرس انثى وكانت حسنة جلده فارهة وجميع افلايها فرة فاراد ان يحمل عليها احد افلايها فادنى منها الفلو فكرة سفادها فسترت بثوب مخفي ذلك عليه فركبها فلما نزاها وكشف وجهها وراها هرب والقى نفسه في بعض الاودية فهلك وقيل ربما اقتتل الفحلان في سبب الانثى فالذي يغلب ينزوها فيعتادها وتعتاده. قال غيره الحجرة لا تقبل الفحل والحمل حتى تنتهي فاذا ارادت الفحل استودقت فاذا نزيت فاكثر مما تنزي سبعة ايام حتى يذهب قبل الاسبوع وتحمل ثم تترك عشرين يوماً ثم تنزي فاذا استودقت انزيت ايضا مثل ما انزيت في المرة الاولى ومنها ما يستحكم حملها ولا ينقطع سفادها الى اربعين يوما ثم اكثره شهران ثم

تنازي فان امسست من الفحل فقد استحكم قصاصها وهو حملها فهي العقوق الى وقت نتاجها فاذا اقرب نتاجها فهي المقرب وعند ذلك يسود ضرعها وتحب الخلوة والتباعد عن الناس.

وقيل ان مما يجب ان نزي الفحل على الحجران ان يعرض عليها من عند ذلك اليوم فان امتنعت عنه فقد اعقب فاعزلها عن الفحل وان ثبت له فانزه ثانية ثم اعرضها عليه في الغد فان امتنعت عنه فقد اعقب فاعزلها عن الفحل واحسن ولايتها واربطها في مكان يعفها من البرد واعفها من الاتعاب والحمل عليها والركوب ولا تخرجها الى الرعي وشيهه حتى يدفى النهار وتحمى الشمس وعجل رواحها قبل برد الليل، فان البرودة مضارة لجميع الحوامل كلهن.

قال ارسطاطاليس: وذكور الخيل تملا ارحام الاناث في ايام ليست بموفية، وقيل اذا اردت ان تنزي على رمكتك فاضمرها فانه اسرع للقاحها ان شاء الله تعالى ويستدل على ان الحجرة قد حملت بضفي طرف طمسها وحرفها وحدة نظرها وانكماش طيها في الحركة عند تقدم الفحل الموثوب عليها، ومن علامات الحمل ايضاً اذا نزيت الرمكة فبالت على حشيش رطب انظر عليه من غد فان كان قد جف كانت قد حملت وكان لها امانا من ان تزلف وقيل اذا اردت ان تعلم هل حملت الحجرة ام لا ؟ فاذا نزل الفحل عنها ومشت فاوقفها في مكان فيه تراب فلا بد لها من البول فاجعل في ذلك الموضع حشيشا رطبا اخضر لتبول عليه ثم ترفع تلك الحشيشة واثر بولها عليها ثم انظرها من الغد فان رايتها يابسة علمت ان الحجرة قد علقت، وان وجدتها رطبة فلم تعلق، واذا ودقت الحجورة واردت ان تكسر ودقتها ويذهب ذلك عنها نقص معرفتها وجرها فان ذلك يذهب عنها وتنكسر بذلك وتذل وقيل ان الفرس الانثى يسقط جنينها اذا شمت دخان السراج المطفي ويعرض هذا البعض حوامل النسا ايضا. ومما يستدل به على ان الحمل ذكر ان الفحل اذا نزل عن الحجرة من جانب اليمين فهو ذكر وان نزل عن جانب اليسار كان النتوج انثى و الله اعلم، وقيل ان نزفت الحملة اليمتى من ثديها ونزل فيها اللبن او دل على ان المولود ذكر وان كان ذلك في الثدي اليسرى دل ذلك على النتاج انثى وان اردت بمشئة الله تعالى ان تنتج الحجر ذكرا فانزل عليها الفحل في يوم تهب فيه الشمال. وان اردت الاناث فانز في يوم تهب فيه الجنوب واستقبل بوجه الحجرة الريح وكذلك يفعل بكل دابة واذا وضعت الحجرة تركت سبعة ايام لترمي بكل ما في بطنها من اخفاس ولدها ثم نزيت بعد ذلك فهي عند ذلك تستودق وهي اقبل ما تكون واسرعه حملا بعد سبعة ايام من نتاجها وكل ذات حافر فاجود وقت حمل الفحل عليها بعد نتاجها سبعة ايام واذا حملت الحجرة كان اكثر مدة حملها من يوم انقطع عنها السفاد احد عشر شهرا ونصف شهر.

قال ارسطاطاليس: اناث الخيل تحمل احد عشر شهراً وتضع في الثاني عشر، وقال قسطس كسينوس: واما مدة ميقات حمل الرمكة من يوم علوقها الى يوم وضعها فاحد عشر شهرا وعشرة ايام.

وقال عريب بن سعد الكاتب القرطبي مدة حمل الرمكة من يوم علوقها الى يوم وضعها عشرة اشهر وقيل لا يعيش نتاج رمكة نتجته لاقل من تسعة اشهر وقال ان من الحجورة ما تقبل الفحل الا بالشكا لا متناعها منه ومنها ما لا تقبل الفحول ولا تحمل حتى يقام عليها وتعالج من دافي رحمها، ويذكر علاجه ان شاء الله تعالى ومنها ما لا تعلق ولا تحمل.

قال محمد بن يعقوب بن حزام: من الحجورة ما تضع مهدين قال ولم ار منها شيئاً عاش ومنها ما تبغض ولدها ولا ترضعه وتقر منه لشدة ما نالها فينبغي ان تتلطف وتقدم اليه لترضعه وليس يرضع غير امه فان رضع من غير امه مات قال ارسطا طاليس: ان هلكت الانثى او ضلت وكان لها فلوفساير اناث الخيل ترضعه وتربيه.

الخيل تستحب المروج والمواضع الكثيرة المياه وتشرب الماء الكدر وان كان الماء السائل طافياً نقياً كدرته بحوافرها ثم شربت واذا شربت استحمت بذلك الماء لان هذا الحيوان يحب الاستحمام بالماء ويحب الماء جداً.

وقال غيره الحجورة المرحية اوان حملها ايام الربيع وتتخلى الفحول اوان الربيع ليستقبل نتاجها الربيع والصيف فيقوى المهر قبل البرد الشديد ولا تتخلى فيها الا فحل خصيب سمين فارة.

قال ارسطاطاليس اوان خلع الفحول في الرمك في المروج من اثنين وعشرين يوماً تخلو من ادارامـاه وتشرين وقيل لثمان يقين منه الى اثنين وعشرين يوماً من اسفيدارماه ليواقف زمان الكلا والعشب فانها تنتج لقابل في هذا الوقت حين ينصرم البرد وينبت الكلا ويشبع الدواب من البقل فينفعها ذلك ويكون للذكر منهن ثلاثون انثى او اكثر وقيل يرسل الرماك في المروج لكل عشر رماك فحل واحد وقيل تنزي الفحول على الرمك من لدن استو الليل والنهار وفي ديماه يعنى ادار في وقت اعتدال الهوى وخضب الكلا وما لقح من الخيل في الصيف بعد تصرم الربيع اضوى وضعت وصغر.

قال عريب بن سعيد الكاتب القرطبي في يوم خمسة من ابريل تطلق فحول الخيل على الرمك في المداين للنتاج بعد تمام وضعها وفي يوم خمسة عشر من يونيه وهو شهر العنصرة تعزل فحول الخيل عن الرمك وتبقى منفردة منها الى اخر وضعها في نصف ابريل ومن يوم خمسة عشر من مارس ابتدا النتاج الى نصف ابريل.

ومن كتاب ابن ابي حزام ان خفت على الرمكة العقوق ان يزلق جنينها فيؤخذ تبن ويطبخ باربعة ارطال لبن حليب ثم يطبخ مع شعير مغسول وتعلقه الرمكة اسبوعاً فان

اتجع اولا اعلفها ذلك اربعة عشر يوماً والا احد وعشرين يوماً نافع ان شاء الله تعالى. وفي كتاب " الخواص " يعلق عليها قطعة من الكهربا نافع

الفصل الثاني: مما يستحسن من صفات بعض اعضاء الفرس ويستدل بذلك على عتقه وكرمه مصيره وما يكره من ذلك فيها وتعاب به.

قال ابن ابي حزام: اعلم ان كل عضو من اعضاء الفرس الدابة ما يستحب الطول فيه فقصر ويستحب فيه القصر فطال او العرض فدق او الدقة فعرض او السعة فضاق او الضيق فاتسع وما اشبه ذلك مما خالف المستحب المستحسن منه فهو عيب في الفرس واكثر مما يستحب في الفرس فهو يستحب في الشهري وفي البرذون ايضاً.

قال ابن قتيبة في اداب الكتاب، وقال غيره يستحب في اذني الفرس الرقة والانتصاب وطولهما وحدتهما ورقة اصولهما ولطف طيبها وشدتهما وان يشبها ورق الاس واطراف اقلام الكتاب كما قال شاعرهم كان اذانها اطراف اقلامويكره منها الخذاء.

قال ابن قتيبة: وهو استرخاوها على عينيه وهذا يرى عيانا ولا يحتاج في معرفة الى دليل.

ويستحب في ناصيته السبوغ ويكره فيها السفا. قال ابن قتيبة: السفا خفة شعر الناصية وذلك مذموم في الخليل محمود في البغال والحمير، قال الشاعر:

لـــــــيس ابومـــــــــضاء ولا اســـــــــفى ولا شـــــــــعل

والشعل هو السي الغذا من النواصي ومنه الغم يقال فرس اغم الوجه. قال ابن قتيبة: الغما من النواصي هي المفرطة من الشعر التي تغطي عينيه، والمحمود منها المعتدلة... والمعر ايضاً من عيوب الناصية وسمي القرع.

قال موسى بن نصير: هو ان يخف شعرها وقد يحدث ذلك بها فتعالج وناصية الدابة هو الشعر الذي يكون على اعلى جبهتها وابتداوه من بين اذنيها. ويستحب في خديها الاسالة والملاسة والرقة وذلك من علامات العتق والكرم ويستحب ايضاً في جبهته السعة.

وقال امرؤ القيس لها جبهة كسرات الهجن والترس وسراته ظهرة ومن دلائل عينيه وما يستحب فيهما وما يكره يستحب فيهما السمود والحدة مع عظمهما وصفايهما وسوادهما وشدة نظرة وبعد مدى اطرافه شعر طويل طامح الطرف الى مفزعة الكلب حديد الطرف والمنكب والعرقوب والقلب.

ومن عيوب عينيه الحول والخور وازرق والاغراب. واما الزرق فيهما جميعاً فيكره ذلك لا يعمر في الشمس اذا كان في بياض من غرته لزرق بعين واحدة يسمى الخيف والحول ان يظهر البياض من مؤخر عينيه ويغور السواد من اضافة الخور هو الذي يكثر بياض عينيه بلا حول ولا زرق والغرب هو الذي تبيض اشفار عينيه وجفونه وتزرق وهذا اذا اصابه البرد والثلج لم يبصر وكذلك اذا اصابته الشمس لم يبصر، ويكره غور عينيه

وذلك دليل على الفشل ويكره حمرة العينيين في الدهم من الخيل قال موسى بن نصير: الادهم اذا كان احمر العينيين فانه دهم بالحرف.

الفصل الثالث: من دلائل منخريه وفيه:-

ويستحب من منخريه السعة لانه اذا اصابه ذلك منه شق عليه النفس فكتم الربو في جوفه فيقال عند ذلك قد كبا وفرس كاب ربما شق منخراه.

قال امرؤ القيس:-

لهــا منخــر كوجــار الــسباع منــه تــريح اذا تبتهــر شــعراخولها

منخر مثل جيب القميص

ويكره الانف القنى، يقال فرس اقنى. قال ابن قتيبة: هو احد بداب يكون في الانف وذلك يكون في الهجن. قال ابن ابي حزام: القفوه، ومن عيوبه ايضاً الخنس. قال ابن ابي حزام: يقال فرس اخنس، والخنس ان يكون بقصبة انفه طمانينة وكل عمره يكون في قصبة الانف يكره ذلك للفتح ولضيق مخرج النفس. وقال ايضاً: اذا عرضت ارنبة انف الفرس كان ذلك فيه هجنة وضاق مخرج نفسه والعطس يكره ايضاً للقبح ولضيق مخرج نفسه وذلك ان مطمين ما دون موضع الحكمة الى منخره ويستحب سعة ما بين اعالي لحييه يستحب ذلك لسعة مخرج نفسه ويستحب في افواه الخيل الهرت وهو ان يكون مشق شفتيه من الجانبين مستطيل ويقطر لذلك عدار تخامه لان فلس اللجام يدخل في فمه ويطول عدار سنه لطول حدة لانه لا يدخل منه شيء في فمه شعر:-

هريــت قــصير عــذار اللجــا ماســيل طــوال عــذار الرســن

الفصل الرابع:- من دلائل عنقه وكتفه وصدره:

يستحب في عنقه اللين والطول شعر:-

ملاعبــه ألعينــان بعــض بيــان

وتخيير طول عنقه الفرس وقصره إذا أشكل أمره على الناضر إليه بأن يوضع ما في طشت أو شبهه ويقرب منه الفرس فإذا شربة منه الماء منه ولا يثني سنبكه وهو طرف حافره فهو طويل العنق عتيق وان ثنا سنبكه فهو قصير العنق هجين وقصير العنق والبخسان فيه ورقة معردة في الصد عيب ويكون ذلك في الهجين

قال ابن أبي حزام:ومن عيوب العنق إن يكون الفرس. خالي وهي الذي تسميه العامة فارغ العنق وهو شر عيب. والقنطرة وهي ارتفاع في وسط العنق لا يكاد يستحسنها البصر وهو أهون العيوب واقلها ضرراً.

ويستحب ارتفاع كتفيه وكاهله والكاهل هو الحارك وهو فروع الكتفين والكتف عيب.قال ابن قتيبه: هو انفراج يكون في عرا صيف أعلى الكتفين من الفرس ويستحب عرض صدره قال أبو النجم: منفتح الصدر عريض كلكله والكلكل الصدر. ومن عيوب الصدر الدنن. قال ابن كتيبه: هو تضامن الصدر ودنوه من الأرض وهو أسوء العيوب. قال غيره يقال فرس ادن و الدنن طمانينة في أصل العنق. قال ابن أبي حزام: ومن عيوب الصدر الزور وهو أن يكون ضيق الصدر كله وتكون إحدى مهرسه على الاخرا.

الفصل الخامس:- من دلائل جنبيه وبطنه وقطانه وذنبه يستحب منه عظم جنبيه وجوفه وانطوى كشحه شعر:-

حـــــــبط عــــــــلي فـــــــــره قـــــــيم

ولم يرجع إلى رقة ولا هضم والهضم عيب. قال ابن قتيبه وغيره هو انهضام أعالي الضلوع يقال فرس أهضم وهو عيب. فال ابن أبي حزام هو استقامة الضلوع ودخل أعلاها مع رقتها.

ومن عيوب جوف الفرس الاخطاف.قال ابن قتيبه هو لحوق ما خلف المحزم من بطنه. يقال فرس مخطف. قال ابن أبي حزام الاخطاف هو مالحق وراء الحزام من بطنه. قال غيره هو الذي يرجع حزامه أبدا إلى جهة خصيته لأنه غير محفر الجنبين.

ويستحب فيه إسراف قطابه هو ينعقد الردف ويكره تطامنها فان تطامن معها الصلب فذلك هو البرح وهو عيب. قال ابن أبي حزام: هوان يطمن الصلب والقطاة جميعاً قال ويكره إن يكون في ظهر الفرس طول ولين وضعف والخلال من حقوبه ويستحب فيه املاس الكفل مع استوائه. قال الشاعر لها:-

كفـــــل كـــــصفات الميـــــل والــــــصفات الحجــــــــر

قال ابن أبي حزام ومن عيوب الكفل إن يكون فيه تحديد وطول وهو الطير كون ويستحب لي الفرس طول الذنب وقصر العسيب. قال ابن قتيبه: عظم الذنب وجلده هو العسيب. واصل الذنب هو العكر. قال أمروا ألقيس لها ذنب مثل ذيل العروس ويكره العزل. قال ابن قتيبه: هو إن يعزل ذنبه الاى احد الجهتين وذلك عادة لا خلقة ويستحب إن يربع الخيل إذنا بها في الغزو فذلك يستحب ويقال إن ذلك من شدة الطلب.

الفصل السادس: من دلائل أرساغه وحوافره وقوائمه

يستحب في أرساغه إن تكون غلاظاً يابسة ويستحب قصر الرسغ إذا لم يكن معه انتصاب وإقبال على الحافر شعر:

كـــان تماثيـــل أرســـاغه رقـــاب وعـــــول عـــــلى مـــــشرب

ومـن عيـوب الأرسـاغ الفقـد.قـال ابـن قتيبـه:إذا كـان الرسـغ منتـصباً مقبلا عـلى الحـافر فهـو افقـد وذلـك عيـب.قـال أبـو عبيـد: الفقـد لايكـون إلا في الرجـل ومـن عيوبهـا الفـدع. قـال ابـن قتيبـه: هـو ألتـوا في الرسـغين مـن عرضـه الوحـشي. وقـال عـلى مـا يليهـا مـن رأس الـشطاة مـن اليـد الأخـرى ووطـأ منـه عـلى حافزيه حميها قـال ابـن أبي حـزام: ومـن عيـوب خلقـه اليـدين والركبـة وهـوان تكـون خلقتهـا ممـسوخة جـداً والإطـراف تخطـى عنـد الحـبس وتخـيط باليـدين أو بيـد واحـدة وأطـول الأرسـاغ واسـترخى العـصب ويـستحب في الحـوافر إن تكـون صـلاباً سـوداً أو خـضراً مقعبقـة مـع سـعة ويكـون سـورها صـلابا ولا يبـيض من الحوافر شئ لان البياض فيها رقة الشعر:

لهـا حـافر مثـل قعـب الوليـد يـشخن مغـارا ألغارفيـه

ومـن عيـوب الحـوافر الحنـق. وهـو التـواء مـن الحـافرين يميـل كـل واحـد مـنهما الى صـاحبه في اسـتقامة مـن الرسـغين ومنهـا النفـد.قـال ابـن قتيبـه: هـو إن تـرى الحـوافر تنقـشر. وممـا يكـره أيـضا مـن حفاق الفرس وأعـضائه ممـا هـو مـشوح بـه ويـستدل بـذلك عـلى هجـا نتـه ومـن ذلـك دلائـل اسفارنه ومنـه الـشغافي الاسـنان يقـال منـه فـرس أشـغى وذلـك إن تختلـف أسـنانه ولا تنـشق ويطـول بعـضها ويقـصر بعضها وذلك عيب وله علاج بذكر إن شاء اللـه تعالى.

والروابيـل قـال الأصـمعي واحـدها راوول وهـو زوايـد تنبـت في أصـول الإسـنان ومـن فوقهـا ومـن تحتهـا نـشبة الثنايـا والرعيـات وخلقـتهما خلقـة الإنبـات. قـال مـوسى بـن نـصير: وذلـك عـلاج وقـصر انـسان. قال ابن حزام: هـو في الخيـل عيـب لان ذلـك يـصحب فـم الفـرس الجفـوف ولايكـون لـه لعـاب وذلـك عيـب وإنما طال لسان الفرس كثير ريقه وكان أروح له في الجري.

الفـصل الـسابع: مـن دلائـل وركيـة وفخذيـة ورجليـه وكعبيـه وعرقوبيـه. مـن ذلـك العـرف في وركيـه، قال ابـن قتيبـه: هـو إشراف احـدي وركيـه عـلى الأخـرى والاكـب يقـال فـرس اكـب وهـو الـذي لايلبـث عليـه سرج الاقدمـة حتـى يطرحـه عـلى يديـه وعنقـه وتـسميه العـرب اكـب وذلـك كثـير في البغـال وذلـك عيـب والـصدف في الفخـذين. قـال ابـن قتيبـه: هـو تـداني الفخـذين وتباعـد عـلى الحـافرين في التـواء مـن الرسـغين وهـو عيـب والقـسط.قـال ابـن قتيبـه: هـو إن تكـون رجـلاه منتـصبتن منحنيتـين وذلـك عيـب يقـال فـرس اقسط والصكل. قـال ابـن قتيبه: هـو اصطكال الكعبـين وهـو عيـب والعجـج.قـال ابـن قتيبـه: هـو تباعـد مـا بـين الكعبـين وهـو عيـب والـرهيش. قـال ابـن قتيبـه: الارهـاش إن يـصل بعـرض حـافره عـرض عجايتـه مـن اليـد الأخـرى فربمـا إذاهـا وذلـك يـضعف يديـه والعجايتـان عـصبتان يكونـان في بـاطن اليـد وأسـفل منهـا هنـاة كأنهـا اضـفار تـسمى الـسعدانات. قـال غـيره: الـرهش اصـطكاك مـن بـاطن الرسـغين وهـو الارتهـاش من شدة الفزع وتـرتهش يهـما جميعـاً إذا تعـب وهـو عيـب والفقـد اليـدين وهـو لـين الرسـغين وذلـك عيـب والقمع. قال ابن قتيبه:- هو إن يعظم رأس

العرقوب ولا يحد وذلك عيب. قال غيره: القمع غلط في وسط العرقوب على رأس أخره وصفته من خلف شبيه بالتفاحة واقل وهو عيب قليل الضرر والملح وهو بتر يكون في أسفل عظم العرقوب من خلف مستطيل يشبه بنصف الخيارة أو اقل يعرض بكثرة ذلك للمهارة. قال ابن أبي حزام: هو اقل ما يغم منه الدابه قال ابن أبي حزام: ومن عيوب الذنب تحريك الفرس وذنبه ورفعه له إذا ضرب بالسوط وذلك فساد وعادة سوء والكشف وهو تلوي عينيه و بهضم على عاجزته.

الفصل الثامن: ومما يكره من أحوال الخيل مما يحتاج في معرفته إلى دليل. من ذلك الخرس، قال موسى نصير: يختبر بأن يعرض الفرس على لرماك فأن صهل فاعلم أنه ليس بأخرس.

ولغشا قال الأصمعي: هو أن لايبصر بالليل ولا بالثلج، قال موسى بن نصير يختبر بأن يمشي على ثوب اسود فأن مشي عليه فهو ا غشي ويسمى الاغشا وان أبقاه فهو سليم الشكور، وقد يحدث هذا العيب بالدابة فتعالج منه، قال ابن أبي حزام: الشكور هو الاغشا وهو الذي لا يبصر إذا غابت الشمس وعلامة إن يتحبط بيديه إذا مشى بالليل كما ينحبط الاغشي، وان نتج الدابة اغشي فلا علاج له وان حدث به العشاء فيعالج ويذكر ذلك إن شاء الله تعالى والجهر يقال منه اجهر قيل هو الضعيف البصر الذي لا يبصر بالنهار وقيل هو لايبصر في الشمس ويقال منه فراس اجهر ويستدل على ذلك بمشيبه،والعمى إذا تتغير العين على حالها فيستدل على ذلك إن تراه إذا مشي يتلفف ويرفع ركبتيه حتى يكاد يضرب بها جحفلته فان كان قد نتج به فلا علاج له وان كان قد حدث ذلك به فيعالج منه.

والأقمر، قال ابن أبي حزام: القمر يحدث بالدابة من الشمس وذلك إن تكون الدابة أغر ازرق معريا ينظر في بياض فإذا ألح عليه حر الشمس في السفر احمر وأحول عينيه وتشقق حول عينه وحجفلته وقمرت عينيه من حر الشمس وكذلك في الثلج. قال غيره إذا كان الزرق يغشي الدابة جميعها فانه يقمر أي يصير أقمر وهو الذي لا يبصر في الشمس ولا سيما إذا كان يبصر في بياض من عرته وهذا مما يحدث ويعالج ويذكر علاجه إن شاء الله تعالى.

والصمم قال ابن أبي حزام: وهو الطرش يقال منه فرس اطروش ومن علامات الصمم بالدابة إن ترى إذنيه فتصبه إلى خلف لا ينصبهما ولا يسمع إذا صيح به قال وأكثر ما رايته في البلق. قال موسى بن نصير: يدل على ذلك انتصاب إذنيه حتى لا يكاد يحركها ويختبر ذلك بأن يوقف الدابة في فضاء من الأرض وأوقف أنت بعيداً منه بقدر رمية سهم وضرب الأرض برجليك من خلفه فان رفع إذنيه وتشوق، فاعلم انه ليس بأصم وهذا مما يحدث ويعالج ويذكر علاجه ومنه ماينتج الدابة ولا علاج له

قال الأصمعي: إذا عمل الرجل بشماله فهو أعسر، وقال غيره وكذلك الفرس إذا قدم في مشيه شماله، قال موسى بن نصير يختبر ذلك بان يفقد الرجل خندقاً سبع مرات فان رفع في كل مرة يده اليمنى قبل اليسرى فأعلم انه ليس بأعسر.قال غيره الفرس الأعسر لايكاد يسبح في الماء.

ومن عيوبه الجرد، قال ابن أبي حزام: الجرد هو إن يرفع يديه رفعاً شديدا ويقلبهما حتى يخيل الى غيره النظر انه مشتكي من صدره وهو الأعسر، شعر.

يرتـــــــــــاد مـــــــــــن الجـــــــرد

والعيوب هو الذي لا يشرب في كل مشربه، قال موسى بن نصير يختبر بان يقرب منه الماء فان شرب في كل موضع فذلك يستحب وان تلكاء فهو عيوف وقيل له يعالج من ذلك.

والبليد وهوي الذكي القلب والعزيز النفس، قال موسى بن نصير: اختبره بان تقف على نحو عشرة اذرع وتحرقه اردام عنانه فان وقف فاتهمه ببلادة وكذلك إن عطشت وان ركبه أو نفطت بعض ثيابك ثم اركبه والقي على الأرض ثوبا ابيض وأمشيه عليه فان حذره فاعلم انه ذكي النفس وإلا فاعلم انه بليد قيل انه يعالج من هذا، واعلم انه ما كان مما ذكرناه انه قد تبحث به الدابة فعلم انه لا يعالج لأنه خلقه وضر ذلك اقل من ضرر العيوب الحادثة.

والعلل من الإمراض الطارئة في الجسد الخيل وفي الاعضائها وإما ما يحدث في الاخلاقها بعد تنفع الرياضة فيها لم يكن في الأصل الخلقة والنتاج ويأتي ذكر ذلك إن شاء الله تعالى.

الفصل التاسع:- كلام مختصر بعض أهل الفراسة: قد جمع أهل بعض الفراسة في الخيل في كلام مختصر ما تقدم ذكره مما يستحسن من صفات أعضائها إلى ما لم يذكر من ذلك فقال إذا كان الفرس مجتمع الخلق متناسب الأعضاء صغير الرأس طويل العنق غليظ لين رقيق المديح رقيق الإذنين طويلهما حادهما قائمها معلمهما مع شدتهما ولطيف طيبها كأنهما ورق الريحان أو إطراف الأقلام طويل الخدين املسهما رقيقهما معتدلا شعر الناصي ضيق القذال وهو موضع مقعد العذار فوق الناصية واسع الجبهه أكحل العينين بارز الحدقة حاد النضر واسع المنخرين أسودهما مستطيل مشق شدقيه مستدير الشفتين رقيقهما وتكون شفته العليا إلى الطول رقيقا أسنانه مرصوعهما طويل ألسان احمر اللهاة واسع الصدر عضيم البب معتدلي القصرة وهي أسفل العنق لين العين طويل علي إلى الحارك قصير الظهر مستوية عظيم الجنبين والجوف منطوي الكشح شليل الإضلاع مستوى الخاصرتين رحيب الجوف مقبب البطن مشرف القطاه وهو مقعد الفارس مدور الكفل قصيرة مستوية مسير الذيل تام الذيل اسود الاحليل واسع المراث غليظ الفخذين

مستديرهما غليظ عظيم الساقين مستوى الركبتين لطيف الوظيف وهو ما فوق الترسغ إلى الركبة قصير الأرساغ غليظهما ثابتهما يابس العصب مدور الكعبين محدود العرقوبين اسود الحوافر أو أشقرهما مدور الكفين مقبعهما ملتصق السنبك في الأرض مرتفع القشور عليهما لين الشعر، ولين الشعر في جميع دواب الأرض من الحيوان في الجوارح محمود يدل على القوة وليكن البشكير وهو ما حول ناصيته وعرفه من الشعر صغير الذي يشبه كزغب وذلك إن يجده لامسه تحت يده من لينه مثل القز المندوف فان وجده خشنا لم يسلم ذلك الفرس من الهجنة ويكون مع هذا كله رافع الرأس ذكي الفواد نشطا عند الركوب والحركة فتدللا إذا مشي ينظر إلى الأرض بعينه مع ارتفاع رأسه وان انفق إن يكون ادهم اللون اعز أقرح ارثم محجل الثلاث مطلق اليمنى وذلك إن يكون التحجيل منه في ثلاث قوائم واليمنى دون تحجيل فإذا اجتمعت في فرس هذا الصفات لم تحب الفراسة فيه عند اختباره.

الفصل العاشر:- من شباب الخيل العزة من الخيل واكان البياض في الجبهة قدر الدرهم والقرحة قدر الدرهم فدوه.والارثم إن يكون تجحفلة العليا بياض وبياض التحجيل هو إن يتجاوز البياض الرسغ.

الفصل الحادي عشر:- مما يدل على شدة الفرس وصبره وقوته قال ابن أبي حزام:المطلوب من خصال الفرس إن يكون شديد الخلق وصبوراً سريعاً جواداً وهذه الصفة التي يأتي ذكرها اذا اجتمعت في فرس كملت خصاله من ذلك إن يكون من نسل خيل عتاق فانه عمود الأمر، وإذا اشتدت نفسه واتسع جوفه ومخرج نفسه وطالت عنقه واستدركها في حاركه وعظمت فخداه واشتد جعبأه ونسخ نشاه وتمحصت فصوصه واشتدت حوافره وما حسن خلقه بعد ذلك كان أعون له على الجري والصبر على المكروه.

وقال موسى بن نصير: مما يستدل به على قوة الفرس انه اذا مشي سمعت لحوافره قعاً ووجبة وإذا ركبه الفرس ووقف عليه ساعة أو ساعتين لم يقلق ولم يضطرب فما كان هكذا منها فهو القوي الشديد القوة ولما خاف عمر بن معدي كرب ضعف فرقة في حرب القادسية نزل عنه وجعل يده في ذنبه واخلد إلى الأرض وجذبه بقوة فلم يضطرب الفرس فاستدل بذلك على قوته.

الفصل الثاني عشر: من الدلائل على سرعة الفرس في العدو وسبقه لغيره ينظر إلى مواقع اثار حوافر يديه ورجليه في الأرض اذا جرى منا وقع اثر حافري رجليه إمام اثر حافري يديه فانه يسبق غيره مما يسبق ممن ليس هذه صفة في مواقع اثار حوافره.

ومما يستدل به على فراهة المهر الحولي. قال قسطس وكسينوس يستدل على ذلك بصغر رأسه وشدة سواد عينيه وتحديد إذنيه وقلة شعر باطنهما وان يكون كثيف العرف

وعـريض الـصدر مرتفع الهـادي معتـدل العـضدين عـريض الكفـل طويـل الـذنب في جعـوده مـستدير الحوافر، ومن دلائل فراهته إن لايكون نفوراً ولا يقف عند دابة غير أمه.

الفصل الثالث عشر: إما طريقة العمل في رياضة الامهار الصغار ذكورها وإناثها.

لا يركب المهر ولا يـراض حتـى يأتي عليـه ثلاثـة سنين فـإذا بلـغ ذلك فلـتكن رياضته في ربـع الـسنة الثالثـة قبـل دخـول شـهر مايـه أو في الخريـف ليلا يـصيبه حـر ولابـرد فربمـا عـرق المهـر في البرد فيعـرض لـه الكـساح أو الـسلال ولا يلقـى علـى المهـر لحـام حتـى يبلـغ سـبعة أشـهر وقيـل ثمانيـة أشـهر وحينئـذ يلقـى عليـه لرمـة لجـام خفيفـة لعـودتها فيبقـى عليـه نحـو سـاعة ثـم تـزال عنـه ثـم يعـاد عليـه مـن العـدو يكـون عليـه المـرة بعد المـرة حتـى يعتادهـا هـذا لمـن أراد اسـتعجال رياضتـه وليتعاهـد قبـل ذلك بالإجالـة للكـف علـى موضـع عـذار اللجـام وعـلى موضـع الخـدام واللـسبب والثغـر منـه لكـل يـألف ذلك و يـأنس بـه ويجعـل علـى ظهـره وبطنـه في الأيـام اليـد وشبهه ويرفـع أيضا يـده بلطـف ويـضرب عليـه الإنـسان بأصـابعه عوضـا من مطرقة ليأنـس بـذلك ثـم يدرجـة إلى إن يـضرب في كـل حـافر مـن يديـه بحجر لطيف ضربـاً يكـون اشـد من ضربـه بإصبعه فيهـا ويعتـاد مـع ذلك رفـع حوافـره... ليكـون ذلك سـلما إلى مـا يحتاج إليـه مـن تـسميره فيها يستأنف هـذا اذا كـان المهـر مستأنـساً وان كـان المهـر صلبـاً وخـشيا فيـدل لجـم الإخـراج وشبهها مملـؤة رملا على ظهره.

المصادر الاولية التي اعتمد عليها الكتاب عن الخيل العربية في الاندلس

1. ابن الخطيب الغرناطي / الاحاطه في اخبار غرناطة، تحقيق محمد عبد الله عنان، القاهرة ج 143/2.
2. المصدر السابق.
3. نشر بعنوان كتاب الخيل / تحقيق محمد العربي الخطابي / دار الغرب الاسلامي بيروت 1406 هـ / 1986 م.

مفردات النصوص عن الخيول في كتاب الفلاحة لابن العوام الاشبيلي التي وردت في ثلاثة عشر فصلا وهي:

الفصل الاول: الخيل.

الفصل الثاني: مما يستحسن من صفات بعض اعضاء الفرس ويستدل بذلك عن عنقه وصبره وما يكره من ذلك فيها وتعاب به من دلائل منخرية وفيه.

الفصل الثالث: من دلائل منخريه وفيه.

الفصل الرابع: من دلائل عنقه وكتفه وصدره.

الفصل الخامس: من دلائل جنبيه وبطنه وقطانه وذنبه.

الفصل السادس: من دلائل ارساغه وحوافره وقوائمه.

الفصل السابع: من دلائل وركية وفخدية ورجليه وكعبيه وعرقوبيه.

الفصل الثامن: ومما يكره من احوال الخيل مما يحتاج في معرفته الى دليل.

الفصل التاسع: كلام مختصر بعض اهل الفراسة.

الفصل العاشر: من شباب الخيل.

الفصل الحادي عشر: مما يدل على شدة الفرس وصبره وقوته.

الفصل الثاني عشر: من الدلائل على سرعة الفرس في العدو وسبقه لغيره.

الفصل الثالث عشر: اما طريقة العمل في رياضة الامهار الصغار وذكورها واناثها.

نرى تشابه بين المفردات اعلاه وكتاب مطلع اليمن والاقبال لابن جزى الكلبي الغرناطي الذي تناول الخيل بالتفصيل والتنوع الابواب والمعلومات.

Printed in the United States
By Bookmasters